Max Josef Metzger

# Christuszeuge in einer zerrissenen Welt

Max Josef Metzger

# Christuszeuge in einer zerrissenen Welt

Briefe und Dokumente aus der Gefangenschaft
1934–1944

Neuausgabe
herausgegeben und eingeleitet
von Klaus Kienzler

Herder
Freiburg · Basel · Wien

Herstellung: Freiburger Graphische Betriebe 1991
ISBN 3-451-22025-3

# Inhalt

# Einführung

Von Klaus Kienzler

> Nichts könnte meinem Leben einen sinnvolleren Abschluß geben, als wenn ich für den Frieden Christi im Reiche Christi mein Leben hingeben dürfte.
>
> Bruder Paulus, Geistliches Testament, 1942

Die Gefangenschaftsbriefe Dr. Max Josef Metzgers liegen hier in vierter Auflage vor. Diese wurde erneut durchgesehen, verbessert und erweitert. Kurz nach dem Krieg war 1947 die erste Sammlung der „Gefangenschaftsbriefe", von Dr. Matthias Laros zusammengestellt und redigiert, im Kyrios-Verlag Meitingen erschienen. Da diese Ausgabe bald vergriffen war, wurde bereits 1949 eine zweite Auflage von Hannes Bäcker besorgt. Eine dritte Auflage wurde 1964 von der Christkönigsgesellschaft Meitingen durch Herta Figelius und Martha Reimann unter dem neuen Titel: „Max Josef Metzger. Für Frieden und Einheit. Briefe aus der Gefangenschaft" ebenfalls im Kyrios-Verlag herausgegeben. Diese Ausgabe ist seit vielen Jahren vergriffen. Eine Neuauflage legte sich nahe, um die wertvollen Briefe und Zeugnisse M. J. Metzgers den vielen Interessierten wieder in die Hand geben zu können.

Die vorliegende Ausgabe wurde neu gestaltet und wesentlich erweitert. Seit der dritten Auflage ist neues und umfangreiches Dokumentationsmaterial bekannt geworden, das bisher nur schwer und in Auszügen einzusehen war[1]. Eine Reihe von Briefen und Dokumenten aus der Gefangenschaft M. J. Metzgers war nämlich beschlagnahmt worden und wurde den Adressaten nicht ausgehändigt. Erst im Sommer 1970 erfuhr das Christkönigs-Institut durch das im Union-Verlag in Ostberlin erschienene Buch von K. Drobisch, daß in dem ehemaligen „Institut für Marxismus und Leninismus" beim ZK der SED, Zentrales Parteiarchiv in Ber-

[1] K. Drobisch, Wider den Krieg, Dokumentarbericht über Leben und Sterben des katholischen Priesters Dr. Max Josef Metzger, Berlin (Ost) 1970

lin, eine Akte des vormaligen Volksgerichtshofes Berlin „In Sachen Dr. Metzger" verwahrt wird. Die Akte war vermutlich nach dem Krieg von der russischen Besatzungsmacht gefunden und in Verwahr genommen worden. Sie enthält alle Schriftstücke, die aus den Akten des Volksgerichtshofes „In Sachen Dr. Metzger" erhalten geblieben sind. Nach erfolgreichen Verhandlungen stellte der Union-Verlag dem Christkönigs-Institut Meitingen 1971 Fotokopien sämtlicher in diesem Akt enthaltenen Schriftstücke zur Verfügung.

In die vorliegende Ausgabe wurde dieses neue Dokumentationsmaterial aufgenommen. Es bot sich sodann an, die Schriftstücke, die der Freiburger Professor Dr. Hugo Ott vor allem aus dem Freiburger Ordinariatsarchiv inzwischen erstmals veröffentlicht hatte und welche die Aktivitäten zwischen Freiburg und Berlin deutlich machen, ebenfalls zu berücksichtigen[2]. Durch die große Zahl von Schriftstücken im Zusammenhang von Verfahren und Prozeß gegen Metzger wurden die Kenntnisse über den Verlauf der Gefangenschaft wesentlich erweitert. Auf Grund dieser Unterlagen legte es sich nahe, die vorliegende Ausgabe neu zu konzipieren: Die beiden ersten Teile „Briefe", die größtenteils seit den früheren Auflagen bekannt sind, bringen dem Leser die sehr persönliche und geistliche Gestalt Metzgers in der Zeit seiner Gefangenschaft nahe. Der anschließende dritte Teil „Dokumente" erschließt ein nun fast chronologisches Bild des Verfahrens gegen Metzger und seiner Ankläger. Dort, wo es nötig erschien, wird durch einen sparsamen Kommentar auf die nötigen Zusammenhänge hingewiesen. Um die Aussagen der Briefe und der Dokumente besser aus dem Geist Metzgers zu verstehen, sei in dieser Einleitung in die wichtigsten Stationen des Lebens und Wirkens Max Josef Metzgers eingeführt.

---

[2] H. Ott, Dokumentation zur Verurteilung des Freiburger Diözesanpriesters Dr. Max Josef Metzger und zur Stellungnahme des Freiburger Erzbischofs Dr. Conrad Gröber, in: Freiburger Diözesan-Archiv 90 (1970), S. 303–315, und ders., Dr. Max Josef Metzger, in: ebd. 106 (1986), S. 187–226. –

## *Der Lebensweg Metzgers 1887–1944*

Dr. Max Josef Metzger wurde am 3. Februar 1887 in Schopfheim im Schwarzwald als Sohn einer Lehrerfamilie geboren. Nach der Volksschule besuchte er das Gymnasium in Lörrach und Konstanz. Er studierte anschließend Theologie in Freiburg i. Br. und Fribourg in der Schweiz. Sein Studium in der Schweiz war für ihn außerordentlich fruchtbar, weil er dort mit Studenten aus vielen Ländern in Kontakt kam. Hier weitete sich sein Blick für die Notwendigkeit der Zusammenarbeit mit anderen Völkern. Hier wurde er vorbereitet für sein späteres Friedenswirken, das über die Grenzen des eigenen Landes weit hinaus ging. Im Jahre 1910 promovierte Metzger in Freiburg bei G. Pfeilschifter mit einer Dissertation zum Thema „Zwei karolingische Pontifikalien vom Oberrhein". Dafür wurde ihm der Preis der Theologischen Fakultät zuerkannt. Später, Anfang der 20er Jahre, als ihm in Graz große Schwierigkeiten begegneten, dachte er daran, zur Wissenschaft zurückzukehren und eine Habilitationsschrift anzufertigen. Er legte seinen Plan einem Professor der Theologischen Fakultät Freiburg vor. Nachdem dieser ihn aber als „verrückten Kerl" bezeichnete, nahm er für immer Abstand davon.

Am 5. Juli 1911 wurde Metzger zum Priester geweiht. Nach kurzer Seelsorgearbeit als Kaplan in Mannheim (St. Ignatius und Franz Xaver), Karlsruhe-Mühlburg (St. Peter und Paul) und Oberhausen/Breisgau (St. Ulrich) kam er 1914 als Divisionspfarrer an die französische Front. Nach einem Jahr erkrankte er und kehrte in die Heimat zurück. Von dieser Zeit an wurde Metzger zum leidenschaftlichen Apostel für Völkerfrieden und Völkerverständigung. Er entwickelte im Jahre 1917 ein „internationales religiöses Friedensprogramm", das er dem damaligen Papst Benedikt XV. zukommen ließ, der sich dazu sehr zustimmend äußerte. Im gleichen Jahr gründete Metzger den „Weltfriedensbund vom Weißen Kreuz", dessen Grundlage ebenfalls sein Friedensprogramm war. Daraus bildete sich auch eine deutsche Landesgruppe, der von Pater F. Stratmann OP geleitete „Friedensbund deutscher Katholiken". Metzger nahm nunmehr an internationalen Friedenskonferenzen teil und durfte u. a. an der vorbereitenden Völkerbundkonferenz 1920 in Bern mitwirken. Dabei kamen ihm seine früher geschlossenen Freundschaften mit ausländischen Freunden und seine Sprachkenntnisse zugute. Durch seine Teilnahme an den Friedenskonferenzen in Den Haag, in Graz, in Paris – wohin er durch Marc Sangnier gerufen worden war und wo er als erster deutscher Redner nach dem 1. Weltkrieg sprechen durfte –, in Luxemburg und wieder in Den Haag (1928 und 1929) wurde Metzger international bekannt.

Sein eigentliches Arbeitszentrum hatte Metzger bereits im Oktober 1915 in Graz aufgeschlagen, wohin er mit Erlaubnis seines Freiburger Bischofs übersiedelt war, um das Generalsekretariat für das „Österreichische Kreuzbündnis" zu übernehmen. Zeitlebens hatten ihn sozial-caritative Fragen brennend bewegt. Besonders wichtig erschien ihm die Suchtkrankenfürsorge, weil diese Aufgabe von anderen kaum wahrgenommen wurde. In den ersten Jahren seines Grazer Aufenthaltes hatte Metzger erkannt, daß es für einen Priester unmöglich ist, die vielfältigen Reichgottesaufgaben allein zu bewältigen. So rief er die Laien zur Mitarbeit auf, schon einige Jahre ehe die „Katholische Aktion" ins Leben gerufen wurde. Seinem Aufruf folgten Priester und Laien, die sich teilweise für hauptberufliche Mitarbeit zur Verfügung stellten. Sie schlossen sich im Laufe der Zeit zu einer Brüder- und Schwesterngruppe zusammen und verpflichteten sich in besonderer Weise dem Apostolat. So gründete Metzger am Herz-Jesu-Fest 1919 in Graz die „Missionsgesellschaft vom Weißen Kreuz" unter dem Motto: „Christus muß König sein" (1 Kor 15,25). Nach der Proklamation des Christkönigsfestes durch Pius XI. im Jahre 1925 nahm die Gründung beim Generalkapitel 1927 den Namen „Christkönigsgesellschaft" (Societas Christi Regis) an.

1927 übernahmen Mitglieder der Christkönigsgesellschaft die Betreuung der zu errichtenden Trinkerheilstätte des Augsburger Caritasverbandes in Meitingen bei Augsburg. 1928 übersiedelte auch Metzger nach Meitingen und verlegte die Zentrale der Christkönigsgesellschaft von Graz nach dort. In den kommenden Jahren entstanden als Tochtergründungen dieses Mutterhauses verschiedene Niederlassungen in Deutschland, 1936 etwa das „Piusstift" in Berlin-Wedding.

Die Brüdergruppe der Societas Christi Regis wurde im Krieg fast völlig aufgerieben. Die Schwesterngruppe wuchs langsam und stetig weiter und nahm nach der Intention des Gründers beim Generalkapitel 1947 die kirchliche Rechtsform eines Säkularinstituts an. Im Jahr 1969 erfolgte schließlich die offizielle Anerkennung durch Rom.

1938 gründete Metzger die Una-Sancta-Bruderschaft. Sie sollte im Angesicht des heraufziehenden und dann beginnenden 2. Weltkrieges die Ökumenearbeit zwischen den großen Konfessionen in Deutschland voranbringen. Neu für die damalige Zeit war, daß die Una-Sancta für die Einheit der Kirchen arbeitete, ohne daß die katholische Kirche auf ihrem traditionellen Alleinvertretungsanspruch beharren sollte.

In den Jahren 1934 und 1939 wurde Metzger zweimal für kürzere Zeit in Augsburg inhaftiert. Ende Juni 1943 wurde er in Berlin in Schutzhaft genommen. Er wurde am 14. Oktober 1943 vom Volksgerichtshof unter Freisler zum Tod verurteilt und am 17. April 1944 in Brandenburg hingerichtet. Er hatte ein zweiseitiges Friedensmemorandum nach Schweden bringen wollen und wurde dabei von Dagmar Imgart, die für die Gestapo Spitzeldienste leistete, verraten. Der Fall dieser Frau spielte vor Gerichten der BRD noch mehrmals eine bedeutsame Rolle, weil er besonders gut dokumentiert ist. Es brauchte mehrere Instanzen, bis Metzger 1956 als zu Unrecht verurteilt erklärt wurde.

### *Zur Person Metzgers*

Um die komplexe Person M. J. Metzgers zu verstehen, muß man sie in ihrer Zeit und in der geistigen Situation unseres Jahrhunderts sehen. In dem neu bekannt gewordenen Dokumentenmaterial der DDR sind uns eine Reihe von „Selbstbekenntnissen" Metzgers überliefert worden, in denen er selbst über seine Ziele und Absichten Aufschluß gibt. Sie sind in den Erklärungen, die Metzger zu seiner Verteidigung jeweils schriftlich anfertigte, enthalten. Dabei handelt es sich um zwei „Promemoria"-Schreiben an einen Naziminister etwa einen Monat nach seiner Inhaftierung 1943 [3], zwei Verteidigungsschriften an den Untersuchungsrichter kurz vor dem Prozeß [4] sowie um eine weitere Rechtfertigung nach dem Todesurteil [5]. Sie sind gleichermaßen große Rückblicke auf das gesamte Lebenswerk.

Aus diesen Selbstbekenntnissen spricht die Sehnsucht Metzgers nach Weltoffenheit. Diese war offensichtlich im Klima der Zeit und in der Lage des Katholizismus begründet. Es kann nur vermutet werden, daß Metzger die Situation des Katholizismus in dem weitgehend protestantischen Schopfheim und danach im Deutschland der Jahrhundertwende als beengend empfunden hat. Seine Perspektive sollte das Evangelium und das Urchristentum sein. Deshalb sein frühes weltoffenes sozial-ethisches Engagement sowohl in christlich-caritativem Einsatz wie in Fragen der Friedens- und Völkerordnung. Deshalb sodann die Gründung der „Christkönigsgesellschaft", einer Gemeinschaft von Laien, die er einen neuen „Orden der Zukunft" nannte. Er wußte sehr wohl um den Vorwurf des „verstiegenen Idealisten" [6], mit dem man viele seiner Ansätze zunichte zu machen suchte. Er selbst zeigte viel Selbstbewußtsein und litt wohl auch darunter, daß seine Stärke die prophetische Ahnung kommender Dinge war.

Jedenfalls war Metzger ein unruhiger Geist, der stets nach offenen Horizonten suchte, wo er frei atmen konnte. Diese Einstellung dürfte einigen seiner Zeitgenossen nicht immer ganz geheuer gewesen sein. Wichtig in diesem Zusammenhang ist, und das sollte eine der sehr bedeutsamen Wegkreuzungen im Leben Metzgers werden, daß ihn der spätere Erzbischof von Freiburg so schon als Jugendlichen kennengelernt hatte. Im vorliegenden Dokumententeil ist eine Reihe von Stellungnahmen des Erzbischofs enthalten. Es mag deshalb nützlich sein, hier auf die frühe Einschätzung Conrad Gröbers zu Metzger einzugehen. Diese Einschätzung hat das Verhältnis beider zeitlebens geprägt. Gerade dem Bischof von Freiburg war Metzger immer als „Idealist" oder

---

[3] D 2–3
[4] D 7–9
[5] D 17
[6] D 9

„überschwenglicher Wolkensegler"[7] erschienen. Es war im Konradihaus in Konstanz, als Gröber Rektor und Metzger Alumne des Konviktes war. Der Eindruck Metzgers auf Gröber war zwiespältig. Zwei Beurteilungen Metzgers durch den damaligen Rektor Gröber lassen diese Zwiespältigkeit deutlich erkennen. Es sei aus ihnen zitiert, da sie die Einschätzung wiedergeben, die Gröber von Metzger im Konradihaus gewonnen hatte. Nach dem Abitur in Konstanz ging Metzger ins Priesterseminar nach Freiburg. Gröber stellt dabei in einem Zeugnis den Alumnen Metzger folgendermaßen vor:

„Sein Talent ist – auch in Musik – sehr gut, sein Fleiß ziemlich gut, sein religiös sittliches Verhalten im allgemeinen gut, sein ganzer Charakter ist ehrsüchtig, flatterhaft, vorlaut, zu Privatfreundschaften geneigt. Schade um den trefflich veranlagten Mann. Er mag Priesterberufung haben, aber soll er ein guter Priester werden, so bedarf es in Freiburg eines wachsamen Auges, einer festen Hand, die sein hochfahrendes Wesen demütigt. Die eventuell vorgelegte Bitte, an einer anderen Universität als Freiburg studieren zu dürfen, möge vorerst nicht bewilligt werden, bis sich sein Charakter geklärt hat, und er nur Gott im Priestertum sucht, nicht sich selber." Und drei Jahre später heißt es im schriftlichen Bericht nach dem Freiburger Skrutinium: „Soweit wir seinen Lebensgang kennen, hat er stets gesucht, eine führende Rolle zu spielen, was wohl schon auf die Erziehung im Elternhaus zurückgehen dürfte, wo man, von seinen Talenten eingenommen, es an verständiger Zucht fehlen ließ. Die schon vom Gymnasialkonvikt her signalisierten Fehler eines sanguinisch-cholerischen Temperamentes, insbesondere ein gewisses vorlautes Wesen, haben sich im theologischen Konvikt oft genug gezeigt."[8]

Metzger selbst sah sich anders. Wir wissen von einem „Wahlprogramm", das sich Metzger mit etwa 18 Jahren gegeben hatte und das für ihn entscheidend werden sollte. Darin heißt es: „Mein Ziel ist es, mich vollständig zu einem würdigen Priester

---

[7] D 11

[8] M. Möhring, Täter des Wortes, Max Josef Metzger – Leben und Wirken, Meitingen–Freising 1966, S. 7–8. –

vorzubereiten und zu erziehen und dadurch, wie in meinem ganzen Leben, den heiligsten Willen Gottes zu tun". Und gegen Ende seines Theologiestudiums spricht er es noch einmal gegenüber einem Priester deutlich aus, wofür er sein Lebenswerk einsetzten wollte: „Mein Ziel ist nicht, ein Gelehrter zu werden, auch nicht – ich glaube, das mit gutem und ehrlichem Gewissen aussprechen zu dürfen – eine ehrenvolle und angenehme Stellung einmal zu erhalten, sondern ein frommer Priester und tüchtiger Seelsorger zu werden und alle Kräfte zur Ehre Gottes entfalten zu können."[9]

Es ist wie ein Widerhall dieses frühen Lebensprogramms, wenn er sich 1943 dem Untersuchungsrichter gegenüber äußert: „Ich muß etwas Persönliches vorausschicken. Ich bin kein Mensch, der in ein Schema gespannt werden kann. Ich bin mit Leib und Seele katholischer Priester. Und ich bin zugleich ein weltoffener Mensch, der von Jugend auf an allem Weltgeschehen leidenschaftlich Anteil nimmt ... Ich habe von meinem Vater ein Erbteil mitbekommen, das mir schon manche Schwierigkeiten bereitet hat: Ich kann das Krumme nicht krumm sein lassen ..."[10]. Metzger weiß um die Spannungen, die in seinem Charakter ruhen; er weiß um den Drang zum Zupacken in sich und um die Kanten, die er dabei seinen Mitmenschen zumutete. Besonders ehrlich spricht er sein Sendungsbewußtsein einerseits und seine persönlichen Grenzen andererseits gegenüber seiner Christkönigsgesellschaft aus: „Und doch habe ich auf der anderen Seite ein starkes und klares Sendungsbewußtsein. Von früh auf ist es gewachsen, immer klarer, immer stürmischer, das Wissen darum, daß ich eine große Reichgottesaufgabe in der Welt zu erfüllen habe, und zwar gerade in der Richtung meiner konkreten Lebensführung. Ja, dieser Drang und das Wissen darum, daß ich zu einer großen Aufgabe berufen bin, war viel stärker, als ich es nach außen kundgegeben habe – ich schämte mich ja doch im Wissen um meine geistigen und praktischen Beschränktheiten, vor anderen in Erscheinung treten zu lassen, mit was für großen Ideen ich umging, was ich mir zutraute an Möglichkeiten, trotz des klaren Wissens um meine Beschränktheiten. Meine ausge-

---

[9] M. Möhring, Täter, a.a.O., S. 9. – [10] D 7

sprochene Eigenart, in der meine Berufung gründet, ist ja das Universale, Weltumspannende. Alles ist mir zu klein, was mir als konkrete Aufgabe gegeben wird ... Ich weiß, wie ich schon sagte, wie wenig dieser Pegasus zum Ackergaul taugt, d. h. wie leicht ich versage, wenn man von mir den Einsatz im kleinen, beschränkten Raum verlangt."[11]

### *Die Lebensaufgabe Metzgers*

Dr. Max Josef Metzger war am 17. April 1944 im Gefängnis von Brandenburg-Görden hingerichtet worden. Die Leiche des Hingerichteten wurde – wie es damals üblich war – nicht freigegeben. Doch die Schwestern der Christkönigsgesellschaft in Berlin schafften einen Sarg in das Gefängnis, und es gelang ihnen durch glückliche Umstände, den Toten einige Tage danach aus dem Gefängnis zu holen und ihn in aller Stille auf dem Friedhof in Brandenburg zu beerdigen. Zwei Jahre danach wurden die sterblichen Überreste Metzgers exhumiert und in würdiger Form und unter großer Beteiligung der Bevölkerung auf den St. Hedwigs-Friedhof in Berlin übertragen. Auf inständiges Bitten des früheren Kardinals von Berlin Bengsch hin erklärte sich die Ostberliner Behörde im Jahre 1968 schließlich bereit, die Gebeine Metzgers wiederum freizugeben und sie aus der DDR nach Meitingen bei Augsburg, dem Sitz des von Metzger gegründeten Christkönigs-Instituts, zu überführen. In Meitingen fand Metzger seine letzte Ruhestätte. Auf dem Grabstein sind einige seiner letzten Worte, die wir von ihm kennen und die sein Testament sein sollten, eingemeißelt: „Ich habe mein Leben Gott angeboten für den Frieden der Welt und die Einheit der Kirche". Metzger hat zum Schluß mit großer Gewißheit ausgesprochen, worin sein Lebensziel und -opfer bestanden hatte. Es waren seine beiden großen Lebensideale gewesen, denen er sich zeitlebens verpflichtet wußte. Er hat vieles erreicht, er ist noch mehr gescheitert. Das wußte er selbst am besten. Deshalb sollte sein Lebensopfer noch einmal – und das war

---

[11] B 62

sein größter Einsatz – diesen seinen Lebensidealen dienen und dafür Zeugnis ablegen.

Während seines Lebens hat Metzger für diese beiden großen Aufgaben unermüdlich gekämpft: für den Frieden in der Welt und für die Einheit der Kirche. Es ist in diesem Rahmen nicht angebracht, alle Stationen dieses engagierten Lebensweges in Erinnerung zu bringen. Ich möchte nur die beiden Lebensziele in ihrer Bedeutung ein wenig beleuchten. Denn schon in seinem Leben scheint Metzger über seine Zeit hinausgewachsen zu sein. Er hat uns auch heute noch geradezu Prophetisches zu sagen, was den Frieden in der Welt betrifft und was die Einheit der Kirchen angeht. Das eine ist also der *„Prophet“* in ihm, der uns heute anrührt. Das andere ist der *„Märtyrer“*, der auf blutige Weise diese seine gescheiterte Prophetenrolle besiegelte.

### *Friedensarbeit*

Metzger hat sein Leben als *Dienst für den Frieden in der Welt* verstanden. Er war zeitlebens „Pazifist“. Die Friedensarbeit stand über anderthalb Jahrzehnte, nämlich seit dem 1. Weltkrieg und bis zum Ende der 20er Jahre, im Mittelpunkt seines Wirkens; danach schien er sich zurückzuziehen. Aber der äußere Anschein trog. Metzger äußerte sich 1943 dazu: „Seit 1928, wo ich mit dem Sitz unserer Christkönigsgesellschaft nach Meitingen bei Augsburg übersiedelte, bin ich in der Friedensbewegung zurückgetreten, nicht weil ich meine Anschauungen geändert hätte, sondern weil die organisatorischen Schwierigkeiten der Neugründung unserer Christkönigsgesellschaft mich ganz in Anspruch nahmen“ [12]. In den letzten Lebensjahren sollte ihm diese Friedensgesinnung zum Schicksal werden: die Niederschrift eines Schriftsatzes zur künftigen Sicherung des Friedens in Deutschland, das im Jahre 1943 entworfene „Memorandum“ an einen schwedischen Bischof [13], brachte ihm das Todesurteil ein. Es war Metzgers letz-

---

[12] D 7

[13] B 27

ter verzweifelter Versuch, einen Beitrag für den Frieden im Nachkriegsdeutschland zu leisten. Seit er den 2. Weltkrieg heraufkommen sah, konnte er seine Abstinenz in Friedensangelegenheiten nicht mehr einhalten. Ein bewegendes Dokument dazu ist das Schreiben an Pius XII. vom Advent 1939[14]. Aber auch in seinen Rechtfertigungsschriften gegenüber seinen Anklägern beschäftigt ihn fast nur die Sache des Friedens in verzweifelter Kriegszeit. Er beruft sich immer wieder auf sein früheres Eintreten für den Frieden aus der Zeit seiner aktiven Friedensarbeit. Es ist kein Abstand dazu wahrzunehmen (ebd.). In Briefen aus der Zelle gesteht er: „Meine Sorgen gehen auf die Zukunft unseres Volkes; dafür zu leiden, bin ich gern bereit, doch hoffe ich auch, noch dafür arbeiten zu können".[15]

Metzgers Friedensgesinnung ist aus den Erfahrungen des 1. Weltkrieges erwachsen. Dagegen könnte zunächst sprechen, daß sich Metzger 1914 freiwillig als Divisionspfarrer gemeldet hat. Immer wieder betonte er: „Ich hing an meinen Soldaten, denen ich stets zur Seite stand und die auch mich gern hatten".[16] – eine sicher ehrenwerte Einstellung. Dann aber wurde er bereits im Sommer 1915 wegen einer schweren Krankheit frontuntauglich. Seine Erfahrungen an vorderster Front in Frankreich und seine Kriegserlebnisse veränderten ihn so, daß es für ihn nur noch einen Weg gab: Dem Frieden in der Welt fortan mit allen Kräften in Wort und Tat zu dienen. Mitten im Krieg begann er – oft als Einzelkämpfer – seine weltweite Friedensoffensive. Er gründete bereits 1915 in Graz einen kleinen Verlag, den Vorläufer des heutigen Kyrios-Verlages in Meitingen, um wortgewaltig, wie er war, seine Friedensgedanken zu verbreiten. Aus kleinen Anfängen und im Bund mit kleinen Gruppen von Friedensfreunden gründete er 1917 ebenfalls in Graz den „Weltfriedensbund vom Weißen Kreuz", der später in den „Friedensbund Deutscher Katholiken" überging, die große Friedensbewegung deutscher Katholiken in den 20er Jahren. Es seien nur die anderen internationalen Frie-

---

[14] B 23
[15] B 31 und B 34
[16] M. Möhring, Täter, a.a.O., S. 17

densbemühungen genannt, die teils vom Weltfriedensbund initiiert wurden, teils in enge Verbindung mit ihm traten, wie die „Katholische Internationale" (Haag 1920), die „Katholische Weltjugendliga" (1920) und der „Internationale Versöhnungsbund" (1919). Metzger war von nun an bei den meisten Tagungen und Konferenzen anwesend, die auf nationaler und internationaler Ebene zwischen den beiden Weltkriegen stattfanden. Seinen ersten großen Auftritt hatte er 1921 beim „Congrès démocratique international de Paris"; 1923 fand der 3. bedeutsame Kongreß der „Katholischen Internationalen" in Konstanz statt; Metzger trat dabei zusammen mit Gröber auf. Besonderes Aufsehen fand seine Rede beim „Internationalen religiösen Friedenstag" in Haag 1928; Ärgernis erregte seine Teilnahme und Ansprache bei der Kriegsdienstgegnertagung ebenfalls in Haag 1929.

Welche Friedensbotschaft hatte Metzger seiner Zeit anzusagen? Es fällt auf: Es ist im Grunde und bei fast allen Gelegenheiten die Friedensbotschaft der „Bergpredigt". Seit 1917 entwarf Metzger ein „internationales religiöses Friedensprogramm", das er Papst Benedikt XV. zuschickte und das auch zur Grundlage des „Weltfriedensbundes vom Weißen Kreuz" wurde. Während Metzger in früheren Jahren mehr auf die sittliche Verfallenheit als Ursache des 1. Weltkrieges abhob, macht er nun das genuin christliche Ethos der Bergpredigt zur Grundlage einer dauerhaften Friedensordnung. Dieser Grundzug der Berufung auf die Bergpredigt hält sich von nun an durch. Selbst in den Verteidigungsschriften aus dem Gefängnis, die naturgemäß eher politisch akzentuiert sein mußten, ist noch ein Nachhall dieser tiefsten Überzeugung Metzgers zu vernehmen. Bei allem Wandel seiner Argumente für den Frieden im Lauf der Jahrzehnte bleibt Metzger so dem Anspruch der Bergpredigt treu.

In der Tat machte Metzger die Forderungen der Bergpredigt schon zur Zeit des 1. Weltkrieges zur lauten Mahnung gegen den Krieg. In einer Ansprache oder Predigt, deren Anlaß und Datum wir nicht mehr genau kennen, die aber aus der Zeit des 1. Weltkrieges stammt, werden Metzgers Friedensüberzeugungen besonders deutlich. An dieser Ansprache läßt sich erkennen, welche Überlegungen des Friedens Metzger aus der Sicht der Bergpredigt insgesamt gewonnen hatte. Er sprach damals vom *„Moratorium der Bergpredigt oder der Sintflut des 20. Jahrhunderts“.*[17] Moratorium meint dabei eine Zeit, in der die Bergpredigt nicht mehr gehört oder ganz außer Kraft gesetzt wird. Die Absicht Metzgers wird gleich aus den ersten Sätzen der Rede unüberhörbar:

„Ein christlicher Engländer, Sir William Byle, hat vor kurzem das treffende Wort geprägt von dem Moratorium der Bergpredigt. Er wollte damit die überaus traurige Tatsache zum Ausdruck bringen, daß durch den grauenhaften Weltkrieg das hehre Gesetz außer Kraft gesetzt worden sei, das der Heiland der Menschheit in der Bergpredigt gegeben. Was der Engländer mit brennender Scham empfand, das fühlt wahrhaftig auch ein jeder von uns, der sich dem gewaltigen Eindruck der Worte des Heilands nicht entzieht. Was heute draußen an der Front ganz Europas sich vollzieht, dieses entsetzliche Morden der Völker Europas, es läßt sich mit allen Künsten der Sophistik und Dialektik nicht rechtfertigen vor dem Geist der Bergpredigt, vor dem Gesetz des Herrn! Das Gesetz des Heilands ist das Gesetz der absolutesten Lauterkeit und Ehrlichkeit.“

Aber Metzgers Angriff bleibt nicht bei einer globalen Anklage gegen die Mächtigen stehen, die in den Krieg getrieben hatten, sondern seine Sicht geht in die Tiefe der Zeit, und das ist ein Kennzeichen, das Metzger ebenfalls zeitlebens prägte, er klagte vor allem das morsche und laue Verhalten der Christen an. Für ihn war es das größte Ärgernis, daß der Krieg auf dem Boden des christlichen Abendlandes entfacht und angezettelt wurde, wo doch eigentlich die Bergpredigt Jesu gelebt werden sollte. Aber darin hatten die Christen nach seiner Meinung gerade versagt, so geißelt er die Lage der Christenheit in derselben Ansprache:

„Das Moratorium der Bergpredigt! Es ist eine erschütternde Tatsache: Das Gesetz des Heilandes gilt nichts mehr im Weltkrieg des 20. Jahrhunderts.

Aber! Es wäre wahrhaftig ein Irrtum, wenn man annehmen möchte, das christliche Europa hätte bis zum 29. Juli 1914 sich an das Gesetz der Bergpredigt gehalten, und an dem einen Morgen

---

[17] „Moratorium der Bergpredigt“ (Maschinenschriftl. Archiv Meitingen)

des Kriegsausbruches wäre plötzlich das Gesetz des Heilands außer Kraft gesetzt, vergessen worden. O nein! Das Moratorium der Bergpredigt datiert nicht erst vom Juli 1914. An jenem Unglückstag, da der Krieg Europas seinen Anfang nahm, da fielen nur gleichsam die schützenden Kleider, welche die Blöße Europas deckten, von dem nackten Körper. Und Europa ward offenbar in seinem entsetzlichen Aussatz der allgemeinen Unwahrhaftigkeit und Verlogenheit, der Grundsatzlosigkeit und Gesinnungslosigkeit, der erbärmlichen Genußgier und Habgier, der niedrigen Selbstsucht und rohen Ungerechtigkeit. Das Moratorium der Bergpredigt galt schon lange als stillschweigendes Gesetz. An jenem unheilsvollen Tag, da ward das unchristliche Gesetz öffentlich als Recht erklärt, die Bergpredigt vor aller Welt außer Kraft gesetzt. Die Sündflut war schon lange da als allgemeine Verkommenheit, Charakterlosigkeit und pharisäische Heuchelei ...".

Worauf wollte Metzger hinaus? Er buchstabierte die sieben Seligpreisungen in der Kriegssituation durch und wollte damit zu einer echten Friedensgesinnung aus dem Geist der Bergpredigt hinführen. Als Beispiel mögen seine Darlegungen zur Preisung „Selig die Friedensstifter" gelten:

„Selig sind die Friedensstifter! Sie werden Kinder Gottes genannt werden! O wie hungert die Menschheit nach dem, der es vermöchte, ihr den Frieden zu geben! Und doch! Der Friedensstifter will nicht kommen, weil es zu wenig wahre Friedensgesinnung unter uns allen gibt und daher zu wenig Friedensstifter! Friedensgesinnung, das ist die Gesinnung echter Brüderlichkeit, die Gesinnung der Nachgiebigkeit und Versöhnlichkeit, der Selbstbescheidung und der Demut. Wo ist diese Gesinnung zu Hause? Etwa bei den Christen von heute? Ist vielleicht die Art des persönlichen Verkehrs zwischen den Christen eine andere als zwischen den Heiden und Ungläubigen? Ist es noch so wie einstmals, daß die Leute bewundernd auf uns Christen deuten und sagen: Seht, wie sie einander lieben! Ist kein Streit und kein Hader zwischen uns? Ist es so, wie es der Heiland verlangt, daß der Zorn zum wenigsten untergehen soll mit dem Untergehen der Sonne? Und wenn wir leider bekennen müssen, daß wir im persönlichen Verkehr so wenig friedfertige Christen sind, die in allem Rücksicht aufeinander haben und einander willig verzeihen, ist es vielleicht im öffentlichen Verkehr der Katholiken anders? Seht einmal hinein in manche unserer katholischen Zeitungen und Zeitschriften! Schaut zu, ob hier der Geist der Milde und Versöhnlichkeit in allem waltet, wie es der Heiland durch sein Vorbild gewährt ...".

Die Auszüge aus dieser frühen Rede Metzgers mögen zugleich eine Kostprobe gewesen sein von der Vehemenz und Brillanz, mit der er an vielen Orten die Sache des Friedens zu vertreten wußte. Aber seine Forderungen blieben nicht in Rhetorik stecken. Metzger entwarf mit Hilfe der Seligpreisungen einen politisch-moralischen Ehrenkodex des Friedens, auf dessen Grundlagen allein er die Zukunft Europas gewährleistet sah. Er sprach vom „Gesetz des Heilands", dem auch in unserer Zeit zur Geltung verholfen werden mußte: Die Bergpredigt fordere auf zum Gesetz der „absoluten Lauterkeit und Ehrlichkeit", zum Gesetz der „Güte und Sanftmut", der „Barmherzigkeit" und „Feindesliebe", zum Gesetz des „Strebens nach Gerechtigkeit" und der „Nachsicht und Versöhnlichkeit". Das Gesetz der Bergpredigt sollte zuerst von den Christen respektiert werden, darüber hinaus aber hatte es für Metzger sogar Weltgeltung.

Metzger blieb ein einsamer Rufer in der Wüste. Aufsehen erregte er, als er 1917 dem damaligen Papst Benedikt XV. – also noch mitten im Weltkrieg – seine Friedensbotschaft in einem persönlichen Schreiben zukommen ließ.[18] Dazu hatte er ein *„Zwölf-Punkte-Friedensprogramm"* entworfen, das auch heute noch geradezu modern anmutet. Darin forderte er u. a. die Aufgabe des Rassen- und Klassenkampfes, warnte vor dem Geist krassen Materialismus', rief auf zur Besinnung auf sittliche und kulturelle Werte, appellierte für ein Ende des sinnlosen Wettrüstens und statt dessen für den Einsatz aller Kräfte und Mittel zur Beseitigung von Hunger und Armut und plädierte für das Selbstbestimmungsrecht der Völker bzw. der Volksgruppen und für die Absage an alle Machtpolitik. Sein Friedensprogramm basiert schließlich im wesentlichen in dem „Aufgeben des Machiavellismus in der Poli-

---

[18] M. Möhring, Täter, a.a.O., S. 215–216

tik und seiner Ersetzung durch die Grundsätze des Christentums", die er in den Punkten 10–12 niedergelegt hatte, Grundsätze, die für ihn sind: „Wahrhaftigkeit, Ehrlichkeit, Selbstlosigkeit, Gerechtigkeit, Nächstenliebe, Hilfsbereitschaft, soziale Verantwortlichkeit" – es sind unüberhörbar die Grundsätze der Bergpredigt selbst, die Metzger hier im staccato wiederum anführt. Der damalige Papst hat die Botschaft wohl vernommen; er hat persönlich an den Weltfriedensbund antworten lassen, um dessen Initiative für den Frieden zu begrüßen und auch seinerseits die christlichen Grundlagen der Bergpredigt zu unterstreichen.[19] Aber auch ein Papst Benedikt XV. konnte über diese Gutheißung hinaus nicht viel mehr für den Weltfrieden tun. Die Kriegsmaschinerie rollte unbeeindruckt weiter.

Und noch einmal sieht sich M. J. Metzger gezwungen, gegen die drohende Gefahr eines neuen Weltkrieges anzugehen und wiederum bei der höchsten Instanz der Christenheit zu appellieren. Es ist im Advent 1939. Metzger ist im Gefängnis von Augsburg inhaftiert. Dort verfaßt er ein bewegendes Dokument, das an Papst Pius XII. adressiert ist.[20] Ob es dem damaligen Papst je zu Gesicht gekommen ist, wissen wir heute nicht mehr, jedenfalls ist von einer Reaktion des Papstes nichts bekannt. Gleichwohl ist die prophetische Schau, die darin von Metzger zum Ausdruck kommt, von erstaunlicher Klarheit. Es ist auch ein Dokument dafür, daß sich Metzger in der Sicht der Sache des Friedens seit den Anfängen treu geblieben ist. Wenn hier nun aus dem Schreiben eine Passage zitiert wird, so fühlt man sich wiederum sofort an Metzgers alte Besorgnis um die Lage der Christenheit und dementsprechend an seinen Appell erinnert, sich doch endlich auf die christlichen Friedensgrundsätze der Bergpredigt zu besinnen. So nur könnte ein Weltkrieg, dessen kosmische Ausmaße Metzger heraufkommen sieht, in letzter Stunde vermieden werden. Metzger schreibt an Pius XII:

„Heiliger Vater! ... Ich leide darunter, daß seit Monaten wieder die Völker widereinander stehen und gegenseitig auf ihr Verderben sinnen. Völker, die durchwegs die Botschaft Jesu Christi ge-

---

[19] M. Möhring, Täter, a. a. O., S. 217 [20] B 23

predigt erhielten und sich fast alle zu Seinem Namen bekennen ... Ist ihnen das Christentum nur eine leere Phrase? ... Oder sind sie rettungslos verkauft an die Mächte der Finsternis, die ihnen das Urteil und die Freiheit des Handelns nehmen? Hat die Kirche keinen Einfluß auf das Weltgeschehen und muß dieses dem Spiel des Bösen überlassen? Oder sind wir Christen alle lässig geworden und schwach im Glauben, daß wir nicht mehr dessen bergeversetzende Kraft verspüren? Ist das Salz schal geworden und der Sauerteig fade, daß die Welt nicht mehr durch diese Kraft vor Fäulnis bewahrt und innerlich umgestaltet werden kann?

Vielleicht liegt eine zwingende Logik im Geschehen dieser Tage. Wo das Gesetz der göttlichen Ordnung (d. i. der Bergpredigt – Red.), die auf Wahrheit, Gerechtigkeit und Liebe das Zusammenleben der Menschen gründet, verlassen wird, gibt es nur Krieg und Untergang. Dann ist, was wir erleben, die Generalprobe des Weltgerichts."

Metzger weist dann darauf hin, daß, was er sieben Jahre zuvor an den Vorgänger Pius XII. geschrieben habe, um den Anfängen zu wehren, die ein hemmungsloses Wettrüsten erkennen und eine weitere Weltkatastrophe ahnen ließen, nun im Jahre 1939 leider in großem Ausmaß schon eingetroffen sei. Aber auch hier blieb die mahnende Stimme Metzgers einsam. Sie mahnt aber noch uns, die Friedensbotschaft der Bergpredigt auch heute nicht leichtfertig abzutun.

In dieser Gesinnung trat Metzger vor seine Richter. Er ahnte wohl, daß er bei diesen wenig Verständnis für seine Gedanken des Friedens finden werde, wenn er am Schluß der Verteidigungsschrift gegenüber dem Untersuchungsrichter äußert: „Ich weiß, daß das hohe Gericht die Gedankengänge, die ich hier entwickelt habe, nicht anerkennt. Aber es wird mir gewiß die Achtung nicht versagen können ... Es wäre gewiß eine furchtbare Tragik, wenn ein Mann, der uneigennützig sein Letztes einsetzt, um seinem Volk in der Stunde der Not zu dienen, die Ehre als Deutscher genommen bekäme und zum Verbrecher gestempelt werden müßte".[21]

---

[21] D 7

Metzger hat 1938/39 die ökumenische Bruderschaft „Una Sancta" gegründet. Die ökumenische Arbeit war nun sein großes Arbeitsfeld geworden. Sie forderte seine ganze Schaffenskraft. Das ging soweit, daß man ihm sogar vorzuwerfen schien, er vernachlässige dafür seine Christkönigsgesellschaft in Meitingen. Metzger tritt in seinem „letzten Willen" aus dem Gefängnis diesem Vorurteil entgegen. Sein Einsatz für die Una Sancta wie der Aufbau der Christkönigsgesellschaft gelte demselben *Dienst für die Einheit der Kirche.*[22] In den vorliegenden Dokumenten aus der Gefangenschaft sind zwar Zeugnisse seiner ökumenischen Versöhnungsanstrengungen nicht so häufig, der ökumenische Geist begleitet aber Metzger nichtsdestoweniger in dieser Zeit. Zwei schöne Zeugnisse dafür sind das Gedicht „Una Sancta" und das „Gebet um Einheit".[23] Metzger konnte sich während seiner Haft in seiner ökumenischen Gesinnung bewähren. Diese blitzt hin und wieder plötzlich auf. So schreibt er in einem Brief an die Schwestern, für einige Tage sei der Vorsitzende des Deutschen Freidenkerbundes sein Zellengenosse gewesen und er habe eine hohe Achtung vor diesem bekommen, und er fährt fort: „Ich fand in ihm einen Charakter, der vornehm und gerecht urteilte und gute Kameradschaft pflegte ... Ja, ich möchte irgendwie einen solchen Menschen mehr zur Gemeinde Christi rechnen als viele Getaufte, deren Seele unberührt geblieben ist vom heiligen Pneuma Christi".[24] Aber es fehlt in dieser Zeit der Gefangenschaft auch nicht an grundsätzlichen Überlegungen zur Lage der Einheit der Christen. Immer wieder ist auf das Schreiben Metzgers an Pius XII. vom Advent 1939 zurückzukommen. Es ist das bewegende Dokument eines Rufers zur Einheit der Christen und kann als ein Höhepunkt der langen Entwicklung des Reifens und Fruchtbarwerdens ökumenischer Überzeugungen Metzgers angesehen werden.

---

[22] B 40
[23] B 78–79
[24] B 40

Friedensarbeit in der Welt und Versöhnungsbestreben unter den Kirchen lassen sich aus ein und derselben Wurzel in Metzgers Persönlichkeit erklären. Manche Historiker haben daraus eine Zwiespältigkeit in der Person Metzgers konstruieren wollen. Nach ihnen wäre er mit seiner Friedensarbeit gescheitert; er hätte erkannt, daß seine Bemühungen um den Frieden vergebliche Liebesmühe waren, und er hätte sich deshalb dem erfolgversprechenden Gebiet der Ökumene zugewandt. In der Tat haben die ökumenischen Bemühungen offensichtlich nach seinem Tode mehr Frucht getragen als seine Friedensarbeit. Aber es gilt zu erkennen, daß die Spaltung der Kirchen für Metzger schon von Anfang an ein Ärgernis war und er um eine künftige Versöhnung der Kirchen bemüht war. Das belegt unzweifelhaft ein Programmwort aus dem Zettelkasten des Studenten, wo unübersehbar für das Leben festgehalten wird: „Versöhnung der christlichen Konfessionen".[25] Allerdings bedurfte es einer gewissen Zeit, bis diese tiefsitzenden ökumenischen Antriebe Metzgers auch an die Öffentlichkeit kamen.

Es seien nur einige wenige Stationen dieses ökumenischen Lebensweges im Dienst der Einheit der Kirchen gedeutet. Seit 1923 beschäftigte sich Metzger verstärkt mit Fragen der Ökumene. Er betonte immer wieder, wie sehr es ihn in der damaligen Weltsituation bedränge, daß im christlichen Abendland das Vermächtnis des Herrn, „daß alle eins seien", pervertiert war. So verwundert es nicht, daß Metzgers ökumenische Antriebe aus seiner Friedensarbeit erwuchsen. Eine erste größere Initiative dafür läßt sich auf dem ersten Internationalen Kongreß des Versöhnungsbundes 1923 in Nyborg erkennen. Dort waren Metzger und Hermann Hoffmann die einzigen katholischen Theologen; dort scheint ihm aufgegangen zu sein, wie sehr der Frieden in Europa mit dem Frieden unter den Konfessionen zusammenhing. Er berief deshalb während des Kongresses eine Versammlung aller etwa fünfzig anwesenden Theologen ein, um eine gemeinsame Erklärung über Kirche und Krieg zu verabschieden. Wie der ebenfalls anwesende Professor Hoffmann konstatierte, war dies die

---

[25] M. Möhring, Täter, a.a.O., S. 34

erste Erklärung kirchlicher Kreise und die erste überkonfessionelle Äußerung zu diesem Thema. Von Nyborg angeregt, veranstalte Metzger dann im Juni 1924 in Graz eine Diskussion zum Thema „Die Protestanten und wir". Er selbst hielt ein fast zweistündiges Eröffnungsreferat. Er rief zum gegenseitigen Verständnis als erstem Schritt der Annäherung der Kirchen auf. Als er dann äußerte, das Ziel der Gemeinschaft aller Christen sollte in der Rückkehr zur katholischen Kirche gesehen werden, kam es zu einer heftig geführten Debatte. An dieser Stelle bemerkte Metzger selbst, daß dieser Weg der Bekehrung tur römisch-katholischen Kirche für die anderen Kirchen kaum gangbar wäre. Jedenfalls ist festzustellen, daß er später nie mehr eine solche ausdrückliche Forderung erhob. Aber durch diese anfänglichen Schwierigkeiten ließ er sich in seinen weiteren ökumenischen Bestrebungen nicht beirren.

Eine grundlegende Erfahrung mit der Weltkirche wird man mit dem Jahr 1927 verbinden dürfen. Damals nahmen Metzger und Prof. Dr. Hermann Hoffmann als einzige katholische Vertreter an der bedeutsamen Weltkirchenrats-Konferenz in Lausanne teil. Dort dürfte ihm die Lage der Kirche Jesu Christi offen vor Augen geführt worden sein. Er war nach Lausanne gereist, obwohl man diesen seinen Vorstoß in katholischen Kreisen gar nicht gerne sah. Rom hatte ihm die Erlaubnis für den Fall erteilt, daß der Bischof von Lausanne zustimme. Dieses war geschehen. Metzger hinterließ einen Bericht über die Konferenz, in dem er bemerkte, daß ihm „täglich persönliche Aussprachen mit führenden Vertretern von Ost und West" möglich waren.[26] Er kommt zu dem Schluß: „An uns Katholiken ist es, alle Einigungsbestrebungen, wo sie auch zunächst ohne uns in Angriff genommen werden, mit allem Wohlwollen und dem schuldigen Interesse zu verfolgen". Metzger verfolgte dann aus der Ferne die Kirchenkonferenz in Stockholm mit großem Interesse.

Im Winter 1938/39 gründete Metzger eine Bruderschaft mit dem Namen „Una-Sancta". In diesem Winter war Metzger besonders von dem Vers Jo 17,21 „Daß alle eins seien" gepackt worden. Die Schriftstelle verfolgte ihn bis in den Schlaf. Er litt darunter,

---

[26] Folgende Dokumente sind im Archiv Meitingen

daß dieses Testament des Herrn noch nicht erfüllt ist. Immer wieder sprach er mit seinen nächsten Mitarbeitern darüber, schrieb Priesterfreunden und suchte Wege des Gesprächs. Schließlich verfaßte er einen Zettel mit drei Einheitsgebeten, darunter auch das Hohepriesterliche Gebet aus Jo 17, ließ ihn drucken und im Januar 1939 durch Mitglieder seiner Gesellschaft an Kirchentüren unter das Volk verteilen. Auch schrieb er zahlreiche Artikel. In „Die Einheit der Christenheit als Gegebenheit und Aufgabe" formuliert er etwa die gemeinsame Grundlage der christlichen Kirchen:

„... Wir bekennen alle einen lebendigen, persönlichen Gott, Schöpfer des Himmels und der Erde. Wir glauben an ihn als den VATER aller Menschen ... Wir bekennen einen Herrn und Mittler, der zwischen Gott und den Menschen steht ... Wir glauben an ihn als den Erlöser aller Menschheit, dessen Kreuzestod das befreiende Liebesopfer ist, durch das alles Heil kommt ... Wir erwarten seine Wiederkunft als Richter der Lebenden und Toten, als Vollender des Reiches ... Wir glauben an dieses ‚Reich Gottes', das ein Reich gnadenhafter Erwählung ist, in dem die einzelnen durch Taufe und Glaube Heimatrecht erhalten, in dem sie sich bewahren sollen durch die Früchte des Heiligen Geistes, in dem alle verbunden sind durch eine Gemeinschaft der Heiligen.

Wir ‚Christen' aller Denominationen tragen den Namen unseres Herrn. Wir beten alle sein Gebet (das ‚Vater unser'). Wir danken ihm alle die gleiche ‚Frohe Botschaft' und hüten als deren vornehmsten Ausdruck ‚das Buch', die Schriften des Alten und Neuen Testaments, die dem gleichen Geist entstammen.

Eine jahrtausendealte gemeinsame Geschichte hat uns ein gemeinsames religiöses und ethisches Erbgut hinterlassen. All das ist ‚christliche Einheit' als eine unbezweifelbare Realität ...".

Zu Pfingsten 1939 wandte sich Metzger in einer Postwurfsendung an alle evangelischen Pfarrer Deutschlands und lud sie zu gemeinsamen brüderlichen Gesprächen ein. Das Schreiben beginnt: „Im Herrn geliebter Mitbruder! Nie drängt sich mir das Hohepriesterliche Gebet des Herrn (Joh 17) eindringlicher ins Bewußtsein als in diesen Tagen vor Pfingsten. War's nicht in jenen Stunden, daß er seinen Jüngern den Parakleten verhieß, das heilige Pneuma? Erwartete er nicht von ihm, daß er die Seinen alles lehren werde, was sie vorher nicht zu fassen vermochten? Erwartete er von ihm nicht auch die Erfüllung seines stürmischen Verlangens, ‚daß alle eins würden ...'? Leiden Sie nicht mit mir, mein Bruder, daß das Herzensanliegen des Herrn so wenig sinnfällig verwirklicht ist? Litten wir nicht darum, wir wären wahrlich seine Jünger nicht ...". Das Echo auf die Postwurfsendung war groß und meist positiv, wenn auch Stimmen darunter waren, die hinter dem Schreiber „einen gewissen Agenten der ‚Propaganda fidei'" oder einen „schlauen Jesuiten" vermuteten.

Seit dieser Zeit kamen in Meitingen ökumenische Tagungen mit Theologen verschiedenster Konfessionen zustande. Man kann sagen, diese Treffen in Meitingen waren die ersten großen ökumenischen Begegnungen der Kirchen in Deutschland, die Vorgänger der ökumenischen Tagungen, die bald nach dem Krieg organisiert werden sollten. Die erste Begegnung fand an Pfingsten 1939 statt. Sie hatte ein erstes Gespräch und eine erste Annäherung unter den Kirchen zum Ziel. Ihr Erfolg wurde von allen Seiten anerkannt. Zur zweiten Tagung im August 1940, ebenfalls in Meitingen, die wegen ihres Erfolges im November in Berlin wiederholt wurde, hatte man sich bereits an das ambitionierte und kontroverse Thema „Kirche" herangewagt. Metzger war der von allen Seiten anerkannte Motor dieser Treffen. Er beteiligte sich selbst jeweils durch Vorträge an ihnen. Sein Bestreben läßt sich etwa aus seinen folgenden Aussagen ersehen:
„Wäre es nicht wahrhaft christlich, katholisch und evangelisch zugleich, dort noch einmal anzufangen, wo man einst den gemeinsamen Weg Christi verlassen hat, sich wieder zu besinnen auf das grundlegende Gemeinsame des einen Glaubens und der einen Taufe? Die Rettung aus der Not, die, Gott sei Dank, immer mehr Menschen auf der Seele brennt, ist nur gegeben in dem einen: Christus in seiner Wahrheit, seiner Liebe. Fort mit aller Rechthaberei, die nicht Christus sucht, sondern den Sieg der eigenen Meinung. Fort mit allen Vorurteilen, die hüben und drüben durch die Jahrhunderte geschleppt werden, mögen sie auch noch so oft wissenschaftlich erledigt worden sein ... Vertrauen zum guten Wollen, zu echter Bereitschaft des andern ist Pflicht der

Wahrhaftigkeit und Gerechtigkeit, solange nicht das Gegenteil klar bewiesen ist. Demut tut not ... Es ist kein Zweifel, daß bei gegenseitigem guten Willen vieles beiseite geschafft werden könnte, was uns heute scheidet ...".

Die Una-Sancta-Kreise breiteten sich über ganz Deutschland aus. Es ist eine Tragik der Geschichte, daß Metzger durch eine Sympathisantin des Kreises in Berlin verraten wurde. Dagmar Imgart war eine getarnte Agentin und lieferte Metzger 1943 der Gestapo aus. Das kam nicht ganz von ungefähr. Denn ein Mann wie Metzger, der beide Großkirchen in Deutschland mobilisierte, war für die Gestapo subversiv. Metzger siedelte nach Berlin über, um der Überwachung zu entgegehen und seine ökumenischen Initiativen ruhig weiterverfolgen zu können. Am Ende schnappte die Falle zu.

Das Schreiben an Papst Pius XII. kann als Metzgers großes ökumenisches Vermächtnis seiner Bestrebungen der damaligen Zeit und als bewegende Gedenkschrift für unsere Zeit angesehen werden. Metzgers Gedanken waren zur Zeit seiner Gefangenschaft in keiner Weise getrübt, sondern strahlten im Gegenteil eine ungemein helle Klarheit aus. Dieser Brief ist eine Programmschrift der Ökumene, in der alle wesentlichen Gedanken Metzgers zur Einheit der Kirchen noch einmal festgehalten sind und in prophetischer Schau für die Zukunft fortgeschrieben werden.

„Ich könnte mir denken, daß Ew. Heiligkeit etwa zwölf Männer Ihres Vertrauens, anerkannte kirchliche Persönlichkeiten von bewährten theologischem Wissen, festem Glauben und zugleich entsprechender Geistesweite, Demut und Liebe, bestimmen könnten, zumeist den Ländern entstammend, in denen die kirchliche Trennung sich auswirkt – und daher den dadurch aufgeworfen Fragen nahe –, die sodann im Auftrag Ew. Heiligkeit mit einer gleichen Anzahl führender Vertreter der getrennten kirchlichen Gemeinschaften eine erste Fühlungsnahme versuchen sollten. Es müßte dabei mit größtem Bedacht und mit sorgfältiger Auswahl der geeigneten Persönlichkeiten vorgegangen werden. Aber es würden zweifellos aus allen getrennten Gemeinschaften in Deutschland, England, Amerika, den nordischen Ländern sowie vor allem auch dem Orient ernsthafte und wohlmeinende und dabei ins Gewicht fallende Persönlichkeiten zu finden sein, die ein erstes vertrauliches Gespräch beginnen könnten und wollten. Vielleicht würde Assisi der geeignete Ort sein, wo der Geist des von allen Christen ohne Unterschied verehrten Poverello eine Atmosphäre des Friedens und der Versöhnung begünstigen würde. Der Zweck dieser ersten Aussprachen müßte sein eine objektive Bestandsaufnahme der tatsächlichen Schwierigkeiten sowie auch der offenbarwerdenden Möglichkeiten der Annäherung. Die Gutachten der von Ew. Heiligkeit beauftragten Vertrauenspersonen müßten dann in einer von Ew. Heiligkeit zu bestellenden römischen Kommission eingehend bearbeitet werden, um so die Voraussetzung zu schaffen für die Verwirklichung des großen Planes, der das Werk – zu der von Gott gewollten Zeit – krönen würde: die Einberufung eines allgemeinen Konzils, das der neugeeinten Kirche das neue Gesicht zu geben berufen wäre."[27]

## *Die „Christkönigsgemeinschaft" und die „Theologische Abhandlung" (1943/44) über die Kirche*

Die ökumenische Arbeit führte Metzger zum tieferen Verständnis des Wesens der Kirche. Nachdem er schon 1940 für die Una-Sancta eine größere Abhandlung „Die Kirche" niedergeschrieben hatte, findet Metzgers Sicht schließlich in der „Theologischen Abhandlung" über die Kirche von 1943/44 ihren schönsten Ausdruck.[28] Aber hinter Metzgers Schrift steht noch ein weiteres Motiv. Metzger war nicht nur der überfliegende Fantast, der in schönen Ahnungen von der kommenden Zeit etwas vorweggenommen hätte, er war auch ein unnachgiebiger Praktiker. Er wußte genau, daß die schönsten Ideen keinen großen Wert haben, wenn sie nicht in die Wirklichkeit umgesetzt werden. So hat Metzger immer Gruppen und Kreise um sich gehabt, wo seine

---

[27] B 23

[28] Zuerst veröffentlicht in M. Möhring, Täter, a. a. O., S. 231–302; dann in „Maran Atha". Zum 25. Todestag von Dr. Max Josef Metzger. Kyrios-Verlag Meitingen 1969, S. 33–115

Überzeugungen gelebt werden sollten. Vor allem war er überzeugt, daß das Evangelium nur konkret und in Gemeinschaft gelebt werden könnte. Dazu gründete er bereits 1919 in Graz die „Missionsgesellschaft vom Weißen Kreuz", die im „Christkönigs-Institut" in Meitingen bei Augsburg noch heute existiert. Metzger hatte mit dem Christkönigs-Institut so etwas wie seine Kirchenvorstellung en miniature oder, wie er sie wiederholt nannte, eine „ecclesiola in ecclesia" im Sinne. Er erkannte, daß auch sein großes Kirchenmodell, das er aus dem Geheimnis des unergründlichen Heilswillens Gottes entworfen hatte, nicht gleich volle Zustimmung erhalten würde. Aber Metzger wollte eine kleine Modellkirche gründen, damit ihr Wesen sichtbar in der Welt dastehen werde. Metzger dachte an einen modernen „Orden in der Welt" für Männer und Frauen. Er selbst formte seine junge Gemeinde im Geist des Evangeliums; er forderte Selbstbekehrung und den Einsatz aller Kräfte für soziale Aufgaben und zum Aufbau des Reiches Gottes. Metzger arbeitete vorbereitend mit am Zustandekommen einer kirchlichen Rechtsform für diejenigen religiösen Gemeinschaften, die – wie er – nach neuen Formen suchten für ein „gottgeweihtes Leben inmitten der Welt". Einige Briefe der vorliegenden Ausgabe machen deutlich, wie ernsthaft Metzger selbst in der Zeit des Gefängnisses um den rechten Geist und die angemessene Gestalt dieser Gemeinschaft rang. Erst drei Jahre nach seinem Tode (1947) gab die Kirche diesen neuartigen Gemeinschaften unter dem Begriff „Säkularinstitute" einen kirchlichen Rechtsstatus. Seitdem strebte die Christkönigsgesellschaft nach der kirchlichen Anerkennung als Säkularinstitut und wurde schließlich 1969 unter dem Namen „Christkönigs-Institut" als Säkularinstitut kirchlich errichtet.

Diese Zusammenhänge werden an Metzgers „Theologischer Abhandlung" besonders anschaulich, also an jenem tiefsten Werk Metzgers, das sich mit dem Geheimnis der Kirche befaßt. Metzger wollte zum 25. Gründungsjubiläum der Christkönigsgemeinschaft am Herz-Jesu-Fest 1944 – wir erinnern uns an die Gründung 1919 in Graz – dem Institut in Meitingen so etwas wie eine Festschrift zukommen lassen. Darin sollten die Grundlagen der Gemeinschaft theologisch und spirituell erhellt und ihre Grundsätze niedergeschrieben werden. Es mag angemerkt sein, daß sich das Christkönigs-Institut Meitingen heute vor allem auf dieses theologische Vermächtnis stützt. Inzwischen war Metzger in Berlin aber schon inhaftiert und auch schon verurteilt worden. Ein Großteil der Theologischen Abhandlung ist in der Todeszelle entstanden. Sie wurde mit gefesselten Händen niedergeschrieben. Im Meitinger Archiv ist das Originalheft aufbewahrt; es zeigt die ganze Mühe und Sorgfalt, die Metzger in Schrift und Gedanke verwandt hat, um sein geistliches Vermächtnis niederzulegen. Metzger konnte seine Abhandlung drei Wochen vor seiner Hinrichtung vollenden. Er übergab sie dem damaligen Gefängnispfarrer Peter Buchholz bei dessen letztem Besuch in der Todeszelle. Große Erleichterung spricht aus einem der Abschiedsbriefe Metzgers, daß er seine Überlegungen zur Kirche noch abschließen und seiner Gemeinschaft zum Fest anvertrauen konnte[29]. Denn deswegen hatte Metzger die Abhandlung über die Kirche in Angriff genommen. Aber um zu begreifen, was diese seine Gründung wollte, mußte er in einem ersten Teil zuerst das Geheimnis der ganzen Kirche Jesu Christi betrachten. Es ist jener prophetische Teil, der auf das II. Vatikanische Konzil vorausweist. Im zweiten Teil aber hat Metzger dargelegt, wie die von ihm begründete Gemeinschaft in Grundzügen das Wesen der Kirche en miniature leben will. In allem sei Christus Herr und König; seine Gemeinschaft nennt er Christkönigsgesellschaft, „Orden der Zukunft", wie er die wegweisende Gründung selbst charakterisiert.

In der Tat scheint mir die theologische Sicht der „Theologischen Abhandlung" auf der Ekklesiologie des II. Vatikanums und besonders auf die dogmatische Konstitution „Lumen gentium" vorauszuweisen. Metzgers theologische Überlegungen hatten allerdings keinen Einfluß auf die Kirchenkonstitution, weil die „Theologische Abhandlung" erstmals in der Dissertation von Marianne Möhring unter A. Franzen im Jahre 1966 publiziert worden ist. Eher spiegelt die „Theologische Abhandlung" in sich einen Strom der Theologie der ersten Hälfte dieses Jahrhunderts, der erst im II. Vatikanum so recht zur Geltung gekommen ist.

---

[29] B 89

Metzger hat im Anschluß an diese Theologie ein ganzheitliches Bild von der Kirche entworfen, das in vielem an das II. Vatikanum erinnert.

Metzger gehört wohl in die Reihe jener Theologen der ersten Hälfte dieses Jahrhunderts, die zum einen in der ökumenischen Theologie engagiert waren und zum anderen sozusagen als Konsequenz daraus wesentliche Gedanken zur Ekklesiologie vorgetragen haben. Ökumenische Theologie zu betreiben war zu Zeiten Metzgers keine Selbstverständlichkeit. Theologen wie Max Pribilla (1874–1956), Arnold Rademacher (1873–1939), Robert Grosche (1888–1967), Mathias Laros (1882–1962), Karl Adam (1876–1966) oder Yves Congar gehörten zu ihnen und wurden von Metzger hoch geschätzt. Sie alle haben Untersuchungen zur Kirche vorgelegt: A. Rademacher, Die Kirche als Gemeinschaft und Gesellschaft (1931), R. Grosche, Pilgernde Kirche (1938), K. Adam, Das Wesen des Katholizismus (1924), Y. Congar, Chrétiens désunis (1937). Sie und andere werden in den Fußnoten der Theologischen Abhandlung genannt oder müssen für deren Verständnis mitbedacht werden. Dazu wären ebenso zu nennen R. Guardini, Vom Sinn der Kirche (1922), oder kurz zuvor erschienen M. D. Koster, Ekklesiologie im Werden (1940) und K. Feckes, Das Mysterium der heiligen Kirche (1935). Metzger kannte sich in diesen Werken gut aus, wenn er in seiner Studie auf sie hinwies, obwohl er keines der Bücher in der Todeszelle zur Verfügung hatte. Diese ekklesiologischen Entwürfe dürften alle bedeutsam geworden sein für die Geschichte der Theologie bis hin zum Vatikanischen Konzil.

Welche wesentlichen Grundzüge sind es nun, die zu einem Vergleich der „Theologischen Abhandlung" mit dem Kirchenbild des Vatikanums berechtigen? Ich muß mich auf Grundzüge beschränken. Ein erster Hinweis ergibt sich aus der theologischen Sprache, wie Metzger von der Kirche redet. Er will ausdrücklich in der Sprache der Bibel und der Väter reden, wie er selbst unterstreicht: „Wenn von ‚Kirche' die Rede ist, bedarf es einer genaueren Herausarbeitung dessen, was damit gesagt sein will, und zwar grundlegend auf Grund der – nicht ‚definierenden' (abgrenzenden), sondern bildhaft beschreibenden – Ausdrucksweise der Heiligen Schrift; diese Schau der Kirche haben die ‚Väter' übernommen und entfaltet und die Theologen begrifflich weiterentwickelt, ohne bisher zu einer abschließenden ‚Ekklesiologie' gelangt zu sein"[30]. Metzger gebraucht zur Beschreibung der Kirche dann vor allem die biblischen und patristischen Bilder, wie sie uns aus der Kirchenkonstitution bekannt sind.

Ein zweiter Gesichtspunkt ergibt sich aus dem eigentlich theologischen Ansatz Metzgers für das Verständnis der Kirche. Nach ihm ist Kirche zuerst Kirche Christi. Sie ist universales Zeichen des Heils für die ganze Welt. Es ist Jesu Wille, das „Reich Gottes" auf Erden zu verwirklichen. Die konkrete Kirche ist nicht schon identisch mit dem „Reich Gottes", sondern in dessen Dienst gestellt. Es ist unübersehbar der ökumenische Antrieb Metzgers, der ihn auf der Universalität des Heilszeichens der Kirche bestehen läßt: „Die ganze Menschheitsgeschichte ist im Grunde Heilsgeschichte, eine einzige ‚Heilsökonomie', eine von Gottes Weisheit und Liebe bestimmte, wenn auch von den Menschen in den Einzelheiten nicht durchschaubare Heilsführung, in der alle Weisen und Seher, Philosophen und Dichter, Propheten und ‚Heilige' aller Völker, von Gott her gesehen, ihre Funktion hatten, wenn auch vielleicht zunächst nur als Wecker einer Sehnsucht ... als Kinder einzelner Wahrheiten, die wie verstreute Lichtstrahlen auf die Sonne als ihre Quelle hinweisen, in der einmal ‚das Licht' der Menschheit erscheinen sollte ... Die ganze Menschheit ist gemeint von Gott mit seinem Heilsplan. ‚Gott will, daß alle Menschen selig werden' (1 Tim 2,4)"[31]. In diesem universalen Heilsplan hat die Kirche als pilgerndes Volk Gottes ihre bestimmte Sendung: „Diese seine Kirche ist nicht das ‚Reich Gottes', aber in ihr und durch sie soll in dieser Weltzeit das Reich Gottes Wirklichkeit werden, soweit dies eben möglich ist in einer Welt, in der alles noch ‚Stückwerk' ist und bleibt – eigentliche, volle Wirklichkeit wird das Reich Gottes erst, wenn der Kyrios als Richter seiner Kirche und der Welt wiederkommt ... Dann hat die sehnsuchtsvolle Adveniat-Bitte der pilgernden Kirche ihre ei-

---

30 „Maran Atha", a. a. O., S. 38

31 Ebd., S. 39

gentliche Erfüllung gefunden ..."[32]. Dem Kirchenbild des II. Vatikanums liegt ein ähnlicher theologischer Ansatz zugrunde.

Der dritte Grundzug ergibt sich aus diesem theologischen Ansatz. Er prägt nun die Gestalt der Kirche insgesamt, wie sie von Metzger im einzelnen ausgeführt wird. Die Stichworte der „Heilsgeschichte", d.i. des „pilgernden Gottesvolkes" hier auf Erden und der insgesamt „eschatologischen" Verfassung der Kirche, sind dazu schon gefallen. Diese Sicht läßt Metzger ein Bild der Kirche entwerfen, wie es wohl erstmals dann in „Lumen gentium" offiziell festgehalten worden ist. Metzger spricht schon von der „Kirche ab Abel", wenn er die heilsgeschichtliche Betrachtung auszieht: „Die ganze Menschheit ist daher auch von Gott gemeint mit dem Plan der ‚Kirche', denn ‚in Christus wollte er alles im Himmel und auf Erden wieder unter einem Haupt zusammenfassen'. Hier haben wir den universalsten Begriff von ‚Kirche', der ‚Kirche von Anbeginn', zu der als ‚Auserwählte' nicht nur je 12 Tausend aus allen 12 Stämmen Israels, sondern eine unzählbare Schar aus allen Völkern, Stämmen, Rassen und Sprachen gehören".[33] Metzger weiß gut, daß dies zwar nur der allgemeinste Begriff von Kirche ist, aber das Bewußtsein von ihr ist zu seiner Zeit wohl schon erstaunlich. Bedenkenswert auf dem Hintergrund des Vatikanums wäre dann ebenso der Weg, auf welchem Metzger theologisch bis zur konkreten katholischen Kirche hinführt.

Der erste Teil der Theologischen Abhandlung mündete schließlich in die drängende Frage nach dem Geheimnis der Kirche, näherhin in die Frage nach der „sichtbaren" und der „unsichtbaren" Kirche. Sie hatte Metzger durch die Jahre hindurch vor allem im ökumenischen Gespräch bedrängt. Von ihr hängt offensichtlich eine Beurteilung der Zugehörigkeit zur Kirche ab. Metzger hatte dazu in der Gefangenschaft noch eine eigene Abhandlung verfaßt. Auch beim II. Vatikanum trat diese Frage in den Mittelpunkt. Hier sei an Artikel 8 von „Lumen gentium" erinnert. Hinzuweisen wäre nicht weniger auf das trinitarische Ur-

---

[32] Ebd., S. 37

[33] Ebd., S. 39

sprungsgeheimnis der Kirche oder auf die Neuformulierungen der Wesensmerkmale der „einen, heiligen, katholischen und apostolischen Kirche", auf die Metzger besondere Sorgfalt legte. Schließlich sind seine Ausführungen zu dem Platz der Orden und vor allem zu seinem modernen „Orden der Zukunft", die Christkönigsgesellschaft, sicher zukunftsweisend, wenn er im zweiten Teil der „Theologischen Abhandlung" seine Schau der Kirche nun auf die kirchlichen Gemeinschaften, die „ecclesiolae in ecclesia", anwendet.

Es mag aus den Ausführungen nun genug hervorgegangen sein, wie sehr für Metzger das Geheimnis der Kirche in die Mitte seiner eigenen Bemühungen treten mußte. Auf die Schau der Kirche Christi hin und in diesem Licht der Gründung seiner Christkönigsgesellschaft hatte sich das Lebenswerk Metzgers zum Ende hin konzentriert. Aus der prophetischen Schau des Geheimnisses der Kirche schöpfte er von nun an Kraft und nahm er seine ganze Hoffnung. In der „Theologischen Abhandlung" aus der Todeszelle ist nie ein Zittern und Zagen festzustellen, im Gegenteil breitet Metzger mit unerhörter Klarheit seine Gedankenwelt zur Kirche aus. In der Kirche also hatte Metzger zum Schluß so etwas wie die rettende Stätte gefunden.

Von daher ist es zu verstehen, wie sehr es Metzger getroffen haben muß, als man ihm auch diese letzte Hoffnung noch nehmen wollte. Die Szene aus dem Augenzeugenbericht von Frau Martha Reimann, die neben einer anderen Schwester und einem Vertreter aus Freiburg beim Prozeß gegen Metzger vor dem Volksgerichtshof dabei sein konnte, ist bekannt. Sie erzählt: „Ich sehe alles noch deutlich vor mir. Die große Tribüne in der Aula des Gymnasiums in der Bellevuestraße in Berlin, Sitz des Volksgerichtshofes. Die Wände der Tribüne waren ringsherum ausgeschlagen mit roten Hakenkreuzfahnen. Der lange Richtertisch in der Mitte der Tribüne, die Richter in den blutroten Samtroben. Links und rechts die „Volksrichter" in brauner Uniform. Rechts der Reichsanwalt. Links die Anklagebank, auf der du Platz genommen hattest, und dahinter die Bewachungspolizei. Noch heute spüre ich die lastende Atmosphäre, schwer und drückend von lauernder Böswilligkeit. Ich höre noch das fanatische Geschrei des Richters Freisler und die Lachsalven der 300 Zuschauer, wenn ein zynischer Witz über das ‚Opfer' niederging. Aber ich höre auch noch – und ich werde es nie vergessen –, daß das Wort Christus laut und deutlich und selbstverständlich in diese dämonische Atmosphäre hineingesprochen wurde. Freisler, in solchen Prozessen ein großartiger Schauspieler, ließ seine bekannten Register spielen ...: ‚Dann haben Sie also die ‚Una Sancta' gegründet, und dann wohl auch noch die ‚Una Sanctissima', höhnte er mit gereiztem Ton. „Una Sancta', was ist das?' Der Saal ist atemlos still, als Metzger es näher auszuführen beginnt: ‚Christus hat nur eine Kirche gegründet ...'. Dieses Wort Christus in der dämonischen Atmosphäre des Gerichtshofes ... Stein des Anstoßes! Freisler tobt, höhnt, brüllt. ‚Una Santa, Una Sancta ... una (seine Stimme stockt) ... una ... das sind wir, und sonst gibt es nichts[34]".

Mächtiger konnten zwei Welten wohl kaum aufeinanderprallen: Metzgers Glaube an das Reich Gottes, das nicht von dieser Welt ist, und des Nazirichters Freislers Arroganz, das Reich Gottes für die Naziherrschaft zu beanspruchen.

## *Lebensopfer*

Ein Mann wie M. J. Metzger mußte den Mächtigen des Naziregimes ein Dorn im Auge sein. Dieser Mann war wegen seiner pazifistischen Gesinnung seit Jahren bekannt; er predigte die Völkerverständigung und verurteilte scharf jede Form des Rassismus., Er sprach so vom „Reich Gottes", daß es ein Affront gegen das „Tausendjährige Reich" auf Erden sein mußte. Er bemühte sich um die Einheit der Kirchen und brachte in Deutschland die Konfessionen einander näher. Die Naziherrschaft reagiert sehr schnell auf seine suspekte Person. Eine kleine Denkschrift zum Thema Kirche und Staat genügte, um Metzger bereits 1934 ins Gefängnis von Augsburg zu bringen. 1939 war man im Umkreis des Attentates auf Hitler im Bürgerbräukeller in München schnell zur Hand,

[34] „Maran Atha", a. a. O., S. 127–128

Metzger ein zweites Mal zu inhaftieren. Zuletzt wurden die Tagungen, die von Metzger veranstaltet wurden, systematisch überwacht; es wurde ihm verboten, Druckschriften zu veröffentlichen und in Umlauf zu bringen. Metzger wollte diesem Druck entkommen und siedelte deshalb nach Berlin um. Dort ereilte ihn schließlich der Verrat und das Todesurteil.

Metzger war sich klar, daß ihm die äußeren Umstände sehr entgegenstanden. Aber auch mit den Lebensaufgaben, die er sich gestellt hatte, ging es zögerlich voran. Den Zeitumständen entsprechend, konnte die Sache des Friedens schon gar nicht und die Verbreitung des Reiches Gottes auf Erden nur schwerlich vorankommen. Zudem war die Arbeit Metzgers zeitlebens von Mißverständnissen zu seiner Person und zu seinem Werk begleitet – ein Kapitel, das eigens behandelt werden müßte. So scheint Metzger zur Einsicht gekommen zu sein, daß sein Lebenswerk vielleicht nur auf eine einzige Weise zu Ende kommen könnte: durch sein Lebensopfer ... Und in der Tat verdichtet sich diese Überzeugung in den letzten Jahren zunehmend und wird in den Gefängnisjahren von Berlin geradezu zur bewußten Einstellung auf das Martyrium. Diese Einstellung setzte in Metzger offensichtlich noch einmal Kräfte frei, so daß er geradezu über sich hinauswuchs und am Ende als große leuchtende Märtyrergestalt vor denen stand, die ihn bis zuletzt begleiteten, ein Märtyrer, der mit bereitwillig offenen Händen sein Lebensopfer Gott anbot.

Herta Figelius vom Christkönigs-Institut hat einmal eine bewegende Dokumentation dieser inneren Entwicklung des Lebensopfers Metzgers zusammengestellt, wie sie sich in den Gefangenschaftsbriefen und Aussagen von Zeugen rekonstruieren läßt[35].

In jener zweiten Gefangenschaft 1939 in Augsburg scheint Metzger klar geworden zu sein, daß er zwar alle seine Kräfte für das Kommen des Reiches Gottes auf Erden einsetzen müsse, aber daß es durchaus sein könne, daß Gott dazu einen anderen Weg vorsehe. Er dichtete in der letzten Strophe des Gedichtes „Pfingsten“:

---

[35] „Ich habe mein Leben Gott angeboten“. Zum Gedenken an Dr. Max Metzger, Bruder Paulus, Christkönigsinstitut Meitingen 1984

„Doch wär's, daß nur um meines Lebens Preis
des Heil'gen Geistes Reich der Menschheit würde –
ich opfert's gern dem Heil der Welt ...
Herr! Nimm es an! Laß Pfingsten werden!"[36]

Darin ist wie eine Ahnung ausgesprochen, daß das eigene Lebensopfer vielleicht der höchste und letzte Einsatz sein könnte, den Gott von Metzger wollte. Aber es ist auch noch so etwas wie ein inneres Abwägen dabei, ob Gott dies wohl wolle. Sollte es Gottes Wille sein, dann würde Metzger gern zustimmen. Es wäre eine Zustimmung zum Martyrium.

Ganz anders gute zwei Jahre danach in einem geistlichen Testament, das Metzger Anfang der Fastenzeit 1942 den Brüdern und Schwestern der Christkönigsgesellschaft hinterlassen hat. Dort heißt es:

„Nichts könnte meinem Leben
einen sinnvolleren Abschluß geben,
als wenn ich für den Frieden Christi
im Reiche Christi mein Leben hingeben dürfte"[37].

Bei dieser Aussage war Metzger noch auf freiem Fuß. Aber schon beeindruckt die Klarheit, die er über sein Leben gewonnen hat. Er kann kaum mehr annehmen, daß seine Ziele zu einem natürlichen Abschluß kommen können. Die Herren dieser Welt werden es nicht zulassen. Aber da wäre noch die größte Gnade, die ihm geschenkt werden könnte, wie Metzger es sieht, wenn er sein Leben hingeben dürfte ... für den Frieden und für das Reich Christi. Diesen äußersten Lebenseinsatz wollte er für seine Sache noch wagen.

Aus diesen Andeutungen über sein vorausgeahntes Lebensende ist dann in den Gefängnissen von Berlin die starke und klare Gewißheit bei Metzger herangewachsen, wie sie uns heute auf dem Grabstein in Meitingen begegnet: „Ich habe mein Leben Gott angeboten für den Frieden der Welt und die Einheit der Kirche". Metzger hat darin das Vermächtnis seines Lebens erkannt und den Seinen immer wieder kundgetan. Er scheint an diesem Ver-

---

[36] B 16

[37] „Ich habe mein Leben Gott angeboten", a. a. O., S. 8.

mächtnis Sicherheit und Selbstgewißheit gefunden zu haben. Er hat es mit den gleichen Worten in den Tagen vor seiner Verurteilung durch den Volksgerichtshof in Berlin seinen Freunden in Briefen mitgeteilt und hat es in neuerlichen Briefen wenige Tage nach der Verurteilung aus Berlin immer wieder wiederholt: „Ich habe mein Leben Gott angeboten ..."[38] Erschütternd vor allem die Begegnung mit Frau Martha Reimann nach der Verurteilung im Souterrain der Schule, als Metzger, beide Hände nach hinten gefesselt und von der Polizei begleitet, weggeführt wurde. Frau Reimann schreibt, was Metzger ihr noch sagen konnte: „Nun ist es also geschehen. Ich bin ruhig. Ich habe mein Leben Gott angeboten für den Frieden der Welt und die Einheit der Kirche. Wenn Gott es annimmt, freue ich mich; wenn ER mir noch weiter das Leben schenkt, bin ich auch dankbar. Sagt allen Brüdern und Schwestern einen letzten Gruß, und seid nicht traurig. Das Christkönigsfest wird etwas schwer werden, aber singt trotzdem Alleluja. Und bleibt Eurem König Christus treu."[39]

Für Montag, den 17. April 1944, waren im Gefängnis Brandenburg-Görden 30 Hinrichtungen vorgesehen. 29 Namen waren bekannt; der Name Metzger wurde aus unbekannten Gründen verheimlicht. Metzger selbst hat etwa eineinhalb Stunden vor seinem Tod durch den Gefängnispfarrer von der Hinrichtung erfahren. In aller Eile hat er noch zwei Abschiedsbriefe geschrieben. Diese beiden Briefe blieben lange Zeit unbekannt, bis sie nach 26 Jahren in der DDR veröffentlicht wurden.[40] Sie liegen noch heute im SED-Archiv in Ostberlin. In den Briefen kann nun Metzger sein gewisses Ja zu seinem Lebensopfer geben. Er weiß, jetzt ist die Stunde gekommen. Der letzte Brief von Metzger lautet:

„Meine viellieben Brüder und Schwestern!
Nun will der Herr von mir das Lebensopfer. Ich sag mein frohes Ja zu seinem Willen. Ich hab' Ihm ja das Leben angeboten für den

[38] Ebd., S. 29–32
[39] D 15
[40] B 97–98

Frieden der Welt und die Einheit der Kirche – Er will es haben. Möchte Er es segnen!
Ich nehme von Euch Abschied, indem ich Euch um Verzeihung bitte für alles, worin ich Euch nicht das Beispiel war, an dem Ihr Euch zu Ihm gezogen fühlen konntet. Möchte ER nun Euer Hirte sein! Bleibt der SXPR treu! Möchte sie der Herr sich noch zum Werkzeug gestalten nach Seinem Willen!
Er muß König sein!
Ich muß schließen!
Der Herr segne Euch alle und gebe Euch ein frohes Herz zum Dienen!
Dient Ihm in den Brüdern!
Ich bin froh, daß ich Euch doch noch ein wenig geistiges Testament hinterlassen durfte. Wie Er will! –
In Te speravi!

In Treue bis zum Letzten!
Br. Paulus
v. d. göttl. Vorsehung."

M. J. Metzger wurde durch das Fallbeil hingerichtet. Der frühere Gefängnispfarrer Peter Buchholz gab 1952 in einer Ansprache das Zeugnis über ein Wort des Henkers ab, der ihm nach der Hinrichtung gesagt haben soll, er habe wohl „noch nie einen Menschen mit so frohleuchtenden Augen in den Tod gehen sehen" wie diesen katholischen Geistlichen ...[41] Metzger war sich seines Martyriums wohl gewiß und erstaunlicherweise froh.

[41] „Ich habe mein Leben Gott angeboten", a.a.O., S. 45

# Zu dieser Ausgabe

Ein besonderer Dank gilt dem Christkönigs-Institut und dem Kyrios-Verlag in Meitingen für das Überlassen der Materialien zu der vorliegenden vierten Auflage, sodann Frau Herta Figelius und Frau Annemarie Bäumler für die Durchsicht der Texte und Frau Annemarie Weiß für die gute Zusammenarbeit mit dem Archiv Meitingen. Die Kommentare zu den Briefen, soweit sie in der dritten Auflage von Frau Martha Reimann und Frau Herta Figelius besorgt worden waren, wurden auch in diese Auflage übernommen. Es sei noch angemerkt, daß sich Max Josef Metzger in der Korrespondenz oft als „Bruder Paulus" bezeichnete und er von seiner Christkönigsgemeinschaft „Vater Paulus" genannt wurde.

*Klaus Kienzler*

# I

## Erste und zweite Gefangenschaft

23. bis 26. Januar 1934
8. November bis 4. Dezember 1939

Erste Verhaftung in Meitingen wegen einer kleinen Denkschrift: „Die Kirche und das neue Deutschland", die Bruder Paulus verfaßt und an die Dekane der Klerus-Kapitel Deutschlands geschickt hatte. Bruder Paulus wurde nach Augsburg in das Gefängnis „Am Katzenstadel" verbracht.

Am Tag Pauli Bekehrung 34 B 1

Meine lieben Eltern und Geschwister!

Nun hat München doch entschieden, daß ich vorläufig in Schutzhaft genommen werde. Das trifft uns natürlich hart, zumal dadurch gerade das Mißtrauen im Volk wieder neue Nahrung erhält, das ich durch meine Denkschrift überwinden wollte, um ein wirkliches Vertrauensverhältnis zwischen Staat und Kirche zustande zu bringen!

Und gerade am heutigen Tag! Aber das weckt auch eine gewisse Freude in mir, weil ich dadurch dem Apostel ähnlicher werden darf auch im Leiden. Ich nehme es gern an, wenn es nur irgendwie und irgendwo Segen weckt! Ich bin im Gefängnis am Katzenstadel und sehe gerade auf die Schirmfabrik Hatler von meiner Zelle ebenerdig aus. Trotz der inneren Erregung bin ich doch im Tiefsten ruhig und in Gott geborgen. So macht Euch keine Sorgen! Ich bin überzeugt, daß die Sache bald geklärt sein wird und daß ich in kürzester Zeit wieder bei Euch sein darf. Ich darf wohl Besuche von Angehörigen empfangen und auch solche in geschäftlichen Dingen, die dringend erledigt werden müssen. Näheres habe ich freilich noch nicht erfahren können.

Heute muß ich ohne Kommunion und Messe sein ... Hoffentlich nicht mehr länger!

Seid recht herzlich gegrüßt von

Eurem
Br. Paulus

Ich brauche etwas *Geld*, das für mich hinterlegt wird; sodann Schuhputzzeug, Waschlappen, Rasierzeug, Spiegel und allenfalls noch eine weitere Decke. Vielleicht kann es Sr. Judith Maria bringen, wenn sie wegen geschäftlicher Dinge um Besuchserlaubnis bittet. Die Erlaubnis wird in der Polizeidirektion, politische Abteilung, erbeten werden müssen. Ihr dürft mir auch schreiben, aber nicht zuviel!

B 2 *In meiner Zelle ...*

Ich seh' nicht viel von Deiner Sonne,
Gar schmaler Streifen Himmel blaut mir nur.
Ich seh' nicht mehr die mir vertrauten Augen.
Verwischt ist aller Liebe Spur.

Doch seh' ich eins: Dein Antlitz leuchtet

Durch alle Dunkelheit mir Tag für Tag.
Mit spitzen Dornen seh' ich Dich umwunden;
Du blickst mich an mit wehestummer Frag':

„Bist du mein Jünger nur in frohen Stunden?
Folgst du mir nur auf Tabors sel'ge Höhn?
So muß zum Kreuzeshügel einsam
Ich meinen Weg alleine geh'n ...?"

Ach nein, mein Herr! Dein Antlitz leuchtet
Umsonst mir nicht in bangedüst'rer Nacht!
Ich geh' den Weg mit Dir! Mit Dir am Kreuze
Dein Jünger hält in Liebestreue Wacht.

Nachricht nach Berlin:

B 3 26. 1. 34

Unfreiwillige Exerzitien machte ich in den letzten Tagen des Januar. Alles ist Gnade, auch die Gelegenheit, für die Überzeugung etwas leiden zu dürfen. P

Zweite Verhaftung in Meitingen anläßlich des am 9. November 1939 erfolgten Attentats auf Hitler im Bürgerbräukeller in München. Außer Bruder Paulus wurden in Augsburg ungefähr 120 Männer in Haft genommen und ohne Begründung, meist auch ohne Verhör, bis zum 4. Dezember in den Gefängnissen festgehalten.

Während dieser Zeit besuchte ein Herr, der seinen Namen nicht nannte und offensichtlich Angestellter oder Beamter einer politischen Behörde in Augsburg war, das Mutterhaus in Meitingen. Er machte die Schwestern wohlmeinend und vertraulich darauf aufmerksam, daß Bruder Paulus deshalb verfolgt würde, weil er führend in der katholischen Aktion stehe.

Als Bruder Paulus bei seiner Entlassung nach dem Grunde der Haft fragte, wurde ihm bedeutet, er solle sich damit zufrieden geben, daß er wieder frei sei.

## *Psalm* B 4

Herr, ich weiß um Deine Vaternähe –
Du gibst nicht preis, die Dir vertrauen.
Du weißt auch um verborg'ne Herzensnot –
Du siehst die Tränen, die in Nächten fließen.
Der Du die Vögel kleidest auf dem Dach –
Du trägst Dein Kind in Vaterarmen.
Du bist mir nah. Dein Hauch ist ja mein Leben –
Ich wese, wie ich bin, in Dir.
Dein Gnadenwille zog mich aus dem Nichts –
Schenkt Kindesrechte mir aus Vaterhuld.
Am Leben Deines ew'gen Sohnes gabst Du mir teil –
Und setztest mich mit Ihm zum Himmelserben ein.
Herr! Sünde wär's, wollt' ich noch zweifeln –
Verzagen je in Deiner Gegenwart!
Was Du verfügst, ich sag zu allem: Ja! –
Ich bin Dein Kind, im Glauben festgegründet.

19.11.39 P

Vor der Abführung durch die Polizei hatte Bruder Paulus der auf seinem Schreibtisch gerade bereitliegenden Post für die Berliner Gemeinschaft „Piusstift" folgende stenographische Notiz beigefügt:

B 5 Werde eben wieder abgeführt. Alleluja! 9. 11. 39

P

Brief an die Mutterhausgemeinschaft in Meitingen:

B 6 Augsburg, in der Zelle, 11. 11. 39

Meine lieben Geschwister!

Unmittelbar bevor ich zu diesen unfreiwilligen Exerzitien verurteilt worden bin, habe ich zu Hause einen Missionsbrief geschrieben über „Der Himmel in uns". Ich bitte Euch alle, lest diesen Brief als Gruß von mir. Ich würde den Brief jetzt noch mit mehr Überzeugung und innerer Freude schreiben. Denn in der Wehrlosigkeit und Hilflosigkeit des Zustandes, den ich eben erleide, ist nur mehr eines von Wert: Das Wissen um den Gott in uns und damit den Himmel in uns. Ich sehe es als eine große Gnade an, daß mir Gott dieses Bewußtsein gerade in der letzten Zeit stärker gegeben und es hier nicht nur erhalten, sondern gesteigert hat, so daß ich sagen kann, daß ich (nach den ersten Stunden allzu menschlichen Unbehagens) nie glücklicher war als in diesen Tagen. Ich wünsche natürlich „heim" zu Euch zu kommen, um Euch wieder dienen zu können. Es tut mir leid um Euch, daß Ihr Euch vielleicht große Sorge um mich macht – unbegründete! –, aber ich selbst bin gottlob tief geborgen in dem Wissen: „... und müßt' ich wandern durch Nacht und Todesschatten, ich fürcht' mich nicht: *Du bist bei mir!*" Ja, inniger und wesenhafter, als es der Sänger des Alten Bundes wußte: „Ich lebe, doch nicht ich, Christus lebt in mir."

Ich habe heute der Staatspolizei ein Schreiben gesandt, in dem ich in aller Aufrichtigkeit meinen Standpunkt darlegte. Ich habe nicht um „Gnade" gebeten, aber um die Möglichkeit, mich so bald wie möglich verantworten zu dürfen, überhaupt zu erfahren, was für einen Verdacht man gegen mich hat. Denn was der Kommissar meinte, als ich ihn fragte, daß nämlich meine Verhaftung in Zusammenhang stehe mit dem Bombenattentat in München (!), das ist zu dumm, auch wenn er hinzufügte, meine vielen ausländischen Beziehungen machten mich vielleicht verdächtig. Ich könnte mir höchstens vorstellen, daß man einmal für eine Untersuchung eine Anzahl Persönlichkeiten festnahm, die politisch „verdächtig" erscheinen, und daß man dabei auf mich verfiel, weil eben doch schon der Verdacht mit dieser Königspartei in München gegen mich erhoben worden war. Nun, dann wird es rasch geklärt sein.

Ich kann mir denken, daß Ihr in bezug auf manche geschäftliche Dinge in Verlegenheit seid. Notiert diese und kommt dann, vielleicht Br. Tarcisius mit Sr. Gertrudis zusammen, herein und erbittet Besuchsmöglichkeit. Ich höre, daß es möglich ist, kann freilich nicht recht erfahren, wie es gemacht werden muß. Vielleicht fragt Ihr zuerst den Gefängnisvorsteher (Strafgefängnis 1) telefonisch an. Vielleicht braucht man auch Erlaubnis von der Staatspolizei, ich weiß es nicht.

Wenn Ihr kommt – vorausgesetzt, daß ich nicht inzwischen frei werde, was ich immerhin hoffe – bringt bitte auch Wäsche für mich mit.

Morgen werde ich wohl das hl. Opfer *mit*feiern dürfen. Aber ich feiere es jeden Tag mit Euch mit und weiß, daß wir alle „circumstantes" im Geist sind. Ich bin dessen froh und bin mit Euch eins in IHM. Ich bin allen Geschwistern herzlich verbunden und grüße alle. P

Der im Brief vom 11. November 1939 erwähnte Missionsbrief:

B 7 *Der Himmel in uns*

Wenn Du nur ernstlich willst,
so ist der Himmel Dein.
Wie unermeßlich reich
kann auch der Ärmste sein! (A. Silesius)

Kein Wort hat in der Vorstellung des Gläubigen heute lebendigeren Klang als das Wort *„Himmel"*. In den Himmel zu kommen, das ewige Leben der Seligkeit im Himmel zu erwerben, das ist der Inbegriff des religiösen Hoffens und Verlangens der meisten Christen.

Gibt ihnen der Völkerapostel nicht recht, wenn er (Phil 3,20) davon spricht, daß der Christen „Heimat" oder „Vaterland" πολίτευμα" im *Himmel* sei im Gegensatz zu den *Diesseits*menschen, die nur nach Besitz und Genuß irdischer Güter haschen? Lenkt nicht der Herr selbst mit all seinen Gleichnisreden immer wieder das Augenmerk der Seinen auf das „Reich der Himmel" und das „ewige Leben"? Ist das nicht die christliche Hoffnung schlechthin, von der Paulus glücktrunken spricht: „Kein Auge hat's gesehen, kein Ohr gehört, keines Menschen Herz erfaßt es, was Gott denen bereitet hat, die ihn lieben" (1 Kor 2,9)?

Kein Zweifel, daß wir in gläubiger Sehnsucht ausschauen dürfen nach der „Wohnung", die Er selbst uns bereitet (Joh 14,2), nach der „unverwelklichen Krone der Herrlichkeit" (1 Petr 5,4), nach jenem Tag, da Er jede Träne von unseren Augen wischen wird, da es keinen Tod mehr geben wird, kein Leid, keine Klage, keinen Schmerz (Offb 21,4), daß wir harren dürfen und sollen des „neuen Himmels und der neuen Erde" (Offb 7,17), da das „Jerusalem" der Erfüllung (Off 3,12; 21,2) herniedersteigt und unverlierbare Seligkeit allen verwirklicht, die das Zeichen des Lammes auf der Stirne tragen (Offb 7,3; 14,1).

Aber ist es nicht doch bedeutsam für den Christen, daß eigentlich fast mehr als von dem „Himmel" und dem „ewigen Leben" der *Zukunft* in den heiligen Schriften die Rede ist von der *Gegen-*

*wart* dieses „Reiches der Himmel" und dem schon jetzt gegebenen *Besitz* des „ewigen Lebens"?

In der Tat: Himmel und ewiges Leben sind keineswegs nur Güter, auf die wir *hoffen.* Sie sind schon heute *gegeben,* wenn auch vielleicht mehr in der Art eines Lebens*keimes,* der erst sich entfalten soll, so daß in der Tat das Himmelsglück und die *Seligkeit* der Lebensverklärung einem *„anderen Leben"* vorbehalten sind, in das dieses Leben der Zeit endgültig „verwandelt" werden soll mit dem Abbruch der Zelte auf Erden (Präfation der Totenmesse).

Das „Himmelreich" oder das „Reich Gottes" – die Evangelisten gebrauchen diese beiden Ausdrücke für die gleiche Sache – ist schon *unter uns* (Luk 17,21)! „Wer mein Fleisch ißt und mein Blut trinkt, der *hat* das ewige Leben" (Joh 6,54). So sagt uns der Herr.

Was ist nun dieser *„Himmel"?* Was ist das *„ewige Leben",* wie es Christus meint?

Die göttliche Offenbarung gibt uns keine näheren Aufschlüsse über den „Ort" des „Himmels". Es ist eine Eigenheit des Heiligen Geistes, uns in vielem die geheimnisvolle *Tatsache* zu offenbaren, ohne das Geheimnis selbst zu lüften, dessen Enthüllung vorbehalten ist jener seligen Zeit, da wir Gott schauen von Angesicht zu Angesicht, indes wir heute noch nur wie in einem Spiegel und in Rätseln (1 Kor 13,12) erkennen, was der Glaube uns lehrt.

Eines ist gewiß: Der Himmel ist da, *wo der dreieinige Gott ist.* Das ist der Himmel der seligen Geister, unaufhörlich in beglükkender Anschauung und Liebe des ewigen Gottes zu stehen und erkennen und zu vollziehen. Das ist das „ewige Leben" und die Seligkeit wie der Engel so auch aller „Heiligen" Gottes.

Ist dieser „Himmel" uns Menschen auf Erden fern? Ist Gott uns fern?

Unzweifelhaft ist Gott *weltenfern.* Er thront über den „Himmeln", d.h. Seine Macht beherrscht die unvorstellbaren Weltenräume, die zu durchmessen das blitzschnelle Licht Jahre und Jahrzehnte braucht. Aber ebenso wahr ist es: Gott ist allem Sein und Leben *nah.* Er ist ja der Schöpfer des Alls. Und Er „schuf nicht den Himmel und ging dann davon. Nein, was von Ihm stammt, ist und *bleibt* in Ihm" (Augustinus). Er „erfüllt den Erdkreis" (Weish 1,7). „Himmel und Erde sind voll von Seiner Herrlichkeit" (Te Deum).

Gott ist nahe insbesondere uns *Menschen.* So nahe, daß man mit Recht sagen kann, Er sei uns näher als wir uns selbst. Er ist uns nicht bloß so nahe wie die Atmosphäre, in der wir leben und atmen. Er ist die letzte Kraft, die jeder Zelle das Leben erhält, ja die Atome all der Billionen von Molekülen zusammenbindet, die den Zellenstaat des menschlichen Körpers aufbauen. „In Ihm leben wir, bewegen wir uns und sind wir", sagte Paulus den Athenern auf dem Areopag (Apg 17,28).

Aber so unausdenkbar innig diese unsere naturgegebene Beziehung zu Gott dem Schöpfer und Erhalter ist auf Grund der Tatsache, daß wir als Gottes Geschöpfe von Gottes Willen gleichsam jeden Augenblick immer wieder neu geschaffen werden, so ist doch auf Grund des *Gnaden*standes ein geheimnisvolles Verhältnis zu Gott dem Dreieinen eingetreten, das durch keine menschliche Erfahrung und Vorstellung erfaßbar ist, das aber als *Tatsache* uns von Gott enthüllt wurde.

In dem nächtlichen Gespräch, das Nikodemus mit dem Herrn führte (Joh 3,1–21), spricht Christus von dem Geheimnis, das alles menschliche Begreifen übersteigt. Er nennt es die *„Wiedergeburt aus dem Wasser und dem Heiligen Geiste"* (Vers 3). Wir wissen, was damit gemeint ist: die heilige *Taufe.*

Was ist geschehen in jener Stunde, da im Namen der heiligen Dreifaltigkeit das Taufwasser über unsere Stirnen rann?

Petrus wagt einmal den fast vermessen erscheinenden Ausdruck von der *„Teilhabe an der göttlichen Natur"* (2 Petr 1,4). Nichts Geringeres ist tatsächlich die Frucht der heiligen Taufe. In diesem „Bad der Wiedergeburt und der Erneuerung im Heiligen Geiste" (Tit 3,5) wurden wir *„aus Gott geboren"*, wie der Eingang des Johannesevangeliums es ausdrückt (Joh 1,13). Und dadurch haben wir als „neue Menschen" (Kol 3,10) die „Macht" erhalten, „Gotteskinder zu werden", die „aus Seiner Überfülle empfangen haben Gnade um Gnade" (Joh 1,12.16). So *heißen* wir nicht nur Kinder Gottes wie aus Gnade „angenommene" Kinder, sondern *sind es in Wirklichkeit* (1 Joh 3,1), „weil aber Kinder, so auch Erben: Erben Gottes und Miterben Christi" (Röm 8,17).

Das ist das unerhört Große, dessen wir noch viel zu wenig bewußt sind: durch die heilige Taufe sind wir in ein *echtes Kindesverhältnis* zu Gott getreten, weil Er uns *in Seine göttliche Natur hineingenommen* hat. In der Taufe ist die *heiligste Dreifaltigkeit in unsere Seele* eingezogen (Joh 14, 23) und weckt und erhält nun das „übernatürliche" geheimnisvolle „neue Leben" (Röm 6, 4) in uns. Wir sind in Wahrheit *lebendige Tempel des allheiligen Gottes* (1 Petr 2, 5) geworden.

„Wisset ihr nicht, daß ihr Gottes Tempel seid?" fragt der Völkerapostel die Korinther (1 Kor 3, 16). Und er betont es noch einmal: „Der Tempel Gottes ist heilig, und der seid ihr!" (Vers 17).

„Wisset ihr nicht ...?" Müßte der Apostel die Frage nicht an uns richten?

Gewiß, wir haben schon davon gehört. Aber es schien uns ein schönes *Bild,* keine lebendige Wirklichkeit. So ist die Vorstellung davon uns nicht mehr so lebendig wie den Christen der ersten Zeit. Daß Gott im *„Gotteshaus"* gegenwärtig ist, daß Christus im *Tabernakel* der Kirche aufgesucht werden kann, das ist uns geläufig. Aber daß wir seit der heiligen Taufe in der Tat *selbst Tabernakel des ewigen Gottes* geworden sind, daß der ewige Gott wahrhaft und wirklich *in uns* wohnt und in der heiligen Eucharistie diese lebendige Gegenwart in uns immer erneuert und vertieft, dieser Gedanke hat noch nicht die lebensbestimmende Kraft in uns erlangt, die er verdient. Sonst fühlten wir, daß wir – *den Himmel in uns tragen.*

*Gott in uns!*

Der *„Vater unser",* zu dem wir beten, ist „wahrlich nicht ferne einem jeden von uns" (Apg 17, 27). Er ruft uns jeden Augenblick mit unserem Namen: „Mein bist du!" (Js 43, 1). Er wartet zu jeder Stunde auf die Antwort des Kindes: „Abba! Vater!" (Röm 8, 15). Als vollberechtigte und geliebte Kinder wissen wir uns in Seiner machtvollen Hand geborgen. Voll kindlichen Vertrauens kommen wir zu Ihm in all unserer Not und Drangsal. Aber wir brauchen Ihm gegenüber nicht viele Worte zu machen: „Der Vater weiß von selbst, wessen ihr bedürfet" (Mt 6, 8). So vertrauen wir Ihm blind: „Müßt' ihr auch wandern in Todesschatten, ich fürcht' kein Unheil. *Du bist ja bei mir!"* (Ps 22, 4). Nichts anderes denken und beten wir allezeit, als was Christus als Morgengebet Seines Lebens sprach (Hebr. 10,7): „Siehe, ich komme, o Gott, *Deinen Willen zu vollziehen*", „wie im Himmel also auch auf Erden", daß „Dein Reich komme" (Mt 6,10) zu uns und der ganzen Welt. Nichts anderes wollen wir erstreben, als dieses Dein Reich und seine Vollendung, wissend, daß uns dann alles von Deiner Gnade hinzugegeben wird (Mt 6,33).

*Christus in uns!* Wie oft schon ist etwas wie Neid über uns gekommen, daß die Apostel dem Herrn so nahe sein durften! Daß der Lieblingsjünger sein Haupt an des geliebten Meisters Brust legen durfte! Aber der Glaube lehrt uns: Jesus ist uns nicht ferner, Er ist seit der heiligen Taufe *in uns* und *wir in Ihm* (Joh 6,56; 14,20). – Es ist eine unergründliche, aber darum nicht minder beglückende Wahrheit: wir haben in der heiligen Taufe *Sein Leben* empfangen, ja wahrhaft und wirklich, daß der Apostel sagen konnte: „Ich lebe wohl, doch nicht eigentlich ich: *Christus* lebt in mir!" (Gal 2,20). Das ist der tiefste Grund, warum wir alle Sein *„Leib"* genannt werden (1 Kor 10,16; 12,13.27; Röm 12,5; Eph 1,23; 4,12; Kol 1,18) oder „Glieder" an Seinem Leibe (1 Kor 6,15; 12,27; Eph 5,30). Wir sind ganz *„in Christus"* (Röm 8,1; 2 Kor 5,17; Kol 2,6.10), Er ganz *in uns* (2 Kor 13,5; Joh 1,14). „Bist du getauft", so spricht Cyrill von Jerusalem seine Taufbewerber an, „so ist der eingeborene Sohn Gottes deine innerste Herrlichkeit." Er ist in uns schon seit der heiligen Taufe. Und *Er kommt* zu uns, um sich immer inniger mit uns zu vereinigen, immer mehr unser Leben mit Seinem Leben zu verschmelzen in heiliger „Kommunion" (Lebensgemeinschaft). O seliges Wissen um den allzeit gegenwärtigen Herrn und König in unserer Seele! Fruchtbares Wissen auch um die Gegenwart Christi in der Seele all unserer Brüder und Schwestern! Wie werden sie „Nächste" durch solches Wissen! Nächste, die auf unser ehrfurchtsvolles Lieben Anspruch haben! „Kirche", „Gemeinschaft der Heiligen" wächst aus solchem Wissen.

Da der Herr die Erde verließ, sandte Er Sein „Pneuma", Seinen „Geist", als „Parakleten", als „Tröster" und „Anwalt", als Licht und Kraft unseres Lebens. Wunderbar ward die Macht dieses Heiligen Geistes offenbar an Pfingsten. Aber ist dieser Gottesgeist uns Heutigen fern? Ist Er nicht *in* uns als die verborgene, aber allzeit wirksame göttliche Lebenskraft unserer Seele?" „Wißt ihr nicht, daß eure Glieder *Tempel des Heiligen Geistes* sind, der *in euch wohnt?*" (1 Kor 6, 19). Ja, „die Liebe Gottes ist in unsere Herzen ausgegossen durch den Heiligen Geist, der uns gegeben ist" (Röm 5, 5). Er ist es, der unsere Gedanken weckt, unser Gewissen anruft, unseren Willen antreibt zu der Liebe. Er ist es, der in uns betet, da wir selbst nicht imstande sind, die geziemenden Worte der Anbetung des ewigen Gottes zu finden. „Der Geist bezeugt es unserem Geiste, daß wir Kinder Gottes sind" (Röm 8, 16). „Der Geist kommt unserer Schwachheit zu Hilfe; wissen wir doch nicht, um was wir bitten sollten, wie es sich gebührt. Da tritt der Geist selbst für uns ein mit unaussprechlichen Seufzern" (Röm 8, 26). Freuen wir uns der „Kraft des Heiligen Geistes, der in uns wohnt" (2 Tim 1, 7) und der herrlichen Früchte, die Seiner Kraft entströmen (Gal 5, 22). „Das Wasser der Taufe umspült den Körper. Der Heilige Geist aber durchdringt für immer tief innerlich die Seele", erklärt Cyrill von Jerusalem seinen Täuflingen. „Wo der Heilige Geist ist, da ist Leben. Und wo Leben ist, ist auch der Heilige Geist" (Ambrosius).

Das ist das fruchtbarste Geheimnis unseres Glaubens: *des dreieinigen Gottes Leben in uns.* Ein Geheimnis, das wir nicht in „Begriffe" fassen können und das doch darum nicht minder Tatsache ist. Schön sagt Lippert, der Theologe christlicher „Gnosis": „Das Wohnen Gottes in der Seele läßt sich nur mit einem vergleichen, und gerade das ist das Dunkelste und Unvergleichlichste, was es gibt: mit dem *Ineinanderwohnen der drei Personen im innergöttlichen Leben*" (Credo).

Verzichten wir darauf, durch menschliche Klügelei hinter das Geheimnis zu kommen! Nehmen wir es auf im Glauben und in der Liebe! Und freuen wir uns des Himmels, der dadurch offenbar wird in uns! „Wer Gott bei sich im Herzen trägt, der trägt das Paradies in sich", meinte einmal Ignatius von Loyola. Ja, das ist das ewige Leben und die ewige Seligkeit, *an Gottes ewigem Leben teilzunehmen,* das Er selbst in uns führt. So sagt es uns schon Augustinus: „Ewiges Leben will Gott selbst Dir sein." „Durch die Teilnahme an Gottes ewigem Leben wird die Seele selig." Und

Kardinal Faulhaber meint das gleiche, wenn er sagt: „Gott ist der Himmel, der das Heimweh der Seele erfüllt." *Gott* ist das ewige Leben und der Himmel, der in der Zeit unseres irdischen Lebens in unserer Seele schon verborgen ist wie ein Senfkörnlein in der Ackerscholle und der sich entfaltet und vollendet an dem Tag der „Ernte", da die Schleier fallen und Gott für uns „alles in allem" wird.

Bis zu jenem seligen Tag pflegen wir unablässig die Gemeinschaft mit dem lebendigen Gott in uns, Gemeinschaft „ewiger Anbetung" im ununterbrochenen Gebet unseres Lebens.

So zünden wir das ewige Lichtlein an vor dem großen allheiligen Gott *in uns* und beten:

*Dreieiniger, heiliger Gott!* In Dir gründet mein ganzes Sein. Du durchwesest mein Ich ganz und gar. In Dir „lebe ich, bewege ich mich und bin ich". Sei gelobt und angebetet immerdar im Herzensgrund meiner Seele!

*Ewiger Vater!* Du hast mich geschaffen. Dein allwirkender Wille erhält mich jeden Augenblick. Du durchwaltest mich allezeit in Deiner väterlichen Güte. Laß mich Dir danken, laß mich Dich preisen mit jedem Atemzug meines Lebens!

*Ewiges Wort* des ewigen Vaters! Gott und Menschensohn in einem! Du bist der Urgrund meines Menschenseins; in Dir, durch Dich und mit Dir nehme ich zugleich teil am göttlichen Leben. Ja, Du selbst bist mein innerstes Leben seit der Wiedergeburt aus dem Wasser und dem Heiligen Geistes. Und täglich nährst Du mich aufs neue mit Deinem eigenen Fleisch und Blut und ziehst mich tiefer hinein in Dein gottmenschliches Leben. Sei allezeit angebetet in der Tiefe meines Herzens!

*Ewiger Geist! Göttlicher Lebensquell!* Ewige Liebe zwischen dem ewigen Vater und dem ewigen Sohn! Du bist auch der Wesensgrund der Liebe, die mich mit dem Vater und dem Sohne eint, der Lebensatem meiner Seele. Sei, Heiliger Geist, ohne Unterlaß gelobt und gepriesen im Grund meiner Seele! *Dreieiniger, allheiliger Gott!* Laß mich Dein lebendiger Tempel sein, in dem jeder Gedanke, jedes Wort und jede Strebung meines Seins Dich lobt und preist in Ewigkeit. Amen.

Gruß an die Mitgefangenen von Bruder Paulus:

Brüder! Es ist für uns alle bitter, der Freiheit beraubt zu sein. Aber spricht nicht der Dichter von dem Menschen, der frei ist, wär' er auch in Ketten geboren? B 8

Wer jeder Lage überlegen ist und aus jedem Los Gewinn schöpft, ist wahrhaft frei. Gibt es das? Der Apostel Paulus, selbst in Banden, sagt: „Denen, die *Gott lieben, gereicht alles* zum Besten." Weil ich wünschte, daß Ihr alle so frei und froh sein könntet wie ich, habe ich Euch dies geschrieben.

Es grüßt Euch Euer Bruder, der Euer Los teilt, Paulus

Brief an die Berliner Station:

11.11.39 B 9

Meine liebe Schwester!

Du weißt bereits, daß mir eine stille Zeit auferlegt ist. Wie lange sie dauern wird, weiß ich nicht. Ich bin froh, wenn sie bald zu Ende geht. Aber – es mag Dir vielleicht eigenartig erscheinen, aber es ist mir Ernst – ich bin gar nicht unglücklich, wenn sie auch länger dauert, wenn sie nur fruchtbar wird für mich. Und ich meine, es wird so sein. Ich habe schon lange verlangt nach einer Zeit stiller Sammlung, fernab allen „Geschäften". Ich habe nie die Zeit und Kraft gefunden, mich loszureißen und in die „Wüste" zu gehen, die doch für Paulus Segenszeit war. Nun hat Gott mir einfach Exerzitien verordnet. Ich nehme sie gern an. Ja, ich kann sagen, ich habe schon lange nicht mehr so ein Glücksgefühl in mir gehabt wie in diesen Tagen, da ich nur dem *Worte Gottes* lebe von früh bis abends. Ich glaube, ich würde ganz zufrieden dabei, einmal längere Zeit dieser herrlichen Arbeit obliegen zu dürfen. Freilich wünsche ich, die menschlichen Möglichkeiten dazu zu haben, einige Bücher (Evangelienharmonie, griechisches Neues Testament mit Wörterbuch, meine Lutherbibel), Papier und Tinte! (Das ist eine große Wohltat hier; abends muß die Tinte abgegeben werden, und man muß schon sehr zusehen, daß man sie morgens wieder bekommt!) Aber selbst wenn es mir nicht gewährt würde, will ich mir die Freude nicht nehmen lassen, ja, ich freue mich geradezu der wirklichen *Armut* und des *Gehorsams,* in dem ich hier stehe, um wenigstens einmal Ernst zu machen mit dem, was ich andern predige und selbst vielleicht nicht so vollkommen zu erfüllen scheine. Hier kann ich es. Ich will gar keinen Vorzug vor anderen haben, es sei denn (wenn das nicht zuviel ist), mich geistig fruchtbar beschäftigen zu können. Habe kein Bangen um mich. Ich werde gut behandelt. Ich bin wohl auch schon gleich angeschrien worden vom Oberwachtmeister auf der Aufnahmekanzlei. Aber der arme Mann ist ja überreizt von der vielen Arbeit, dadurch, daß ihm viele Kräfte weggenommen sind durch den Krieg. Er hat mich ordentlich gedauert. Ist dabei ein guter Mensch, wie sich gleich zeigte, als ich ihn mit Geduld und Güte behandelte. Das Essen ist sehr einfach. Aber ich bin zufrieden, will gar nichts Besseres als andere. Wenn ich nur vegetarisch leben kann! Das ist mir schon eine Gewissenssache. Nur deshalb habe ich gebeten, von der „Weißen Schleife" verköstigt werden zu dürfen. Bisher ist es noch nicht erlaubt worden wegen der Mehrarbeit, die es macht. Ich möchte gern darauf verzichten, um keine Arbeit zu machen, außer an den Tagen, wo es Fleisch gibt (diese drei Tage gab es glücklicherweise noch keines, aber morgen am Sonntag ...!). Gibt es für mich diese Ausnahme nicht, so werde ich halt in diesen Tagen von Wasser und Brot leben. Brot gibt es reichlich und Wasser auch, und das soll ja gesund sein und ausreichen. Man soll auch Zubußen kaufen können (Bier und Tabak!), es scheint auch *Obst.* Darum will ich mich bemühen; bisher ist es noch nicht gelungen. Das Brot ist nicht besonders gut (wohlschmeckend), aber Schwarzbrot und wird darum hinreichen. – Freu' Dich mit mir dieser Gnadenzeit! Es geht mir wirklich gut. Denk mal, hier heißt es wirklich Naturschlaf! Licht gibt es keines. So legt man sich abends nach dem im Halbdunkel eingenommenen Abendbrot (ein Brei oder dicke Suppe) auf das Lager und – und muß darauf bleiben, bis es wieder hell wird, daß man sich waschen kann. Das ist jetzt ¾ 7 Uhr! Also 12 Stunden im Bett! Natürlich kann man nicht die ganze Zeit schlafen, wenn ich auch nicht klagen kann über mangelnden Schlaf, der mir gut bekommt! Da hat man Zeit, sich *aller* Lieben *einzeln* zu erinnern und sie Gott zu empfehlen. Und das tue ich der Reihe nach. Ich glaube, niemand zu vergessen von unsern Gemeinschaftsgeschwistern und werde mit der Zeit vielleicht die ganze Liste der Gesellschaft auswendig können; natürlich habe ich keine Liste bei mir, da ich außer Brevier und Neues Testament nichts in die Zelle mitnehmen durfte! Das Bett ist hart, aber gesund. – Ich bin schon in der zweiten Zelle. Die erste war die gleiche Zelle (Nr. 12), wie ich sie vor bald sechs Jahren hatte, ebenerdig. Sie hatte den Nachteil, daß das Bett wie ein Frankfurter Bett untertags aufgeklappt und verschlossen war. Zum Glück lag im Zimmer ein großer Haufen Papierabfälle, kleine schmale Streifen von einer Papierschneidemaschine, weiß, schwarz, grün, blau usw. Das war eine angenehme Lagerstatt zum Sitzen am ersten Tag, da mich die innere Erregung müder machte als sonst. Am zweiten Tag wurde ich aber unterwiesen, daß das nun meine Arbeit sei: die Streifen zu verlesen nach Farben, da sie so wieder neu verarbeitet würden. Ich habe mich an die Arbeit gemacht, die nicht unangenehm war, weil sie etwas ablenkte und beruhigte. Aber ich tat mich doch schwer dabei, weil ich doch farbenblind bin und daher nicht gut unterscheiden konnte, zumal der Tag trüb war und man in der Zelle nur ein paar Stunden ordentlich sehen konnte. Der Aufseher war sehr nett und meinte, ich solle die Arbeit ruhig bleiben lassen. Und nachmittags, ohne daß ich darum gebeten hätte, wurde ich in eine andere Zelle (Nr. 18) geführt, eine Treppe hoch, daher heller, besonders dadurch, daß ich einen freistehenden kleinen Tisch habe, den ich ans Fenster stellen konnte, und ein freistehendes Bett. Ein Zimmer, größer als meine Schlafzelle, ja ein *Raum*inhalt so groß wie mein Studierzimmer. Also recht eigentlich „feudal"! – Ich höre, daß man auch Briefe schreiben darf. Ich bin gespannt, ob diese stenographischen Briefe durchgehen – ich habe schon einen nach Meitingen geschrieben, der Dir auch zu Gesicht kommen wird – ich fürchte, es wird für die Kontrolle zuviel sein. Aber ich schreibe halt mal. Vielleicht wird es doch. Sonst mußt Du ihn halt später mal lesen, wenn ich wieder „frei" bin. – Nein, das ist eigentlich nicht richtig.

Ich spüre hier: Die äußere Gebundenheit macht nicht unfrei. Frei ist, wessen Geist groß genug ist, um alle Vorkommnisse zu meistern. Und das ist nur möglich in Gott. Daher die „Freiheit der Kinder Gottes ...". So hat der Dichter irgendwie recht und unrecht mit seinem Wort: Der Mensch ist frei und wäre er in Ketten geboren ... Einmal untertags verspürt man auch die äußere Freiheit. Man wird ungefähr eine Stunde lang im Hof herumgeführt, ca. 25 m lang und 18 m breit, im Kreise. Jeweils 30–40 Leute. Die schauten wohl alle, als ich kam. Ich habe eigens mein Kollar angelegt. Ich habe ja keinen Grund, mich zu verleugnen oder mich zu schämen. So konnte ich stolz erhobenen Hauptes und doch wieder als Bruder unter Brüdern, lächelnd und froh im Herzen, mitmarschieren. Es ist eine Wohltat, diese Stunde in der Luft zu sein und sich etwas bewegen zu können. Ich mache zwar auch im Zimmer etwas Übungen, um nicht zu verdorren. Aber so groß die Zelle ist, so hat sie halt doch keinen Durchzug und daher keine so gute Luft. Ich habe zwar Tag und Nacht das Fenster offen. – Ich wurde auch schon angesprochen von den „Mitpatienten", obwohl anscheinend das Sprechen nicht erlaubt ist. Man merkte oder wußte gleich, daß ich ein „Politischer" sei. Wenigstens gehe ich unter dieser Marke, wenn ich auch mit der Politik nichts zu tun habe.

Mein Wunsch ist nur, daß man mir *sagt,* was man gegen mich hat – bisher ist es mir nicht mitgeteilt worden. Der Kommissar meinte ja, es stehe in Zusammenhang mit dem Bombenattentat in München! Da gehört viel Fantasie dazu, um mich damit in Verbindung zu bringen! Nun empfehle ich alles dem Herrgott, in dessen Hände wir alle wohlgeborgen sind. Er segne Dich und uns alle!

Br. Paulus

## *Morgenpsalm* B 10

Herr! Jeden Morgen sprichst Du neu: es werde!
  Und neues Leben weckt Dein Schöpfungswort.
Mit Deiner Sonne Frühstrahl grüßt mich Deine Liebe,
  So heb' ich kinderfroh die Hände auf zu Dir.
Das neue Leben dank ich Dir. Wie bist Du gut!
  Vertrauend geh' ich heut' an Deiner Hand.
Das soll mein Kindesdanken sein: Vertrauen.
  Herr! Nimm es an und segne mich!

17.11.39 P

Dieser Brief ging an alle Mitglieder der Societas Christi Regis:

B 11

## *Licht leuchtet ins Dunkel*

### Im Advent 1939

Friede Euch, Brüder, Schwestern! Gnade vom Gott allen Trostes und Vater unseres Herrn und Siegers Jesus! Und Freude in der Gemeinschaft des Heiligen Geistes! Amen!

Kein Haar fällt von des Gerechten Haupt ohne den Willen des himmlischen Vaters. Darum bin ich auch gewiß, daß es eine Fügung war, daß ich Euch für einige Zeit entrissen bin. Allzeit verlange ich danach, Euch alle wiederzusehen, mit denen mich die Liebe in Christus so tief verbindet. Und ich weiß, daß auch Ihr Euch von Herzen danach sehnt, mich wieder bei Euch zu sehen, doch sagen wir ein frohes Ja zu dem Willen des himmlischen Vaters, der es in allem gut meint mit uns, Seinen Kindern.

Ich danke Gott für die Stunde, daß Er mir die Gnade gab, zu erkennen, daß in der Tat denen, die Gott lieben, *alles* zum Besten gereicht. Schon lange empfand ich es als notwendig für meine Seele, mich einmal von allem „Geschäftlichen" eine Zeitlang freizumachen und in der Stille Kraft zu sammeln für die geistliche Führung der Gemeinschaft, zu der der Herr mich in Gnaden berufen hat. Immer habe ich mich nicht losreißen können. So hat Er sanfte Gewalt gebraucht, um mich einmal in aller Entblößung vor Sein heiliges Angesicht zu stellen.

Einen Augenblick lang sträubte sich die Natur gegen manches Ungewohnte. Einen Augenblick lang war auch etwas wie Furcht in mir ob der Unsicherheit meiner Existenz, weil der Glaube noch nicht alles Menschliche in mir verwandelt hat. Dann aber kam tiefe Freude und heilige Gottfröhlichkeit über mich, die ich bisher noch keine Stunde verloren habe. Mag es immerhin sein, daß noch schwere Tage mir bevorstehen, so hat mich der Herr doch in diesen Wochen, wie ich hoffe, durch Seine Güte gekräftigt, Ihm auch auf Seinem Kreuzweg froh zu folgen. Was wäre auch ein Jünger Christi, der nicht bereit wäre, das Los seines geliebten Meisters zu teilen?

*Das Buch der Bücher* ist das einzige, was ich in meine Zelle mitnehmen durfte. Welch ein Schatz ist es mir in diesen Stunden! Ich lese in der Frohbotschaft täglich die Seligpreisungen des Herrn und werde immer aufs neue froh dabei. Ich lese in der Apostelgeschichte, wie die Zwölfboten in jeder Lage Zeugen des Todes und der Auferstehung des Herrn waren. Und wie sie sich freuten, für Seinen Namen auch Schmach zu leiden. Ich lese die Briefe des großen Apostels, dessen Namen ich unwürdigerweise trage, und verspüre, welche Kraft in diesem Worte Gottes liegt, das wie ein Schwert scheidet zwischen Wahrheit und Trug und zugleich sänftigt und heilt wie mildes Öl. Und die Geheime Offenbarung. „Alleluja, der Herr, der Allmächtige, unser Gott ist König! Laßt uns in Freuden frohlocken und Ihm die Ehre geben! Die Hochzeit des Lammes ist gekommen, und seine Braut hält sich bereit ..." (Apok 19,6).

Wenn Ihr mich fragt, was mir in diesen Stunden der größte Trost ist, so muß ich mit dem Apostel sagen, das „εἶναι ἐν Χριστῷ", das Wissen *um das Leben Christi* in mir, ja das Leben der ganzen *heiligen Dreifaltigkeit* in meiner Seele. Ich schrieb gerade noch, bevor ich Euch entrissen wurde, einen Brief über den *Himmel in uns,* diese köstliche und fruchtbare Wahrheit, die wir viel zu wenig bedenken. Vielleicht hat mir Gott diese Erkenntnis so lebendig gemacht in diesen vergangenen Tagen, daß ich davon leben könnte, wenn aller äußerer Trost genommen ist.

Gott in mir! In Ihm lebe ich, bewege ich mich und wese ich! Gott, der Schöpfer und Erhalter, der mir jeden Tag, ja jede Stunde das Leben schenkt und es väterlich hütet. Er ist nicht ferne über den Wolken, daß ich fürchten müßte, Ihn nicht zu erreichen. Er ist mir näher als ich mir selbst. Der ewig einzige Sohn des ewigen Vaters, der Menschengestalt annahm, um als Bruder mein Menschenschicksal mit mir zu teilen, Er hat im Bade der Wiedergeburt mir geheimnisvoll Anteil an Seinem göttlichen Sein und Leben gegeben; mit dem Apostel darf ich so in Wahrheit sagen: Ich lebe, doch nicht eigentlich ich, Christus lebt in mir. Wie trostvoll ist dieser Gedanke, wenn die Möglichkeit genommen ist, täglich am heiligen Gemeinschaftsopfer teilzunehmen und zur „Kommunion" zu gehen. Ist doch die Kommunion schon gegeben in der innigen Lebensgemeinschaft, die Er mit mir begründet hat und die Er täglich erneuerte und vertiefte, da Er mir Sein Fleisch und Blut zur Speise gab. Wenn ich auch das äußere Sakrament entbehre, Er ist in Seiner Wirkkraft nicht an die äußeren Zeichen gebunden. *Er selbst ist ja das Lebenssakrament,* das aus der Wurzel den ganzen Weinstock nährt mit Seinen Kräften und Säften; Er ist *der* Heilige durch Seinen Heiligen Geist. Und ich weiß im Glauben, daß ich durch die Gnade in der Tat Tempel des Heiligen *Geistes* bin und daß Gottes Geist wirklich in mir lebt. Was brauche ich mehr, um den Himmel in mir zu haben? Ist nicht der Himmel, wo *Gott der Dreieine* ist? Gewiß ist dieser Himmel heute noch in Verborgenheit in mir, wie Blüte und Frucht gleichsam im Samenkorn stecken. Noch ist Er mehr *Hoffnung* und noch nicht *seliger Besitz* ... Aber der Heilige Geist ist bereits als „Pfand und Angeld" in mir, Er die persönliche Liebe des dreieinen Gottes, in deren Vollbesitz der Himmel bestehen wird.

Gott in mir! Was könnte ich entbehren, wenn ich in Ihm das All besitze, was könnte mir fehlen, wenn Er sich ganz mir schenkte? Wohl spüre ich auch wieder das „andere Gesetz" in meinen Gliedern, die triebhafte Natur, die ihre Befriedigung verlangt, aber als Geistmenschen lassen wir ja in der Gnade hinter uns, was dem fleischgebundenen Diesseitsmenschen „Gott" ist, und säen auf Unverweslichkeit.

So stehe ich in ununterbrochener „Anbetung", mit allen Gedanken und Wünschen, die immer wieder um das große Geheimnis kreisen, Gottes Leben in meiner Seele, Sein Leben in meinem Sein.

So feiere ich täglich im Geist und Wahrheit das „Heilige Opfer" des Gedächtnisses Seines Todes und Seiner Auferstehung, und was anders wäre mir Trost als das Wissen um Leiden und Tod dessen, der mir Seinen herrlichen Namen zu tragen verstattet hat. Täglich ist mir die Morgenstunde, da Ihr die heiligen Geheimnisse feiert, auch eine heilige Stunde, in der ich mit Euch zu den gottinnigen „circumstantes" gehöre, zusamt mit den Engeln und Heiligen.

Ja, ich fühle mich Euch nicht ferner denn in den Tagen, da ich leiblich bei Euch war. Das große Geheimnis des in der Zeit fortlebenden Gottes, die Wahrheit vom gnadenhaften *Leib Christi,* dessen Glieder wir alle sind – in diesen Tagen liegt darin für mich eine Quelle unausschöpflichen Trostes und unerschöpflicher Freude. *Wir sind alle ein Leib,* vielmehr Glieder des einen Leibes Christi, der seit der Auferstehung in göttlicher Verklärung lebt und in geheimnisvoller Weise in sein geheimnisvolles Leben aufnimmt alle, die durch die Wiedergeburt aus dem Wasser und dem Heiligen Pneuma gegangen sind. Glieder eines Leibes! Jedes Glied hat seine eigenartige Aufgabe im lebendigen Organismus. Aber alle hängen sie unzertrennbar zusammen, alle dienen sie einander und sind einander lebendig nah im Leben des Hauptes. Ist's nicht so auch bei uns allen? Trotz aller räumlichen Trennung? Was bedeutet überhaupt räumliche Trennung gegenüber der Nähe in Christus! Ja, freuen wir uns dieser seligen Nähe allezeit und dienen wir einander in Liebe! Mein Dienen Euch gegenüber kann in diesen Tagen nur ein ständiges Fürbitten, ein fürbittendes Opfern für jedes einzelne von Euch und für die ganze Gemeinschaft sein, ein Brechen des geistigen Brotes, vielleicht auch ein Sammeln neuer Kraft und Geistesfülle, um Euch wieder neu befruchten zu können zu der Stunde, die der Herr bestimmt. Ich weiß, ich begegne Euch in Gott mit Eurem Beten, und flehe um Kraft und Gnade, deren ich bedarf, um treu zu sein und meinen Weg in Ihm zu gehen. Brüder und Schwestern! Es ist ernste Stunde! Wir wissen nicht, wann der Herr die Nationen vor den Stuhl Seiner Majestät lädt, wenn Er Sein Reich sichtbar machen wird in der Fülle der Endzeit, im neuen Himmel und der neuen Erde. Irgendwie ist immer solche Gerichtszeit. Und wir fühlen gerade heute, wie eine große Stunde für die Menschheit schlägt. Vielleicht ist es der letzte Aufruf des Herrn zur *Metanoia,* zur Umkehr von den Wegen der Gottvergessenheit und des Götzendienstes. Laßt uns jedenfalls *bereit* sein, wenn der Herr an das Tor klopft, um Einlaß zu begehren, laßt uns das Öl nicht vergessen für unsere Lampen! Die Bereitschaft der *Liebe* ist das große Gebot der Stunde! „Wir leben und sterben fürs eine, daß Liebe die Menschen vereine", hat uns Bruder Franz selig gelehrt. Aber das Singen ist nur leerer Schall, wenn die Wirklichkeit des Lebens nicht dahinter steht. Es muß wieder neu offenbar werden in unserer Gemeinschaft, daß wir durch unser *Sein* Apostel der Liebe sein müssen, Boten der Bruderliebe, die ihre tiefste Kraft bezieht aus dem glaubenden Wissen um das Geheimnis der Gliedschaft aller im einen Leib des Herrn. Wenn Ihr mir einen Dienst leisten, eine Freude machen wollt als Trost in diesen Tagen der Drangsal, *so trachtet nach der Liebe!* Trachtet unablässig nach der Liebe! Nach der absichtslosen Liebe, die allein diesen göttlichen Namen verdient! Nach der opferbereiten Liebe, die den Stempel des heiligen Kreuzes trägt. Nach der echten Liebe des Wohlwollens, die besonders in Barmherzigkeit und Nachsicht im Urteilen, in zuvorkommender Hilfsbereitschaft und eifersuchtsloser Güte sich auswirkt! Nach der tatentschlossenen Liebe, die sich zu jeder Stunde bewährt! Trachtet nach der Liebe! Wenn Ihr täglich mit heiligem Bedacht Euch hineingebt in das heilige Liebesopfer des Herrn, wenn Ihr Sein göttliches Leben in Euch entfaltet, dann werden die Früchte des Heiligen Geistes allen offenbar. Gott ist die Liebe, und die wahrhaft in Ihm leben, können nicht andere als Früchte der Liebe bringen. Und nun grüße ich Euch alle aus der Liebe meines väterlichen Herzens heraus. Seid unbesorgt um mich! Ich bin in Gottes Hand. Macht Euch nicht viel Sorge um Euch und Eure Zukunft! Trachtet nach der Vollendung Seines Reiches in Euch, und alles wird Euch von Seiner Gnade hinzugegeben! Wir sind Pilgrime, die kein festes Haus auf Erden bauen. Leben wir aus diesem Glauben! Bauen wir uns selbst auf als lebendige Bausteine des heiligen Tempels, in dem Gottes Herrlichkeit offenbar werden soll!

Die Gnade Jesu Christi, die Liebe Gottes des Vaters und die stete Gemeinschaft des Heiligen Geistes – das ist mein Wunsch für Euch, den ich jede Stunde dem himmlischen Vater bittend entgegenhalte.

Maranatha! Adveniat Regnum Tuum!

Br. Paulus

## *O sel'ger Tag!*

O sel'ger Tag, da neuer Himmel, neue Erde
Erstehn auf Gottes heil'gen Machtbefehl!
Nun geht's zu Ende, Luzifer!
Nicht länger trägst du Irrlicht durch die Welt!
Die Lüge ist entlarvt, Gewalttat bloßgestellt.

Am Pranger schämt sich, was bislang sich schmückte
Mit faulem Zauber. Nimmermehr
Wird Licht verlästert, Finsternis geehrt.
Höllenschwarz ist Satans Brut.
In reinem Licht strahlt auf die neue Kreatur.

Welch ein Gericht!
Wie splittern Kronen, Marschallstäbe!
Tyrannen tragen Narrenkappen.
Die Lorbeerkränze eitlen Ruhms verfaulen auf dem Mist.
Verendet sind die tausendjähr'gen Eintagsreiche,
Die aufgebläht die Zeitgenossen törten.

Nur eines bleibt: was Gottes Auge sieht
Mit reinem Wohlgefallen.

O des Tages,
Da Wahrheit, Recht und Liebe
Den König im Triumphzug führen,
Aufstrahlt, deß wir sehnend harrten:
Gottes Reich!

17.11.39 P

B 13 *Du milder Mond* 18. 11. 39

Du milder Mond, du Gottesbote!
Ist's auch nur ein Spalt
Des Himmels, den du öffnest,
Zeitlosen Lichtes einen Strahl
Ins Erdental zu senden –
Der Ruhelose, der auf seinem Lager
Sich wälzt vor Unrast, Zweifel, Angst,
Er dankt es dir. Du kündest
Den ew'gen Vater ihm, der droben
Wachet über alle Kinder, die des Lichts entbehren.
Wohl ich versteh: es gibt kein Dunkel,
Ist des Himmels auch ein Spalt nur offen.

B 14 *Elisabeth* 19. 11. 39

Ist unser Aug' gehalten, blind,
Daß wir nicht seh'n, was du
Allzeit erkanntest, da du schautest
Ein Menschenangesicht?
*Christus* erschien dir da, leibhaftig,
Verborgen nur zum Schein in menschlichem Gesicht.
Konntest du anders als Ihm dienen?
Ihm Wunden waschen, die verschwärt?
Den Hunger stillen mit dem Brot,
Den Durst mit kühlem Trunk?
Mußtest du nicht den Fiebernden
Die weiche Hand auf heiße Stirne legen?
Konntest Dein Bett versagen du dem Gast,
dem Heiligen, der nicht wußte,
Wohin Sein Haupt Er legen sollte?
Ja, du mußtest helfen, dienen, dich entäußern,
Gab dir doch Gott das Aug' des Glaubens,
Die Schau des Christen …

Brief nach Meitingen:

Augsburg, in der Zelle, 22. 11. 39 B 15

Liebe Geschwister!

Nun ist das der erste Brief, den Ihr *erhaltet.* Ich schrieb schon mehrmals, habe aber heute alles zurückerhalten: *stenografische* Briefe sind nicht erlaubt. Auch darf ich nur einen Brief in der Woche fortschreiben. Da muß der schon die Runde machen ...

Zunächst, was Euch gewiß freuen wird: ich bin *froh und munter.* Ich habe noch *keine einzige trübe Stunde* hier gehabt dank der Gnade Gottes, die mir das Herz gestärkt hat. Was ich gerade noch zu Hause schrieb vom *Himmel in uns,* das könnte ich hier mit noch mehr Recht schreiben. Es war mir eine Gnade, die ich gerade brauchte. Lest mal bitte diesen Missionsbrief als Gruß von mir, bis Ihr den großen Missionsbrief erhaltet, den ich erst in Kurrent umschreiben muß. Er wird Euch, so Christ will, Trost bringen.

Warum ich in Haft bin, weiß ich noch nicht. Wenn der Kommissar recht hatte, dann steht's im Zusammenhang mit dem Münchener Attentat! Das gäbe mir ja die Hoffnung, nun wieder frei zu werden, nachdem man die Täterschaft festgestellt hat. Aber ich bin ganz gleichmütig darin; ich mache Ernst mit dem Glauben, daß Himmel *alles* zum Guten fügt, daß auch dieser Aufenthalt mir zum Segen ist. Das spür' ich jetzt schon. Die wenn auch zuerst unfreiwillige und ungewohnte Stille der Seele tut mir wohl. Ich bin mit Ihm allein und freue mich Seiner Gegenwart.

Ich lese insbesondere die Hl. Schrift und bin ganz in ihren Segen gebettet. Auch schreib' ich manches. Schade, daß es nun liegen bleiben muß. Ich hatte z. B. für das hiesige Sonntagsblatt etwas geschrieben, ebenso für die Vegetarische Presse.

Gehofft hatte ich, daß ich auf der Zelle zelebrieren dürfe. Ist aber bisher nicht bewilligt worden. Deshalb feiere ich doch täglich das hl. Opfer mit Euch. Wir sind *alle* „circumstantes" (Umstehende)!

Ihr werdet mit manchem Geschäftlichen in Verlegenheit sein. Erbittet Euch (Gt/Tc) einmal Besuchserlaubnis bei der StP und notiert alles Wichtiges. *Post* an mich ist auch möglich über die StP; ob sie auch nur Kurrent bzw. in Maschine sein darf, weiß ich nicht, wahrscheinlich. Am besten geht's persönlich ab auf der StP. Ich glaube, der zuständige Herr heißt „Ruf".

Ich bin in einer schönen Zelle, aus der ich auf die Straße sehe, freilich nicht viel, eben gerade die Schirmfabrik Hatler wie letztes Mal, doch bin ich jetzt im oberen Stock, was angenehmer ist, da es etwas länger hell ist. Das ist wohl das Schlimmste: nur 8 Stunden am Tag hell und nie Licht! Aber das inwendige Licht ersetzt alles! Gottlob darf ich ab morgen mich aus der Schleife verköstigen. Das war bisher auch schon. Bitte versucht *nie* im mindesten etwas zu schmuggeln, das würde mir nur zum Schaden sein! Es könnte vielleicht jemand aus weichem Herzen so etwas tun wollen, drum sag ich's!

Br. Reuterer möge sich nicht sorgen. Er möge Br. Antonius im Verlag und Br. Kehl im AS helfen, am besten sich in die geistige Verlagsführung einarbeiten. Sr. Benedikta und Mathilde begrüße ich nach der Heimkehr ins Mutterhaus besonders. Br. Ambrosius soll, wenn nötig, die Gesellschaft statt meiner vertreten in rechtlichen Dingen. Br. Othmar wird schon helfen.

Ich habe bisher in meiner Sache an die StP, an Polizeigeneral Heydrich, an den Minister A. Wagner in München und Gauleiter Wahl geschrieben, um alles getan zu haben, daß ich mich rechtfertigen kann. Ich habe insbesondere meine Auslandsbeziehungen dargestellt, da der Komm. meinte, daß diese mich verdächtig gemacht hätten. Ich habe natürlich alle ohne weiteres zugegeben, da ich ja keine *politischen* Beziehungen unterhielt. Aber ich denke, daß dies ohnehin der Behörde bekannt sein wird. Vernommen wurde ich noch nicht, weiß also nichts über den eigentlichen Grund der Festnahme. Mit Wäsche bin ich soweit versorgt. Ich brauche wohl noch ein Nachthemd zum Wechseln und ein Handtuch, auch ein Stück Seife. Und Papierblocks, womöglich einen gelben. Dann *Bücher* – Ihr müßt natürlich die Erlaubnis *dafür* einholen:

Novum Testamentum graece
Griech. Wörterbuch

Synopse deutsch und griechisch
Lutherbibel mit dem Wörterbuch
Schott Meßbuch
Regensburger Kommentar zum Neuen Testament
Lat. Graduale oder so ähnlich (im Zimmer auf Büchergestell).

Wenn Ihr die Sachen bringt, stets auf einem Zettel aufschreiben, was gebracht wird. Mit der Hand schreiben! Ich freu' mich schon des darin liegenden *persönlichen* Grußes. Schreibmaschine ist kalt.

Laßt den wesentlichen Inhalt des Briefes den ganzen Konsult und Br. Ambrosius wissen. Ich kann leider nicht mehr schreiben, doch bekommt Ihr nächste Woche einen großen Brief, so Gott will.

Wird Br. Wenzel am 30. 11. geweiht? Ich lasse ihn grüßen und segnen. Ich bin im Geist bei seinem Erstlingsopfer, so Gott will, auch schon wirklich. Ich bin's aber zufrieden. Freiheit ist keine Sache des *Raumes,* sondern der Seele. Frei ist, wer jeder Lage überlegen ist. Das vermag der Christ im Glauben.

Um Euer Gebet brauch' ich nicht zu bitten. Wir begegnen uns alle täglich im Dominus vobiscum oft! Besonders in den langen Nächten, wo ich täglich für alle bete und alle segne.

Habt Ihr die kirchliche Behörde verständigt? Ich würde mich freuen, wenn „Eberle" (Weihbischof von Augsburg) oder „Kerker" (ein befreundeter Priester in Augsburg) mich mal besuchten. Aber wenn nur *ein* Besuch kommen dürfte, dann lieber zuerst jemand von Euch.

Und nun: Pax vobiscum! Benedictio †

In Treuen
Euer
Br. Paulus

Wie lesen sich jetzt die Gefangenschaftsbriefe Pauli!
NB. Ich bekomme täglich die Zeitung NAZ und habe daraus auch mit lebhaftestem Interesse die Ausfahndung von Georg Elser entnommen. Gottlob! Nun wird's nicht mehr lange dauern.

Daß sich der Himmel öffnete aufs neue!
Daß wieder wie an jenem sel'gen Tag die Feuerzungen
Heil'ger Geistesglut erschienen über allen,
Die Christi Namen tragen!

Daß die Kirche,
In heiliger Verjüngung neu geboren,
Heil'gen Geistes trunken,
Die Botschaft sendete in alle Welt,
Zu zeugen für die Allgewalt der LIEBE.

Welch ein Pfingsten! Wenn auf der weiten Erde alle
In *einer* Sprache hörten und verstünden, was der HERR
Zum Heil der Menschheit Wunder wirken will!

Ein Feuerbrand entzündet an dem andern!
Und in die Finsternis der Welt gleich Fackeln
Leuchten die Träger Seines Namens, geistdurchglüht.

O seliger Advent!
Herr Jesu! Komm!

Doch wär's, daß nur um meines Lebens Preis
Des Heil'gen Geistes Reich der Menschheit würde –
Ich opfert's gern dem Heil der Welt ...
Herr! Nimm es an!
Laß Pfingsten werden!

25.11.39 P

## *Advent* B 17

Der weiß nicht vom Advent,
Der nie in düstrer Zelle saß im Abenddämmer.
Karg ist das Fenster. Schon am Tag
Strömt Licht nur wenig in den engen Raum.

Doch kommt der Abend,
Schleicht die Sonne früh von dannen,
Und Nacht wirft dumpfen Mantel um den Raum,
Nacht, schreckbar, undurchdringlich.

Bleibt's immer Nacht?
Wird nie ein Sonnenstrahl mehr nah'n
Und neuen Tag zur Hochzeit führen? ...

Ein schwaches Dämmerlicht
Huscht noch durch schmalen Spalt herein, ein Zeuge,
Daß nie die Sonne untergeht, daß bald
Sie leuchtend sich erhebt aufs neue.
Ja, daß das Licht, dem sie den Rücken kehrten,
Der Herr mit Macht und Herrlichkeit wird wiederkehren,
Sein Reich zu gründen ewig.

Ich glaub' an den Advent. P

## *Adventlied* B 18

In Nacht und Not wir zu Dir schrein:
Wer soll uns Heil und Retter sein?
Komm, Herr Jesu!
Der Hirsch lechzt nach dem kühlen Quell.
Komm! Still den Durst der Seele schnell!
Komm, Herr Jesu!
Ja, komm als Herr der Ewigkeit!
Zeig Deines Reiches Herrlichkeit!
Komm, Herr Jesu!

Wann leuchtet uns das neue Licht
Davon zu uns Isaias spricht:
Komm, Herr Jesu!
Laß neu uns aus dem Grab erstehn!
Laß uns das neue Leben sehn!
Komm ...

Uns drückt der Sünde Sklavenlos,
Ach, Herr, wir sind gar arm und bloß!
Komm, Herr Jesu!
Zerbrich der Sünde Kerker Du,
Führ uns der heil'gen Freiheit zu!
Komm ...

Den Vätern warst Du Halt und Trost,
So hilf auch uns, vom Sturm umtost!
Komm, Herr Jesu!
Ja hilf, daß wir ermatten nicht!
Da uns des Lebens Brot gebricht.
Komm ...

Der grause Krieg ist unser Los.
Wann kommst Du Friedensstifter bloß?
Komm, Herr Jesu!
Ach mach von Haß und Neid uns frei,
Daß Eintracht unter Menschen sei!
Komm ...

Ach, Herr, uns bangt vor dem Gericht.
Entzieh uns Deine Gnade nicht!
Komm, Herr Jesu!
An unserm letzten Pilgerstein
Magst Du uns ewiger Retter sein!
Komm ...

Komm, Sonne, steig am Himmel auf!
Ihr Stern', begleitet Ihn zu Hauf!
Komm, Herr Jesu!
Schaff neuen Himmel, neue Erd',
Von Deinem Sonnenglanz verklärt!
Komm ...

So komm mit Deiner Königsmacht.
Vertreib das Dunkel in der Nacht!
Komm, Herr Jesu!
Entzünd' uns einen neuen Tag,
Der nimmer von uns weichen mag.
Komm, Herr Jesu!
Ja, komm als Herr der Ewigkeit!
Zeig Deines Reiches Herrlichkeit!
Komm, Herr Jesu!

(Vertont)

Brief nach Berlin:

1. 12. 39 B 19
Advent 1939

Meine Schwester!

Der Brief dieser Woche – jede Woche darf ich *einen* schreiben – gehört diesmal Euch. Ihr werdet ohnehin ihn auch mit andern teilen, wie ich hoffe. Wir haben ja Gütergemeinschaft.

Zunächst einen frohen Adventsgruß! Ihr dürft mir glauben, daß man in der Zelle auf den Advent vorbereitet wird. Zwei Drittel des 24-Stunden-Tags sind dunkel in der Zelle, da Licht aus Sparsamkeitsgründen überhaupt nicht entzündet wird! Da sind die Nächte lang! Und wenn dann der Strahl des milden Mondes zum Gitterfenster hereinleuchtet, da denkt man des Propheten: Illuminare, Jerusalem! Adventssehnsucht und Adventsfreude sind in mir. *Jeden* Tag wiederhole ich, auch im Voradvent, die Lesung des Apostels: Gaudete, iterum dico: gaudete! Und ich nehm' es mir auch zu Herzen. Ich kann mit Dank gegen Gott sagen, daß noch keine Stunde die Sonne untergegangen ist in mir, ich bin voller Freude, die nicht bloß in meinem guten Gewissen ihren Grund hat (1 Petr 3, 17), sondern vor allem im *Glauben* an den gegenwärtigen Gott in mir, der es mich gar nicht sehr entbehren läßt, daß ich das hl. Opfer nicht wie sonst feiern darf – so gern ich es täte! (Es ist mir leider abgelehnt worden. Warum, weiß ich nicht. Aber es betrübt mich eigentlich nicht, weil ich in *allem* Gottes Willen sehe.) Ist nicht das Mitopfern mit Christus auf andere Weise Wirklichkeit geworden in meinem gegenwärtigen Leben?

Ich weiß noch immer nicht, warum man mich verhaftet hat. Ich wurde auch noch nicht vernommen. Das ist zunächst etwas quälend, wie Du begreifen wirst. Aber ich hab' mich längst darüber weggesetzt und halte einfach still, weil Er es so will ... Ich habe gute Zuversicht, daß bald sich alles klären wird. Ich erkläre mir die Sache so, daß man wahrscheinlich die auf Grund des öffentlichen Aufrufs eingehenden Anzeigen abwarten wollte, um zu sehen, ob sich daraus irgendein Verdacht ergebe. Ich denke, das wird nun bald geklärt sein. Ihr werdet wissen wollen, was ich treibe. Die ersten Tage habe ich aus der Hl. Schrift gelesen und darin Freude und Trost gefunden. Nach einigen Tagen bekam ich auch die Zeitung, so daß man nun wenigstens immer die neuesten Tatsachen erfährt. Nun habe ich auch einige Bücher. Lippert: Einsam und gemeinsam! Echt Lippert! Ein Genuß gerade in Tagen der Stille. Dann Oda Schneider, Gebet. Ein ungemein tiefes Büchlein der Frau, die ich sehr verehre. Große Freude hatte ich an Herwigs „Großem Bischof". Das hat mir viel gegeben. Ist doch viel Verwandtes in meinem Blut ... Kennst Du's?

Dann habe ich geschrieben: Gedichte, Tagebuchblätter, Choralmessen, Aufsätze. Ich schrieb auch einen „Brief in die Gefängniszelle" als Seelsorgebrief für meine Kameraden. Natürlich ist er erst zu verwerten, wenn ich wieder über mich verfügen kann. Dann soll's eine Broschüre werden, die, wie ich hoffe, manchem helfen wird.

Schwierig sind die langen Abendstunden, wo man nicht auch lesen kann. Da – singe ich zumeist still vor mich hin. So sind zwei Choralmelodien daraus geworden. Oder ich denke und mache Pläne ... Gott weiß, wann und wie sie zu verwirklichen sind. Aber das Evangelium ist nicht gebunden, sagt Paulus.

Interessant ist: als ich in der Zeitung vom Attentat las, dachte ich lange wie ein Polizeiorgan nach, um auf eine Fährte zu kommen, wie das Attentat möglich geworden ist. Dabei kam ich –

freilich ohne irgend einen Begriff zu haben, wie die näheren Umstände überhaupt waren – darauf, der Attentäter müsse mit dem Personal des Bürgerbräukellers eine Verbindung gehabt haben und vielleicht selbst sich als Aushilfskraft gemeldet, vielleicht vorgedrängt haben. Ich schrieb auch bereits an die Polizei, um auf diese Möglichkeit hinzuweisen; dann schickte ich es aber doch nicht ab, weil ich fürchtete mich zu blamieren. Tatsächlich habe ich doch nicht schlecht nachgedacht.

So muß man die Zeit verbringen. Nicht zuletzt *bete* ich – eigentlich ist ja alles Beten, was man in Gott tut. Aber ich denke Euer aller vor Gott und such' dadurch etwas zunütze zu sein, wo ich sonst nichts helfen kann. Mit den Sorgen zu Hause beschäftige ich mich wenig. Es war immer mein Grundsatz, mir keine Sorgen zu machen, wo ich nichts *tun* kann. So halte ich es auch jetzt.

Ja, die Hauptsache ist – das Schlafen. Um 6 Uhr liege ich schon in der Klappe – was auch sonst tun! – und bald schlafe ich auch ein und schlafe, mit Unterbrechungen 10 und mehr Stunden! Ich glaub', ich erhole meine Nerven hier!

Jeden Morgen ist eine Stunde Spaziergang im Hof. Das tut gut. Ich bin dessen sehr froh. Die mangelnde Bewegung würde sonst schlecht bekommen.

Das Essen habe ich jetzt aus der „Schleife“[1]. Gottlob! Ich hätte gern darauf verzichtet, um es nicht besser zu haben als die andern, aber das Tierfett (Fleisch aß ich natürlich nicht) bekam mir sehr schlecht. Immer Durchfall und Beschwerden! So mußte ich halt doch von der Vergünstigung Gebrauch machen, seither ist mein Magen tadellos beisammen. Ich frühstücke auch nicht mehr wie zu Hause. Ich hörte, es sei noch ein Vegetarier im Hause. Ich hätte gern mein Essen mit ihm geteilt, wenn es gegangen wäre, aber man liebt hier Extrasachen nicht. So muß ich darauf verzichten. Schade!

Sonntags ist immer hl. Messe, bei der alles aus Leibeskräften mitsingt. Der Geistliche, ein Dominikaner, predigt schlicht und

[1] Die „Weiße Schleife“ war zu jener Zeit eine kleine Niederlassung der Christkönigsschwestern in Augsburg.

eindringlich. Es ist auch mir eine erhabene Stunde, wenn auch mein liturgischer Sinn nicht recht auf seine Rechnung kommt. Ein schreckliches Herz Jesu aus Gips steht auf dem sonst stilvollen Hochaltar!

Besuch habe ich bisher noch keinen empfangen dürfen. Ich hätte mich wohl gefreut, aber ich fühl' mich auch so allen verbunden.

Deine zwei Karten habe ich erhalten, die zweite vorgestern. Ein Gruß ist mir natürlich immer eine Freude. Warum gibst Du die Karte in einen Umschlag? Ich brauche mich doch nicht zu schämen, daß ich hier bin! Und Ihr Euch auch nicht!

Daß Sr. Sigried Maria krank ist, wußte ich nicht. Wo fehlt's? Ich grüße und segne *alle!* Grüßt auch Br. Carl Borromäus, Wienken (Rauchstr.), Leiber und was mich kennt, Thrasolt, Rittmeier usw.[2]

Ich schicke Dir Sinnsprüche. Möchtest Du sie auf Weihnachten als Gruß von P in Berlin herrichten! Was Du dafür als brauchbar ansiehst.

Advent! Möge er Euch allen Segen bringen!
Alleluja! Und frohen Treuegruß

P

*Beilage:* „In der Zelle" / „Advent" / „Totenklage" / „Maria im Advent" / „Sieger" / Sinnsprüche

Habt Ihr den großen Brief auch bekommen?

---

[2] Bischof Wienken von Berlin war für das Commissariat der deutschen Bischofskonferenz die Kontaktstelle zwischen Reichssicherheitshauptamt und Kirche. P. Robert Leiber SJ war der damalige Privatsekretär von Papst Pius XII.; ihn kannte Metzger seit der gemeinsamen Konstanzer Zeit sehr gut.

Das Folgende ist offenbar der Entwurf für ein Schreiben an die Geheime Staatspolizei.

Augsburg, 1. 12. 39 B 20

Heute begann die vierte Woche meines unfreiwilligen Aufenthaltes in der Gefängniszelle. Ich weiß heute so wenig wie am ersten Tag, warum man mich der Freiheit beraubt hat. Man wird es darum gewiß nicht als einen unbilligen Wunsch ansehen können, wenn ich bitte, man möge mir eröffnen, was für ein Verdacht gegen mich spricht, und mir Gelegenheit zur Rechtfertigung geben, oder aber mich einmal freilassen, wenn, wie ich sicher annehme, sich keine wirklichen Anhaltspunkte für einen begründeten Verdacht ergeben haben.

Ich glaube, heute annehmen zu sollen, daß meine Inhaftsetzung doch in Zusammenhang mit dem unseligen Münchener Attentat steht. Vermutlich hat die Staatspolizei einmal zusehen wollen, ob sich auf Grund des in der Zeitung veröffentlichten Aufrufs irgendwelche Verbindung – zu meinen vielen Auslandsbeziehungen ergibt. Ich kann dies nur begrüßen und habe darum auch diese Wochen geduldig ertragen, weil ich hoffen kann, daß dadurch endgültig Klarheit darüber geschaffen wird, daß meine Beziehungen auf einer ganz anderen Linie liegen als der politischen. Ich habe meine tatsächlichen Auslandsverbindungen in aller Offenheit dargelegt und bin gern bereit, alle Aufklärung zu geben, auf Grund derer eine nähere Überprüfung derselben möglich ist. Ich denke aber nicht, daß die Staatspolizei dazu eine weitere Haft als nötig ansehen kann, zumal diese im In- und Ausland den Anschein erwecken muß, als bestünde noch, im Gegensatz zu der Erklärung in der Presse, eine wirkliche Opposition gegen die Staatsführung.

Ich möchte die Staatspolizei bitten, sich einmal die Mühe zu nehmen, meine literarischen Arbeiten aus den letzten Monaten gründlich zu überprüfen. Es sind dies „Der Unsegen der Kirchenbänke", erschienen in Bibel und Liturgie, „Maranatha" (der Adventgedanke), gleichfalls in Bibel und Liturgie, „Per omnia saecula ..." (Gemeinschaftsliturgie) in Bibel und Liturgie, „Wie wird man Christ?" (Studien über die Taufe), „Der Himmel in uns" (Studien über das Einwohnen Gottes in der Seele), „Das Geheimnis des Senfkorns" (Studien über die Dynamik der Sakramente), „Was trennt uns Christen?" (die dogmatischen Differenzen zwischen katholischer und protestantischer Kirche), „Phöbe" (apostolische Frauenhilfe) in Frankfurter kath. Kirchenzeitung. Als gute Psychologen werden Sie zweifellos aus dem Studium dieser Aufsätze ohne weiteres ersehen, daß mein Interessenkreis sich um eine ganz andere Welt dreht als die des „Politischen". Die Aufsätze können von Meitingen ohne weiteres verlangt werden.

B 21

### *Sieger*

Ein einzig Sternlein seh' ich noch am Himmel.
Bist du das letzte, sag', das blieb,
Da Liebe vor dem Haß, Licht vor dem Dunkel floh?
Wann schlägst auch du die Hände vors Gesicht,
Daß nicht *ein* Himmelsauge mehr die Erde schaut?
Wird hoffnungslos auf ewig dunkel diese Welt?
Doch nein, da strahlet
Sieghafter Himmelsbote neu der Mond.
Die Liebe stirbt nicht, muß sie auch verbergen
Sich vor dem Haß, der übermächtig,
Eine Stunde. Mächt'ger noch erhebt sich
Das Licht, das aus dem Herzen Gottes bricht.
Gott ist die Liebe. Sie ist ewig.

2. 12. 39 P

## *In der Zelle*

Ach, Gott, ich fürchtete die Nächte, die düstern, langen,
Da kein barmherzig Licht erleuchtet meine Zelle.
Heut' dank ich's Gott, der auf den Flügeln
Der Gedanken mich führt durch Seinen Weltenraum.
Ich komme nie zu Ende. Meine Liebe
Besucht auf weiter Erde alle, die in Gottes Liebe steh'n,
Die Menschen all, die guten, treuen,
Die mir verbunden, aber auch die fernen,
Die mir in Ihm doch Nächste sind!
Die Blumen all, die Vöglein in den Lüften,
Des Waldes traute Tiere und das Würmlein auf dem Boden,
Alles, was Gottes Liebeshauch gesegnet hat,
Das grüß' ich, freu' mich sein.
Ich rühr' an alles, selig in der Liebe,
Was Gottes Liebesfinger je berührt',
Nichts stört mich, denn die Nacht verbirgt,
Was Gottes gute Liebe scheut.

2. 12. 39 P

Schon 20 Jahre vor Ankündigung des Zweiten Vatikanischen Konzils hatte Bruder Paulus die Frage der Wiedervereinigung der Christenheit als ein wahrhaft „katholisches" Zeitanliegen erkannt und sich ganz in den Dienst dieser Una-Sancta-Aufgabe gestellt. Im Advent 1939 schrieb er aus der Gefängniszelle folgenden geradezu prophetischen Brief an den damaligen Vater der Christenheit, Papst Pius XII.

B 23 Heiliger Vater!

Diesen Brief schreibe ich in der Gefängniszelle. Seit mehreren Wochen bin ich hier, ohne freilich zu wissen, was man mir zur Last legt (1 Petr 2, 19; 2 Tim 3, 12). Aber ich weiß: Der Herr, der in seine weisen Pläne alles einbezieht, hat nicht ohne Grund mir diese Zeit der Stille und des Betens geschenkt. Froh nehme ich die mannigfachen Beschwerlichkeiten meiner Lage auf mich und suche die Zeit zu erkaufen (Eph 5, 16).

Vielleicht hat Gott mir diese Tage auch dazu zugedacht, daß ich diesen Brief schreiben muß, zu dem ich mich vom Geist gedrängt fühle.

Ich bin zwar abgeschnitten von der Außenwelt, vielleicht für lange Zeit. Aber als katholischer Mensch fühle ich mich deshalb nicht weniger verbunden mit allem Geschehen dieser Zeit. Ja, ich darf sagen, ich leide jetzt die Leiden der ganzen Menschheit mehr mit denn in den Zeiten, da ich durch meine täglichen Sorgen allzuviel beansprucht war.

Ich leide darunter, daß seit Monaten wieder die Völker an den Fronten widereinander stehen und gegenseitig auf ihr Verderben sinnen. Völker, die durchwegs die Botschaft Jesu Christi gepredigt erhielten und sich fast alle zu Seinem Namen bekennen ... Ist ihnen das Christentum nur eine leere Phrase? Vielleicht nur eine Schaustellung am Sonntag? Oder sind sie rettungslos verkauft an die Mächte der Finsternis, die ihnen das Urteil und die Freiheit des Handelns nehmen? Hat die Kirche keinen Einfluß auf das Weltgeschehen und muß dieses dem Spiel des Bösen überlassen? Oder sind wir Christen alle lässig geworden und schwach im Glauben, daß wir nicht mehr dessen bergeversetzende Kraft verspüren? Ist das Salz schal geworden und der Sauerteig fade, daß die Welt nicht mehr durch diese Kraft vor Fäulnis bewahrt und innerlich umgestaltet werden kann?

Vielleicht liegt eine zwingende Logik im Geschehen dieser Tage. Wo das Gesetz der göttlichen Ordnung, die auf *Wahrheit, Gerechtigkeit* und *Liebe* das Zusammenleben der Menschen gründet, verlassen wird, gibt es nur *Krieg und Untergang.* Dann ist, was wir erleben, die Generalprobe des Weltgerichts.

Vielleicht liegt auch eine Logik in den äußeren Geschehnissen. Ich habe dem hochseligen Vorgänger Eurer Heiligkeit aus der inneren Erregung über das klar vorausgesehene kommende Schicksal Europas vor sieben Jahren (1932) davon geschrieben, daß es die letzte Stunde sei, die Völker Europas vor dem aufs neue beginnenden Wettrüsten und zu friedlicher Verständigung zurückzurufen, wenn nicht binnen kurzem die Katastrophe eines neuen Weltkrieges unabwendbar werden solle; ich habe die ungeheure Verantwortung der Kirche in jenen Tagen als meine persönliche Last gefühlt und *mußte* schreiben wider alle Hoffnung. Ob ein Aufstehen der ganzen bewußten Christenheit in jenen Tagen nicht noch das Unglück hätte verhüten können?

Aber *wo* ist diese Christenheit? Sie *kann* nie ihre Stimme wirksam erheben, sie *kann* keinen bestimmenden Einfluß auf das Weltgeschehen ausüben zur Durchsetzung der ewigen Grundsätze unseres Herrn, weil – *sie nicht eins ist.*

Christus kam, um Frieden zu stiften und in Seiner Person alle eins zu machen (Eph 2,15), um alle dem „einen Leib" einzugliedern und alles im Himmel und auf Erden zur Einheit zusammenzufassen (Eph 1,10; Kol 1,20). Sein Testament war (Joh 17), daß *„alle eins"* sein sollten, zunächst die Träger Seines Namens und Lebens, dann durch sie die ganze Welt. Und heute, nach 19 Jahrhunderten, ist, wie die protestantische Missionskonferenz von Tambaram in Indien ergreifend klagte, die Christenheit den Heiden vielfach zum Gespött geworden, weil Hunderte von christlichen „Kirchen" widereinander streiten im Namen desselben „einen Herrn" (Eph 4,5), auf dessen Namen sie alle in „einer Taufe" geheiligt sind.

Ist das nicht *Tragik* und *Schuld* zugleich? Schuld aller, die die unseligen Spaltungen hervorgerufen haben – was zumeist nicht die Schuld einer Seite allein war –, Schuld aller, die die Arme verschränken wie gegenüber einem unabwendbaren Fatum, Schuld aller, die nicht unter Hintansetzung aller persönlichen Wünsche das Wirksame und Gottgewollte tun, um die Spaltung zu überwinden.

Heiliger Vater!
Die Not der Zeit – und durch sie spricht Gott zu uns – verlangt gebieterisch die letzten Anstrengungen, um die *Zerrissenheit der christlichen Kirche zu überwinden,* um das Friedensreich Christi wirksam zu machen in der ganzen Welt. Die Not der Zeit ist wohl gerade darum über uns gekommen und wird uns noch mehr demütigen, daß wir allesamt endlich zu einer großen *Metanoia* gelangen, einer Umkehr von den Wegen der Selbstgerechtigkeit, der Verblendung und des Stolzes, einer vollen Hinkehr zu Christus, dem Friedensfürsten, dem König der Liebe.

Ich weiß, daß gerade Ew. Heiligkeit unter der Zerrissenheit des Leibes Christi besonders leiden und daß Sie, ebenso wie Ihr hochseliger Vorgänger, zu allen persönlichen Opfern bereit wären, um die Christenheit wieder zur Einheit zu führen. Viel ist gewiß in diesen letzten Jahren schon geschehen zu diesem Zwecke. Der Erfolg war freilich bisher gering. Warum?

Wollen es Ew. Heiligkeit mir nicht verübeln, wenn ich in aller Bescheidenheit, aber zugleich in voller Offenheit darlege, was nach meiner Einsicht bisher die Einigung der Christenheit verhinderte und was darum wohl geschehen müßte, wenn der letzte Wille des Herrn der Verwirklichung nähergebracht werden soll. Gewiß werden Ew. Heiligkeit nicht einfach ablehnen, auch was ich vielleicht in Abweichung von der Meinung der Mehrheit zu vertreten wage. Das auf dem Spiel stehende Gut der heiligen Kirche, ja der ganzen Menschheit, ist wohl zu groß, als daß ohne wirkliche Prüfung abgewiesen werden dürfte, was ein wenn auch unbedeutender Bruder in Christo glaubt, auf Drängen des Heiligen Geistes aussprechen zu müssen.

Bin ich auch nur ein einfacher Priester der heiligen Kirche ohne Rang und Bedeutung, so glaube ich doch zur Beurteilung der vorliegenden Fragen außer der fachlichen Vorbildung als

Doktor der Theologie einige besondere Erfahrung mitzubringen dadurch, daß ich gewiß mehr als die meisten andern seit vielen Jahren enge Fühlung mit den von uns getrennten Christen aller Denominationen habe. So bin ich z. B. mit Wissen und Billigung des zuständigen Bischofs auf der Lausanner Weltkirchenkonferenz als katholischer Beobachter zugegen gewesen und habe dadurch Gelegenheit gehabt, in persönlicher Aussprache mit Vertretern der verschiedensten kirchlichen Gemeinschaften des Westens und Ostens mein Urteil zu prüfen. Ich habe seither diese Beziehung gepflegt und vertieft. Mit zahlreichen Pastoren der deutschen, der schweizerischen, dänischen, schwedischen, holländischen reformierten oder lutherischen Kirchen, mit vielen Gliedern der anglikanischen sowie auch der altkatholischen Kirche habe ich seit vielen Jahren enge, ja z. T. freundschaftliche Beziehungen. Ich habe 1938 eine lose „Bruderschaft UNA SANCTA" begründet, in der Nichtkatholiken in erheblicher Zahl mit Gliedern unserer heiligen Kirche um die volle Verwirklichung der Einheit der Kirche gleichzeitig beten. Daß ich dabei fest und klar auf dem Boden unserer heiligen römisch-katholischen Kirche stehe und der kirchlichen Obrigkeit mich in treuem Gehorsam verbunden fühle, brauche ich auf Grund meiner vieljährigen Tätigkeit als Generalleiter der Christkönigsgesellschaft vom Weißen Kreuz und als Generalsekretär der Christkönigskongresse wohl nicht erst zu beteuern.

Es ist meine heilige Überzeugung, daß gegenüber der Vergangenheit ein *vielfaches Maß von Demut und Liebe* auf unserer Seite erforderlich ist, um das hohe Ziel, mit das größte, was eine weitschauende Reichgottespolitik erstreben kann, zu erreichen.

Wahre Demut ist nicht nur Vorbedingung für Gottes Gnade (1 Petr 5,5), sondern auch die Grundvoraussetzung dafür, das *Mißtrauen und Vorurteil* zu überwinden, das auf der Gegenseite allen unsern Bemühungen zur Wiedervereinigung der getrennten Kirchen im Wege steht. Auf Grund meiner genauen Kenntnis der Mentalität in den außerkirchlichen Kreisen darf ich wohl sagen, daß weit weniger *Glaubensdifferenzen* als *seelische Schwierigkeiten und religiöse Bedenken* die Annäherung der anderen Gemeinschaften an die römisch-katholische Kirche erschweren bzw.

verhindern. Ich sehe es als einen Dienst an der Kirche an, diesen kritischen Stimmen in aller Form Ausdruck zu verleihen.

Die Meinung gerade der Besten unter den nichtkatholischen Christen geht dahin, eine gewisse stolze Selbstgerechtigkeit auf unserer Seite verhindere, daß wir die Mängel und Unzulänglichkeiten innerhalb unserer Kirche, die Sünden und Fehler, durch die wir die Spaltung mitverschuldet haben, offen zugeben mit der ehrlichen Bereitschaft zu der Buße, die wir, wie sie meinen, immer nur von andern verlangen. Sie glauben aus dieser Tatsache schließen zu dürfen, daß der Heilige Geist nicht die Seele unserer Kirche sei, da sie, statt sich selbst zu richten (1 Kor 11,31), ein allzu strenges Richteramt ausübe, das letztlich nur dem Herrn selbst zustehe (Matth 23,9). Sie glauben nicht an die letzte Bereitschaft der Führer unserer Kirche, gleich dem Meister in Demut zu *dienen* (Joh 13,14; Matth 18,2 und 20,26), sondern sehen in der Beanspruchung von Herrschaftsansprüchen, die nach ihrer Auffassung mit der evangelischen Einfachheit nicht vereinbar seien, Herrschsucht und allzu menschliches Geltungsbedürfnis. Sie finden die Art der Ausübung des heiligen Amtes in der Kirche oft nicht vereinbar mit der Mahnung des Apostels (1 Petr 5,3) und mißtrauen daher diesem Amt grundsätzlich. Sie glauben auch in der Auseinandersetzung mit den „Irrgläubigen" mehr Rechthaberei und Geistesenge festzustellen als heiligen Eifer für die Wahrheit Gottes und berufen sich darauf, daß sie an manchen, auch führenden Vertretern der Kirche eine vorschnelle Überheblichkeit und unbarmherzige Härte im Urteil glauben erfahren zu haben.

Ich mache mir diese Vorwürfe selbstverständlich keineswegs zu eigen. Sie beruhen zum Teil auf einem Mißverstehen der heiligen Verantwortung der Hirten der Kirche zur Wahrung des Depositum fidei (1 Tim 6,20) und zu dessen Verkündigung (2 Tim 4,2), oft auch auf einer grundsätzlichen Leugnung des apostolischen Hirtenamtes (1 Petr 5,2) der Bischöfe. Und doch will es mir auf Grund meiner vielfachen Erfahrungen scheinen, daß diese Leugnung zumeist nicht auf bösem Willen beruhe, sondern auf einem tiefergehenden inneren Mißtrauen. Dieses aber ist nur zu überwinden, wenn die berufenen Führer der Kirche in aller Demut und in ehrlicher Selbstprüfung zusehen, ob nicht doch auch *allzu menschliche und diesseitige Regungen* manchmal mitspielen bei der Ausübung und Verfechtung der kirchlichen Führungsrechte. Nichts würde wirksamer diese Vorurteile aus der Welt schaffen und dadurch eine innere Annäherung bei den von uns getrennten kirchlichen Gemeinschaften vorbereiten als eine von *innen heraus sichtbar werdende aufrichtig demütige Haltung aller Hirten der Kirche* trotz und gerade wegen der verantwortlichen Ausübung ihres apostolischen Hirtenberufes.

Wer die innerkirchliche Entwicklung bei den von uns getrennten kirchlichen Gemeinschaften verfolgt, wird auch die folgende Feststellung anerkennen: Die – sicher ernsthaften und bedeutungsvollen – *dogmatischen Differenzen* spielen heute *nicht mehr die entscheidendste* Rolle als Hindernis der Wiedervereinigung. Viel stärker stehen geistige *Haltungen* gegeneinander; diese können aber durchaus nicht einfach mit „Wahrheit" auf der einen, „Irrtum" auf der anderen Seite gleichgesetzt werden, da es sich oft um *Spannungsgegensätze* handelt, die in der Universalität der Una catholica alle irgendwie zu ihrem Recht kommen dürfen. Ich nenne etwa als solche Gegensatzfrage: Gott oder Mensch? Christus oder Kirche? Schrift oder Tradition? Gnade oder Aszese? Gesetz oder Freiheit? Recht oder Liebe? Form oder Geist? Evangelium oder Gesetzbuch? Moral oder Gesinnungspflege? Sakramentales oder Geist-Christentum? Volksfrömmigkeit oder höhere Gnosis? National- oder Weltkirche?

Die tatsächlichen Differenzen betreffen sodann viel stärker *theologische Lehrmeinungen* und Fragen der *kirchlichen Disziplin* als Fragen des *Offenbarungsglaubens,* bezüglich deren die Kirche als „Säule und Grundfeste der Wahrheit" (1 Tim 3,15) Konzessionen zu machen außerstande wäre. Unzweifelhaft ist gerade bei der Auseinandersetzung bei diesen irgendwie der Erörterung zugänglichen Fragen tiefe Demut und verstehenwollende gütige Liebe besonders vonnöten, um nicht starr an persönlichen Meinungen und geschichtlichen Entwicklungen haften zu bleiben, die, wenn sie vielleicht auch allzu menschlichen Empfindungen schmeicheln, doch im Heiligen Geist einer Überprüfung fähig oder selbst bedürftig sind.

Auf Grund vielfacher persönlicher Aussprachen mit verschiedenen Persönlichkeiten außerhalb unserer Kirche darf ich wohl sagen: wenn die von uns getrennten Christen die Bereitschaft der kirchlichen Führung sehen, alles *unvoreingenommen zu prüfen,* was um des *Gewissens* willen ihnen bedenklich erscheint, wenn sie gerade hier die Demut und Liebe verwirklicht finden, die bereit sind, den Heiligen Geist zu hören, auch wenn er einmal durch den andersgläubigen Bruder in Christo spricht (Joh 3,8), wird eine innere Annäherung vollzogen werden, die vieles zusammenführt, was heute scheinbar unüberbrückbar ist. Demut und Liebe überwinden alles.

Der gegenwärtige Zeitpunkt erscheint vielleicht weniger geeignet, die Frage der Wiedervereinigung der Christenheit einer Lösung näherzuführen. Der Krieg hat, wie es scheint, alles menschliche Interesse in Beschlag gelegt. Und doch ist diese Meinung, wie mir scheint, nicht richtig. Gerade das Erleben des unseligen Krieges ruft in unzähligen Menschen das Verlangen wach nach einer außerordentlichen Anstrengung zur Rettung des menschlichen Geschlechts, nach einer Überwindung der scheinbaren Ohnmacht des Christentums in seinem Einfluß auf das Weltgeschehen. Wenn erst der Krieg die Völker der Welt in unabsehbarem Elend zurückgelassen haben wird, wird alle Welt warten auf eine große *Parole der Rettung.* Nur im *Glauben* wird gewagt werden können, was dann nottut. Schwachherzige und halbe Versuche werden von vornherein zum Scheitern verurteilt sein.

Als die „Reformation" in Deutschland sich zur unseligen Revolution auswuchs, rief der Heilige Geist zu einem echten „Reformkonzil" in Trient auf. Die mehr als beredte Klage Hadrians VI. in der Instruktion an seinen Nuntius Chieriegati zum Nürnberger Reichstag 1532 beweist klar, daß eine „Reform an Haupt und Gliedern" notwendig geworden war. Es war ein kühner und – demütiger Gedanke der Päpste, zu diesem Konzil die *„Protestanten" selbst einzuladen,* daß sie ihre gravamina selbst vorbringen und vertreten und selbst an der Erneuerung der Kirche tätig Anteil nehmen könnten. Leider ist es nicht zur tatsächlichen Verwirklichung des großen und zweifellos am ehesten Erfolg versprechenden Planes gekommen. Die Gemüter waren noch zu sehr erhitzt.

Man war – wohl auf beiden Seiten – noch nicht reif zu einer echt *evangelischen* Auseinandersetzung. Ob nicht heute die Zeit gekommen ist, diesen Versuch irgendwie zu wiederholen in großmütigem Vertrauen auf den Herrn, der Seine Hand über die Kirche hält?

Gewiß wird dies nicht ohne weitgehende *Vorbereitung* möglich sein. Es scheint mir, daß diese nicht aufgeschoben zu werden braucht. Ich könnte mir denken, daß Ew. Heiligkeit etwa zwölf Männer Ihres Vertrauens, anerkannte kirchliche Persönlichkeiten von bewährtem theologischen Wissen, festem Glauben und zugleich entsprechender Geistesweite, Demut und Liebe, bestimmen könnten, zumeist den Ländern entstammend, in denen die kirchliche Trennung sich auswirkt und daher den dadurch aufgeworfenen Fragen innerlich nahe –, die sodann im Auftrag Ew. Heiligkeit mit einer gleichen Zahl führender Vertreter der getrennten kirchlichen Gemeinschaften eine erste Fühlungnahme versuchen sollten. Es müßte dabei mit größtem Bedacht und mit sorgfältiger Auswahl der geeigneten Persönlichkeiten vorgegangen werden. Aber es würden zweifellos aus allen getrennten Gemeinschaften in Deutschland, England, Amerika, den nordischen Ländern sowie vor allem auch dem Orient ernsthafte und wohlmeinende und dabei ins Gewicht fallende Persönlichkeiten zu finden sein, die ein erstes vertrauliches Gespräch beginnen könnten und wollten. Vielleicht würde Assisi der geeignete Ort dafür sein, wo der Geist des von allen Christen ohne Unterschied verehrten Poverello eine Atmosphäre des Friedens und der Versöhnung begünstigen würde. Der Zweck dieser ersten Aussprache müßte sein eine *objektive Bestandsaufnahme* der tatsächlichen Schwierigkeiten sowie auch der offenbar werdenden *Möglichkeiten der Annäherung.* Die Gutachten der von Ew. Heiligkeit beauftragten Vertrauenspersonen müßten dann in einer von Ew. Heiligkeit zu bestellenden römischen Kommission eingehend bearbeitet werden, um so die Voraussetzungen zu schaffen für die Verwirklichung des großen Planes, der das Werk – zu der von Gott gewollten Zeit – krönen würde: die Einberufung eines *allgemeinen Konzils,* das der neugeeinten Kirche das neue Gesicht zu geben berufen wäre.

Ist es zu kühn, was ich Ew. Heiligkeit in aller Bescheidenheit unterbreite? Ich weiß, daß es weit hinausgeht über das, was unmittelbar Aussicht auf Erfolg bietet. Aber es will mir scheinen, daß nur ein großes Wagnis des Glaubens, der Demut und der Liebe die Schicksalsfrage der Christenheit zur Lösung zu führen vermag. Die Kirchen- und Weltgeschichte wird dem Träger der Tiara, der dieses Werk großzügig einleitet und – vielleicht einem späteren, der es zu Ende führen darf, ein ehrendes Andenken setzen.

Nehmen Ew. Heiligkeit diese Zeilen mit gütigem Wohlwollen auf und halten Sie es meinem leidenschaftlichen Verlangen nach dem großen Gut der Una Sancta sowie der Pax Christi in regno Christi zugute, wenn ich vielleicht nicht in allem das rechte Wort fand. Ich mußte aber dem Drängen meines Gewissens entsprechen und meine Gedanken dem Stellvertreter des geliebten göttlichen Herrn und Königs in aller Ehrfurcht unterbreiten. Ich lege alles vertrauensvoll in die Hand Ew. Heiligkeit und bete, daß der Heilige Geist alles leiten und lenken möge zum Heil der armen Menschheit und zur vollen Verwirklichung des Reiches Christi des Königs.

Ew. Heiligkeit bin ich

in tiefster Ehrfurcht und kindlichem Gehorsam
ergebenster

Dr. Max Josef Metzger
Generalleiter der Christkönigsgesellschaft
vom Weißen Kreuz, Meitingen bei Augsburg

Geschrieben im Advent 1939

Den Brief „Gnade" wollte Dr. Metzger vielen Gefangenen zugänglich machen und ließ ihn deshalb sofort nach seiner Freilassung drucken, so daß er noch als Weihnachtsgeschenk durch die Gefängnisseelsorger in die Zellen seiner Mitgefangenen kommen konnte.

## *Gnade!* B 24
## Ein Brief in die Gefängniszelle

von Br. Paulus

Vielleicht bist Du verwundert, schüttelst am Ende gar den Kopf, wenn ich Dir mit dem Apostel Paulus (2 Kor 6, 2) schreibe: „*Gnadentage* sind gekommen, Tage des Heils!"

Du denkst etwa: Der hat gut von Gnadenzeit reden, der in der goldenen Freiheit draußen Tag für Tag die herrliche Sonne aufgehen sieht, indes ich in meiner düsteren Zelle ...

Gemach, mein Freund! Ich schreibe diesen Brief selbst in der Gefängniszelle, in der ich seit Wochen – es tut nichts zur Sache, warum! – Dein Schicksal teile. Ich weiß, was es heißt, wehrlos von der Außenwelt abgeschnitten zu sein, hinter einem vergitterten Fensterchen zu sitzen lange Tage und noch längere Nächte, aller Annehmlichkeiten des Lebens beraubt, auf ein hartes Lager angewiesen und auf kurze Kost gesetzt ... Ich spüre das wohl am eigenen Leib. Und doch – glaubst Du mir, wenn ich Dir sage: Ich habe noch keine glücklicheren Tage in meinem Leben mitgemacht als diese?

Wie ist dies möglich, fragst Du. Du meinst, das könne doch höchstens sein, wenn man ein ganz reines Gewissen habe. Magst Du immerhin recht haben, sagt doch der heilige Paulus schon (1 Petr 3, 17) vor bald 1900 Jahren: „Besser, ihr leidet wegen guter als böser Taten!" Aber ist's nicht andererseits für einen Menschen schwer, unschuldig sich zu fühlen und doch der Freiheit beraubt, Wochen, vielleicht Monate lang ...?

Nein, das ist's nicht, was mich so froh macht. „Ich fühle mich zwar keiner Schuld bewußt, deshalb bin ich aber doch nicht gerechtfertigt", sagt Paulus (1 Kor 4, 4). Nein, was mich froh macht und was Du auch wie ich haben könntest, das ist der *Glaube an die weise Vorsehung des gütigen Vaters im Himmel,* von dem die

Schrift sagt, daß Er Seine Sonne aufgehen lasse über Gute und Böse und regnen über Gerechte und Ungerechte (Mt 5,45) und daß ohne Seinen Willen *kein Haar* von des Gerechten *Haupt falle* (Lk 12,7), der Glaube, dem der Völkerapostel wunderbar Ausdruck verleiht, wenn er schreibt: „Denen, die Gott lieben, gereicht *alles zum Besten*" (Röm 8,28).

Der wahre Christ lebt aus diesem Glauben. Und daß ich aus diesem Glauben leben kann, daß ich darum so fröhlich bin, daß ich trotz aller äußeren Drangsal bisher noch nicht eine traurige Stunde in dieser vergitterten Zelle erlebt habe, ist das nicht allein schon eine große Gnade?

Aber ich empfinde diesen Aufenthalt in der Zelle, wenn er auch ganz wider meinen Willen über mich gekommen ist und ich mich im ersten Augenblick sehr dagegen gewehrt habe, als eine wahre *Gnadenfügung* Gottes. Schon lange hatte ich das Bedürfnis, einmal in Stille und Zurückgezogenheit, fernab aller menschlichen Geschäftigkeit, dem Tiefsten in mir, meiner *Seele und Gott,* zu leben. Die große Last der Arbeit, die mich draußen bedrückt, hat mir noch immer die Verwirklichung meines Planes unmöglich gemacht. So segensvoll es für meine Seele gewesen wäre, ich konnte mich nicht losreißen. Da hat offenbar Gott selbst – alle Menschen sind Werkzeuge in seiner Hand – mein Schicksal in die Hand genommen und hat mir diese „geistlichen Übungen" diktiert. Und ich nütze sie mit Freuden, um mein Leben neu zu ordnen vor Gottes allheiligem Angesicht. So hoffe ich, zu der Stunde, die Gott bestimmt, seelisch erneuert und für den Lebenskampf neu gestärkt wieder ins Leben hinaustreten zu können.

„*Gnadentage* sind jetzt!" Verstehst Du, daß es mich Glücklichen drängt, andere an meinem Segen teilnehmen zu lassen, und daß ich Dir daher gerade in der Gefängniszelle diesen Brief schreiben mußte?

Ich weiß nicht, wer Du bist und warum Du in der Zelle sitzest. Vielleicht bist auch Du vorübergehend in Polizeigewahrsam? Vielleicht in Untersuchungshaft? Schuldig oder unschuldig? Vielleicht büßt Du eine – kurze oder lange – Strafe ab für eine Gesetzesübertretung, vielleicht für eine schwere Übeltat? Ich weiß es nicht. Es kümmert mich auch gar nicht. Als Christ richte ich nicht, sondern überlasse das Richten Gott dem Herrn. Der Christ fühlt sich vor Gott dem Allheiligen immer irgendwie „schuldig" und weiß sich daher dem Bruder nahe und verbunden, der gleich ihm vor Gott an die Brust schlägt: „Gott, sei mir Sünder gnädig!" Eines weiß ich als gläubiger Christ, daß Dein gegenwärtiges Schicksal vom liebenden Gott in Seine weisen Pläne einbezogen ist und daß auch Dir gilt: „Denen, die Gott lieben, gereicht *alles* zum Besten!" *Liebst Du Gott?* Ach, Du kannst Ihn ja nicht *lieben,* wenn Du Ihn nicht *kennst.* Und Du kannst Ihn nicht *kennen,* wenn Du Dir die *Zeit* nicht nimmst, einmal mit Ihm in Verbindung zu treten. Ob Er Dir diese Zeit unfreiwilliger Abschließung vom Lärm der Welt nicht geschickt hat, damit Du einmal *Zeit* findest für *Deine Seele und Gott?* Gnadenzeit? Vielleicht findest Du dann – etwa nach einem Leben der Gottesferne, die Dich gerade in diese Zelle führte? – zu Gott und Seiner Liebe heim und *erfährst* dann an Dir, daß Er in übergroßer Weisheit in der Tat *alles,* selbst Deine Sünde, zum Besten lenkt?

Darf ich Dir einmal als Schicksalsgenosse und Freund an die Hand gehen und Dir zeigen, *wie* Du diese Zeit der Gefangenschaft Dir zum *Segen* werden lassen kannst?

Vielleicht bist Du bisher böse Wege gegangen. Hast leichtsinnig in den Tag hineingelebt, ohne recht einen „Sinn" des Lebens zu wissen. (Denn Essen und Trinken, Tanzen und Kinobesuch können doch nicht „Sein" eines *menschlichen* Lebens sein, ebensowenig wie das Stehen in der Tretmühle täglicher Arbeit.) Oder Du hast wohl den Sinn Deines Lebens erkannt (– wie froh waren die Tage Deiner Unschuld ...! –), bist aber dann der Verführung schlimmer Kameraden erlegen und hast Gott und Seine Wege verloren, bist schlecht geworden? Ich bin der Letzte, der den Stab über Dich bricht. Ich weiß um die Unberechenbarkeit des menschlichen Herzens – *jedes* menschlichen Herzens – und daß alle Möglichkeiten, zum Heiligen wie zum Teufel, irgendwie in *jedes* Menschen Brust liegen... Willst Du nicht diese Tage nützen, um einmal ernsthaft mit Gott ins Reine zu kommen? Mutig (ja, es gehört Mut dazu!) Dir Rechenschaft zu geben, wo es faul war und ist in Deinem Leben?

Die alten Griechen schon sahen es als die höchste Weisheit an, *sich selbst zu erkennen.* „Erkenne Dich selbst!" stand daher über dem Eingang des berühmten delphischen Tempels. Die meisten Menschen gehen dieser Selbsterkenntnis feige aus dem Wege, weil sie – zu beschämend für sie ist. Aber „Selbsterkenntnis ist der Anfang aller Besserung". Willst Du nicht diesen Anfang machen?

Jetzt hast Du *Zeit.* Mehr, als Dir oft lieb ist! Die langen Nächte ...! Sie wollen oft nicht zu Ende gehen. Wenn aber in das Dunkel der Nacht ein milder Strahl des Mondes zum Fensterchen hereinfällt, denk: *Gott leuchtet in Deiner Seele!* Er will Dich hellsichtig machen für Deinen Seelenzustand, damit Du Ordnung, gründliche Ordnung machen kannst!

Hab den *Mut* dazu! Gesteh Dir's nur ein, wo die *Bruchstellen* in Deinem Wesen liegen! Stell' fest, wo es den *Anfang* genommen hat mit dem Niedergang, mit der Gottvergessenheit und all ihren schlimmen Folgen! Verheimliche es Dir nicht, wenn Dein Charakter in vielem nicht bestehen kann vor dem Gesetz des Staates, noch weniger vor dem Auge des allheiligen und allwissenden Gottes! Vielleicht sind es dunkle Flecken in Deinem Leben, die Dich tief beschämen. Ich weiß es nicht und will es nicht wissen. Genug, wenn Du es Dir eingestehst, wie Gott, der Allsehende, es weiß ...

Willst Du nicht unter Dein vergangenes Leben einen scharfen Abschlußstrich machen durch eine wahrhafte *„Reue"?* Das kann eine Reue sein, die wie Petrus in Tränen abzuwaschen sucht, was die Seele beschmutzt. Wahrlich, auch der Mann braucht sich solcher Tränen, geweint in der Stille seines Kämmerleins, nicht zu schämen. Aber nicht die (bei manchen sehr billigen) Tränen machen es, sondern die *innere Abkehr* von allem Bösen, die *innere Zuwendung zu Gott* und Seiner Wahrheit, Gerechtigkeit und Güte. Wohl Dir, wenn Du nach manchen durchwachten Nächten *innerlich umgewandelt* vor Gott treten kannst, Ihm zu *bekennen:* „Vater, ich habe gesündigt vor dem Himmel und vor Dir ... ich bin nicht wert, Dein Kind zu heißen ..." (Lk 15,22). Du kennst die ergreifende Gleichniserzählung des Heilandes vom verlorenen Sohn. Sie wird an Dir wieder zur Wahrheit: Der Vater im Himmel kommt Dir auf halbem Weg entgegen, schließt Dich in Seine Arme und macht Dich wieder zu Seinem guten *Kind!* O selige Stunde, da dies geschieht!

Gewiß, Du wirst deshalb noch nicht „frei" von Deiner Strafe. Man kann die Folgen seines vergangenen Tuns nicht einfach abschütteln. Und auch Gott erspart sie – trotz aller Vaterliebe – einem nicht, läßt sie vielmehr oft schmerzlich fühlen, um dadurch das Leben von Grund auf zu erneuern. So wirst Du zu Ende tragen müssen, was Du Dir zugezogen. Aber es wird einen anderen Charakter bekommen. Es wird eine ehrliche Buße und Genugtuung sein, zu der Du innerlich „Ja" sagst und die Dich darum läutert und zu einem neuen Menschen umgestaltet. Wohl Dir, wenn es so ist!

Wenn Du in ehrlicher „Gewissenserforschung" Dich erkannt, in „Reue" und „Vorsatz" Dich umgestellt hast, dann drängt es Dich von selbst, auch durch ein ehrliches *Bekenntnis* die Last abzuschütteln, die auf Deiner Seele bisher drückte. Was für ein feiner Seelenkenner ist doch Gott! Es könnte an sich ja wohl genügen, wenn jemand in der Stille seines Kämmerleins zu dem allgegenwärtigen Gott geht, Ihm zu „beichten". Aber *drängt* es nicht den Menschen, was er sichtbar und vor Menschen gefehlt, auch sichtbar wegzubekennen, einem verstehenden Menschen von Fleisch und Blut, der – verschwiegen ist wie das Grab? (Das „Beichtgeheimnis" wird auch vom Staat geachtet. Und wo ein Staat es einmal nicht achtet, litt der Priester eher den Tod, als daß er dieses strenge Geheimnis preisgab. Vgl. Spillmann, „Opfer des Beichtgeheimnisses".) Die *Lossprechung* durch den Priester an Gottes Statt gibt Dir eine neue Freiheit und Sicherheit der Seele. Sie ermöglicht Dir, zum *Liebesmahl des Herrn* hinzuzutreten, in dem er Dich an Sein gütiges Herz zieht, um Dir Seine väterliche Liebe zu schenken. (Ich weiß, was die heilige Kommunion bedeutet für einen Menschen, der lange, vielleicht seit der glücklichen ersten heiligen Kommunion, nicht mehr zum heiligen Mahle ging!)

Freilich, mein Freund, all das wäre erst halbe Arbeit, wenn Dein Leben nicht für alle *Zukunft* wirklich neu geordnet würde. Hier heißt es nun mit klarem Bedacht *neu aufbauen,* ein „neues Leben" begründen als echter *„Christ"*. Nicht wahr, wir wollen uns keine Trugbilder vorgaukeln! Eine gefühlsmäßige Reue über die Fehltritte des vergangenen Lebens ändert noch nicht von Grund aus Dein *Wesen.* Und auch ein leichtgemachter Vorsatz tut es nicht – „gute Vorsätze" sind oft nicht mehr als Pflastersteine auf dem Weg zur Hölle ...! Du mußt einmal darüber ganz klar werden, wo die *Ansatzstellen* zum Bösen *in Dir* liegen, wo die *Einbruchstellen* des Teufels *von außen* sind. Dann erst kannst Du mit klarem Bedacht nach Deiner Möglichkeit wahrhaft Wandel schaffen.

Ein guter Seelenbeobachter ist der Apostel Jakobus. In seinem Brief (1, 14) schreibt er: „... Jeder wird von seiner *eigenen Lust* gereizt und gelockt. Hat die Lust *empfangen,* gebiert sie Sünde, die Sünde aber gebiert am Ende den Tod." In den Tiefen (oder besser Untiefen) unseres Herzens liegen die Triebe, die Begierden und Lüste. Sie sind nicht in sich schlecht, hat sie doch Gott der Schöpfer in die menschliche Natur mit gutem Bedacht hineingeschaffen. Aber seit der „Erbsünde" sind sie nicht mehr in der „Ordnung", die Gott ihnen bestimmt hat. Sie haben sich gleichsam selbständig gemacht, befreit von der Herrschaft des königlichen *Geistes,* und widerstreben nun diesem, um auf eigene Faust, zucht- und ordnungslos, ihre Befriedigung zu finden. Kein Mensch ist von diesem inneren Zwiespalt ausgenommen. Wie klagt doch z. B. der große Apostel über das „andere Gesetz" in seinen Gliedern, das dem höheren Gesetz des Geistes widerstrebt, so daß er unbegreiflicherweise oft sich gedrängt fühlt, gerade das zu tun, was eigentlich seine Seele verabscheut (Röm 7, 23). Freilich, diese untergründigen Mächte vermögen nichts für sich allein. Erst wenn unser *freier Wille* sich mit der in uns liegenden Lust vereinigt, entsteht das mißratene Kind, die „Sünde".

Zahlreich sind die Triebe und Lüste in uns. Die Heilige Schrift führt sie zurück auf drei Grundtriebe: „Augenlust, Fleischeslust und Hoffart des Lebens" (1 Joh 2, 16). Die Sucht zu *haben,* zu *genießen* und zu *glänzen* – im Grunde steht hinter jeder Sünde etwas von dieser Sucht, die „böse" wird, wenn sie nicht die Grenzen und Ordnungen einhält, die Gott ihr bestimmt hat.

Die Sucht zu *„haben"!* Ist's Unrecht, wenn einer Geld und Gut besitzen will, wie er es braucht, um sein Leben ordentlich zu führen, seine Lebensaufgabe zu erfüllen, für Frau und Kinder zu sorgen? Keineswegs! Im Gegenteil verdient der Anerkennung, der durch Fleiß und Sparsamkeit sich emporarbeitet, um seiner Familie entsprechenden Anteil an den Werten des Lebens zu schaffen und nach Möglichkeit auch anderen Gutes zu tun (Eph 4, 28). Das Unrecht beginnt erst, wo jemand nicht zufrieden sein will mit dem, was er *rechtmäßig* erwerben kann und darum besitzen darf, wo er Geld und Gut zu seinem *Götzen macht,* dem er alles opfert, auch Redlichkeit und Ehrlichkeit, wo er zu Lüge und Betrug und Gewalttat greift, um sich in den Besitz der Dinge zu setzen, nach denen sein neidischer und habsüchtiger Sinn giert.

Die Sucht zu *„genießen"!* Ist denn Genuß Unrecht? Hat Gott uns quälen wollen, da Er unsere Sinne so empfindungsfähig geschaffen hat? Im Gegenteil! Gott *wollte,* daß wir uns der wunderbaren Reize freuen, die Er in Seine herrliche *Natur* hineingelegt, daß wir die Schönheit der Berge und Täler, der Meere und Flüsse auskosten, daß wir uns ergötzen an der Welt der *Töne und Farben,* daß wir mit Dank gegen den guten Schöpfer die unerschöpfliche Mannigfaltigkeit all der feinen *Düfte* der Blumen und des eigenartigen *Wohlgeschmacks* Seiner köstlichen Früchte empfinden. Ja, die Weisheit des Schöpfers rechnete offenbar damit, daß eine „Lust" die Menschen reizen sollte, gerade auch die Last und Beschwerde auf sich zu nehmen, die mit der *Ehe,* mit Geburt und Kindererziehung verknüpft ist. Reich und schön ist das menschliche Leben, das aller gottgewollten Genüsse sich mit Dank gegen den Schöpfer freut, um mit immer erneuter Spannkraft die Lebenspflichten recht zu erfüllen. Aber verkehrt das Leben, in dem der Genuß im *Mittelpunkt* steht, in dem nur Gott selbst stehen darf. Drastisch bezeichnet der Apostel diese Entehrung allen Lebenssinns, wenn er von den Menschen spricht, „deren Gott der Bauch" ist (Phil 3, 19). Die im Essen und Trinken ihren Lebensinhalt sehen, die sich dem Rauschtrank ergeben, der ihnen das Edle und Feinmenschliche betäubt und auf niederen Rang herunterzieht, handeln die menschenwürdig? Oder solche, bei denen die Geschlechtslust das Leben *beherrscht,* in dem wohl die Lust gesucht, die damit verbundene Last aber verweigert wird, oder wo gar *wider die Natur* die Befriedigung gepflegt wird?

Und die Lust zu „glänzen"! Ein gesunder „Ehrgeiz", Freude am Schaffen und an der Leistung wie auch am Erfolg, ein Verlangen nach Achtung und gutem Ruf, wahrlich, das ist nicht gegen Gottes Ordnung. Aber dieser falsche Geltungsdrang, der immer über sich selbst hinaus, sich mit erborgten Titeln zieren und mit falschen Hermelinen umhängen will, der hochmütig über jedes Gesetz sich hinwegsetzt, der mit Lüge und Gewalt andere hinter sich bringen, unterwerfen, beherrschen will, ist der nicht die Quelle von unzähligem Streit und Leid in der Welt? „Sünde" ist er, weil „Götzendienst" des eigenen Ich, das dazu berufen ist, „Gott allein die Ehre" zu geben.

Hast Du einmal Dir Klarheit geschafft über die *in Dir* wuchernden Triebe und Leidenschaften, so gib Dir auch Rechenschaft darüber, wo *von außen* Deinem Charakter Gefahr droht! Die geistlichen Lehrer sprechen von der „nächsten Gelegenheit" und meinen damit die äußeren Gegebenheiten, die uns, gerade uns, mit unserer besonderen Veranlagung und „Erbmasse", immer wieder zu Gefahr und Verführung werden. Ist es ein bestimmtes Haus, das immer wieder der Ausgangspunkt Deines Falles wurde? Etwa ein Wirtshaus, wo der Alkohol Dich um Dein waches Gewissen betrog und in Dir die niederen Triebe freilegte? Oder eine bestimmte Arbeitsstellung, deren Versuchung Du einfach nicht gewachsen bist? Oder bestimmte Kameraden, die mit ihrer verantwortungslosen Verführung immer wieder über Dich Gewalt gewinnen?

Wenn Dein „Vorsatz" echt und ernst ist, so muß er *hier* sich vor allem *bewähren*. „Ist Dir etwas so lieb wie das Auge, aber eine Versuchung zur Sünde, reiß es aus und wirf es von Dir ...!" mahnt Christus (Mt 5,29) in zu Herzen gehender Eindringlichkeit. Mach Ernst und verzichte mit eisernem Willensentschluß, unbekümmert darum, daß vielleicht ein Spottwort eines leichtfertigen und gewissenlosen Kameraden Dich deshalb als „feig" oder „schwach" bezeichnet! Nein, das ist eben „Mut", edle „Kraft", sich nicht von Dingen und Menschen unterkriegen zu lassen, sondern mit ehrlicher Abschätzung der eigenen Kraft den Weg des Guten beherzt zu gehen.

Ich sagte Dir schon: Die Triebe allein bedeuten nichts. Erst wenn der *„Wille“* zu ihren unberechtigten Wünschen „Ja“ sagt, ist die Sünde geschehen. Wenn aber der Wille selbst wie ein Hündlein ist, das den Trieben wie seinem Herrn nachläuft, dann freilich ist der Mensch verloren. Wieviele Menschen sind freilich willensschwach, ja fast willenlos! *„Sklaven“* der Sünde! Möchtest Du wirklich zu ihnen gehören? Möchtest Du nicht lieber ein *„Freier“* sein, frei im besten Sinne des Wortes, das ist ein Mensch, der in königlicher Herrschaft *über* seinen Trieben und Leidenschaften steht?

Dazu freilich bedarf es ununterbrochener opfervoller Selbstzucht. Und vor allem ist Dir dazu vonnöten die *„Kraft von oben“*, die Dich über Deine eigene Schwäche hinweghebt, die Dir eine neue Willensmacht verleiht, die über Deine schwache Natur hinausgeht, die „übernatürlich“ ist. Woher kann sie kommen?

Das eben ist die *„Gnade“* Gottes, von der der Apostel sagt: *„Alles* vermag ich in der Kraft dessen, der mich stärkt“ (Phil 4, 13). Möchtest Du nicht auch so sagen können?

Sieh, das eben ist die Gnadenzeit, von der ich zu Dir sprach, daß Du in der Stille dieser Tage Dich immer aufs neue und immer stärker in lebendige Verbindung setzest mit dem, der Dir helfen kann zu einem neuen Leben, mit dem *lebendigen Gott,* der in *Jesus Christus* Dir brüderlich nahekam und Seinen *Heiligen Geist* Dir allezeit anbietet.

Diese Verbindung schafft und erhält Dir das *„Gebet“*. Das ist nicht ein schönes Wortemachen vor Gott, wozu Dir der Ausdruck fehlt. Das ist nichts anderes als ein gläubiges und vertrauendes Die-Hand-Ausstrecken: „Herr, hilf mir! Ich komm' allein nicht zu Rande!“ „Herr, sei mir nah!“ „Herr, verzeih mir!“ „Herr, hilf mir weiter!“

Du wirst nicht gleich eine Antwort hören. Aber glaube es mir: Wenn Du aus der Tiefe Deiner Sehnsucht nach einem neuen Leben immer wieder hilfesuchend diesen Notruf zum Himmel schickst – er braucht nicht einmal in Worte gefaßt zu sein –, wenn Du immer wieder die Hand ausstreckst, einmal wirst Du verspüren, daß sich eine andere Hand in die Deine legt, weich und gütig und mächtig zugleich, die Hand des himmlischen *Vaters.* Dann beginnt Dein neues Leben. Ist's nicht eine *Gnadenzeit,* wenn Du wieder *beten* lernst? Die elektrische Birne glüht nur, wenn sie durch Kontakt in den Kreislauf des elektrischen Stroms eingeschaltet ist. Auch Dein Leben ist nur lebendig im tiefsten und höchsten Sinn, wenn es in Kontakt kommt und bleibt mit dem lebendigen Gott, dem Urquell allen Lebens.

Beten ist *schön!* Es erhebt uns über das kleine vergängliche Menschenleben, hinaus über Zeit und Raum in die „Ewigkeit". Es macht den Menschen frei, unabhängig von den Beschränkungen, denen sein Körper unterworfen ist, erfüllt die Seele mit großen Gedanken und Zielen und einem heiligen Leben, das lebenswerter ist als das bisher von Dir geführte.

Beten macht *reich!* Es ist ja ein Sich-Beschäftigen mit der Fülle allen Lebens, mit Gott und den ewigen Dingen. Es gibt Einblicke in die tiefsten Geheimnisse des Seins und Ausblicke in die weiteste Zukunft. Unerschöpflich ist der Reichtum, der sich da der Seele anbietet. Es gilt nur, das Auge zu schärfen, den Sinn dafür zu entwickeln, so findet man einen ganz neuen, über alles Maß erhabenen und beglückenden Lebensinhalt.

Beten ist *leicht!* Es braucht nicht vieler und schöner Worte, denn „der Vater weiß schon, wessen ihr bedürft, noch ehe ihr Ihn bittet" (Mt 6,8). Nötig ist nur Dein gläubiger Aufblick zum Himmel, das Vertrauen Deines Herzens. Beten ist überhaupt mehr ein *Hören* als ein Sprechen Deinerseits. Aber Du willst doch etwas *sagen,* wenn Du Gott nahst. Gut, so sprich das Gebet, das der göttliche Meister uns selbst gelehrt, das inhaltsreiche, herrliche *„Vater unser!"* Aber nicht so, daß Du es herunterplapperst, wie man es so oft hören kann, sondern *langsam* und mit großem *Bedacht!* Christus hat dieses tiefe Gebet uns nicht gelehrt, daß wir es gedankenlos nachsagen und wiederholen, sondern daß wir seinen *Inhalt,* seine *Lebenseinstellung* uns zu eigen machen. So beten wir „im Namen Jesu", wenn wir von Herzen zu Gott „Vater unser" sagen und Seinen hochheiligen Namen in Ehren halten; wenn es uns darum zu tun ist, daß *„Sein Reich* zu uns komme"; wenn wir Seinen heiligen Willen hier auf Erden erfüllen wollen so vollkommen, wie er im Himmel erfüllt wird; wenn wir unser tägliches Brot mit Vertrauen von Ihm erwarten und mit Dank genießen; wenn wir gütig und nachsichtig zu werden trachten mit unseren

Mitmenschen, so wie wir auf die Nachsicht und Barmherzigkeit Gottes angewiesen sind; wenn wir in allen Versuchungen des Lebens standhalten und von allem Übel der Sünde mit Gottes Gnade frei werden, um uns einmal des ewigen Lebens mit dem Vater erfreuen zu dürfen. Gibt dieses „Vater unser" uns nicht für viele Nächte Stoff zum Denken? Aber Du meinst, Du seist kein „Denker", seist nicht immer aufgelegt zum Nachdenken. Gut, so bete in schlafloser Nacht den „Rosenkranz"! Du brauchst dabei nicht an die einzelnen Worte zu denken, aber such' Dir die Geheimnisse des Lebens und Sterbens Christi und Seines Sieges über Sünde und Tod gegenwärtig zu halten, deren Betrachtung der Rosenkranz geweiht ist; sie haben Dir gewiß viel zu sagen.

Oder ein anderes schönes und fruchtbares Gebet: Nimm Dir immer wieder der Reihe nach alle Menschen vor, mit denen Du in Beziehung stehst, und denk an Sie, wie ein „Christ" ihrer vor Gott denkt. Vielleicht hast Du manchen etwas still abzubitten. Tu' es, Du wirst ein besserer Mensch dadurch! Vielleicht hast Du Dank abzustatten? Danken ist ein Zeichen vornehmer Gesinnung. Manchmal denkst Du in Wehmut, vielleicht auch in Heimweh. In Gott werden auch die Fernsten nah! Segne sie mit Deinen Gedanken und Gebeten! Kein Auge sieht's, kein Ohr hört's – doch, der ewige Vater, der „ins Verborgene sieht", Er sieht und hört alles und segnet Dich und alle, die Du gesegnet haben willst! Wie schön ist's, in stiller Nacht allen Lieben in Gott zu begegnen! Und wie macht's Dein scheinbar jetzt so unfruchtbares Leben reich, wenn Du täglich andern Segen erbeten darfst!

*Gnadenzeit* ist jetzt für Dich!

Wenn ich Dir noch einen Rat geben darf: Greif zum *„Buch der Bücher"* in diesen Tagen der Selbstbesinnung. Wenn Du ernsthaft daran gehen willst, ein wirklicher „Christ" zu werden, was liegt näher, als in die Schule der „Frohbotschaft" Christi zu gehen und die herrlichen Bücher des „Neuen Testaments" zu lesen. (Vielleicht hast Du das köstliche Buch noch nie zur Hand gehabt, so will ich gleich sagen, daß Du nicht erschrecken sollst: Es sind keine „Bücher" im landläufigen Sinn. Es ist ein einziges schmales Buch, das aus einzelnen „Büchern", das ist Teilen, besteht. Aber jeder dieser Teile birgt mehr Inhalt als ein dickes Buch. Durch den katholischen Gefängnisgeistlichen kannst Du Dir ohne Schwierigkeit ein „Neues Testament" oder wenigstens ein „Evangelium" erbitten.)

Wenn ich, wie ich Dir sagte, in der Gefängniszelle selbst so froh bin, so hat das zum großen Teil seinen Grund darin, daß ich mich immer aufs neue mit den köstlichen Schätzen abgebe, die hier verborgen sind.

Die *heiligen Evangelien* sind das Köstlichste, was es in der ganzen Weltliteratur gibt, ein Schatz von Trost und Kraft ohnegleichen. Aber reizvoll ist es auch, die *„Apostelgeschichte"* zu lesen, in der die hingebende Treue der ersten Zeugen Christi so eindrucksvoll dargestellt ist. Und wenn es auch nicht so einfach ist, die *Briefe der Apostel* zu lesen, da manches sich erst vieler nachhaltiger Bemühung erschließt, ein unerschöpflicher Schatz von Lebensweisheit, von geistiger Kraft und wahrhaftem Lebenstrost tut sich einem hier auf, je länger und gieriger man darin gräbt. Ist's nicht von besonderem Reiz, daß einzelne dieser Briefe von Paulus, dem größten Christusjünger aller Zeiten, im Gefängnis geschrieben sind? Wie nahe kommt er damit uns! Und schließlich die *„Geheime Offenbarung"!* Ein Buch mit vielen Rätseln, keine Lektüre für oberflächliche Menschen! Aber was für ein befreiender Ausblick wird einem da geboten, welche sieghafte „Welt-Anschauung" ohnegleichen! Wann hätte man mehr Verständnis für das sehnsüchtige Verlangen des Liebesjüngers Jesu, mit dem er sein geheimnisvolles Buch beschließt: Komm, Herr Jesu! Maranatha ... (1 Kor 16,22).

Bruder! Schwester! Wer immer Du bist! Laß mich es Dir wiederholen: *Gnadenzeit* ist jetzt für Dich!

Was der Prophet Isaias (55,6) vor Tausenden von Jahren seinem Volke sagte, das ist auch uns bedeutet: „Suchet den Herrn, solange Er zu finden ist! Rufet Ihn an, solange Er nahe ist! Der Gottlose verlasse seinen Weg, der Frevler lasse ab von seinen Ränken und kehre zurück zum Herrn. Er wird sich seiner erbarmen. Unser Gott ist willens zu verzeihen!" Laßt uns wieder „Christen" werden im Vollsinn des Wortes, Christen, denen die heilige Taufe wahrhafte „Wiedergeburt" zu „neuem Leben" war. So ruft der Apostel (1 Kor 5,7–8) uns zu: „Schafft hinaus den alten Sauerteig! Ein neuer seid ihr geworden! Unser Osterlamm Christus ist geschlachtet worden. Drum laßt uns Festmahl halten, nicht mit dem alten Sauerteig, dem Sauerteig der Bosheit und Schlechtigkeit, sondern mit dem ungesäuerten Brot der Lauterkeit und Wahrheit!" Ist's nicht Gnade, wenn uns der Apostel (Eph 5,9) dann noch zurufen darf: „Einst waret ihr *Finsternis,* nun seid ihr *Licht* im Herrn! Wandelt als Kinder des Lichtes! Die Frucht des Lichtes ist lautere Güte, Gerechtigkeit und Wahrheit."

Am 4. Dezember 1939 sandte Bruder Paulus folgendes Telegramm an die Gemeinschaft „Piusstift", Berlin:

Frei. Alleluja. Paulus B 25

## *Du!*

Wer bist Du, Unsagbarer, daß ich nenne
Dich, Letzten, Ersten, mit Begriff und Wort?
Wo bist, Geheimnistiefer, Du? Ich brenne,
da Du Dich birgst, zu schau'n den sel'gen Ort!

Wo Grund und Sinn des Seins sie fragen, stammeln
sie staunend, ahnend *Dich* in jedem Laut.
Doch, ob in aller Welt sie Steine sammeln,
der Tempel, der Dich faßt, wird nicht erbaut.

O eitle Torenmühe, zu begreifen
Dich, allen Seins und Lebens Inbegriff!
Nur Narren mögen alle Welt durchschweifen,
zu finden, der das All ins Leben rief.

DU BIST! Es ist von keinem Herrn zu sagen,
der gestern kam und morgen nimmer ist!
DU BIST! Ja, aller Weisen grübelnd Fragen
fand tief'ren Namen nicht deß, was DU bist,

DU BIST, o Herr, wo ferner Welten Brausen
die flücht'ge Zeit, den weiten Raum erfüllt.
Doch Schall ist Zeit und Raum! Du bist nicht „draußen":
Du bist das ICH, d'raus alles Leben quillt.

Du bist mein Gott, – o Name aller Namen! –
ich wag's – Du riefst das Wort dem Kinde zu:
Du bist mein VATER – ich Dein Sohn und Samen,
mein ew'ger Lebensgrund, mein ICH und DU!

(9. 1. 44)

# II

## Dritte Gefangenschaft

29. Juni 1943 bis 17. April 1944

Nach dem Fall von Stalingrad machte sich Bruder Paulus immer größere Sorgen um sein geliebtes deutsches Volk, dessen Zusammenbruch er voraussah. Immer wieder stellte er sich die bange Frage: Was wird nachher werden? Aus dieser Sorge heraus verfaßte er ein Memorandum über die künftige Gestaltung Deutschlands. Diese Schrift wollte er dem deutschfreundlichen, ihm bekannten evangelischen Erzbischof Eidem von Upsala übergeben, von dem er sich für den Fall eines deutschen Zusammenbruchs Friedensvermittlung bei den englischen Kirchenfürsten erhoffte. Das Schriftstück vertraute er zur persönlichen Weitergabe an den Bischof einer Schwedin an, die sich als angebliche Interessentin für die Una Sancta sein Vertrauen erschlichen hatte. Drei Jahre lang verkehrte Dagmar Imgart als „Freundin" in einigen Häusern der Christkönigsgesellschaft, in Wirklichkeit aber war sie Agentin der Gestapo.

Diese Frau meldete sich und sogenannte „Freunde" für den 29. Juni 1943 im Piusstift Berlin zu einem Besuch bei Bruder Paulus an. Bald nach ihrem Erscheinen kamen die Häscher, fanden bei der Durchsuchung das Memorandum in ihrem Besitz, führten sie zum Scheine ab – um sie nach Vollzug der ganzen Aktion wieder freizugeben – und nahmen auch den ahnungslos Getäuschten in Haft.

Nordland (die vereinigten nordischen Staaten) ist ein Bund von demokratisch geführten Freistaaten (Norwegen, Schweden, Finnland, Dänemark, Island). Jeder Freistaat ist im Rahmen der nordländischen Verfassung selbständig in Bezug auf Innenpolitik, kulturelle, soziale Angelegenheiten und Verwaltung. Die Außenpolitik ist gemeinsam und der Führung des Staatenbundes vorbehalten. Die Politik Nordlands ist nach innen und außen verfassungsmäßig festgelegt als eine redliche *Friedenspolitik* auf der Grundlage sittlicher Wahrheit und Treue sowie sozialer Gerechtigkeit.

Die Friedenspolitik nach *innen* gründet auf der Achtung des *ewigen Sittengesetzes,* auf der Anerkennung und Wahrung des *gleichen Grundrechtes für alle Bürger,* einer fortschrittlichen *Sozialpolitik* (Sicherung von Arbeit, Verdienst und Lebensmöglichkeit für alle; Nationalisierung aller Bergwerke, Kraftwerke, Eisenbahnen sowie des Großgrundbesitzes an Feld, Wald und Seen; soziale Steuerpolitik unter Schonung der Schwachen) und einer gerechten *Nationalitäten- und Rassenpolitik* (Selbstverwaltung der nationalen Kurien, z.B. in Bezug auf die öffentlichen Mittel für Schulzwecke).

Die Friedenspolitik nach *außen* anerkennt und achtet in vollstem Umfang die Lebensrechte fremder Völker und vertritt bzw. verwirklicht freiwillig eine Abrüstung (bis auf eine Polizeitruppe zur Aufrechterhaltung der inneren Ordnung) zugunsten einer überstaatlichen Wehrmacht, die im Dienst eines unparteiischen Organs der „Vereinigten Staaten von Europa" einen gerechten Frieden unter den Staaten zu schützen übernimmt.

Verfassungsmäßig ist jedem Nordländer die Unantastbarkeit der persönlichen Würde und Rechtssicherheit, die Freiheit des Gewissens, der Sprache und Kultur sowie der Religionsausübung, die Freiheit der Meinungsäußerung und schließlich die Freiheit des persönlichen Eigentums und Eigentumsgebrauchs innerhalb der durch das Gemeinwohl bestimmten und rechtlich klar festgelegten Grenzen gewährleistet.

Alle Nordländer, die an dem nationalen Unglück und der Vergewaltigung ihres Volkes nachweisbar Mitschuld tragen, bleiben, ebenso wie alle wegen gemeiner Verbrechen Verurteilten, für zwanzig Jahre von allen bürgerlichen Ehrenrechten (Wahlrecht, Recht auf Bekleidung öffentlicher Ämter) ausgeschlossen. Bis zur allfälligen Feststellung bzw. Bewährung ihrer charakterlichen und verfassungsmäßigen Zuverlässigkeit wird diese Mitschuld vorausgesetzt bei allen Funktionären der antinationalen und antisozialen Parteien und deren militärischen Selbstschutzorganisationen. Die darüber geführte Volksliste ist öffentlich.

Die gesetzgebende Gewalt Nordlands steht bis zur Festlegung der endgültigen Verfassung auf Grund allgemeiner freier Volkswahlen beim nordländischen Volkstag. Dieser besteht aus führenden Vertretern aller Stände sowie hervorragenden Persönlichkeiten der geistigen, kulturellen, religiösen Körperschaften, die erstmals ausgewählt werden vom nordländischen Friedensorden, einer Vereinigung solcher Persönlichkeiten aus allen Staatengruppen und ehemaligen Parteien, die sich in der Vertretung der sittlichen, sozialen und politischen Grundsätze der neuen Friedenspolitik vor ihrem Volk und der Welt bewährt haben, insbesondere auch dadurch, daß sie für ihre Überzeugung und Haltung von seiten des vergangenen Systems persönliche Nachteile zu tragen hatten.

Dies politische Programm ist aufgestellt für den Fall, daß mit dem Kriegsende eine Revolution ausbricht, durch die die Kontinuität des Rechts nicht mehr aufrecht zu erhalten ist.

B 28

Berlin, 6.7.1943
Prinz-Albrecht-Straße

Liebe Schwestern!

Ich bin zwar noch ohne Nachricht von Euch – Ihr dürft mir ruhig schreiben und Post senden *SW 11, Albrecht-Straße 8,* also auch eventuell Briefe, Zeitungen usw., soviel ich erfahren habe – aber Ihr dürft heute doch wenigstens *Wünsche* von mir erhalten:

Ich erbitte: 1) nach Möglichkeit jede Woche ein kleines Paket

Zuschuß für meinen *Magen,* der viel Kohldampf verspürt. Ich höre, daß man 2–3 kg haben darf. In Betracht kämen etwa Dinge, die sich mehrere Tage halten wie Kartoffelpuffer, Gebäck, (Butter)brot (Knäcke?), Käse, Flocken, Zucker, gelbe Rüben o. ä. Rohkost, eventuell mal etwas Obst. NB. *Glasgefäße* sind nicht erlaubt, wohl Bakelit. Messer und Gabel gibt es nicht, also nur geschnittene oder leicht zu brechende Sachen. Ich bin Euch sehr dankbar für diesen Zuschuß, möchte aber *nichts* haben, womit Ihr Euch beraubt! Dann 2) 2 Nachthemden, warme Hausschuhe, 2 Schuhnestel, Strickweste, 2 Sicherheitsnadeln, Rasierzeug (Apparat, Pinsel und Seife), dann den Wäschesack, ich bitte, daß Ihr jede Woche meine *Wäsche* abholt und dafür die Ersatzwäsche bringt (diesmal ein Sommerhemd und eine Unterhose). Ihr müßt am Gefängnis anläuten und die Sache mit dem Wachtmeister ordnen. 3) erbitte ich die Konkordanzbibel, Notenheft und Schreibblock, auch *deutsches Brevier,* dann 2 Mikado, meine Raucherkarte, wenn greifbar.

Ich bin seit heute in einem Gemeinschaftsraum mit 20 anderen zusammen. Das bringt natürlich manche Beschwerde mit sich (Rauchen!), aber auch etwas menschliche Ablenkung.

Heute laßt mich nichts weiteres schreiben, nur so viel, daß Ihr Euch keine Sorgen machen mögt; ich bin nach wie vor froh und getröstet. Ich kann auch hier ungestört beten, wenngleich die Kameraden es sich anders denken.

Dann fragt bitte bei der *Dienststelle* (Meineckestraße! Regierungsrat *Roth*) telefonisch an, ob Ihr mich besuchen dürft; es ist ja allerhand Geschäftliches zu regeln, es dürfte erlaubt werden. Vielleicht muß es mündlich geschehen, um einen Erlaubnis*schein* zu erhalten, doch verständigt eventuell die Dienststelle telefonisch das Gefängnis.

Gott mit Euch!

In Treuen
Br. Paulus

An jenem 29. Juni wurde in Berlin außerdem Schwester Bernharda wegen Judenbetreuung festgenommen. Zu gleicher Zeit überraschte ein großes Aufgebot der Gestapo das Mutterhaus in Meitingen, wo nach der üblichen Beschlagnahme aller Briefe und Niederschriften aus Gesellschafts- und Privatbesitz noch die Oberin der Berliner Gemeinschaft, Schwester Judith Maria, verhaftet wurde, die gerade zu Exerzitien im Mutterhaus weilte. Sie wurde nach Berlin in das Gefängnis am Alexanderplatz überführt.

Während der noch dauernden Haft von Schwester Judith Maria befand sich Schwester Gertrudis, Generaloberin der Christkönigsschwestern, einige Wochen in Berlin, um dort alle nötigen Verhandlungen zu führen.

B 29 Berlin, 8.7.43

Liebe Schwestern!

Es war mir ein Geschenk, daß ich gestern Euch beide (Sr. Gertrudis und Sr. Irmgard) sprechen konnte. Daß Sr. Judith Maria nicht dabei sein konnte, hat mir freilich das Herz etwas schwer gemacht. Doch bleibt uns allen ja nichts anderes übrig, als sich in Gottes Hand zu geben. Er wird den Gefangenen die Freiheit geben zu *Seiner* Stunde. Ich bete für alle unablässig zu Gott und weiß, daß Ihr es auch für mich tut, – ohne Euch um mich zu *sorgen.* Seid vielmehr froh und getröstet, wie ich selbst! Wenn Ihr, Sr. Gertrudis, Anliegen habt, wendet Euch nur vertrauensvoll an Regierungsrat Roth, auch bezüglich der Schwestern. Ich weiß ja die zweite nicht und kann mir eigentlich auch nichts denken. Soviel ich raten kann, nur das eine: Tut alles in Ruhe! In Aufgeregtheit macht man Ungeschicklichkeiten, die auch den verdächtig machen, der nichts zu fürchten hätte. Aber es wird sich gewiß alles bald aufklären, wenigstens bezüglich der Schwestern. Bezüglich meiner müßt Ihr ja mit längerer Abwesenheit rechnen, so wie die Dinge halt liegen. Aber auch das wird in Gottes Plan seinen Sinn haben.

Ich bin, wie ich sagte, jetzt in einer Gemeinschaftszelle. So gemischt das Publikum ist, so ist doch ordentliche Gemeinschaft. Man hat wenigstens die Möglichkeit einer Ablenkung. Freilich kostet es für einen Menschen, der zum ersten Mal im Leben so mit andern zusammen ist, auch etwas. Aber auch darin finde ich Sinn. Ich habe in diesen Tagen viel betrachtet über den Heiligen

Geist (vgl. ἄνεμος im Griechischen, anima in Latein), Pneuma nennt Ihn die Schrift. Das heißt eigentlich Hauch, Odem, auch Wind. Es ist der warme Lebensodem, der aus dem Innersten Gottes kommt, man kann dafür auch die *strömende Liebe* sagen. Dieser *Lebenshauch Gottes* erfüllt das All, wie der Psalmist sagt. In Ihm leben wir und bewegen wir uns, in Seiner Liebe! Durch Ihn werden wir auch *untereinander* verbunden. Unser Lebenshauch ist ja auch von Ihm, in Ihm begegnen wir uns.

Es war mir anfangs schwer, so die Luft der so gemischten Gemeinschaft zu atmen (Rauch!), aber es ist mir zum Bewußtsein gekommen, daß auch gerade das etwas von der Liebesgemeinschaft ist, die wir doch von Christus her besonders anstreben. Im Hauch, in dem wir alle von unserm Lebensinnersten etwas nach außen geben, verbinden wir uns, ob wir wollen oder nicht, miteinander, alle, die die gleiche Luft atmen. (Ist nicht der Kuß das Bestreben, in der innigsten Weise sich gegenseitig am „Pneuma", am Lebenshauch des andern, teilnehmen zu lassen?) So ist Gottes Wille, daß wir durch das wechselseitige Ein- und Ausatmen der gleichen Luft gleichsam ineinander übergehen ... Gemeinschaft pflegen. Seit ich mir das zum Bewußtsein gebracht habe, stehe ich mit einer gewissen Freude – trotz natürlicher Hemmungen – in *dieser* Gemeinschaftsverbundenheit ...

Mein Tageslauf ist etwa der folgende: 6 Uhr Aufstand, Bettmachen, Waschen, Dienste (heute hatte ich – „Eimerdienst" ..., doch machte es mir nichts aus um der Kameradschaft willen); dann bete ich bis zum Frühstück Brevier. (Kaffee mit Marmelade- oder Margarinebrot.) Dann feiere ich für mich die *memoria passionis Domini,* so wie ich es andere lehrte, und freue mich daran (ich versuche täglich, die Proprien des Tages in deutschem Choral zu bilden, natürlich ohne die anderen zu stören). Dann studiere ich Johannes griechisch–deutsch. Welch ein tiefer Genuß, wenn man das in Muße tun kann! Wenn ich zu müd bin, lese ich auch mal was Leichteres. Mittags ist Eintopf – gut gekocht, nicht versalzen! – Dann dusele ich etwas, um dann wieder meine geistige Betätigung fortzusetzen, bis ich zu müde bin und in einem Spiel (Patience) mich etwas entspanne. Dazwischen gibt es auch ½ Stunde Spaziergang im kleinen Garten; das tut wohl! 6 Uhr abends ist Nachttisch, dann noch etwas Entspannung, Gebet, dann geht's zu Bett. Nun könnt Ihr Euch einen Begriff machen, wie es um mich steht. Zwischenhinein dann mal Einvernahme in der Meineckestraße. Wenn Ihr es so einteilen könnt, daß Ihr Eure Sachen gerade zu der Zeit bringen könnt, so habt Ihr gelegentlich Aussicht, mich zu sehen oder auch zu sprechen, wenn Sachen zu ordnen sind.

Nun noch *„Anliegen“:* Ihr habt ja bereits meinen Wunschzettel. Was Ihr davon schaffen könnt, bringt in die *Dienststelle* (Meineckestraße), fragt nach Herrn Kunze oder Rollenhagen, die mit der Sache zu tun haben, oder nach Herrn Regierungsrat Roth. Schade, daß ich nicht so etwas wie einen Schlafanzug habe, ob Maria von Clemens so etwas altes hätte? Das mit dem Gürtel, was wir sprachen, geht nicht, also verzichten wir darauf. *Ich* nähe mir (!) eine Falte in die Hose!

Die Kirschen waren fein; ich habe sie mit den Kameraden geteilt, so daß Ihr vielen etwas Freude machtet. Butter werde ich nur selten brauchen; etwas Brot, eventuell schon gestrichen, würde ich bevorzugen. Übrigens gibts doch hier im Gemeinschaftsraum untertags ein Messer, also kann ich mir schon besser helfen, z. B. auch ein kleines Laibchen Vollkornbrot mir abschneiden und etwas aufstreichen. – Statt warmer Hausschuhe könnt Ihr besser Sandalen schicken, die leicht getragen werden. Sprechen oder sehen könnt Ihr mich nur auf der Dienststelle. –

Nun befehle ich Euch alle Gottes Liebe und dem heiligen Pneuma, in dem wir verbunden sind – *ER* segne Euch alle!

In Treuen

Br. Paulus

Berlin, 12.7.43 B 30

Liebe Schwester!

Anbei die schmutzige Wäsche sowie mein guter Anzug, den ich hier nicht brauche, dazu die Hose, die womöglich ebenso gerichtet werden sollte wie die mir geschickte, für deren Besorgung ich danke. Schickt mir dann wieder Wäsche, vielleicht dabei ein Sporthemd statt eines anderen, damit ich keinen Kragen tragen muß. – Sehr dankbar bin ich für die gesandten Lebensmittel. Ich bin dadurch nun gut versorgt und kann auch gelegentlich teilen mit Kameraden, die nichts bekommen. Die meisten bekommen ja regelmäßig, zum Teil sogar fast täglich etwas. Es besteht eigentlich keine Beschränkung, doch möchte ich keinesfalls, daß Ihr Euch um meinetwillen ein Opfer auflegen müßt. Es kann übrigens auch von auswärts etwas gesandt werden. Ich bin froh, wenn ich durchschnittlich für jeden Tag etwas Brot mit Butter oder Marmelade (auch ein Marmeladen-Glas darf ich haben) als Zubuße habe, dazu gelegentlich etwas Gebäck und öfters etwas Rohkost. Zucker in den Kaffee verdanke ich Euch auch. Zahnpasta, 2 Schuhnestel, eine Schuhbürste mit etwas Wichse, 2 Nachthemden könnte ich brauchen. Osservatore Romano könnt Ihr auch schicken, vielleicht auch (für die Kameraden) 2 Schachteln Zigaretten, wenngleich ich eigentlich froh bin, wenn weniger geraucht wird.

Mir geht es nach wie vor gut. Möchtet Ihr ebenso getröstet sein!

Herzlichen Treugruß

Br. Paulus

B 31 Berlin, 22. 7. 43

Meine lieben Schwestern!

Ich bemühe mich heute, Euch besonders deutlich zu schreiben; hoffentlich gelingt es mir.

Zunächst vielen Dank für Eure liebevolle Fürsorge, die mir wohltut. Wenn Ihr Euch nur dabei selbst nichts entzieht! Ich bin jetzt so gut versorgt, daß ich mit Kameraden teilen kann, die von zu Hause nichts bekommen können. Aber ich habe mich auch sonst an das übrigens schmackhaft gekochte Essen gewöhnt, das von Euch nun gut geschmälert werden kann. Gebt lieber etwas Sr. Judith, falls sie noch darauf angewiesen ist. Das ist meine große Sorge und mein Kummer, daß ich andern bittere Stunden und Tage gebracht habe. Ich selbst bin froh und unbekümmert, da ich mein Schicksal ganz in Gottes Hand gegeben habe. Was sollt' ich da fürchten? – Langeweile habe ich hier nie, da ich so viel Arbeit und Beschäftigung habe, daß der Tag kaum ausreicht. Meine Sorgen gehen dabei nicht zuletzt auf die Zukunft unseres Volkes; dafür zu leiden, bin ich gerne bereit, doch hoffe ich auch, noch dafür arbeiten zu können.

Leider bin ich schon eine Woche ohne *Post.* Ich weiß nicht, ob Ihr nichts mitzuteilen habt oder ob da Schwierigkeiten bestehen; jedenfalls interessiere ich mich für alles. Vielleicht darf ich wieder jemand von Euch sehen; es sind ja manche Dinge noch zu regeln. Bittet Herrn Regierungsrat! Freilich wird es seine Schwierigkeiten haben, im *Gefängnis* mich zu sprechen; man will hier, daß jemand von der Dienststelle dabei ist; doch kommt wohl immer wieder jemand von der Dienststelle hierher, so daß es allenfalls auch so eingeteilt werden kann, wenn Ihr Euch mit der Dienststelle verständigt, die bisher immer sehr entgegenkommend war, was ich dankbar empfinde; ich hoffe noch eine Gelegenheit zu finden, wo ich mich dafür erkenntlich zeigen kann.

Bitte, grüßt mir immer wieder alle die Meinen; ich muß es bei diesem einen Brief bewenden lassen, da mehr besonderer Erlaubnis bedarf.

Nun noch *Wünsche:* ich erbitte mein Tintenfläschchen für den Füllfederhalter, ein Neues Testament Ketter, ⅛ Butter, 2 Mikadospiele (in dem Aufklappfach unten am Büchergestell), 2 Notenhefte und einen Schreibblock, etwas schwarzen und weißen Faden mit Nadel, vielleicht noch so ein Papiergefäß für oder gelegentlich mit Marmelade. Dextropur habe ich nun genug; etwas Zucker würde ich bald wieder brauchen können.

Wenn Ihr hierher etwas bringt, fragt stets nach Wäsche und Gefäßen, damit ich Euch das zurückgeben kann; wenn ich eine gute größere Schachtel hätte, in der ich meine Eßvorräte gut verwahren könnte, wäre dies praktisch; die kleinen gebe ich dann zurück.

Laßt Euch alle herzlich grüßen und segnen von
Eurem Eurer immer denkenden

Br. Paulus

Sr. Maria Angela (Humpf) zum Tag ihrer Aufnahme meinen besonderen Segen.

Berlin, 29.7.43 B 32

Liebe Schwestern!

Nun bin ich einen Monat in Haft und habe keine Aussicht, so bald wieder zu Euch zu kommen. Ich trage mein Schicksal gefaßt und froh im Bewußtsein, Volk und Vaterland gemäß meinem Gewissen gedient zu haben. Alles andere steht bei Gott. Er wird alles recht fügen. Seid nur unbesorgt. Wenn auch der Himmel mit Wolken verhängt ist, die Sonne geht wieder auf zu ihrer Zeit. – Deus providebit. Ich schriebe so gern den einzelnen, die mir geschrieben haben, allein ich brauche den einen Brief für die notwendigen Mitteilungen ans Piusstift, zumal ich nun längere Zeit niemand gesehen habe. Vielleicht bittet Sr. Gertrudis wieder um die Erlaubnis, mich sprechen zu dürfen. Wenn sie mal mit ihrer badischen Schwester[1] kommen könnte! Grüßt indes alle, Meitin-

---

[1] Gemeint ist Schwester Judith Maria, die damals noch, ingesamt etwa einen Monat, in Haft war.

gen, Freiburg usw.! Besonders *alle* in Berlin. Ihr dürft mir auch schreiben; ich weiß freilich nicht, ob es eine Beschränkung gibt. Ich bete für alle und segne sie.

Mit großer Sorge hörte ich heute, daß Sr. Judith Maria erkrankt ist. Wenn ich nur helfen könnte! Ich muß alles der Vorsehung überlassen. Grüßt sie herzlichst!

Einige *Anliegen:* Herzlichen Dank für die gesandten Sachen! Ich kann alles gut brauchen; ich komme jetzt gut durch. Wenn Ihr gelegentlich mal ein paar rohe Gelberüben oder Tomaten bringt, bin ich darum froh.

Ein Zimmerkamerad muß seine Briefmarkensammlung verkaufen, da seine Frau nichts zum Leben hat. Nach seiner Schilderung würde sie sehr gut sich für uns eignen zum Einordnen unserer vorhandenen Sammlung. Ich möchte sie daher schätzen lassen durch unseren Bekannten in Hildburghausen (Harz), dessen Namen ich wieder vergessen habe. Bitte schreibt an Katholisches Pfarramt, Pfarrer Röser in H. und erfragt die Anschrift des „K. d. F.-Sachverständigen für Briefmarken"* und fragt, ob er bereit wäre, für uns die Schätzung zu übernehmen. –

Ich brauche 2 Notenhefte, 2–3 gewöhnliche linierte Hefte, 2 Mikadospiele (unten im mittleren Bücherregal bei mir), je ein Kragenknöpfchen, meinen Bleistiftspitzer, wenn Ihr es findet, ein polnisches oder russisches Lehrbuch für Anfänger. Ist von Barmen und Breslau keine Antwort gekommen bezüglich der Propriengesänge?

Sr. Benedicta fragte an, ob die Messe nochmals geschrieben worden wäre. Ich hoffe nicht; sie lag auf meinem Schreibtisch. Das Credo habe ich auch inzwischen geschrieben; ich lege es bei.

Ist der Osservatore nicht mehr gekommen? Ich bin daran natürlich interessiert, da er alle kirchlichen Nachrichten bringt.

Herzlichen Treugruß!

Br. Paulus

Ist Sr. Maria Angela nun aufgenommen worden?

* Vielleicht könnt Ihr den Namen selbst feststellen in meinem Adreßheft unter Hildburghausen; er ist Finanzbeamter.

Dieser Brief ging an Schwester Judith Maria nach ihrer Entlassung aus der Haft:

31.7.43 B 33

Meine liebe Schwester!

Wie bin ich froh, daß ich Dich nun zu Hause weiß! Es war mir eine große Sorge und Beschwer in diesen vergangenen Wochen, zumal ich hörte, daß Du erkrankt seist. Ich trage ja mein Los mit Geduld, aber daß andere um meinetwillen leiden, ist mir schwer. Nun sage ich: Gott sei Dank!

Ich sprach heute mit dem Sekretariat des Gefängnisses, gestern auch mit dem Vorstand: Ihr könnt jeweils *anfangs* der Woche die Wäsche holen und am *Ende* nochmals kommen und beide Male *Wäsche* bzw. und *Lebensmittel* mitbringen. Seid nur nicht zu ängstlich in diesen Dingen, auch wenn Ihr mal abgewiesen werden solltet. Warum sollte ich schlechter behandelt werden als die andern?

Die Äpfel von Sr. Irmgard kamen größtenteils gut an. Vielen Dank! Sie schmecken gut.

Wann werde ich wieder einen Besuch (zu zweit!) erhalten? Ihr müßt das mit Herrn Regierungsrat Roth oder mit Herrn Bandow ausmachen; Herr Regierungsrat wird nächste Woche vielleicht nicht anwesend sein. Nur nicht zu zaghaft sein, auch wenn mal eine Bitte abgeschlagen werden muß.

Was wird die Zukunft bringen? Gott schütze uns, wenn das Schicksal Hamburgs uns bereitet werden sollte! Wir wollen uns alle in den Schutz Gottes befehlen.

Herzlichen Treugruß! Br. Paulus

5.8.43 B 34

Meine lieben Schwestern!

Gestern habe ich Sr. Gertrudis und Sr. Judith persönlich sprechen dürfen. So sollt *Ihr* (in Meitingen) heute den Brief bekommen, den man Donnerstag schreiben darf. Ihr könnt Euch denken, wie ich mich freute, meine Leidenskollegin wiedersehen zu dürfen; sie sieht sehr schlecht und mitgenommen aus, doch hoffe ich, daß sie sich im badischen Ländle bald wieder erholt. Heute will sie ja abfahren. Hoffentlich bekommt sie einen Platz! Wenn ich von „Leiden" spreche, so müßt Ihr nicht meinen, daß es mir schlecht geht, im Gegenteil. Ich bin allzeit froh und innerlich ruhig, wenn auch natürlich der Mangel der Freiheit etwas bedrückt und nicht alles nach Wunsch geht. Aber man hat keinen Grund zur Klage im hiesigen Gefängnis: die Behandlung ist gut, das Essen schmackhaft (ich verzichte auf das Fleisch und kann dies, da ich vom Piusstift Zuschuß erhalte und auch von auswärts schon Sachen geschickt bekam), die Gesellschaft – wir sind 18 – zwar sehr gemischt, aber doch eine „Gemeinschaft", die aufeinander Rücksicht nimmt. Natürlich hat man nicht gar viel Ruhe, aber die Entspannung der Aussprache und gelegentlich eines Mikadospiels tut gut.

Ihr interessiert Euch gewiß für den Tageslauf: 6 Uhr „Aufstand", Waschen, Bettmachen, Zimmerreinigung usw., dann Brevier bis Frühstück (Kaffee mit Marmelade- oder Fettbrot), danach feiere ich still die heiligen Geheimnisse mit Euch mit (wobei ich nach Möglichkeit die Tagesproprien vertone), dann lese ich Johannes griechisch. Der Vormittag gehört dann zumeist dem Studium oder der Lektüre (ich studiere etwas Russisch und Englisch, lese französisch und italienisch, wobei ich durch entsprechende Kameraden mich üben kann). 12 Uhr ist Mittagstisch: eine dicke Suppe mit einem Stück Brot; nach der Mittagsruhe setzt sich die Arbeit, Lektüre und Gebet des Vormittags fort, bis ich dazu zu müde bin; dann lege ich mal eine Patience oder spiele ein Mikado – diese Einführung hat viel Freude gemacht – bis zum Abendessen (6 Uhr Suppe wie Mittag). Täglich gibt's ½ Stunde Spaziergang im Garten, was sehr wohltut, dazwischen sind gelegentlich die Einvernahmen, wozu ich im Auto an die entlegene Dienststelle gebracht werde. 9 Uhr abends ist „Licht aus" – im übrigen schlafe ich gut.

Meine Angelegenheit ist nun so weit geklärt, daß der Akt abgeschlossen wurde; so wird bald über mich eine Verfügung getroffen werden. Ich sehe dem mit Ruhe entgegen, da ich ein gutes

Gewissen habe, insofern ich nur unserem Volk zu dienen suchte, wenn auch nach eigener Verantwortung. Wir Christen haben ja den Glauben, daß die Vorsehung alles zum Guten führt – den „Liebenden", sagt Paulus – das ist mein Trost; betet, daß ich zu den „Liebenden" gerechnet werde und Gnade vor Gott finde. Einmal sehen wir uns wieder und freuen uns der Gemeinschaft, die nie unterbrochen wurde; wann und wie, das steht bei Gott.

Es werden bittere Dinge für uns alle zu durchleiden sein; die Sorge um die Zukunft unseres Volkes verläßt mich nie, natürlich auch nicht die Sorge um Euch alle! Besonders denke ich in diesen Tagen an die Berliner – nach Hamburg erwarten wir ja hier auch bald eine Schreckensnacht; aber wir bangen deshalb nicht. Berlin wird ja, wie Ihr in den Zeitungen gelesen habt, zum Teil entvölkert werden, wenigstens die Kinder sollen bewahrt werden für bessere Zeiten.

Nun danke ich allen, die meiner denken, im Gebet oder in Briefen oder Sendungen – ich darf Post empfangen (natürlich Briefe in weiser Beschränkung, um der Zensur nicht *zuviel* Arbeit zu machen!) und auch Pakete; so bekam ich schon Obst gesandt, worüber ich besonders erfreut war, auch Tomaten. Sr. Aloysia habe ich auch zu danken; vielleicht kann sie mir mal etwas Zucker oder Knäckebrot oder Käse oder (harte) Eier oder Gebäck oder Marmelade o. ä. schicken; NB. *Gläser* sollen nicht in die Zelle kommen; was schnell verdirbt, eignet sich auch nicht gut. Im übrigen verdirbt hier nicht leicht etwas, da immer gleich Abnehmer sind, wenn man zuviel hat ...

Nun grüße ich Euch alle, wie ich *jedes einzelne täglich* vor Gott grüße und segne. Der Herr sei mit Euch!

Pax vobiscum!

Br. Paulus

Möchtet Ihr (Auszug aus dem) Brief an meine 3 Schwestern schikken, die ich grüßen lasse.

B 35 vor Tisch:

Du, Vater Gott! Laß dankbar mich erlaben
mit allen Hungernden an Deinen Gaben!
Du schenkst uns Brot in dieser Pilgerzeit;
beruf' uns auch zum Mahl der Herrlichkeit! Amen!

nach Tisch:

Hab' Dank, o Herr, für Deiner Güte Segen!
Dein' Gnade helf' uns weiter allerwegen!
Nimm uns mit all' den Deinen an der Hand!
Geleit' uns heim zum ew'gen Vaterland! Amen!

B 36 Ich trage Dich in Herz und Sinn,
Du, Herr, bist mir zum Ich geworden.
Wohin ich geh', ich trag' Dich hin,
Du sprichst aus meinen Menschenworten.
Mein Mund den „Vater unser" preist –
Es sind die Worte Deines Mundes!
Und fleh' ich, seufzt in mir der Geist,
Die Stimme Deines Lebensgrundes.

Mein wahres Leben ist nicht mein:
DU bist's, der in mir lebt und leidet,
Und sterb' ich, bin ich ewig Dein,
Ob auch vom Leib die Seele scheidet.
O wundersame Zweisamkeit!
Der Höchste eins mit dem Geringsten!
Geschichte – neue Wirklichkeit
An mir, von Bethlehem bis Pfingsten!

Meine lieben Geschwister!

Laßt mich Euch allen herzlich danken für Euer liebendes Gedenken – ich kann nicht allen einzeln danken, die mir geschrieben haben oder etwas gesandt haben; *alles* hat mich erfreut – nicht zuletzt für Euer tägliches Beten. Im Gedenken vor Gott begegnen wir uns täglich und empfinden trotz der äußeren Trennung tiefste Gemeinschaft. Wir wollen alle beten um tiefes Verstehen des heiligen Gotteswillens und vollkommene Bereitschaft für ihn. Solche Gesinnung verbindet uns mit dem, dem wir „Abba" sagen dürfen, und macht uns Seines Geistes teilhaft, so daß wir immer in unserm Beten wahre Erhörung finden.

Wenn auch äußerlich abgeschnitten von der Welt und außerstande, selbst etwas Wirksames tun zu können, nehme ich an Not und Bedrängnis jedes einzelnen von Euch innig Anteil. Ich denke derer, die ihr Tauf- und Namensfest feiern, derer, die ihre Hingabe an den Kyrios erneuern, derer, die ein Liebes dem Herrn zurückgeben oder die in diesen Unheilzeiten opfern mußten, was ihnen teuer war. Wir stehen mit unserm Volk alle in schwerer Prüfung und können nur beten, daß wir sie bestehen in Tapferkeit des Herzens und frohem Gottvertrauen. Möchte diese Zeit unserem armen Volke zum Heil sein! Dann ist wenigstens nicht vergeblich, was uns alle heute so sehr bedrängt! Es werden ja noch böse Tage zu bestehen sein, aber „wer im Schutz des Allerhöchsten steht ...". Ja, das ist auch mein Trost. Es ist mir leid, daß ich Euch Not und Sorge bereitet habe, aber ich tröste mich damit, daß ich nach bestem Gewissen meinem Volk und Vaterland zu dienen gesucht habe. Spätere Zeiten werden mich besser verstehen; es war ja immer mein Verhängnis, daß ich der Zeit etwas voraus war und daher nicht verstanden werden konnte. *Es kann aber niemand seinen Auftrag verleugnen.* Bitte, versucht Ihr mich zu verstehen und erfleht mir weiter, was ich bisher, wohl auch auf Eure Fürbitte, geschenkt bekam: ein frohes Herz und innere Treue. Das schenke Euch allen gleicherweise der Herr!

Gottlob kann ich sagen, daß es mir gut geht. Es ist zwar der Aufenthalt in einem großen Gemeinschaftsraum nicht dazu angetan, einen zu rechter Stille und Sammlung gelangen zu lassen, selbst die Konzentration geistiger Art fällt einem schwer; aber die Zerstreuung dieses Gemeinschaftslebens hat doch auch wieder das Gute, daß man leichter die lange Zeit überwindet. „Langeweile" ist mir ja immer fremd gewesen, aber für ernste Arbeit braucht man eben doch eine Spannkraft, die in diesen Verhältnissen nicht immer gegeben ist. Man muß sich halt in alles zu schikken wissen.

Wir erwarten in Berlin auch schwere Tage. Nach menschlichem Ermessen ist die Zelle, in der ich bin, verhältnismäßig gut geschützt durch das hohe Gegenüber, das den engen Hof abschließt. Man kann freilich nichts sagen. Sollte es Gottes Wille sein, daß wir uns nicht mehr sehen, so habe ich nur den einen Wunsch, daß Ihr alle dem Kyrios die Treue wahrt bis zum Letzten und mit Eurem Leben und Opfern zeugt und arbeitet für die „Pax Christi in regno Christi". *ER* muß als König herrschen in der Welt, dann widerfährt *allen* Heil.

Besonderen Gruß und Dank für Briefe usw.: Sr. Gertrudis, Benedicta, Theodora, Gottburg, Petra, Veronica, Aloisia, Br. Antonius, meinen leiblichen Schwestern, Judith Maria. Ich darf Post empfangen, natürlich nicht zuviel und gut geschrieben, die leicht gelesen werden kann.

Ich grüße und segne Euch alle im Namen des Dreieinen.

Br. Paulus

B 38 21.8.43

Meine gute Schwester!

Ich habe wohl noch keinen Brief von Dir außer der ersten Nachricht aus dem Urlaub. Aber heute weiß ich, daß Du besonders meiner denkst. Und Du sollst wissen, daß auch ich des Festes der hl. Franziska nicht vergessen habe. Ich las heute im Brevier aus ihrem Leben. Aber das ist viel zu sehr entmenschlicht. Als ob Franziska von Jugend auf schon *gehabt* hätte, was erst letztes *Geschenk der Gnade* ist in der *Vollendung* nach einem Leben des

Strebens, des Ringens, Siegens und Unterliegens! Auch ihre Freundschaft mit Franz ist zwar heilig und keusch, aber doch noch ganz und gar der menschlichen Anfechtung unterworfen. Ihre Liebe ist gewiß jungfräulich und rein und doch noch nicht so abgeklärt, wie es die Aszeten wünschen. Und auch Franz war trotz all seiner Geistesfreiheit nicht unberührt von dem Ewigweiblichen – ist es doch Gesetz des weisen Schöpfers, daß sich die beiden Geschlechter anziehen und, wenn auch nicht notwendig, in der sinnlichen Sphäre ausgleichen und befruchten. Ich finde das gerade so schön, daß eine solche Freundschaft heiliger Menschen der Welt beweist, daß die göttliche Liebe, die sich schenkt, ohne etwas für sich zu erwarten, immer wieder Inkarnation findet – durch die Gnade Gottes, der sich hochherzige Menschen erschließen.

Möchten wir durch Gottes Gnade auch teilhaben an der göttlichen Agape und in ihr uns immer wieder finden!

Meine Gedanken schweifen immer wieder nach dem Süden, nach dem herrlichen Schwarzwald und der schönen Dreisamstadt. Möchtest Du dort viel Freude finden! Ich sähe Dich ja gern wieder, aber um Deinetwillen wünsche ich doch, daß Du möglichst lange der so nötigen Erholung pflegst.

Ich kann von mir sagen, daß es mir den Umständen entsprechend gut geht. Es war noch immer meine besondere Gnade, mich leicht in alles schicken zu können – könnte ich Dir nur etwas davon abtreten – so bin ich, wenn auch nicht himmelhochjauchzend, so doch still gefaßt und zufrieden. Es fehlt mir nichts als – die mir so besonders teure Freiheit. Zu Seiner Zeit wird sie mir auch wieder geschenkt. Indes denke ich: vere dignum et iustum est ... tibi *semper et ubique gratias agere!* So bete ich täglich und feiere in Gedanken Eucharistie mit Euch allen und besonders mit Dir, meine Gute, die ich in IHM segne und grüße

in Treuen
Br. Paulus

23.8. Heute Nacht sorgte ich mich sehr um Dich.
Bist du krank?

B 39 26. 8. 43

Meine Schwestern, meine Geschwister!

Wenn ich den Tag beginne mit dem Gedächtnis der heiligen Heilsgeheimnisse, so seid Ihr immer mit dabei im Memento der Lebenden, der „circumstantes". Das Wort hat mir ab und zu zu schaffen gemacht, weil es nur eine Erinnerung, aber keine Wirklichkeit schien; „circumstantes" sind die den Altar „Umstehenden". Ich habe nach einer Übersetzung gesucht, die ausdrückt, was auch heute Wirklichkeit ist; jetzt sage ich *„Nahestehende"*. So können wir ja alle sagen, da es ausdrückt, was wir alle empfinden. Nahestehende sind im wörtlichen Sinn die den Altar mit mir Umstehenden, dann aber alle, die in Gemeinschaft mit Christus stehen und in Ihm einander tief verbunden sind. Wollen wir uns täglich neu bewußt werden, was es bedeutet, im Blute Christi gewaschen, zu neuem Leben gerufen zu sein, „Gemeinschaft" zu pflegen „durch Christus und in Christus und mit Christus", Gemeinschaft der Liebe auf Erden, die sich fortsetzen und vollenden soll im andern Leben, da wir alle verlangen, mit Christus zu sein (Phil 1,23). In diesen Tagen, da jede Nacht das Ende dieses Erdenlebens bringen kann – wir hatten ja jetzt allnächtlich Angriffe der Engländer – empfindet man ja die äußere Trennung besonders schmerzlich; man möchte gern die Sorgen mit den „Nahestehenden" teilen; aber andererseits ist es einem doch ein Trost zu wissen, daß desselben Vaters Hand über uns allen ist; in Ihm sind alle Räume überwunden.

Gott segne Euch! Das ist mein kurzes, aber immer wiederholtes Gebet untertags und nächtens, besonders in kritischen Stunden. Ich weiß, in diesem Segensgedenken begegnen wir uns.

Ich las in diesen Tagen den herrlichen Brief Pauli an die Philipper. Lest ihn bitte (besonders 1,3ff., 2,5f., 3,1ff., 4,2f., 16), so wißt Ihr, was ich Euch schreiben möchte. Die heilige Freude des „In-Christus-seins", die Paulus immer wieder aufjubeln ließ in seinen Drangsalen, sie sei das Gnadengeschenk, das wir uns wechselseitig erbitten wollen. Der Friede Christi sei mit Euch! Möchte er auch der „Welt" geschenkt werden!

In Treue Euch verbunden grüßt herzlich Br. Paulus

Meine Geschwister!

Wenn der Apostel sich rühmen darf, daß es ihm gegeben war, sich in alles zu schicken (Phil 4, 11), so darf ich auch für diese Gnade danken. Es sind heute zwei Monate, daß ich die Freiheit entbehre. Da muß ich – „semper et ubique" – danken, daß ich allzeit froh im Herrn sein durfte in all diesen Wochen. Ich danke es wohl auch Eurer Fürbitte, die Ihr mir auch künftig schenken wollt. In der heutigen Sonntagsepistel (1 Kor 15) spricht der Apostel vom *Feststehen im Glauben.* Das ist gewiß die Gnade, um die wir alle besonders bitten müssen, die wir alle in einer Welt stehen, die dem Glauben entgegen ist.

Noch nie im Leben habe ich es so empfunden wie hier, wie *vereinsamt* wir gläubige Christen doch eigentlich in dieser „Welt" stehen. Wenn ich an meine Umgebung denke, dann möchte ich mir vorkommen wie ein weltferner Idealist und Träumer, der in einer anderen Welt lebt. Es ist gut so, daß man diese wirkliche „Welt" erlebt und sich nicht verkapselt in einem Isolierraum – unsere Gemeinschaft könnte einem als ein solcher vorkommen im Vergleich mit der Umgebung, in der ich lebe – erst in solcher *Bewährung* erweist sich der *Glaube* als *Gnade,* die von Gott geschenkt ist zur Bewährung! Wenn ich von meiner Umwelt spreche, so denke ich dabei nicht einmal zuerst an den Vorsitzenden des deutschen Freidenkerverbandes, der bis vor ein paar Tagen mein Bettnachbar war; trotz der weltanschaulichen Kluft, die uns trennte, standen wir uns doch in gegenseitiger Achtung näher als andere; ich fand in ihm einen Charakter, der vornehm und gerecht urteilte und gute Kameradschaft pflegte – ich möchte meinen, in ihm wirkt unbewußt etwas weiter von christlicher Erziehung vieler Jahrhunderte deutscher Geschichte. Ja, ich möchte irgendwie einen solchen Menschen mehr zur Gemeinde Christi rechnen als so viele Getaufte, deren Seele unberührt geblieben ist vom heiligen Pneuma Christi. Ich habe nicht das Recht, über das jenseitige Schicksal eines Menschen zu urteilen. Jedenfalls ist es mein Glaube, daß „verloren" im eigentlichen Sinn, zur „Hölle" bestimmt nur ist, wer *wider seine Gewissens-*

*überzeugung* stand. Wieviele „Christen" sind da freilich schlechter daran als die „Heiden"!

Nein, wenn ich mich geistig vereinsamt fühle in dieser „Gemeinschaft" (trotzdem ich glaube, mich an guter Kameradschaft mit allen von keinem andern übertreffen zu lassen), so deshalb, weil das ganze Denken und Leben fast aller Kameraden um die primitiven Dinge des Trieblebens kreist – das wir Christen nicht verwerfen, solange es sich an den Gesetzen des Schöpfers orientiert – und daß das *Ethos des Evangeliums* den *allermeisten* ganz fremd geworden ist. Ich las einmal das erschütternde Buch des Stuttgarter Amtsarztes Hoffmann über den Geburtenrückgang – hier kann ich mich überzeugen, wie richtig er die Diagnose des tatsächlichen (sexual)ethischen Standes unseres Volkes stellt. Wahrlich, wir brauchen nicht erst nach Rußland zu gehen, um die Zerrüttung aller Ehemoral festzustellen. Auch in unserem Volk ist eine sittliche Entwurzelung Tatsache geworden, vor der man erschauert. Und wenn ich nach den Gründen forsche, so sind es wohl vor allem zwei, wie ich gerade hier wieder feststellen kann: die *geistige Leere,* die nie das beglückende Erlebnis der Frohen Botschaft hatte, und die *Verhaftung an den narkotischen Genuß.* Die beiden Dinge hängen wesentlich zusammen: dem Genußmenschen geht das Organ ab für die tiefen Freuden des „Geistes" – schon die Zungennerven sind bekanntlich so abgestumpft, daß der Mensch von heute die feinen Geschmackswerte der natürlichen Nahrung kaum mehr empfindet, da er sich mit Salz und Pfeffer usw. alle Nahrung verdirbt –, und anderseits führt die Inhalts-, Sinn- und Ziellosigkeit des Lebens ohne Glauben dazu, sich dem greifbaren Genuß zu ergeben und ihm alles zu opfern. Interessant sind in diesem Zusammenhang die Beobachtungen, die man etwa bezüglich der „Rauchsklaverei" machen kann. Es ist fast nicht zu glauben, wie „süchtig" die Menschen sind, die sich dem Nikotin ergeben haben. Alles wird geopfert, um etwas zum Rauchen zu bekommen, selbst wenn, wie heute, der Inhalt der Zigarette alles andere als köstlich genannt werden muß. An einem ähnlichen Ort wie hier – so berichten die Kameraden – werden für *eine* Zigarette Preise von 1 bis 5 *Mark* bezahlt!! Da könnten wir ja reiche Leute werden, wenn wir

Nichtraucher ein Geschäft machen wollten, was wir ja nun freilich grundsätzlich ablehnen. Immerhin ist es mir hier doch zum Bewußtsein gekommen, daß man auch nicht zu sehr Prinzipienreiterei treiben darf; im Vergleich zu allen anderen Dingen ist schließlich belanglos, wenn jemand, der nun mal keine tieferen Beweggründe des Lebens hat, in diesen Zeiten sich mit einem solchen „Genuß" etwas über seine Not hinweghilft. Darum soll man auch nicht zu engherzig sein und in Gottes Namen mit den uns gegebenen Vorräten da und dort eine Freude machen oder sich selbst bzw. der Gemeinschaft die Nahrungssorgen etwas erleichtern. Wir selbst wollen froh sein, daß wir auch in diesen Dingen die Erkenntnis der Heilsgesetze Gottes haben und die Gnade, ihnen in *Freiheit* zu entsprechen. Wir wollen nicht pharisäisch urteilen über diejenigen, die anders denken oder handeln, aber wir freuen uns, daß wir durch die Freiheit von Narkotika und Genußgiften die natürlichen Voraussetzungen für das gottgesetzliche und christliche Leben uns gewahrt haben.

Ja, ich habe in dieser „Welt" meinen Glauben nicht bedroht gefunden, sondern erfuhr ihn aufs neue als *Kraft und Gnade;* je mehr ich über alles nachdenke, um so klarer wird mir wieder, daß im letzten Grund alles Leben sinnlos wird ohne ihn und alles einen letzten tiefen Sinn erhält von ihm. So bin ich meines Glaubens wieder neu froh geworden. Möchtet auch Ihr alle täglich daraus Kraft und Segen beziehen!

Dominus vobiscum!

Br. Paulus

1.9.43 B 41

Liebe Schwester!

Ich begrüße Dich herzlich nach Deiner Rückkehr nach B. Hast Du noch in Fr. meinen Brief vom Franziskatag erhalten? Und vielen Dank für den Deinen! Ich bin natürlich in Sorge um Dich und Euch alle bei diesen Angriffen. Möchtet Ihr nicht versuchen, nach schweren Angriffen das Reichssicherheitshauptamt (Tel.

wie Dr. Roth) aufzuläuten, und das Ge-Sta-Po-Gefängnis verlangen mit der Bitte, mir Mitteilung zu machen, daß Ihr – so Gott will – wohlbehalten seid? Ich kann natürlich nicht garantieren, daß es Erfolg hat, aber wahrscheinlich schon; die Wachtmeister sind jetzt recht gefällig. Wenn Ihr den Anschluß hierher bekommt, so wißt Ihr auch schon, daß ich noch am Leben bin.

Wann werden wir uns wiedersehen? Für eine Besuchserlaubnis mußt Du Herrn Bandow oder Dr. Roth aufläuten. Das Einfachste ist es, wenn H. B. Euch verständigt, wenn er sowieso hierher kommt, und Dich dann bestellt. Ich freue mich, Dich zu sehen!

Gott mit Dir!

Br. Paulus

Über die Grüße aller Schwestern habe ich mich sehr gefreut. Bitte danke allen, auch Br ... (Name unleserlich) für ihren guten Willen! Zwetschgen muß man evtl. unmittelbar *hierher* senden, wenn sie noch ankommen sollen!!

Mit dem Plan der G. V. bin ich einverstanden, wie Sr. Gertrudis schrieb. Teile es ihr mit!

B 42

7.9.43
Todestag von Bruder Franz

Meine vielliebe Schwester!

Die vergangenen Tage möchte ich nicht mehr mitmachen. Samstag nach dem großen Angriff wurde hier erzählt, am Wedding seien in der Müllerstraße große Verheerungen angerichtet worden. Mine an Mine sei heruntergegangen, eine chemische Fabrik am Gesundbrunnen sei schon getroffen (ich dachte an Schering in unserer nächsten Nachbarschaft!). Du kannst Dir denken, wie ich mich um Euch sorgte und wie ich auf ein Lebenszeichen von Euch wartete! Da am Freitag niemand gekommen war (ich hatte darum gebeten, daß Ihr Euch möglichst an die beiden Tage Dienstag und Freitag haltet, damit ich mit bestimmten Zeiten rechnen kann), erwartete ich bestimmt Samstag, als dies umsonst war,

Sonntag ein Lebenszeichen. Ich war sehr niedergeschlagen und die ganze Nacht voller banger Gedanken, als dies ausblieb. Ich konnte mir keine plausible Erklärung geben, als daß Euch allen etwas geschehen ist. Ich war sehr erlöst, als Montag die Wäsche geholt und nachher von H. B. Eure Liebesgabe gebracht wurde, wenn auch ein Besuch noch abgeschlagen wurde.

Ich bin sicher, daß Herr Regierungsrat eine nochmalige Bitte nicht abschlagen wird. So darf ich hoffen, was Paulus seinem Timotheus schreiben würde (2 Tim 1,4); es wird sicher bald sein.

Das Bildchen ist mir eine liebe Erinnerung; freilich trage ich ein anderes Bild in mir; die Augen scheinen trotz des frohen Lachens umflort; möchte ich mich täuschen!

Warum schreibst Du nicht? Der Briefverkehr ist m. W. nicht beschränkt. Aber hoffentlich *sprechen* wir uns bald. Hast Du meinen Franziskabrief noch erhalten und ist mein Brief an die Geschwister betr. Abstinenz weitergegeben worden an die Gemeinschaften?

Ich bin gottlob wohlauf. Wenn ich nur über Euch alle und Dich besonders das Gleiche erfahren könnte! Aber ich will keine Beruhigung, sondern die Wahrheit!

Nun bete ich halt: ... ja segne sie, daß Deiner Gnaden Fülle wie reines Brautkleid ihre Seele hülle ... Amen! Amen! Amen!

Br. Paulus

Ich numeriere nun alle Briefe und bitte die Nummern zu bestätigen: 1 Franziskabrief, 2 heutigen.

Gerade in diesen Tagen wurde im Gefängnis den Schwestern sogar der Wäscheaustausch abgelehnt.

Meine Geschwister!

Heute, am 20. Jahrestag des Heimgangs unseres Br. Franz, habe ich einige Erinnerungen an den treuen Freund und Bruder niedergeschrieben, die späteren Geschichtsschreibern unserer Gesellschaft die Arbeit erleichtern sollen, die jedem Historiker vor allem gestellt ist: die Wahrheit festzustellen, um daraus zu lernen und anderen Erkenntnisse weiterzugeben. Euch, meine Geschwister, möchte ich heute auch ein Wort sagen:

Unsere Societas Christi ist wie ohne Br. Gottwills so ohne Br. Franz nicht denkbar. Was der große Herold des Königtums Christi uns predigte und vorlebte, das hat kein anderer so treu in seinem Leben gehütet und so eindringlich uns allen weiter gelehrt als Br. Franz. Die Herrscherrechte Christi im Leben des *einzelnen* bis zum Letzten zur Auswirkung zu bringen, darauf kam es ja den beiden Herolden unserer Societas Christi Regis vor allem an, die *soziale* Auswirkung dieser Idee, die ich als meine besondere Berufung geltend zu machen hatte, war dabei beiden durchaus Herzenssache gleich mir – in diesem *Doppelziel* war und ist die Aufgabe der Societas Christi Regis ausgedrückt, der wir heute wie am ersten Tag der Gesellschaft leben.

„Die Welt braucht Heilige!" – Das war der besondere Mahnruf von Br. Franz. „Heilige" – das sind nicht Menschen jenseits aller Menschlichkeit! Br. Franz hatte wie Br. Gottwills auch seine allzu menschlichen Beschränkungen. Aber man spürte in ihm den „heiligen" Menschen, den, auf den Gott Seine Hand gelegt und der seinerseits mit aller Treue dem Ruf entsprach, den er – im „Gewissen" – als Gottes Stimme erkannte. Leidenschaftlich eiferte Br. Franz für solches Heiligkeitsstreben, am Ernst und an der Unerbittlichkeit seines Strebens entzündete sich auch der Geist zumal unserer jungen Schwesterngemeinschaft.

„Die Welt braucht Heilige!" Keine Mahnung ist so zeitgemäß wie diese. Nur durch „Heilige", die den Alltag heiligen, wird unser Glaube glaubwürdig für die Welt. Und daran, daß die Welt zum Glauben finde, hängt ihre Zukunft, ebenso wie die Bitternis der Gegenwart, unter der wir alle leiden, ihren Grund hat in der Entfernung vom lebenspendenden Geist Christi.

Pax Christi in regno Christi! Ohne es zu wissen, ist dies das Wunschziel der ganzen Menschheit. Wir dienen dem Größten, das die Welt erwartet, wenn wir im Geist von Br. Franz jeden Tag heiligen in treuem Glauben und opferfroher Nachfolge Dessen, den wir HERRN heißen, „unsern" Herrn und den Herrn der Welt. Ihm sei Ehre und Ruhm!

In Ihm seid alle gesegnet von
Eurem treuen

Br. Paulus

Lest 1 Thess 2, 17 bis 3, 13!
Ich numeriere nun meine Briefe und bitte, die Nummern zu bestätigen! 1 = Abstinenzbrief, 2 = heutigen.

10. 9. 43 B 44

Meine liebe Schwester!

Wie froh bin ich, daß wir uns gestern sprechen konnten. Wir wollen froh weiter alles in Seine Hand geben.

Nun werde ich morgen dem Untersuchungsrichter vorgeführt. Ich werde wahrscheinlich daraufhin nach Moabit kommen. Dort werde ich es wohl schwerer haben, da ich wahrscheinlich keine Lebensmittelzubuße bekomme. Aber was andere tragen können, muß ich auch tragen können. Ihr werdet ja bald etwas erfahren.

Gott mit Euch allen und mit

Eurem
Br. Paulus

Am 11. September 1943 wurde Bruder Paulus zur Untersuchungshaft in die „Strafanstalt Plötzensee" überführt. Damit war die Untersuchung abgeschlossen, ohne daß Bruder Paulus zu einem Untersuchungsrichter gekommen war. Eine solche Vergewaltigung des Rechts war ihm unfaßbar. Die Lage des Gefangenen wurde nun merklich härter.

B 45 Plötzensee, 14.9.43

Liebe Schwester!

Ich bin also nicht nach Moabit, sondern nach Plötzensee gekommen; es sollen die Häuser im Innern nicht so stark belegt werden. Ich bin in einer Zelle mit einem Radiotechniker aus Wien zusammen, ausgerechnet auch wieder einem Konfessionslosen, doch ist er sauber und ein Idealist, so daß wir gut zusammen fahren. Wir zertrennen gemeinsam alte Unterhosen – eine mir ja sehr fremde Tätigkeit, aber besser als keine. Leider habe ich Brevier und Meßbuch sowie Neues Testament noch nicht, doch bekomme ich es jedenfalls. Ich bin froh, daß ich auch bald Besuch des Anstaltspfarrers bekomme; die Kirche scheint ja durch den Angriff zerstört zu sein, so daß meine Hoffnung gering ist, zur heiligen Messe kommen zu können. Wir werden ja sehen. Dem Untersuchungsrichter bin ich noch nicht vorgeführt worden, man muß halt Geduld üben – meine Spezialtugend. Bitte veranlaßt Dr. Holstein, daß er sich die Erlaubnis geben läßt, mich zu besuchen.

Es ist natürlich hier noch viel schwerer als in der Prinz-Albrecht-Straße. Aber ich bin in Gott nach wie vor getröstet und guten Mutes.

Ich denke weiter Euer aller vor Gott und weiß, daß wir uns da täglich begegnen. Seid in Ihm gesegnet! Br. Paulus

Bei jeder Verlegung wurden unter den persönlichen Gebrauchsgegenständen auch Brevier, Meßbuch, Heilige Schrift usw. eingezogen und mußten schriftlich neu erbeten werden. In Plötzensee entfiel dazu die Benutzung eigener Wäsche und Kleidung. Bruder Paulus trug zum ersten Male in seinem Leben Sträflingskleidung.

30.9.43 B 46

Meine liebe Schwester!

Gestern war es ein Vierteljahr, daß ich die äußere Freiheit entbehre. Wie Ihr wißt, bin ich seit 11. d.M. in Untersuchungshaft in Plötzensee, nicht weit vom Wedding. Ich hatte eigentlich nicht damit gerechnet, daß ich aus der Schutzhaft herauskomme, doch habe ich mich in das „Schicksal" hineingefunden; wir Gläubigen glauben ja an das „Schicksal" als Fügung Dessen, ohne Dessen Willen kein Haar von des Gerechten Haupt fällt. Äußerlich gesehen ging es in der Prinz-Albrecht-Straße leichter, aber die stille Einzelzelle hier tut mir doch wohl, ich „genieße" die Stille als Offenbarung. Gottlob liegt die Zelle auf der Sonnenseite mit Blick auf den Garten, auf dessen Bäumen Gottes Singvögel mir Gesellschaft leisten im Lobe Gottes. Ihr könnt Euch denken, daß ich das tägliche heilige Opfer wohl sehr entbehre, und doch wieder kann ich sagen, daß ich in der täglichen stillen Feier der memoria passionis Jesu Christi, wie ich sie Euch lehrte, für meine Seele fand, was sie brauchte. Mehr eigentlich, ja richtig schmerzhaft entbehrte ich das Gotteswort der Schrift. Wohl ließ ich mir täglich in der Feier der memoria ein Wort vom Apostel und eines vom Herrn selbst zur Betrachtung sagen, aber ich spürte eben doch, daß ich aus der Lesung immer neuen Reichtum schöpfen sollte, der den langen Tag und die noch längeren Nächte speist. Welche Freude, daß ich heute früh meine Bücher wieder bekam: Brevier (lateinisch und deutsch) und Neues Testament (griechisch und deutsch). Das erste war, daß ich da weiterlas, wo ich vor drei Wochen stehengeblieben war, im Brief des Apostels an seine Thessaloniker, 2. und 3. Kapitel. Eigentlich müßte ich nur abschreiben, was Paulus seiner Gemeinde schrieb, es sind die Gedanken, die auch mich ganz erfüllen. Besonders gilt dies natürlich von den Gefangenschaftsbriefen Pauli, dessen Namen zu tragen ich mir hier neu verdienen darf. Ich weiß wie er, daß ich auch getragen bin vom Gebet der Meinen, für das ich herzlich danke. Gott hat mir, gewiß auf Eure Fürsprache, das Herz froh erhalten. Ich habe Ihm *alles* anheimgestellt und mein Leben angeboten für den Frieden der Welt und die Einheit der Kirche, die beiden großen Anliegen, die mich, wie Ihr wißt, so besonders stark bewegen. Wie *ER* nun will, so soll es mir recht sein. Natürlich ist dieses „Abba"-sagen – der Inbegriff allen christlichen Glaubens, wie ich meine – nicht immer leicht, fordert täglich und stündlich die Kraft des Herzens heraus, aber mit Seiner Gnade hoffe ich, es durchzuhalten. Haltet weiter die Hände über mich wie Moses auf dem Berg! Gott sei mit Euch! Dieses Dominus vobiscum ist meine tägliche Fürbitte für Euch, besonders auf dem halbstündigen Spaziergang, auf dem ich jedem einzelnen von Euch mit diesem Segensgruß begegne. Und ich höre im Geist immer Eure Antwort: „Et cum spiritu tuo!" und ich fühle den Trost solcher Herzens- und Seelengemeinschaft, die durch nichts gestört werden kann, die nie abreißt.

Bitte, grüßt *alle* und jedes einzelne! Bin ich auch nun ohne Verantwortung rechtlicher Art für Euch, so fühle ich die nie zu nehmende Verantwortung der *Vater*schaft um so stärker.

Wann und wo wirst Du verdienten Urlaub haben? Kommt Gertrudis im Oktober noch nach Berlin?

Seid alle eines Geistes in Ihm! Friede Euch allen!

In Ihm Euch ganz verbunden

Br. Paulus

B 47 5.10.43

Meine Schwester!

Ich hatte damit gerechnet, daß Du heute die Wäsche abholst und bringst, wie vereinbart, oder vielleicht gleichzeitig die Besuchserlaubnis Dir geben läßt, da verschiedene wichtige Dinge noch zu erledigen sind. Leider bist Du nicht gekommen. Warum? ...

Es vergeht ja dann mit dem Warten wieder Zeit, so daß ich evtl. in Verlegenheit kommen kann. Bitte notiere Dir für die, hoffentlich bald, mögliche Besprechung: *Bücherabtransport* – die Gefahr eines Großangriffs ist noch nicht vorbei! –, *Bücherschrank, Grundstück* Lübars, Entscheidungen auf unser *Hauptfest* (31. X.!). Sodann meine *Versicherungen,* Hilfe für meine total beschädigte Schwester *Elisabeth,* bitte sie zu grüßen.

Für all Eure Liebe vielen Dank. Gott möge Euch alles lohnen! Der Besuch von Lydia freute mich als Gruß aus der Heimat, die mir so nahe kam. Ebenso froh bin ich um das Geschickte. Die eigene Wäsche macht einen doch wieder etwas zum Menschen! Mit der Verpflegung geht es mir jetzt auch besser, gottlob. Es gibt öfters noch „Nachkost“, d. h. man bekommt nochmals nach, wenn noch übrig ist. Darum war ich wiederholt froh. Übrigens ist die Kost hier schmackhaft zubereitet, und auch als Vegetarier bin ich nicht unzufrieden, vor allem wegen der häufigen Pellkartoffel.

Wenn Du die neue Wäsche bringst, wäre ich froh um 2 Handtücher, 1 Waschlappen, ein Stück Seife, Schuhwichse, Rasierseife, Pinsel, Handschuhe, englisches Wörterbuch und für Advent die neuen Brevierteile („Hiemalis“), auch deutsch; ich gebe dann die alten zurück.

Ich kann Dir gottlob von mir berichten, daß ich wohlauf und guten Mutes bin. Ich bin so froh, daß ich nun das Brevier und das Meßbuch benützen kann; das entschädigt mich in etwas dafür, daß ich, beim derzeitigen Stand meines Verfahrens, auf geistliche Betreuung verzichten muß.

Von Dr. Dix bekam ich gestern auch das Schreiben, das mich informiert, daß er erst später kommen kann. Ich harre aus in Geduld. Ich schrieb vergangene Woche an Benedikta in Meitingen; ich nehme an, daß Ihr noch davon hört. Sr. Gertrudis ist ja wohl noch nicht zurück? Ich hätte ja sie als Präfektin gerne noch gesehen im Oktober, aber es wird ja wohl schwer zu machen sein. Nun ist auch Meitingen in der Gefahrenzone der englischen Luftangriffe, wie ich aus der DAZ sehe, die ich seit 1. 10. bekomme.

Zwei „Morgenpost“ von Euch erhielt ich auch dieser Tage und die DAZ seit dem 1. 10. Ich bin froh, vom Weltgeschehen nicht mehr so abgeschnitten zu sein …

Wie mag es Dir und Euch allen gehen? Meine Gedanken besuchen Dich und alle regelmäßig, vor allem im nächtlichen Gebet – es ist ja jetzt früh dunkel und bisher noch nie Licht in der Zelle.

Nun drücke ich Dir im Geiste die Hand und befehle Dich Dem, der unser aller Schicksal in Händen hat.

In Treuen

Br. Paulus

Den von Schwester Getrudis besorgten Verteidiger, den bekannten evangelischen Strafrechtlehrer Dr. Holstein, ließ der Volksgerichtshof nicht zu. Am 9. Oktober 1943 erfuhr Bruder Paulus durch den inzwischen eingesprungenen Rechtsanwalt Dr. Dix, daß die Verhandlung vor dem Volksgerichtshof am 14. Oktober 1943 stattfinden soll.

Dieser Brief ging an Schwester Gertrudis, die Generaloberin der Meitinger Christkönigsschwestern:

B 48 10. 10. 43

Meine gute Schwester!

Bis dieser Brief Dich erreicht, ist über mein Schicksal entschieden. Ich habe gestern die Anklageschrift erhalten und beim Besuch des Anwalts erfahren, daß bereits Donnerstag der Termin sein soll. Ich darf über den Inhalt der Anklage nicht schreiben, aber Ihr wißt ohnehin, daß es beim Volksgerichtshof um Tod und Leben geht. Wie immer das Urteil fällt, ich bin innerlich gefaßt und im Glauben voll Trost, zumal ich weiß, daß so viele meiner vor Gott gedenken. Ich bin auch sicher, daß Ihr alle glaubt, daß mich keine unedlen Beweggründe getrieben haben bei dem, was mir zur Last gelegt wird und daß Ihr mich nicht verachtet, auch wenn ich vor dem menschlichen Gericht, das sich mehr an äußere Tatbestände hält, schuldig befunden werden sollte. Ich habe aber noch immer die Hoffnung, daß das Gericht versuchen wird, auch meinen tatsächlichen Absichten und Beweggründen gerecht zu werden. Dann ist mir nicht bange.

Was mich in diesem Tagen trotz aller fühlbaren Anfechtung des Herzens innerlich froh macht, das ist in dem einen Wort gesagt: „*Abba*" – guter Vater! Das Wort hat es mir schon immer angetan. Es ist ein wunderbares Wort. Es besteht nur aus den zwei ersten Buchstaben des Alphabetes, wie um auszudrücken, daß es hier um die elementarsten Dinge geht; es sind ja auch die Laute, die ein Kind natürlicherweise zuerst stammelt, wenn es den Mund auftun kann. Es liest sich das Wort von vorne nach hinten und umgekehrt gleich. Und vor allem: der *Herr* hat es gebraucht, wenn Er in geheimnisvoller Weise mit dem ewigen Vater sprach, unter dem nächtlichen Sternenhimmel, da Er betete, aber eigentlich mit jedem Herzschlag von der ersten bis zur letzten Stunde Seines Lebens, das nur dazu da sein wollte, den hehren Willen des Abba-Vaters zu erfüllen. Der Herr muß es in einer Weise ausgesprochen haben, daß man dabei etwas von Seinem tiefsten Geheimnis spürte, nicht umsonst braucht der Apostel, wenn er an das Geheimnis *unserer* Gotteskindschaft rührt, dieses Wort in der Ursprache, wie es vom Herrn überliefert war, für den himmlischen Vater. – Der Herr hat zum „Abba" gerufen in jener schweren Stunde am Ölberg. „Abba, wenn es möglich ist, laß diesen Kelch an mir vorübergehen, doch nicht mein, *Dein* Wille geschehe!" Und Sein letztes Wort im Sterben war noch ein „Abba, in Deine Hände gebe ich meinen Geist ...".

Der Herr hat *uns* den Mut und die Sicherheit gegeben, zu *Seinem* als *unserem* Abba sprechen zu dürfen: „Vater unser" – Abba! lehrte Er uns ja rufen in frohen und trüben Stunden. Er sagte uns, daß dieser „Abba" „gut" ist, ja „allein gut", daß Er uns nahe ist, so nahe, wie uns nur jemand sein kann, „in dem leben wir und bewegen wir uns ja!" Ja, dieser gute Vater denkt unser. Nichts geschieht ohne *Seinen* Willen – *selbst* die Haare unseres Hauptes sind von Ihm gezählt ...

Was für ein Trost liegt in diesem Glauben in so schweren Stunden der Prüfung, wie ich sie durchlebe! Wahrscheinlich, wir Kinder des Vaters haben nichts zu fürchten. Nichts kann geschehen, was uns nicht zum Segen würde, wenn wir es aus des Vaters Hand entgegennehmen. So bete ich auch, ich unwürdiger Knecht, mit dem Herrn tapferen Herzens: Vater, wenn es möglich ist ... aber nicht mein, *Dein* Wille geschehe! Ich habe Ihm, dem Vater, ja mein Leben angeboten für den Frieden der Welt und die Einheit der Kirche Christi. Ich wäre glücklich, wenn ich durch Hingabe meines Lebens dem wirksam dienen dürfte, was mein Leben ohne sichtbaren Erfolg erstrebte.

Gute Schwester! Ich muß nun alle Sorge, auch und gerade die um meine so liebe Societas Christi Regis, ganz in des Abba Hände geben. Aus ihnen empfängst Du Auftrag und Vollmacht, zu hüten und zu pflegen, was ich nicht mehr zu tun vermag. Ich vertraue Dir ganz.

Was soll ich Euch noch sagen? Schöneres weiß ich nicht, als was der Völkerapostel (in der Epistel der heutigen Messe!) aus der Gefangenschaft an die Seinen schreibt (wie so zeitnahe ist doch alles in der Schrift!):

Geschwister! Ich, der Gefangene im Herrn, bitte Euch: Wandelt würdig der Berufung, die Euch zuteil geworden ist, in aller Demut und Sanftmut! Seid geduldig und ertraget einander in Liebe; seid eifrig bestrebt, die Einheit des Geistes zu wahren durch das Band des Friedens: *ein* Leib, *ein* Geist, wie Ihr ja auch in Eurer Berufung zu *einer* Hoffnung berufen seid: *ein* Herr, *ein* Glaube, *eine* Taufe, *ein* Gott und Vater aller, der da ist über allen und durch alles und in uns allen, Er, hochgelobt von Ewigkeit zu Ewigkeit. Amen (Eph 4, 1–6).

Dominus vobiscum!

Maranatha! Alleluja!

Br. Paulus

Beiliegend ein letzter liturgischer Gruß.

Am 13. Oktober 1943, einen Tag vor der Hauptverhandlung beim Volksgerichtshof, durften Schwester Gertrudis und Schwester Judith Maria Bruder Paulus noch einmal in Plötzensee sprechen. Er hatte mit diesem Besuch gerechnet und war sehr dankbar dafür. Trotz spürbarer Bewegung war Bruder Paulus gefaßt und ergeben. Erstaunt hörte er von den Schwestern, daß die Verhandlung öffentlich sein soll. Bisher war alles großes Staatsgeheimnis gewesen. Nun freute er sich, daß die Schwestern anwesend sein konnten, um seine schwere Stunde mit ihm durchzutragen.

Herr! Hast Du meiner denn vergessen? B 49
Bin ich der Sorge nimmer wert?
Hab' ich auf Dich vertraut allzu vermessen?
Hast Du Dein Vateraug' von mir gekehrt?

Soll ich nun wehrlos preisgegeben
Der grimmen Häscher Blutgier sein?
Schon schwirrt ihr Pfeil! Soll nun mein Leben
Am frühen Tag verloren sein?

Du lächelst, Herr? Ich weiß, mein Glauben
Ist klein und schwach, mein Auge blind.
Nein, nimmer laß ich Dich mir rauben:
Ich rufe gläubig Abba als Dein Kind.

13.10.43 P

Am selben Tag vor dem großen Schauprozeß, der ihm das Todesurteil einbrachte, schrieb Vater Paulus einen Brief an Albert Stehlin, den Caritas-Direktor in Freiburg, und einen an Sr. Judith Maria Hauser. Beide Briefe wurden beschlagnahmt und erst mit den Dokumenten des SED-Archivs bekannt.

XIII. X. 43 B 50

Mein Bruder!

Am Vorabend meiner Verhandlung möchte ich Dir noch schreiben, der Du nun statt meiner am Christkönigsfest vor unserer Gemeinschaft stehen wirst, um die Erneuerung ihres Treuegelöbnisses zum Hauptfest entgegenzunehmen.

Obwohl ich vor Gott ein gutes Gewissen habe, darf ich ja, wie die Dinge nun einmal liegen, kaum damit rechnen, das großmütige Verstehen für meine Handlungsweise zu finden, das mich zum Fest der Gemeinschaft zurückgeben könnte. Ich habe wohl schwere Tage und Wochen und vielleicht Jahre vor mir. Gott wird mir die Kraft geben, zu tragen, was ER mir aufladen läßt. Ich bin trotz allem guten Mutes und voll Trost. „Mach Dich frei von den Dingen, die vergehen, halt Dich an mich!", so fühlte ich in einer der vergangenen Nächte den Ruf an mich ergehen. Ich habe ihn aufgenommen und bin dessen froh.

Wenn Du am Fest vor den Brüdern und Schwestern stehst, sage ihnen, daß ich jeden Tag aller gedenke und sie Gott empfehle. Und sage ihnen, daß nie die Mission des Kyrios, der alle sich verpflichtet haben, zeit-not-wendiger war wie heute und in den bevorstehenden Schicksalstagen.

Unsere Societas Christi Regis wird noch große Aufgaben haben. Vielleicht muß ich zuvor den Weg des Meisters gehen, wie das Weizenkorn, das in die Erde gegeben ward. Wie ER es will! Es wächst gerade aus dem Opfertod immer neues Leben.

*Und ich habe schon lange dem Herrn mein Leben angeboten für den Frieden der Welt und die Einheit der Kirche Christi.* Wie ER dieses Leben zu Seiner Verherrlichung annehmen wird, steht bei IHM.

Du hast Deine Kirche verloren durch den Angriff der Engländer. Ich kann mir denken, was das für Dich bedeutet. Was wird noch alles kommen? Aber wir wollen das Herz in die Hand nehmen und vertrauen.

Der Herr sei mit Dir und den Deinen und
Deinem und Eurem
getreuen

Bruder Paulus
von der Göttlichen Vorsehung

B 51 XIII. X. 43

Meine gute Schwester!

Deinen so lieben Schutzengelbrief habe ich gestern erhalten. Deine Liebe wie der der anderen Geschwister hat mir wohlgetan. Auch die Zubuße durch die Lebensmittel verdanke ich herzlich.

Nun stehe ich vor der großen Entscheidung über mein Schicksal. Ich bin ruhig und gefaßt und habe alles in Gottes Hand gelegt. Ich habe das gute Gewissen, nur das Beste für unser Volk erstrebt und nichts Strafwürdiges getan zu haben. Doch weiß ich, daß meine Kühnheit, die Du ja von mir genügend kennst, mich verdächtig gemacht hat. Wie das *Gericht* urteilt, weiß ich nicht. Jedenfalls ändert das Urteil nichts an meinem Sein vor Gott. Und ich bin sicher, Ihr urteilt wie der barmherzige Gott.

Wenn ich verurteilt werden sollte, werde ich mit Gottes Gnade tapfer zu tragen suchen, was ER mir auflädt. ER wird mir die Kraft dazu geben. Wenn nur Ihr alle und Du besonders, meine gute Schwester, Euch das Herz nicht schwermachen laßt! Das ist meine größte Sorge.

Eben wollte ich schreiben, daß ich mich so gefreut hätte, wenn ich Dich noch hätte sehen dürfen, da werde ich schon gerufen und erlebe die Freude, die doppelt groß ist, nachdem auch die gute Schwester Gertrudis mit dabei ist – die zwei liebsten Menschen auf einmal – Gott ist gut. Das gibt mir wieder neues Vertrauen, daß ER auch weiter Seine Güte an mir erweisen wird.

Seid auch Ihr alle, Du ganz besonders, Seiner Güte empfohlen! Was kann ich noch anderes tun, als Euch immer und immer wieder, bei Tag und Nacht, IHM hinhalten, daß ER Euch segne?

Behüt Euch Gott!

In Treuen

Bruder Paulus von der Göttlichen Vorsehung

Am 22. Oktober 1943 wurde Bruder Paulus, wie alle vom Volksgerichtshof verurteilten Todeskandidaten, in das Zuchthaus Brandenburg-Görden verlegt. Pfarrer Buchholz, der ihm am Morgen dieses Tages die heilige Kommunion bringen wollte, fand seine Zelle offenstehend und leer.

Ein Schicksalsgenosse, der am gleichen Tage wie Bruder Paulus zum Tode verurteilt worden war, später aber begnadigt wurde, schreibt von dem gemeinsamen Transport nach Brandenburg:

„Es wird mir unvergeßlich bleiben, wie der katholische Geistliche mit uns das Vaterunser betete. Ich hielt es nie für möglich, daß ich als Dissident jemals ein Gebet sprechen würde.“

B 52 Brandenburg, 24. 10. 43

Meine Schwester!

Ich bin nun in *Brandenburg*-Görden seit Freitag. Es ist wohl die letzte Station, wieder etwas schwerer, aber Gott gibt mir Kraft und Gnade, froh zu allem *Ja* zu sagen. Was ich am meisten entbehre, ist das *Gotteswort.* Wie glücklich seid Ihr, daß Euch das heilige Buch stets zur Verfügung ist! Nach vielen Bemühungen gelang es Donnerstag endlich, ein Neues Testament zu erhalten, da kam Freitag die Verlegung. Und nun kämpfe ich halt hier wieder aufs neue.

Vielleicht kannst Du dem katholischen Anstaltsgeistlichen für die *hiesige* Bibliothek noch zwei Exemplare schaffen? Das würde mir vielleicht auch zugute kommen. Ich sprach ihn noch nicht, durfte heute auch nicht zum Gottesdienst, was ich gerade in meiner Lage bitter empfand.

Ich habe eine saubere Zelle allein, mit schöner Aussicht auf den Wald vor dem Flugfeld, von dem ich die Apparate aufsteigen sehe über die Dächer der kleinen Vorhäuser der Anstalt hier bzw. hinter den Häusern an der Straße. Ich sehe auch Menschen auf der Straße und bin so nicht ganz von der Welt abgeschnitten – was für Gedanken macht man sich in meiner Lage! Aber es ist gut, daß man so hoch oben wohnt, da ist man dem Himmel nahe. Ob ich ihm nahe bin? Ich bin Gott sei Dank ganz gefaßt und frohen Mutes, so daß gestern der Beamte, der den Rundgang machte, sich verwunderte, daß ich so froh bin. Aber ein Kind Gottes hat ja nie Grund, traurig zu sein. Und ich mühe mich darum, mich „vom Geiste Gottes treiben" zu lassen und so zu verdienen, Kind Gottes zu heißen. „Abba" – ist mein tägliches Beten, Abba, guter Vater, und „Maranatha" (Offb).

Görden liegt wohl eine Stunde (?) vor Brandenburg draußen; wenn die Flieger still sind, ist hier idyllische Ruhe und gute Luft. Froh bin ich um ein *gutes* Bett, das warm ist.

Man ist für jede Wohltat besonders dankbar, vor allem auch, wenn einem gute Menschen begegnen. Einer meiner Kameraden, mit dem ich herauskam, beschämte mich geradezu durch seine heilige Freude, die er aus dem Glauben hat, geradezu zum Bewundern. Betet weiter für mich, daß ich diese Gnade nicht verliere!

Und nun Gott befohlen! Was Er tut, das ist wohlgetan! Singt mit mir aus dem Diözesangesangbuch die Lieder Nr. 100 und 101 *(Mitten im Leben sind wir vom Tod umfangen – Was Gott tut ...)*, die es mir angetan haben! Was für ein Trost liegt in diesen beiden Liedern! Wenn es möglich wäre, müßten alle Kameraden das in die Hand bekommen. Vielleicht könnt Ihr noch später dazu helfen.

Grüßt alle herzlichst und vergeßt nicht Euren Euch im Leben und Tod verbundenen

Br. Paulus

Die Verlegung ins Todeshaus Brandenburg-Görden brachte erneuten Entzug aller Gebrauchsgegenstände mit sich. Gefesselt und in Sträflingskleidung, mehr und mehr eingeschränkt im Briefverkehr und in Besuchen, verbrachte Bruder Paulus die letzten sechs Monate seines Lebens in zunehmender Vereinsamung und Gottesnähe.

Ein halbes Jahr noch lebte Bruder Paulus im Haus der Todeskandidaten in Brandenburg. An beiden Händen gefesselt, blätterte er täglich im Buch der Bücher, das ihm als kostbarer Schatz geblieben war. Seine christusverbundene Haltung kam in seinen Briefen, Gedichten, Liedern und sonstigen Aufzeichnungen immer wieder zum Ausdruck.

Ein Mitgefangener, der durch den Einmarsch der Alliierten befreit wurde, schrieb später: „Pfarrer Metzger gab mir unendlich viel Kraft, er war wie mit einem Glorienschein umgeben. Ich wurde in der langen Zeit dadurch vom Wahnsinn bewahrt, so daß ich ganz jenseitig leben konnte".

## *Abba* B 53

Das erste Wort, das Kindesstammeln lallt,
Das tiefste Wort, das Menschenmund je formt',
Du sprachst es, Herr, zum ew'gen Vater: Abba!
Urtümlich, einfach, doch geheimnisschwer,
So kündet schon sein Doppellaut ein Gleichnis;
Des Lebens A ist auch sein O, sein Ziel;
Das Leben fließt vom Ozean zum Meer,
Eins ist des Stromes Mündung und sein Quell.

Ein schmählich Gleichnis ist's, was Menschen stammeln,
Der Wahrheit, die in Gott ihr Sein erfüllt:
Du und der Vater, Ihr seid ewig eins!
Der Gottheit Ozean, der einer nur
Im Quell dem Vater, und im Strom, dem Sohn.
Der Gottheit unermess'ne Lebensfülle
Ist wie dem Vater in dem Sohn Natur,
Und heil'ge Liebe ihre ew'ge Harmonie.

Gott Vater ist, indem Er zeugt den Sohn,
Das Wort der Liebe, das Er ewig spricht,
Und ew'ge Antwort Seines Sohnes ist
Das Abba, Vater, das die Liebe haucht.

Als in der Zeiten Fülle Gott den Sohn
Im Menschenfleisch zur Menschenerde sandte,
War „Abba" dieses Lebens erster Laut,
Und „Abba", Vater, war Sein letztes Wort.
Denn Abba Vaters Wille war Sein Leben,
Und Abbas Liebe Seine Seligkeit.

Der ew'gen Vaterliebe Wort war Fleisch!
O unerforschlich ewiges Geheimnis
Der Vaterliebe, die sich nie erschöpft.
Was ist ihr Sinn? Daß alles Menschenfleisch
In seinen fleischgewordenen Sohn genommen,
In Ihm der Sohnschaft Seligkeit gewonnen.

Es ist nicht Traum, beglückend ist die Wahrheit,
Die Gottes und der Menschen Sohn uns lehrt:
Wir zeitverlornen Menschen dürfen sagen,
Was ew'ges Vorrecht ew'gen Sohns einst war:
Du ew'ger Gott, Gott Abba: Vater unser!

4.11.43

Ein Berliner Priester, Mitglied der Una-Sancta-Bewegung, befand sich zur gleichen Zeit als politischer Gefangener zur Verbüßung einer Zuchthausstrafe in Brandenburg. Er war in der Bücherei beschäftigt und wählte für Bruder Paulus die Lektüre aus. Dazu legte er gelegentlich einen Gruß. So schrieb er auf die Rückseite eines Spruchbildchens mit dem Text „Wer siegt, dem will ich zu essen geben von dem Baume des Lebens, der im Paradiese meines Gottes steht" die Worte:

| | | |
|---|---|---|
| Victor, quia victima | Sieger, weil Siegesopfer (Augustinus) | B 54 |
| ... tu sequere me! | ... Du folge mir! | |
| confratri | Dem Mitbruder | |
| salutem mentis et corporis | erbittet inständig Heil | |
| iugiter deprecans | für Leib und Seele | |
| CHS, sacerdos Berol. | CHS, ein Berliner Priester | |

Acht Tage später bekam er von Bruder Paulus das Bildchen mit folgender Antwort zurück:

+

Den zwar dem Namen nach unbekannten, dem Verhalten nach aber vertrauten Mitbruder grüßt M. J. M.

B 55 Brandenburg (H)-Görden, 12. 11. 43

Meine gute Schwester!

Dein guter Brief war mir eine große Freude als Nachricht von zu Hause. Sonntag habe ich ja meine leiblichen Schwestern sehen dürfen, gewiß zu beiderseitiger Freude, aber *Du* gehörst ja wie ein *Adoptiv*kind in unsere Familie und bist mir durch Gottes Fügung die „nächste Verwandte". Ich bin so dankbar, daß ich bezüglich Besuch so Entgegenkommen gefunden habe. Gebe es Gott, daß ich Dich mal hier begrüßen darf!

Aber ich habe alle Wünsche *Ihm* geopfert, wie ich auch von Ihm jeden Tag meines Lebens als Geschenk empfange. Es wird Dich und die ganze Familie beruhigen, zu wissen, daß ich durch Gottes Gnade – gewiß auf Grund Eurer Fürbitte – noch keine wirklich trübe Stunde hier gehabt habe, trotzdem das *Herz* – was für ein lebensfrohes und lebenshungriges! – natürlich gegen den geistlichen *Willen* aufbegehrt. Möchte der Herr mir bis zuletzt die Gnade der *Treue* schenken! –

Ich erlebe auch in der einsamen Zelle manche Stunde der *Freude.* So las ich jetzt mit innerer Frucht *Guardini,* Bekehrung des hl. Augustinus. Ich habe darum gebetet, daß Er mich durch dieses Manresa auch so wandle wie den großen Afrikaner, dessen Herz auch so unruhig war wie das meine. Dann ist's mir eine Freude, daß ich mit Erlaubnis der Behörde eine mich sehr beschäftigende *geistige* Arbeit machen darf, durch die ich hoffe, meine Zeit fruchtbar in den Dienst von Volk und Staat stellen zu dürfen.

Und dann – denkt! – empfange ich tatsächlich ohne behördlichen Besuchsausweis jetzt täglich *Besuch* am Zellenfenster, die Bergengruen'sche *Meise* ward mir von Gott und Euch als Bote gesandt. Wie das kam? Ich habe bisher trotz des Magenknurrens mich noch nicht entschließen können, meinen Vegetarismus – nach 28 Jahren Praxis! – leichthin aufzugeben. So habe ich die Wurst zunächst mal zurückgelegt, um zu sehen, ob ich's ohne das Fleisch durchhalte. Dabei ist mir die erste Scheibe – die späteren gab ich ja dann zurück – schlecht geworden. So gab ich sie ratlos mal vors Fenster und lockte damit, nicht einmal bewußt, die Vögel, die ich so liebe. Ist das nicht fein? – Etwas ist auch meine *musikalische Ader* wieder lebendig *geworden.* Ich lege Dir zwei Proben bei, die Dir und den andern wohl etwas besagen. Ich fühle mich viel zum Singen gedrängt, um dem drängenden Herzen Luft zu machen; natürlich kann es nur in aller Verhaltenheit geschehen! Wenn die Sache mit *Schildow* in Ordnung kommt, bin ich froh; Du sollst die volle Verfügungsmacht jetzt schon haben, um auch bzgl. haben usw. vorsorgen zu können. – Viel denke ich an die Gesellschaft, der mein Herz bis zuletzt gehört. Sorgt nach dem Krieg dafür, daß Sr. *Theresia Klara* für die Freie Schar freigemacht wird, damit sie ihr Charisma entfalten kann! Sr. *Anna* laßt nicht verkommen in der Unkontrollierbarkeit von heute! Ob sie nicht mit *Birgitta* tauschen und diese freimachen könnte für Neukölln? Oder Anna nach Schildow? Aber ich muß ja alle diese Sorgen nun Euch und Gott anheimstellen und tue es vertrauensvoll. Ich nähme ja gern unserer lieben Gertrudisschwester etwas von ihren Sorgen ab, die sie allzu schwer nimmt. Aber – wie ER will! Froh bin ich zu hören, daß Ihr alle treu und tapfer dient. *Dienen* ist der Sinn des christlichen Lebens, dienen aus Liebe! Müht Euch alle um diesen Segen für Euch wie für die andern!

Nun seid alle herzlichst gegrüßt und Gott befohlen von
Eurem treuen

Br. Paulus

*Gertrudis* für Brief *herzl.* Dank!

B 56 In Deinen guten Händen
ruht meines Lebens Los.
Die Todesdrangsal wenden
mag Deine Allmacht bloß.
So ruf' aus Herzensgrunde
zu Dir ich, starker Gott!
Mach, Herr, mein' Seel' gesunde!
Errett' mich vor dem Tod!
Kyrie eleison!

Dem Vater blind vertrauen
will ich, sein gläubig' Kind.
Auf wen sollt ich sonst bauen,
wo allum Feinde sind?
O treue Vaterliebe,
halt über mich die Hand!
Ja, ohne Dich verbliebe
Mir keiner Hoffnung Pfand.
Kyrie eleison!

Die Lichter all ersterben.
Schon ruht die grause Nacht.
Soll also ich verderben?
Hält keiner ob mir Wacht?
Die Sonne mag vergehen,
es bleibt Dein ewig Licht,
mag alle Welt verwehen:
Du, Herr, verläß't mich nicht.

(Vertont)

## *In der Todeszelle* B 57

Acht Meter im Quadrat – ein enger Lebensraum!
Ich schau' die Wolken wohl, doch keinen grünen Baum,
Nicht Blüte und nicht Frucht, nicht knospendes Gezweige
als siegesmächt'gen Lebens tröstend Hoffnungspfand.
Nur düstren Himmel seh' ich und die kahle Wand.
Vor kalten Gittern schreckt die Sonn' zurück. Zur Neige
soll sonnenlos dies' arm' verloren' Leben gehn.

Schon seh' im Dämmer ich des Todes Sense mäh'n –
Gevatter Hein freut sich der blut'gen Menschengarben.
Mein lebenshungrig Herz schreit auf – ach, nicht allein!
Millionen Herzen schrei'n mit mir umsonst ihr „Nein",
doch unbarmherzig mäht im Krieg der Tod. Sie starben ..

Herr Gott im Himmel! Siehst Du nicht die grause Not?
Vergaßest Du der Deinen? Ließest sie dem Tod
und all dem Haß der Feinde als willkomm'ne Beute?
War ich nicht treu? Muß ich ohn' Hoffnung untergehn?
Laß doch Dein' Trostes Boten mir zur Seite stehn,
da dräuend mich umringt der Hasser grimme Meute!

Ein leises Pochen an dem Fenstergitter! Wer
gibt Antwort auf mein himmelstürmend Schrei'n? Gewähr,
daß nicht vergeblich ich gerufen und ins Leere?
Ein zages Meislein war's – schon ist es wieder fort –
unwissend, ja, ich weiß es, doch an diesem Ort
ein Trostesbote von dem Herrn der Himmelsheere.

Und nun das Wunder! Auch der Abendhimmel blaut!
Das helle Licht zerreißt die Nebelwolken! Schaut
das sel'ge Gottesschauspiel an in trunk'ner Wonne!
Vergeblich schreit die Not zum hohen Himmel nicht!
Der Ew'ge hört's! Aus unzugänglich hellem Licht
ist seine Liebesbotschaft täglich neu: die Sonne.

14.11.43 P

Gegen Ende seiner Gefangenschaft schreibt Vater Paulus eine umfangreiche „Besinnung" mit dem Untertitel „Gedanken über Tod und Leben – in kurzen Abschnitten". Sein Wunsch, diese Besinnung möchte in Form eines kleinen Heftchens seinen Leidensgenossen im Haus der Todeskandidaten zugänglich gemacht werden, konnte nicht mehr erfüllt werden. Die Niederschrift wurde uns erst nach dem Tod von Vater Paulus mit wenigen seiner Habseligkeiten ausgehändigt. Vater Paulus hatte für das gewünschte Heftchen selbst einen Plan zusammengestellt, welche Gebete und Lieder dieser „Besinnung" noch angefügt werden sollen. Am Schluß schreibt er, „getrennt auf einem eigenen Blatt" möge das beigelegte Gebet „Nun ist mein letztes Stündlein ..." beigefügt werden.

Dieses Gebet ist auf einem aufgeschlitzten, alten Briefumschlag geschrieben, der von der Geschäftsstelle des Amtsgerichts Brandenburg mit dem Vermerk „Eilt sehr!" an Dr. Metzger im Zuchthaus Brandenburg adressiert ist. Er trägt den Poststempel vom 26. 11. 1943.

Man darf wohl annehmen, daß Vater Paulus auf die Nachricht von der bevorstehenden Urteilsvollstreckung dieses Gebet auch selbst verrichtet hat.

B 58 „Nun ist mein letztes Stündlein gekommen. Jetzt heißt es, tapfer sein im Glauben. Herr! Gott! Hilf mir dazu!

Jesus Christus, mein Heiland! Du hast – aus freien Stücken – die Todesnot auf Dich genommen und hast – für mich! – am Kreuz Dein Heilges Blut vergossen. Nun, da ich Deinen Weg gehe, klammere ich mich an Dich in dieser Stunde. Du hast – auch zu mir! – gesprochen: ‚Fürchtet Euch nicht vor denen, die nur den Leib töten, darüber hinaus aber der Seele nichts anhaben können! Fürchtet nur den, der Leib und Seele ins Verderben der Hölle stürzen kann! Ja, den fürchtet ...!' (Mt X, 28 / Lk II, 4). Ach, ich muß es bekennen: Ich habe gar oft den Tod mehr gefürchtet als den Teufel und habe sooft mit der Sünde gespielt ... Ja, ich habe allen Grund, Dein, des Allheiligen, Gericht zu fürchten ... Es tut mir von Herzen leid – alles, womit ich je im Leben Gottes Heiligem Willen entgegengedacht, gesprochen, gehandelt habe.

Nun ist meine ganze Hoffnung Dein kostbares Blut, o Jesus! Halte es dem Vater hin als Sühnepreis für meine Erlösung und die Vergebung all meiner Schuld! Ich glaube an das Wort der Verheißung: ‚Ein jeder, der den Namen des Herrn anruft, wird gerettet werden ...' (Röm X, 13 = Joel II, 32). So weiß ich im Glauben: Deine Barmherzigkeit, himmlischer Vater, der Du ‚die Liebe selber bist' (1 Joh III, 16), hat mir verziehen und mich wieder in Gnaden als Kind aufgenommen. Ich danke Dir von ganzem Herzen. So bin ich getröstet und voller Hoffnung.

Ich schaue hin auf Dein Heiliges Kreuz, mein Erlöser und Heiland! Du hast den Tod erlitten, aber Du bist nicht von ihm besiegt worden. Du bist am dritten Tag wieder siegreich von den Toten auferstanden – ‚als Erstling der Entschlafenen' (1 Kor XV, 20). Ja, Du sagst es selbst: ‚Ich bin die Auferstehung und das Leben. Wer an Mich glaubt, wird leben, auch wenn er gestorben ist. Und jeder, der im Leben an Mich glaubt, wird nicht sterben auf ewig ...' (Joh XI, 25). So bin ich dessen gewiß: Auch für mich wird der Tod nicht das Letzte sein, er ist vielmehr nur das Tor zu dem Leben, das denen vorbehalten ist, die Gott lieben.

Nach diesem ewigen Leben schaue ich nun aus in gläubiger Hoffnung und in liebendem Vertrauen, nach der Vereinigung mit Dir, o Gott, in ewig-seliger Liebe. ‚Kein Auge hat es gesehen und kein Ohr gehört, in keines Menschen Herz ist es gedrungen, was Gott denen bereitet hat, die IHN lieben ...'. So sagt der Apostel (1 Kor II, 9) von der Weisheit, die Dich sucht und findet. Und der Liebesjünger, der Deine Geheimnisse erfahren hat, sagt von denen, ‚die aus der großen Trübsal kommen', aber ‚ihre Kleider gewaschen haben im Blut des Lammes': ‚Sie sind vor dem Throne Gottes und dienen IHM in Seinem Tempel Tag und Nacht. ... Sie werden nicht mehr Hunger oder Durst leiden ... Das Lamm auf dem Throne wird sie weiden und an die Quellen lebendigen Wassers führen. Und Gott wird trocknen jede Träne ihrer Augen ...' (Offb. VII, 14 ff.). Mit dem Jünger, der an Deiner Brust gelegen, rufe auch ich voll heiligen Verlangens: ‚Komm, Herr Jesu!' (Offb. XXII, 21). Ja, komm! Ich fürchte den Tod nicht mehr, da Du mir entgegenkommst und mich geleitest zu den himmlischen Wohnungen, zu denen Du mir vorausgegangen bist (Joh XIV, 2).

Komm, Herr Jesu! Komm, und führe mich heim zum Vater! Amen!"

B 59 30. 11. 43

Liebe Schwester!

Gott gebe, daß Euch dieser Brief wohlbehalten erreicht!

Man ist zwar in der Zelle von allem Außenleben abgeschnitten, allein die Flugzeuge nehmen jeweils ihren Weg über Brandenburg, so daß ich mir einen Begriff davon machen kann, was in Berlin vor sich gegangen sein mag! Ich sorge mich natürlich sehr, aber was kann ich tun, als Euch alle immer wieder dem Schutz des Allerhöchsten anzubefehlen? Ich fühle mich unter Ihm auch in Frieden geborgen.

Nun haben wir den heiligen Advent begonnen. Aber welche Vorbereitung auf das hohe Fest des Friedens! Doch freue ich mich der kommenden Weihnacht, auch wenn ich selbst an diesem Tag von der Gemeinschaft des Altars ausgeschlossen bin! „Siehe, der Herr wird kommen und alle Heiligen mit Ihm ...!"

Sein helles Licht sei allzeit mit Euch allen!

Brüderlichen Segensgruß

Br. Paulus

Wann kommst Du, Herr, mit Deiner Macht, B 60
die Feinde zu verjagen?
Zünd' an die Fackel in der Nacht
und laß es endlich tagen!
Mit starker Hand schlag an das Tor
des Kerkers dieser Erde!
Tritt selbst als Führer dann hervor,
als Hirte Deiner Herde!
Der Menschheit Amme ist die Not des Leibes und der Seele,
Ihr letztes Lebensziel der Tod.
Er würget aller Kehle.
Wir sterben all am grimmen Krieg.
Es will kein Ende werden.
Herr, zieh das Schwert! Führ Du zum Sieg
den Frieden auf der Erden!
Zerschlag des Unrechts Allgewalt,
des Hasses und der Fehde!
Gebiet dem bösen Feinde Halt
und aller Lügenrede!
Dein Reich! Das ist das allermeist!
Herr, schaff es uns hienieden!
Die Freiheit ist nur, wo Dein Geist!
Nur Liebe zeugt den Frieden!

Brief an Bruder Ambrosius, einen geistlichen Mitbruder der Gesellschaft:

B 61 Allerseelen 1943

† Mein Bruder!

Wenn ich vielleicht in wenigen Tagen dieses Leben verlassen muß – ganz bereit gegenüber Gottes heiligem Willen und doch nicht leichten Herzens, weil ich noch so große Aufgaben vor mir sehe und unerhörte Schaffenskräfte in mir verspüre – so erfüllt mich bis zum letzten Augenblick die Sorge um die Zukunft der Societas Christi Regis, die mir von Gott als große Aufgabe zugewiesen wurde und die ich ungelöst hinterlassen muß. – Gott allein weiß, wie groß dabei meine Schuld ist. Wenn ich auch „rechtlich" bezüglich der Societas Christi Regis nichts mehr zu verfügen habe, da ich die Verantwortung ganz abgegeben habe, so wirst Du doch alle meine letzten Äußerungen als eine Art Testament des von Gott zur Gründung Gerufenen ernst nehmen.

Als ich mich zu dem Werk gerufen fühlte, da war es wahrlich nicht der Ehrgeiz, zu den ungezählten geistlichen Genossenschaften eine neue hinzuzufügen, auch nicht der gewiß vorhandene Drang, ein Instrument für die großen praktischen Pläne zu schaffen, die mir am Herzen lagen. Der wesentliche Ausgangspunkt der Gründung war das – vielleicht am Anfang noch in vielem unklare – Wissen um die *Not der Kirche* Christi, auf die zu einem großen Teil die *Not der Welt,* die mich bewegte, zurückgeht. Die Veräußerlichung und Vergesetzlichung der Kirche, das Verlassen des urchristlichen Geistes der Buße, der Gemeinschaft des Dienstes, der Liebe, die Selbstgerechtigkeit gerade bei den zur Führung Berufenen, der Methodismus einer Leistungsgerechtigkeit, der Mangel an lebendigem, zündendem Geist, die nicht zuletzt in diesem inneren Mangel („innerkirchliche Häresie"!) begründete Spaltung der Kirche, diese ganze Not der Kirche verlangte eine Erneuerungsbewegung und für *sie* in der Societas Christi Regis das notwendige Werkzeug, die vorbildliche, stellvertretende und dienende innerkirchliche Gemeinschaft, deren Ziele sein müßten: planmäßige Arbeit in der Erziehung einer *wesentlichen* Christusjüngerschaft, urchristliche Opfer- und Liebesbewegung, geisterfüllte Apostolatsbewegung, und dies alles auf dem Grund einer Neubesinnung auf das Gotteswort und das Sakrament des Herrn, also biblisch-liturgische Bewegung, auf *diesem* Grund dann Mitarbeit an der Lösung der großen Weltaufgaben bei der Begründung einer wahrhaften innerstaatlichen und zwischenstaatlichen sozialen Ordnung, nicht zuletzt durch all das Verwirklichung der Una Sancta, wie sie der *Herr* will, wie sie die Welt braucht.

Ich weiß, wie so ganz unzureichend, fast lächerlich unbedeutend im Hinblick auf das große Ziel das ist, was ich hinterlasse. Nicht, als ob ich undankbar sein wollte und nicht anerkennen würde, was an geistlicher Erkenntnis und radikalem christlichem Streben, vor allem an ehrlicher Liebesbemühung in der Societas Christi Regis lebendig geworden ist und noch ist. Ich weiß und danke Gott dafür, daß wahrhaft geistliche Menschen gerade die Führung der Schwesterngemeinschaft in der Hand haben und vertraue ihnen. Dafür ist die Bildung einer echten Brüdergemeinschaft bisher so gut wie mißlungen, ich weiß es. Nicht ohne meine Schuld bzw. mein Versagen.

Wenn ich übersehe, was ich zurücklasse, möchte ich die Hoffnung fast aufgeben, daß die Gesellschaft noch das werden kann, was mir als Offenbarung von oben vor der Seele stand. Und doch vermag Gott der Herr aus Steinen Kinder Abrahams zu erwecken. Er vermag auch jemand zu erwecken, der mehr als ich die Fähigkeit oder den Segen hat in dem, was er unternimmt. Vielleicht muß ich dazu mein Leben *opfern,* um als Weizenkorn in den Boden gelegt zu werden, damit erst die Frucht erwachsen kann, die durch mein zeitliches Leben noch verhindert wurde. Jedenfalls *darf* ich die große *Idee,* die mir gegeben wurde, *von mir aus nicht begraben* und muß noch im Sterben zusehen, ob nicht ein anderer die Fahne entfalten kann, die ich aus der Hand lege. Ich bin überzeugt davon, daß auch ohne diese meine Bemühung nicht unfruchtbar bleiben wird, was nicht ich, sondern der Herr grundgelegt hat. Ich habe keinen Zweifel daran, daß insbesondere Schwester Gertrudis die Schwesterngemeinschaft zu entfalten vermag, daß sie viel Gutes im Reiche Gottes leisten wird. Aber ich muß trotz allem fürchten, daß eben das eintritt, was ich nicht wollte, wenn eben unsere Gesellschaft eine von vielen Gemeinschaften wird, die nützliche Arbeit in der Kirche leistet, aber eben nicht die weitschauende Pioniertruppe, die der *geistig geistlichen Erneuerung der Kirche im Großen* dient. Dazu bedarf es eines geistlichen Führers, der sich dieser Aufgabe von Herzen her ganz verschrieben hat als seinem *Lebensberuf,* und der seine Aufgabe vor allem darin sieht, in der Societas Christi Regis lebendige Menschen, Brüder und Schwestern, in den Gemeinschaften wie im bürgerlichen Leben stehend, zu erwecken und zu erziehen, die von dieser Aufgabe erfaßt sind und in stillem Dienst sich ihr hingeben.

Mein Bruder! Ich habe oft und lange überlegt, ob nicht Du als der nun einmal Gerufene diese Aufgabe als Gottes Ruf an Dich ansehen sollst und darfst. Du hast die Einsicht wie ich und die praktischen Fähigkeiten in großem Umfang. Ich kann nicht klar sehen. Ich hätte durchaus das Vertrauen zu Dir, daß Du an meiner Stelle Führer des ganzen Werkes sein könntest, wenn Du dazu Dich gerufen fühlst. Und doch habe ich auf Grund der Verantwortung Bedenken, ob Du *diesen* Ruf verspürst, ob Du nicht durch Deine äußere Führung Dir einen anderen Weg gewiesen siehst, wenn auch in weitgehend verantwortlichem Dienst an der Gesellschaft, wie Du ihn, selbstlos und opferwillig, all die vielen Jahre hindurch in Treue geleistet hast, wofür ich Dir besonders danken muß. Bitte, prüfe im Gebet vor Gott, was *Sein* Wille ist und tue, was Du im Gewissen erkennst! Wenn die Gesellschaft werden soll, was sie sein soll, braucht sie unbedingt einen hauptberuflichen, ganz der Sache hingegebenen Führer. Vorgestern, am Christkönigsfest, ist es plötzlich über mich gekommen, daß, falls *Du* selbst den Ruf nicht verspürst, vielleicht unser Freund Beil dazu gerufen sein könnte. Ich kenne wenig Menschen, die so *allseitig* in die Tiefe der Erkenntnisse und Aufgaben eingedrungen sind, die die Societas Christi Regis konstituieren. Ich habe Beil kennen und schätzen gelernt als einen ganz auf *wesentliches* Christentum eingestellten, an der Not der Kirche wie der Welt leidenden Mann, der ebenso die geistigen Erkenntnisse besitzt als auch praktische Fähigkeiten organisatorischer Art, wie sie Voraussetzung in der Societas Christi Regis sind. Vor allem habe ich in Beil einen Mann kennengelernt, der schlicht und selbstlos arbeitet und sein eigenes Ich ganz der Sache opfert, der auch in seiner persönlichen Lebensgestaltung durchaus den „Stil" der Societas Christi Regis schon verwirklicht. Wenn ich fast mehr glaube, daß *er* gerufen sein könnte für die Aufgabe, um die es geht, so spielt dabei eine besondere Rolle die Tatsache, daß Beil an der Stelle, wo er heute ist, sich nicht am Platz fühlt, nicht in der Diözese, wo er steht, und nicht in der Pfarrei, in der er so gebunden ist, daß er nicht ins Große schaffen kann, wie dies seinem weiten Geist entspricht. Vielleicht mußten die Prüfungen der letzten Jahre über ihn kommen, um ihn bereit zu machen für die Aufgabe, die seiner wartet? Ich könnte mir auch denken, daß der Erzbischof ihn verhältnismäßig leicht freigibt, insbesondere wenn Du – natürlich wenn Beil selbst sich dazu gedrängt fühlt! – dem Erzbischof dies als meinen letzten Wunsch vorträgst, den er nicht gern abschlagen wird, wie die Dinge gekommen sind. Überdenke das alles in Ruhe und besprich es mal mit den leitenden Geschwistern und mit Beil selbst, dem Du meinen besonderen Brudergruß bestellen magst, und dann handle, wie Du es vor Gott erkennst.

Es ist eine große und weittragende Entscheidung, um die es geht.

Ich würde gewiß noch einmal so leicht sterben, wenn ich wüßte, daß Gott diese meine letzte Bitte erfüllt, daß Er der Societas Christi Regis einen Führer erweckt, der sie zu dem macht, was Er mir *gezeigt,* was zu leisten mir aber nicht vergönnt war.

Christus muß König sein, zuerst in Seiner *Kirche,* indem sie von Seinem Geist sich ganz erfassen und durchdringen, durch Seinen Geist sich zur Einheit bekehren läßt, und durch die Kirche Christi in der *Welt,* die heute im Argen liegt, weil sie die Gesetze Seines Reiches verkennt und mißachtet. Möchte ER alle Verantwortlichen in Kirche und Welt zu solcher Erkenntnis erwecken und möchte ER in der Societas Christi Regis sich ein Werkzeug dieser großen Aufgabe schaffen!

Alleluja! Alleluja! Alleluja!

† P.

In folgenden Gedanken, die Bruder Paulus als „letzten Willen" an die Seinigen bezeichnete, versuchte er, sich über die Idee der von ihm gegründeten Christkönigsgesellschaft und über seine Berufung dazu Rechenschaft zu geben. Die Niederschrift wurde nach dem Tod von Bruder Paulus den Christkönigsschwestern ausgehändigt.

B 62 Brandenburg, 1. Adventsonntag 1943

Das „Schicksal" hat mir die Zügel der Societas Christi Regis aus der Hand genommen. Das „Schicksal" – damit meine ich nicht ein blindes Fatum, sondern etwas von *Ihm* „Geschicktes", von Ihm, der aller Menschen Lose in der Hand hat und der sie in einer uns oft unverständlichen Weise mischt, aber dessen Weisheit doch von einem zum andern liebend waltet.

Ich habe in den letzten Jahren mehr als einmal zu hören bekommen, das Geschick unserer Societas Christi Regis liege mir nicht mehr so am Herzen wie die Una-Sancta-Arbeit, ja ich habe geradezu das Interesse an ihr verloren. Nur Unverstand kann so etwas sagen. Mir ist die Una Sancta nichts anderes als die Gesellschaft und die Gesellschaft nichts anderes als die Una Sancta: verschiedene Seiten und Aufgaben der einen großen Aufgabe, in der mein Leben wie das eines jeden echten Jüngers Christi aufgeht: Verwirklichung des Reiches Gottes, des Reiches Christi in der Welt, des Reiches des Heiligen Geistes. *Dem* diene ich. Und wenn im einen Fall oder zu einer Zeit die Entwicklung einer dieser großen Aufgaben sich als vordringliche Aufgabe nahelegt, in einem andern Augenblick diese Arbeit etwas ruhen und zurücktreten muß vor einer anderen Teilaufgabe, die vordringlicher und fruchtbarer erscheint, so ist dies nicht ein schmetterlingsartiges Fliegen von einer Blüte zur andern, sondern etwas von der Strategie des Heiligen Geistes, die man nicht immer logisch erklären kann. Hat es nicht die Verfassung unserer Gesellschaft im ersten Paragraphen schon als ihr Ziel ausgesprochen: „Kirchliche Einigung der menschlichen Gesellschaft"? Und ist für *dieses* Ziel nicht wichtigste Voraussetzung, daß irgendwie lebendige Kirche Christi sichtbar wird, so sichtbar, daß daran der Glaube der gegenüber der Catholica kritisch Gewordenen wieder Boden finden kann? Eben das aber will die Societas Christi Regis, nichts anderes. Und so greifen die beiden Dinge ineinander und bedingen sich gegenseitig und sind beide die Ausstrahlungen des einen Großen: Erfüllung und Weiterführung der Mission, der Sendung Christi in die Welt und der Seinen durch den Herrn in die Welt von heute. Nein, ich habe wahrlich nicht das Interesse an der Societas Christi Regis verloren, wenn ich auch zugebe, daß manche Enttäuschungen gelegentlich mich müde machen wollten; vor allem andern wohl die Enttäuschung, daß auch solche, die viele Jahre in meiner Schule waren, am Ende noch nicht verstanden zu haben scheinen, worum es mir ging und mich im Stiche ließen oder kleinliche Kritik an mir übten. Aber muß das nicht so sein? War das nicht auch das Los dessen, von dem Jünger zu sein mein ganzer Ehrgeiz ist?

Nun bin ich von der Gesellschaft getrennt. Sie ist mir aus der Hand genommen. Nach menschlichem Ermessen für immer, wenn ich den Tod erleiden soll. Aber auch wenn ich „begnadigt" werden sollte, jedenfalls für lange Zeit. Vielleicht auch dann für immer? Ich habe die Leitung der Gesellschaft niedergelegt, meinerseits aus Verantwortung für die Gesellschaft, damit sie nicht durch mich und mein Schicksal bedroht oder belastet wird. Ich gestehe, es hat mir, so sehr ich das verstand und verstehe, doch etwas weh getan, daß ich das Gefühl bekam, daß man auch von seiten der Geschwister es etwas eilig hatte damit, diese Konsequenz meines Schicksals jedenfalls in die Erscheinung treten zu lassen, noch bevor man mit mir Fühlung genommen hatte. Aber vielleicht ist es auch nicht so. Es ist ja nicht möglich, in diesen Dingen sich zu verständigen bei der Abgeschlossenheit des „Zuchthauses". Bei der feinen Rücksicht, die gerade Sr. Gertrudis auszeichnet, mag ich es meinen Geschwistern gar nicht zutrauen, daß sie so dachten. Und wenn es so war, so haben sie vielleicht von mir die „Sachlichkeit" gelernt, die – wie ich es ja selbst wünsche und tue – voraussetzt, daß jeder sich zum Opfer bringt, wenn es dem Ganzen zum Vorteil ist. Oder bin ich vielleicht zu empfindlich geworden? Die Abgeschlossenheit der Zelle, verbunden mit dem Druck auf das Herz, der durch das Unsichere des Schicksals gegeben ist, mag das ja verständlich erscheinen lassen.

Ich wehre mich aber dagegen und will jedenfalls im Urteil den Geschwistern nicht zu nahetreten.

Sehr getroffen hat mich ja, als mir meine Schwester erzählte von dem Plan, allenfalls die Schwesterngemeinschaft selbständig genehmigen zu lassen durch Vermittlung von Domkapitular Hirt in Freiburg. Es war wohl Verletztheit, daß ich darauf gleich zur Antwort gab: „So wartet doch wenigstens, bis ich tot bin!" Es hat mich in der Tat sehr getroffen, so daß ich schwer davon los kam. Besonders die Bemerkung der Schwester, daß sie, die Schwestern, einem andern nicht mehr die Macht in die Hand geben wie mir ... als ob sie das Recht hätten, die Verfassung der Gesellschaft, aufgrund deren sie ihr Treueversprechen abgelegt haben, einfach zum alten Eisen zu werfen! Ich weiß wohl, das habe ich auch schon mehr als einmal ausgesprochen, daß ich mich auch täuschen bzw. getäuscht haben kann in meiner Konzeption der Gesellschaft, wie ich sie mir von Gott gezeigt sah. Und ich würde es auch nicht als Verrat an der Gesellschaft ansehen, wenn man nach jahrelangen fruchtlosen Versuchen, die Gesellschaft, wie sie gedacht ist und rechtlich besteht, aufrecht zu erhalten, in dieser Gegebenheit eben Gottes Willen sieht und daraus Folgerungen zieht. Aber daß man zu meinen Lebzeiten, ein paar Monate nur seit der erfolgten Trennung, die Idee der Gesellschaft einfach begraben würde, das hat wahrlich weh getan und war die gründlichste Radikalkur, mich innerlich auch von der Gesellschaft zu „lösen" – nicht in Verbitterung oder Verärgerung, sondern in der Preisgabe des Liebsten und Teuersten, weil Gott dieses Opfer verlangt.

Sicher haben meine Geschwister daran gar nicht gedacht. Es wird ihnen sogar leid tun, wenn sie einmal erfahren, wie weh sie mir getan haben – sie sind ja ahnungslos in solchen Dingen – was bedeutet für Frauen eine „organisatorische" Frage! Vielleicht um so viel weniger als für mich zu viel? Die Frau denkt konkret an das, was ihr Gefühl erfassen kann, was ihrer Schau eingeht. Und da scheint es doch ganz günstig, wenn man einmal die Schwesterngemeinschaft zu einer endgültigen kirchlichen Genehmigung führen könnte. Als ob das in der Vergangenheit eine Schwierigkeit gewesen wäre! Das hätte ich schon vor 10 oder 15

Jahren haben können. Aber eben damit wäre – vielleicht ein für allemal – der Weg zur Anerkennung der Gesamtgesellschaft verbaut, der Gesellschaft, die eben *in dieser Art* das zeitnotwendige Organ der Reichgottesarbeit, *in dieser Art* die Darstellung der lebendigen Kirche Christi im Kleinen ist, die für jede große Zeitmission Voraussetzung ist.

Ich habe nun erfahren, daß der Plan doch – ich weiß nicht woran – gescheitert ist und bin dessen froh. Wäre es anders gegangen, so hätte ich zwar die Gesellschaft, wie sie dann gewesen wäre, nicht mehr als die „meinige" ansehen können, aber ich hätte mich deshalb doch nicht von ihr getrennt, sondern hätte – nicht bloß ihrer Idee, sondern auch ihrer konkreten Verwirklichung die Treue gehalten, solange Gott mir das Leben läßt. Ich hätte freilich aus der Verantwortung meiner Berufung heraus, sobald ich wieder, oder wenn ich wieder die Arme frei bekommen hätte, für diese „meine" (das ist die mir von Gott aufgetragene) Idee arbeiten müssen.

Ich habe Br. Ambrosius wissen lassen, daß ich mir die Aufrechterhaltung bzw. Verwirklichung der Gesamtgesellschaft in der bisherigen Form weiterhin denken könnte unter Beil als geistlichem Führer. Am Christkönigsfest – ist das ein Omen? – ist mir urplötzlich dieser Gedanke gekommen, an den ich zuvor noch nie gedacht hatte, so viel mir bewußt ist, wenn ich auch schon wiederholt den Wunsch hatte, Beil in die Gesellschaft zu bekommen. Ich schätze Beil hoch als einen ganz aus dem Heiligen Geist lebenden Menschen, so universal und so wesenhaft eingestellt wie ich selbst, *vielleicht* weniger organisatorisch erfahren wie ich, dafür aber wieder mehr überlegen in der Kraft geistiger Konzeption; ich habe ihn beobachtet, wie bescheiden und anspruchslos, wie ungemein fleißig und opferbereit er ist; ich habe mich gelegentlich etwas gestoßen daran, daß er von anderen fast zu viel – so viel wie von sich selbst – verlangt und nicht immer ein liebendes Verstehen für die kleinen menschlichen Bedürfnisse des anderen hat. Aber das sind kleine Schwächen, wie sie jeder Mensch hat. Im Ganzen gesehen könnte ich mir von seinem Urteil in geistlichen Dingen, von seiner persönlichen Lebensführung als

Vorbild die Voraussetzungen versprechen, die ein Führer der Gesellschaft haben müßte. Vielleicht, ja wahrscheinlich, hätte er mehr als ich die Gabe, auch die Brüdergemeinschaft zu formen – etwas herb ist er ja wohl in seinem äußeren Gehaben, was nicht jeden anziehen wird. Ob es Gottes Wille ist?

Ich habe die Möglichkeit mir so gedacht, daß Beil vom Erzbischof für mich zum Ersatz erbeten werden könnte, und zwar als „Superior" der Schwestern. (Er hat dafür auch schon etwas Erfahrung, da er eine Zeitlang Spiritual bei Schwestern in Freiburg war). Er könnte als solcher in die Gesellschaft hineinwachsen, ohne gleich die Funktion zu haben, die ich hatte, für die er ja erst sich das Vertrauen erwerben müßte. Vielleicht würde der Erzbischof, dem er ja etwas unbequem ist als Volksliturgiker, ihn leicht ziehen lassen; vielleicht würde er mir diesen „letzten Wunsch" erfüllen. Vielleicht freilich würde er sich auch scheuen, die Hand dazu zu bieten, daß ein Mann wie Beil in unserer Gesellschaft ein Werkzeug für seine Ideen in die Hand bekommt ...?

Ich habe auch überlegt, wie das wäre, wenn der Plan gelänge, und ich doch noch von *Gott* die *Gnade* bekäme, weitere Jahre in der Reichgottesarbeit dienen zu dürfen. Ich könnte mir gut denken, daß ich dann *unter* Beil als sein Generalsekretär der Gesellschaft dienen dürfte, freier dadurch in meinen Möglichkeiten nach außen, insofern als ich durch mein Auftreten die Gesellschaft nicht so schnell belastete, gebundener für meine persönliche Freiheit. Ich wäre jedenfalls ohne weiteres bereit und willens, meinen Brüdern das Beispiel echten Ordensgehorsams zu geben und dadurch vielleicht wirksamer zum Aufbau der Brüdergemeinschaft beitragen zu können als in der Vergangenheit.

Das sind so meine Gedanken in der abgeschlossenen Zelle. Ob bzw. wann diese Gedanken einmal die Meinen erreichen werden? Vielleicht einmal nach meinem Tode? Ich habe mich mal gedrängt gefühlt, sie niederzuschreiben, um mir selbst über mich Rechenschaft zu geben, vielleicht auch andern damit etwas von meinem „letzten Willen" zu sagen, der doch aufgrund meiner „Vaterschaft" trotz meines Schicksals wohl nicht allen gleichgültig sein wird.

Heute früh habe ich mir, noch halb in der Nacht, einmal Rechenschaft gegeben über meine Berufung bzw. mein „Sendungsbewußtsein". Ich habe mich gefragt, ob ich ein solches besitze oder nicht. Und ich mußte mir sagen: nein, wenn man ein solches nur dann gegeben sehen kann, wenn man eine bestimmte Stunde weiß, wo man sich ganz deutlich ange*sprochen*, auf*gerufen* fühlte mit dem sicheren Bewußtsein, daß nun Gott einen ganz konkreten Auftrag gegeben. Solches habe ich nicht erfahren – vielleicht *kann* ich „Rationalist" es nicht erfahren ... Und doch habe ich auf der anderen Seite ein starkes und klares Sendungsbewußtsein. Von früh auf ist es gewachsen, immer klarer, immer stürmischer, das Wissen darum, daß ich eine große Reichgottesaufgabe in der Welt zu erfüllen habe, und zwar gerade in der Richtung meiner konkreten Lebensführung. Ja, dieser Drang und das Wissen darum, daß ich zu einer großen Aufgabe berufen bin, war viel stärker, als ich es nach außen kundgegeben habe – ich schämte mich ja doch im Wissen um meine geistigen und praktischen Beschränktheiten, vor anderen in die Erscheinung treten zu lassen, mit was für großen Ideen ich umging, was ich mir zutraute an Möglichkeiten, *trotz* des *klaren* Wissens um meine Beschränktheiten. Meine ausgesprochene Eigenart, in der meine Berufung gründet, ist ja das *Universale*, Weltumspannende. Alles ist mir räumlich zu klein, was mir als konkrete Aufgabe gegeben wird. (Ich weiß noch, wie ich die Idee von mir wies, daß ich einmal Bischof werden könnte, weil ich damit an einen so kleinen Raum gebunden wäre ...) Und jede Beschränkung auf eine Aufgabe widerspricht dem Zug ins Große, Allgemeine, der nun einmal meine gottgegebene Eigenart ist. Ich weiß, wie ich schon sagte, wie wenig dieser Pegasus als Ackergaul taugt, d. h. wie leicht ich versage, wenn man von mir den Einsatz im kleinen, beschränkten Raum verlangt (wenngleich ich meine, es mit dem *Durchschnitt* auch da noch aufnehmen zu können). Aber gerade in der Synthese, der Zusammenschau und dem Zusammenbinden vieler Dinge, Gedanken, Pläne, Gruppen, Räume usw. liegt meine Kraft und meine Berufung. Und in diesen Wochen stiller Besinnung ist es mir mehr als einmal lebhaft gekommen, daß ich vielleicht doch noch Gelegenheit erhalten soll, in anderer Weise als in der Vergangenheit diese meine Kraft nutzbar zu machen.

Vielleicht mußte ich durch die Überwindung der Todesfurcht, durch das Absterben der Menschenfurcht, erst befähigt werden zu dem, was ich in der Vergangenheit zu schaffen nicht imstande gewesen wäre ...?

Ach, der Mensch denkt ... Ich muß noch in der Stunde des Todes „Pläne", weltumfassende, säkulare Pläne machen ... Um mit ihnen ins Grab zu steigen? Vielleicht – magnum voluisse sat est! – vielleicht auch nicht. Jedenfalls *Gott lenkt.* Das ist im Credo des „Paulus von der göttlichen Vorsehung" ein erster Glaubenssatz. Und er hat mich in diesen schweren Wochen aufrecht erhalten und mir Mut und Kraft und Frohsinn erhalten.

Wie immer nun mein Leben sich entwickelt, zum Absterben des Leibes und zum „Mit-Christus-sein" im andern, – ja ich wünsche auch, mit der einen Seite meines „Ich", „aufgelöst und mit Christus zu sein" – oder im Erhalten und Aufbewahren für neue Aufgaben oder bessere Erfüllung der alten in der Zukunft meines Lebens; wie immer es sei, es wird *von Gott bestimmt* sein und damit für mich gut.

Wie ungezählte Male habe ich es gebetet, was der Herr mir *vor*gebetet hat: Vater, wenn es möglich ist, laß diesen Kelch an mir vorübergehen, doch nicht mein, sondern *Dein Wille* geschehe! In der Anbetung und Verwirklichung dieses heiligen Willens des Herrn will ich leben und sterben.

Amen. P.

Dir, großer Gott, sei Ruhm und Ehr! B 63
Dein Lob verkünden Land und Meer
und alle Himmelsweiten.
Die Sterne sind Dein Krongeschmeid,
die Sonne ist Dein strahlend Kleid,
Du, Herr, der Herrlichkeiten.

Der Himmel ist Dein Heiligtum,
die Erde ist Dein Eigentum,
aus Deiner Hand entsprungen.
Drum sei aus aller Menschen Mund
ein Dankeslied aus Herzensgrund
Dir, Herre Gott, gesungen.

Du bist der VATER ursprunglos.
Dein SOHN im Fleisch ward arm und bloß
als Menschensohn geboren.
Der GEIST versetzt uns in Sein Reich,
macht uns dem Gottesbruder gleich,
aus Gnad' und Huld erkoren.

Nun singt und jubelt laut dem Herrn,
die Er erlöst, die, nah und fern,
in Seinem Blut Er einte.
In Seiner Liebe heil'gem Geist
den Vater durch den Sohn ihr preist,
Sein' heilige Gemeinde.

(Vertont)

B 64 Brandenburg-Görden, 16. 12. 43

Meine gute Schwester!

Lange ist's her, daß ich von Euch ein Lebenszeichen erhielt. Wahrscheinlich dachtest Du, Ihr dürft nicht schreiben. Aber obiger Vordruck gilt nicht in meiner Lage. Ich darf jetzt alle 14 Tage einen Brief schreiben und wohl auch empfangen. Ich erhielt bisher einen Brief von Dir hier. Vergangene Woche kam irgendwoher ein Brief ohne Unterschrift an mich, den durfte ich deshalb nicht erhalten! Wer so ungeschickt war?

Nun sollt Ihr doch im heiligen Advent noch einen Gruß haben. Nehmt umstehendes Lied als meine Weihnachtsgabe an Euch alle, die Ihr mir in der großen Adventshoffnung verbunden seid! Was kann ich sonst tun, als Euch immer wieder vor Gott segnen! In der Heiligen Nacht bin ich mit Euch an der Krippe – leider nur im Geist, ich habe keine Hoffnung, selbst an diesem Tag zur heiligen Messe zu dürfen. Aber vielleicht wird uns doch noch diese Weihnachtsfreude? Sonst muß ich mich halt bescheiden mit dem Willen des Herrn, der mich hart trifft, den ich aber gleichwohl dankend anbete. Ich habe z. Zt. etwas schwere Zeit, worüber ich nicht viel sagen kann, das Kreuz gehört nun mal zum Jünger des Gekreuzigten. Lest die heutige Epistel – ich finde darin den Trost wie der große Paulus. Ich bin jetzt wieder, wo ich früher war, fast in der gleichen Zelle, aus der ich wenigstens auf den Wald und auf das Kommen und Gehen sehen kann, wenigstens etwas Verbindung mit dem Leben! Ich schau' oft in die Ferne ... Aber ich will mich keinen trüben Gedanken ergeben – sie ergeben sich nur leicht, wenn man in Fesseln sein und auch schreiben muß. Mein Gebet ist immer noch das „Abba"! Wenn es möglich ist ... doch nicht mein, sondern Dein Wille geschehe! Gottlob erhalte ich ungefähr alle acht Tage die heilige Kommunion, auch ein aufrichtendes Wort, das gerade ein so gemeinschaftshungriger Mensch wie ich braucht, wenn er sich noch so sehr des Segens der Einsamkeit erfreut. –

Ob ich nicht in den Weihnachtstagen Besuch bekomme? Ich glaube sicher, daß es gestattet wird. – Die Berliner sind mir in diesen schweren Wochen auch eine große Sorge gewesen. Gottlob, daß sie bisher bewahrt wurden. Möchte Gott weiter Seine Hand über sie und uns alle halten! Sorgt Euch nicht um mich! Ich bin im Tiefsten meiner Seele getröstet und froh im Herrn, wenn es auch der Wachsamkeit und des Betens bedarf, um immer den Kopf hoch zu halten. Vergeßt Eure Fürbitte für mich nicht, die mir in der Vergangenheit viel geholfen hat! – Ich möchte Euch allen, jedem einzelnen, ein gutes Wort des Segens sagen – Ihr müßt alle mit dem guten Willen vorliebnehmen! Grüßt *alle* mit mir Verbundenen, Brüder und Schwestern, in nah und fern!

Der Friede des Herrn, der über alles Begreifen groß ist, sei mit Euch allezeit!
In Treuen

Br. Paulus

Die Zeit um Weihnachten war für Bruder Paulus sehr schwer. Er litt nicht nur unter Hunger und Kälte und den Qualen der Fesselung, sondern besonders auch unter den Zuständen im Hause. Ungute Beamte, Verständnislosigkeit und vielseitige Einengung ließen ihm bei seiner gewohnten Weite und Großzügigkeit die Lage doppelt schwer erscheinen.

Weihnachtsgabe 1943 an alle Mitglieder der Societas Christi Regis:

B 65 Wann ist's, daß die Himmel tauen,
daß aus Wolken warmer Regen,
der Erlöser selbst entquillt?
Wann ist's, daß wir dürfen schauen
Ihn, der, Heiland allerwegen,
uns in Seine Gnade hüllt?
O du Tag, so strahlend helle,
o du Morgen, dämmerblau!
Komm, es harret meine Seele
wie die Blume auf den Tau!

In der Fülle einst der Zeiten,
da in ihrem Elend schrien
Völker himmelauf die Not,
ließ sich von Erbarmung leiten,
hat die Sünde all verziehen
der allgüt'ge große Gott.
Sandt' den Sohn, den ewig einen,
in erbarmendem Gericht.
Weihenacht, da sahst du deinen
Heiland als das tröstend Licht!

Ach, ist nicht aufs neu erfüllet
diese Zeit: Hör' unser Stöhnen,
Herr, auf unsre Drangsal schau!
Herr, 's ist Zeit, daß neu erquillet
unsrer Seele tiefstem Sehnen
Deiner Gnade Segenstau!
Herr, daß neu uns allen werde
der Erlösung Weihenacht,
komm aufs neue auf die Erde!
Heiland, komm, o komm mit Macht!

(Vertont)

Brandenburg, 30. 12. 43 B 66
eingetroffen in Berlin 24. 2. 44

Meine liebe Schwester!

Als reiner Tor in Kindertagen,
da war dies meine Weihenacht:
Ich durfte DIR mein Bett bereiten
und lag daneben auf der Wacht.

Wohl war ich dann bei Deinem Kommen
bereits entrückt in Morpheus' Arm,
doch kamst Du zu dem Kind, dem frommen;
war doch von Dir das Bettlein warm.

Wo bist du, sel'ger Kinderglaube?
Versank des Toren Wunderland?
Es bleibt im Reich der Geistestaube
dem Manne, was als Kind er fand.

So harr' ich DEIN in meiner Zelle
nicht anders denn als Kind ich dacht'
und weiß: auch mir wird leuchten helle
und kindesfrohe Weihenacht.

So sang ich *vor* der Heiligen Nacht und *fand* die Freude, die von dem Kinde ausstrahlt und war froh – trotz allem.

Es war wohl eine kleine Enttäuschung, daß ich kein Liebeszeichen von Dir zur heiligen Weihnacht in Händen haben durfte, ebenso wie, daß ich mit Dir nicht die heilige Gemeinschaft des Brotbrechens pflegen konnte – im Geiste tat ich es ja, wie Du gewiß auch. Ich hatte dann die stille Hoffnung, daß Du auf den zweiten Feiertag vielleicht Besuchserlaubnis bekämest. Da schrieb ich in meinem Sinn:

Ob so auf Elba einst der Korse schaute
nach jedem Schiff, den Boten ferner Welt?
Die Straßenbahn! Hör' ich die schrillen Laute,
so weiß ich, daß ein neuer Wagen hält.

Ich seh' sie dann dem schmucken Schiff entsteigen
die Männer, all die Frauen und das Kind.
Ich seh', wie liebend sie zur Insel zeigen,
wo ihre Teuren – hinter Riegel sind ...

Wie oft im Tag schau' ich durch's Fenstergitter –
die Augen sind mir müde schon und trüb,
das Herze schwer, seh' von der Insel wieder
ich fahr'n das „Schiff", das – ohne Boten blieb.

Und doch, mein Auge sieht ein Fähnlein blinken
auf *jedem* Schiff vom hohen Flaggenmast:
die Liebe mag mit jedem Zeichen winken;
sie grüßt und weiß, daß man's verstanden hat. –

Am andern Tag, dem Fest des Liebesjüngers, fand ich dann Deinen lieben Brief in meinen Händen und freute mich! Freilich konnte und kann ich die Sorge nicht abschütteln, wenn nachts die Flugzeuge in Massen, Berlin zu, uns überfliegen. Ich kann nur beten, segnen und vertrauen. Hoffentlich darf ich Dich bald *wiedersehen* nach diesen so schweren Wochen! Bitte halt mal, nach Neujahr wirst Du gewiß Erlaubnis zum Besuch bekommen.

Mir wurde zu Weihnachten allerhand „geschenkt": Lieder, Gedichte und auch eine Messe. Wie gerne würde ich teilen! – Bitte, bestelle herzliche Grüße, besonders an alle Berliner, an Gertrudis, alle *Kranken,* Br. Adolf, Ladis, Fritsch, Beil, Strecker, Buchholz (dem ich besonderen Dank schulde). Ich vertreibe die Zeit mit Englischstudium.

– Wir dürfen jetzt alle 14 Tage schreiben und Briefe empfangen, also! Ich bin ja so froh um eine Nachricht, besonders nach solchen Angriffen!

– Nun ist es ein *halbes Jahr,* daß ich keine *heilige Messe* mehr feiern durfte. Auch an Weihnachten waren wir ausgeschlossen, doch habe ich hinter der Zellentür eine evangelische Weihnachtsandacht mitgemacht und habe fest mitgesungen. Una Sancta! – Ich bin froh, daß ich mich geistig beschäftigen darf, wenn auch das Schreiben in Fesseln schwer ist und wohl auch dem Leser keine Freude macht.

Nun laß Dir und allen im Geiste herzlich die Hand drücken in stets gleich herzlicher Verbundenheit, die durch nichts unterbrochen werden kann.

Br. Paulus

1.2.44 Brief mußte ich nochmals schreiben. Meine Schrift!!!

9.1.44 B 67

*Mutter Deutschland!*

Die du getragen mich im Mutterschoße,
aus deren Herzen floß mein warmes Blut,
die mir bestimmt' des Lebens Schicksalslose,
an deren treuer Brust ich froh geruht,
Dir, Mutter, bleib' ich wandellos verbunden,
wohin auch dunkle Sphinx mich führen mag.
Ich teile deinen Stolz und deine Wunden,
ich halt' zu dir, auch an dem schwarzen Tag.
Du bist's, mein Volk, dir hab' ich zugeschworen
des Herzens Dienst und opfertreue Tat.
Heil dem, der dich, vor allen auserkoren,
dich, heil'ges deutsches Volk, zur Mutter hat!

In einem erst 1990 in der DDR wieder aufgetauchten Brief des Gefängnispfarrers Scholz an den evangelischen Gefängnispfarrer Funke aus Brandenburg vom 3. 1. 1944 wird der Hintergrund des unten beigegebenen Gedichtes deutlich. Darin teilt der Schreiber dem evangelischen Mitbruder mit, Max Josef Metzger habe von der Zelle aus seinem Weihnachtsgottesdienst beigewohnt und davon angeregt dieses Gedicht geschrieben und ihn gebeten, es dem evangelischen Geistlichen zu überreichen.

B 68 13. 1. 44

Meine gute Schwester!

Zum neuen Jahr dachte ich in der Sylvesternacht – für mich und für Euch:

So heb' ich's an in Gottes Namen
das Jahr, das die Entscheidung bringt.
Ich sag' im voraus schon mein Amen
zu dem, was Deinem Rat entspringt.
Was gut, was bös für mich – für alle! –
verbargst Du unserm Unverstand.
Doch Segen ist in jedem Falle,
was Deine Weisheit uns erfand.
So magst Du den Kalender schreiben
für uns, die wir in Deiner Hut!
Laß nur in Deiner Gnad' uns bleiben!
Was, Vater, Du uns schickst, ist gut.

In Gottes Namen! In Ihm bin ich gottlob nach wie vor guten Mutes. Ich vertraue, Gott wird für mich und Euch und nicht zuletzt für unser Volk noch alles zum Guten wenden. – Ich erlebe es, wie Er gut mit mir ist und mir Trost und Anregungen aller Art schenkt.

Trotz der Einsamkeit, die ich natürlich spüre, bin ich ohne Langeweile; ich studiere, lese und schreibe, ich dichte und komponiere, auch wenn ich nicht alles zu Papier bringen kann. Auch in der Abgeschlossenheit von der Welt nehme ich mit fieberndem Herzen Anteil an allem Geschehen, nicht zuletzt am Schicksal unseres Volkes; was ich empfinde, findet oft seinen Niederschlag in einem Gedicht – zumeist sind es natürlich religiöse Gedanken, die mich so bewegen. So habe ich nun die 3. deutsche Volksmesse geschrieben – eine sandte ich ja seinerzeit an Euch.

Eine große Sorge ist mir immer Berlin; die Flugzeuge überfliegen immer zuvor unser Haus! – aber ich denke halt, es geschieht nichts, was Er nicht zum Besten lenkt, wenn wir bereit für Ihn sind. Eine große Freude war mir natürlich unter diesen Umständen der Besuch von Schwester Judith Maria.

An Deinen Sorgen nehme ich nicht weniger Anteil, möge Gott mein Gebet und Opfer gefallen! – Grüßt alle Brüder und Schwestern, besonders die Kranken. Grüßt auch Ladis, Anna Katharina, Fritzsch!

Wie schön ist der Spruch von Franz v. Sales, den Du sandtest*, wirklich ein Trost! Danke!

Habt Ihr im Verlag noch die kleine „Geweihte Tageszeit"? Dann überlaßt doch einige dem Anstaltspfarrer für seine Gefangenen, es könnten auch gebrauchte sein. Ich wäre noch froh um *mein Stundengebet* und mein *Neues Testament,* in dem ich doch unterstreichen darf!

Ich lese heute gerade den *Philipperbrief.* Den möchte ich Euch allen ganz abschreiben, bes. 1,20–26!–27.

Besuche Euch alle auf allen Stationen, im Geist alle Tage. Möchte ich jedem einzelnen das Lob spenden können, das Paulus seinen Philippern spendet! – Nun laßt Euch in die Vatersorge Gottes befehlen. An Seiner Statt segnet Euch täglich in Treue

Euer Br. Paulus

---

* siehe Seite 174

Dein Kreuz

Gottes ewige Weisheit hat von Ewigkeit her das Kreuz ersehen,
das Er dir als Sein kostbares Geschenk aus Seinem Herzen gibt.
Er hat dies Kreuz, bevor Er es dir schickte,
mit Seinem allwissenden Auge betrachtet,
es durchdacht mit Seinem göttlichen Verstand,
es gegrüßt mit Seiner weisen Gerechtigkeit,
mit Seinem liebenden Erbarmen es durchwärmt
und es gewogen mit Seinen beiden Händen,
ob es nicht einen Millimeter zu groß
und ein Milligramm zu schwer sei.
Und Er hat es gesegnet mit Seinem allheiligen Namen,
und dann noch einmal auf dich und deinen Mut geblickt,
und so kommt es schließlich aus dem Himmel
als ein besonderer Gruß Gottes an dich,
als ein Almosen der erbarmenden Liebe
deines Gottes zu dir.

Franz v. Sales

B 69 Herr, daß Du *einmal* Dich mir zeigtest,
wie Dich Dein Liebesjünger sah!
Daß *einmal* Du Dein Herz mir neigtest,
wie Thomas einst, zum Greifen nah!

Daß ich *ein* Wort aus Deinem Munde
vernähm'! Mir kläng's wie Orgelton!
Da schlöss' sich allen Zweifels Wunde! –
Ach! Öffne mir den Himmel schon!

Laß mich nicht länger nach Dir tasten,
nicht länger sehnend nach Dir schrei'n!
Laß mich an Deinem Herzen rasten
und kosten Deiner Freundschaft Wein! –

Doch, wie Du willst! Ich folg' der Taube,
durch die Du mir die Wege weist!
Bleib' ich auch fürder blind – ich *glaube*
und bin Dir selig nah im Geist!

23. 1. 44 P

# Neujahr.

So heb' ich's an in Gottes Namen
das Jahr, das die Entscheidung bringt
Ich sag' im Voraus schon mein „Amen!
zu dem, was DEINEM Rat entspringt

Was „gut", was „bös" für mich – für alle,
verbargst Du unserm Unverstand.
Doch Segen ist in jedem Falle,
was Deine Weisheit uns erfand.

So magst DU den Kalender schreiben
für uns, die wir in Deiner Hut!
Laß nur in Deiner Huld mich bleiben!
Ja, was DU, VATER, schickst, ist gut.

+

B 71 Brandenburg (H)-Görden, 1.2.44

Liebe Schwester!

Beiliegende Erklärung kann ich ohne Eure Hilfe nicht erledigen. Ich bitte, in der Mappe nachzusehen und die Daten mit Schreibmaschine (Durchschlag für die Akten) einzusetzen. Ich habe, um nicht alles erklären zu müssen, mit Bleistift Vormerkungen gemacht, die dann zu radieren sind. Schicke dann die Erklärung an mich zur Unterschrift! Zum einzelnen: 1.) 2.) siehe Vertrag! Der Kaufpreis war um 2000 Mark herum. 4.) steht entweder im Vertrag oder in der Zuschrift betr. Einheitswert; wenn nicht zu finden, einfach auslassen! II. Aufwendungen: Es braucht nur der *Erwerb der Laube* angegeben zu werden, die übernommen wurde. Aber hier ist mir nun etwas Wichtiges bewußt geworden zu III: ich habe beim Notar nicht mehr, wie ich wollte, darauf gedrängt, daß noch das Benutzungsrecht vermerkt wurde; er hatte schon alles vorbereitet und hatte keine Zeit. Ich wußte ja, daß keine Schwierigkeit bestände. Nun aber ist doch eine: Zwar kann keine Wertzuwachssteuer in Frage kommen im vorliegenden Fall, aber wohl umso mehr bei einer evtl. Weiterveräußerung und falls für Dich ein *Vorteil* durch den billigen Erwerbspreis angenommen wird, eine Schenkungssteuer. Darum sollte die Sache doch überlegt werden. Am besten, Du schreibst *an mich* kurz eine Bestätigung: „daß, wenn auch nichts vertraglich vereinbart wurde, doch *Voraussetzung* des Erwerbsgeschäftes war, daß Sie (ich), soweit Sie darauf Anspruch machen, die Laube mitbenutzen dürfen in der Art, wie ich dieselbe in der Vergangenheit mitbenutzen durfte." Es wird richtig sein, auch dem Steueramt eine Abschrift dieser Erklärung zu schicken, auf die Gefahr hin, daß diese von Dir übernommene „Belastung" als höherer Erwerbspreis angesehen würde, was eine kleine Steuernachzahlung zur Folge hätte. Dann ist aber alles auch für die Zukunft klargestellt. Bitte handle so, evtl. nach Einsichtnahme von Othmar. Ich habe vom Landrat gleichzeitig eine Fristerstreckung von 4 Wochen erbeten ab heute, hat sicher keine Schwierigkeit. – Sodann ist noch etwas klarzustellen: die Anrechnung der bisherigen Zahlungen für die Straße. Schick mir zum Unterschreiben einen an Dich gerichteten Brief: „Ich trete Ihnen hiermit mein Guthaben an die Gemeinde Schildow aus bisher bezahlten Straßenkosten für das Grundstück Ecke ... Str. ab. Du kannst Dir dann von der Gemeinde das Guthaben bestätigen lassen, es ist vorteilhaft, darauf weiter (Über)Zahlungen zu leisten bis zur vollen Ablösung der Straßenschuld. –

Nun noch ein Gebet:

Heiliger, allmächtiger Gott! Mein Vater! In der großen Not meines Lebens komme ich zu Dir im Vertrauen auf die Verheißung und das für mich vergossene Blut Deines ewig einzigen Sohnes. Mit Jesus Christus, meinem Herrn und Meister, flehe ich zu Dir: „Vater! Wenn es möglich ist, so laß diesen Kelch an mir vorübergehen! Doch nicht mein, *Dein* Wille geschehe!"

Ja, ich glaube, was immer Deine weise und gütige Vorsehung über mich verfügt, es wird mir zum Heile sein. So sage ich im voraus dazu das vorbehaltlose Ja meines Gehorsams. In Jesu Namen bitte ich Dich: Gib mir die Kraft des Heiligen Geistes, daß ich bis zuletzt in diesem vertrauenden Gehorsam verharre! Dann weiß ich, daß ich Dein Kind bin und bleibe und Erbe Deines ewig-seligen Lebens. Amen.

Wenn unsere Todgeweihten dieses Gebet auf einem Bildchen hätten, wäre es ihnen gewiß eine Leiter zum Himmel und Trost. Ob es möglich wäre, das zu schaffen?

– Wann werde ich wieder etwas von Euch hören? ...

von der Briefzensur gestrichen

... sei mein Segensgruß an Euch alle!

In Treuen

Br. Paulus

27.1.44
Wiederholt 14.2.44

(weil wegen schwer lesbarer Schrift von der Zensur zurückerhalten)

Meine vielgute Schwester!

Nach fast vier Wochen Briefpause erhielt ich am 21. ds. Mts. Sr. Gertrudis' und Deinen Brief zugleich. Ich wußte ja, daß ich zum Namens- bzw. Geburtstag nicht ohne Liebeszeichen bleiben würde. Habt vielen Dank! Aus Deinem Brief spüre ich eine Besorgtheit um mich – sie ist gottlob unbegründet. Ich hatte wohl einige schwere Wochen. Ihr kennt meine lebendige Bewegtheit, meinen Tätigkeitsdrang und meine Freizügigkeit. Das aber in diametral entgegengesetzten Raum gestellt, bringt naturgemäß trotz besten Willens Konflikte mit sich. Aber ich habe alles überwunden und suche den *Gehorsam* des *Herrn,* Phil 2,8, zu *üben;* mit dem von mir geforderten läßt sich ja Euer Ordensgehorsam kaum vergleichen. Also seid unbesorgt und *wie ich guten Mutes!* Gottlob darf ich mich doch etwas *geistig betätigen* – für mich das Lebenselement wie für den Fisch das Wasser! Ich weiß, Ihr freut Euch, wenn ich Euch aus der Scheune meines Geistes etwas mitteilen darf. Die *Einsamkeit* bekommt mir gut; ich gehe, wenn auch nicht körperlich, auf wie Dörrzwetschgen im Wasser. Etwas Aussprache wäre mir ja wohl ein Bedürfnis. Aber wie Gott will! – Ja, wenn ich mit einem Gleichgesinnten mich mal aussprechen könnte! – In der *Weltgebetsoktav* dachte ich viel an die mir verbundenen Brüder. Knak, Urner, Tillich, Strecker, Delekat, Asmussen, Schildge, Rehbach, Bierle, Laros, Kraus, Mayer, Rittmeyer, Stromberg, Kühnel, Fritsch, Beil, Eckert, Strehle – grüße *alle,* die nach mir fragen, besonders auch Lisl Ladis und ganz besonders unsere Gesellschaftsgeschwister, vor allem die *Kranken,* über die ich gern Bescheid hätte; ich segne sie alle mit täglichem Gebet und Opfer. Ob man wegen Sr. Benedikta nicht Dr. Pleiderer (grüßt ihn!) oder „Wendepunkt" (Wort unleserlich) befragen könnte? – Hast Du meine Weihnachtslieder erhalten? Bestätigt bitte jeweils Eure Empfänge mit Beilagen; ich führe ja nicht Buch, was ich sende. Daß Du Sr. Gertrudis zur Seite stehen kannst, ist mir für die Vielgeplagte ein Trost. Sr. Veronika wäre keine Entlastung. – Solltet ihr nicht den Konsult ergänzen? Etwa Walburgis oder Beatrix, Anna Katharina, Fabiola, Aloisia Franziska kämen m. E. in Frage. Aber wie *Ihr* denkt! – Ist eigentlich s. Z. von Colmar wegen der liturgischen Sachen bezüglich „Imprimatur" nichts mehr gelaufen? – Schickt mir doch mal im Brief ein *Notenheft* mit; ich denke, ich bekomme die Erlaubnis, es für meine Kompositionen zu gebrauchen. – Ist Sr. *Milburgis* ausgeschieden? Wie steht es mit Studium *Augustina* und *Gottburg?* – Ist der Pater nicht mehr in Meitingen? – Bei meinem Vorschlag Pfarrer *Beil* dachte ich natürlich nur an Spiritual oder geistlichen Direktor, aber er könnte ja in die Gesellschaft hineinwachsen! – Denk: Die *Meise* kam nur einmal ans Fenster, dafür aber nun immer ein *Rabe* – er bringt zwar kein Brot wie bei Paulus dem Einsiedler, sondern holt sich die Fleischstückchen, die ich als Vegetarier opfere. Schade, daß ich meinen Hansi nicht habe! – Wenn er nur Dir singt! – Wie geht es mit Deiner *Gesundheit?* Ich sah Dich im Traum sehr traurig. *Freut* euch allezeit im Herrn! Ach diese ständigen Angriffe auf mein Berlin! Ich bete immer, wenn die Flieger hier durchfliegen, für Euch. – Ich arbeite auch einen Plan einer „Notstandwehr" aus – wenn ich nur *helfen* könnte! – Nun heißt's schließen! Du weißt, was mein *Herz* Dir und Euch allen, besonders natürlich Gertrudis, sagen möchte. ER möge es statt meiner tun.

In Treuen

Br. Paulus

Beilage: Una Sancta u. a. Gedichte.

B 73 *Gebete*

am Morgen:

Ein neuer Tag, den Du in Huld mir schenkst!
Ich will, o Herr, ihn froh und dankbar leben.
Ich weiß, daß DU mein Schicksal weise lenkst,
so bleib' ich gläubig-liebend Dir ergeben. Amen!

am Abend:

Nun darf, o Herr, für diesen Tag ich danken,
den ich empfing aus Deiner Vaterhand!
Laß mich vertrauend, liebend nimmer wanken!
Gib guten Schlaf als Deiner Gnade Pfand! Amen!

B 74 *Schmähung*

Laß sie nur schmäh'n! Die Menschen müssen richten,
ein jeder nach des eig'nen Wesens Grund!
Wer dunklen Sinns, sucht dunkel und nicht lichten,
und findet ihn bei andern dann zur Stund' ...

Laß sie nur schmäh'n! Nicht böser und nicht besser
macht dich der fremden Zunge gift'ger Pfeil.
Lach ihrer! Auch der Hasser und Erpresser
läßt in der Tiefe deine Seel heil.

Laß sie nur schmäh'n! Ein unbestechlich' Auge
durchschaut den Feind und dich in ew'gem Licht.
Du wirst versehrt nicht von der Lügenlauge,
doch wehe dem Verleumder im Gericht!

Laß sie nur schmäh'n! So ziemt's dem Christus-Knechte.
Es ward der Herr geschmäht bis in den Tod.
Nur kleine Weile währt das Truggemächte,
dann winkt der Auferstehung Morgenrot.

22. 1. 44

Ihr *Willens*menschen! Nimmer kann ich lieben
euch harte Herzen, Fanatiker der Pflicht.
Ihr seid nur Faust und Fuß; fühllos geblieben
ist euer Herz! Ihr kennt das Mitleid nicht!

*Verstandesmenschen!* Ihr seid mir zuwider
mit eurer kalten, rechnenden Vernunft.
Ihr treibt nur Logik, schmäht des Herzens Lieder
gemüt- und blutlos, arm ist eure Zunft!

Die ihr *Gemüt und Herz allein,* euch fehlet
zum wahren Menschen Festigkeit und Kraft,
die Nüchternheit und Zucht, in Glut gestählet,
des geistgeführten Willens Segensmacht.

Der *Edel*mensch – so ist er sonder Tadel:
Verstandeslicht und warmes Herzgespür
mit Willenskraft geeint! Das ist der Adel
des Menschentums, der neuen Erde Zier.

+

Wer zwingt die Welt, daß aus den grausen Wirren
des blut'gen Kriegs sie wieder aufersteht
zu sich? Daß sie nach all dem Trug und Irren
den Weg der Wahrheit und der Freiheit geht?

Wer gibt dem Chaos wieder neue Ordnung?
Der Welt die ausgeglich'ne Harmonie?
Ist es das Schwert? Ist's aufgezwungne Mordung?
Ist's neuer Völkerbund? Demokratie?

Vergeblich sind die Ströme Blut geflossen –
Gewalt erringt nicht, den sie hofft, den Sieg –
die Jugend aller Welt umsonst erschossen!
Es bleibt nur eine Hoffnung: neuer Krieg ...

Der Diesseitsweisheit letzter Schluß ist Morden;
Verzweiflung faßt die ganze Menschheit an!
Doch nein! Erlösung ist verkündet worden
in IHM, der Freiheit aller Welt gewann.

Was retten kann, ist Liebe nur und Glaube,
Das Blut aus des Erlösers Herzen heiß.
Vor Gewalt entflieht die Friedenstaube.
Das Kreuz allein verheißt den Siegespreis.

B 76 *Wie lange noch?*

Wie lange noch soll dieses Morden dauern?
Wie lang verstört in dumpfen Kellern kauern
die bleiche Angst, die Sorge, große Not?
Wohin ich schau', ich sehe Tod, nur Tod ...!

*Muß* das so sein? Sind wir verdammt zur Hölle
schon jetzt? Soll Friede nirgends eine Stelle
mehr finden in der ausgebombten Welt?
Verweigern ihm die Menschen jedes Zelt?

Es muß nicht sein! Es haben die Dämonen
nur Macht, wo Unrecht, Haß und Lüge wohnen!
An Gottes ewiger Satzung findet Halt
des bösen Feindes blut'ge Truggewalt.

So ruft das Volk! Ruft es zur Lebenswende!
Daß es noch einmal Gottes Gnade fände.
Ruft es zur Wahrheit, Freiheit, Liebe, Recht!
Erzieht in Ehrfurcht Gott ein neu Geschlecht!

Heißt Lüge wieder Lüge! Sagt ein Amen
zur Wahrheit und zu Gottes heiligem Namen!
Laßt Macht dem Rechte fronen, Recht nicht Macht!
Heißt „Recht" nicht, was nur Eigennutz erdacht!

Nennt eitel nicht die heiligen Menschenrechte!
Macht Freigeborne nicht zum Götzenknechte!
Gewissen achtet! Gebt die Rede frei!
Erziehet Stolz, nicht feile Heuchelei!

Wer nicht durch Arbeit dient, soll auch nicht essen!
Wer ehrlich werkt, dem sei auch zugemessen
die Ehre und das volle Recht, der Preis,
den ihm verdient der Stirne saurer Schweiß.

Verachtet nicht die Zucht der keuschen Liebe!
Der Liebesbund, dem Treue fehlt, der bliebe
der Menschen Würde und des Segens bar.
Das deutsche Wort muß bleiben klar und wahr!

Pflegt Volksgemeinschaft nicht mit hohlen Worten!
Dem Opferdienst bewährt sich aller Orten
die Liebe, des Gemeinsinns Tiefenkraft;
das baut das Volk, das große Zukunft schafft.

Wollt ihr in Stolz die eig'ne Flagge hissen,
so gründet eure Ehre im Gewissen!
Es hängt die Achtung, die ihr finden wollt,
an Achtung, die ihr fremdem Rechte zollt.

Wollt ihr mit Faust und Stiefel nur gebieten,
bleibt Heuchelei ein jedes Wort vom „Frieden".
Wer Fremdes achtend eig'nem Volke dient,
der Zukunft hehren Preis verdient.

Lasset uns beten für alle, die von Not und Kriegsgefahr bedroht sind! B 77

Allmächtiger Gott! Heiliger Vater! Ohne Deinen Willen fällt kein Haar von des Gerechten Haupt. So vertrauen wir, daß Du auch über unsere Lieben, die in Not und Gefahr sind, allzeit Deine Vaterhand hältst. Gib ihnen ein starkes Herz und heiligen Mut, daß sie sich ganz in Deine Vaterhand geben und tapfer Ja sagen zu Deinem heiligen Willen, der allen, die Dich lieben, allzeit zum Besten gereicht. Stell uns allen in diesen Zeiten der Bedrängnis Deinen heiligen Engel zur Seite, und führe uns an seiner Hand durch dieses Tal der Tränen hindurch zur ewigen Heimat! Darum bitten wir Dich in kindlichem Vertrauen durch Christus, unseren Herrn. Amen.

Br. Paulus

Ihr Christen! Habt ihr auf das Wort vergessen,
das zu euch sprach der HERR zum letzten End'?
Verachtet ihr im Eigensinn vermessen,
das Er euch ließ: Sein heil'ges Testament?

*„Daß alle eins!“*[1] *„Ein Hirt und eine Herde!“*[2]
das war Sein hohepriesterliches Flehn;
daß glaubhaft[3] Seine Gottessendung werde
durch heil'ge *Einheit,* Frucht aus Geisteswehn ...![4]

Nicht weisen staunend mehr auf euch die Heiden,[5]
weil ihr euch liebt, wie nie sie es gekannt –
mit Fingern sie verachtend auf euch deuten,
die ihr zerrissen habt der Einheit Band![6]

Ihr lest: „*Ein* Herr! *Ein* Glaube! *Eine* Taufe!“[7]
in euren Kirchen predigt ihr die Schrift,
doch eurer Gottesmänner Wortgeraufe
als Ärgernis das Ohr der Heiden trifft.[6]

„*Ein* Herr!“ Vor ihm sollt ihr die Knie beugen,[8]
einmütig preisend Ihn aus Herzensgrund![9]
Für Kreuz und Auferstehung sollt ihr zeugen[10]
vor aller Welt mit *einer* Kirche Mund![9]

Ich staun': ihr findet noch zum Zanken Muße
am Tag des Gotteszorns und des Gerichts!
„Metanoia!“ Der Meister ruft: „Tut Buße![11]
Seht ihr die blut'gen Himmelszeichen nicht?[12]

„*Ein* Leib! *Ein* Geist!“[13] „Mit *einem* heil'gen Brote
genährt“,[14] der Liebeseinheit Gnadenpfand![15]
Die *Una Sancta* ruht auf dem Gebote,
das in des Herren *Blut*[16] sein Siegel fand.

18. 1. 44 Paulus in vinculis

Himmlischer Vater! Schaue huldvoll auf das gläubige Vertrauen Deiner ganzen Kirche und schenke ihr in Gnaden Einheit und Frieden gemäß Deinem heiligen Willen! Wie aus ungezählten Ähren auf aller Welt Dein Brot und aus gar vielen Trauben Dein Wein auf dem Altar *eine* heilige Opfergabe wird und *ein* Leib Christi, so laß uns alle *eins* sein, denen Dein ewigeinziger Sohn in der Menschwerdung Bruder wurde, alle, für die Er Sein Leben hingab zur Erlösung, alle, denen Er durch die Wiedergeburt der einen Taufe Anteil gab an Seinem göttlichen Leben und daher Seinen herrlichen Namen verlieh. Laß uns alle, die wir diesen Namen Christi tragen, einträchtig sein im Bekenntnis unseres Herrn, daß *ein* Glaube im Denken, *eine* Liebe im Handeln uns eine. Mach *herzenseins,* die Du mit dem *einen* himmlischen Brote nährst, *eines* Geistes, die Du zum einen Mahl der Herrlichkeit berufen! Ja, laß uns alle, die wir „Unser Vater!" rufen, *eine* Herde sein, die dem *einen* Hirten und Führer der Seelen folgt, Jesus Christus, unserm Herrn. Amen.

Br. Paulus

Bibelzitate zu nebenstehendem Gedicht: Una Sancta

[1] Joh 17,11.21.22.23.
[2] Joh 10,16.
[3] Joh 17,21.23.
[4] 1 Kor 12,4–13; Röm 8,14–15.
[5] Brief an Diognet.
[6] Vgl. Martin Schlunk: „Das Wunder der Kirche" (Tambaram).
[7] Eph 4,5; 1 Kor 8,6.
[8] Phil 2,10.
[9] Röm 15,5.
[10] 1 Kor 1,17 ff; 2,2 u.a.; 15,3.4.14; Apg 1,8.22; 2,15; 10,42.
[11] Mt 4,17; Mk 1,15.
[12] Mt 16,4; Lk 12,56.
[13] Röm 12,5; 1 Kor12,12.27; Eph 1,22; Eph 4,4ff.; Kol 3,15.
[14] 1 Kor 10,17.
[15] Röm 12,10; Eph 4,15.
[16] 1 Kor 10,16; Eph 2,13; Kol 1,20; Hebr 13,20; 1 Joh 1,17; 1 Petr 1,19.

Wo sich der Hochmut bläht und geile Macht sich brüstet,
da kocht mein Blut, es drängt die Hand zum Schwert:
Bedrängtem Recht des Ritters Schutz zu leih'n gelüstet
mich mehr als weicher Pfühl am warmen Herd!

Nie möcht' ich feige sein! Mein Zorn soll stets entbrennen
vor Trug und Bosheit, Niedertracht, Gewalt!
Doch – ist's in Deinem GEIST? Laß mich mein Herz erkennen,
und irrt's vor Dir, gebiete DU ihm Halt!

Ich weiß darum, wie ungeläutert Triebe sehren
den heil'gen Zorn und ritterlichen Drang,
wie schlimmer Rache Geister edeln Sinn verzehren –
mir ist um meinen Christennamen bang!

Im Schweigen Unrecht tragen, dieser Kunst ein Meister
wie DU – ach wär' ich's, Herr! Ich bin es nicht!
Im Liebesüberschwang besiegen böse Geister,
fürwahr, das war Dein göttliches Gericht!

Wie groß, der Tücke und Gemeinheit zu begegnen
in sühnender Geduld und kreuzbereit!
Nur Heilandsgeist vermag in Unbill noch zu sagen,
gefriedet, ohne Groll und Bitterkeit ...

O Herr! Du mußt mein ungebärdig Herze wandeln!
In Deines Herzens Gluten brenn' es rein!
Laß mir den kühnen Mut, doch laß mein täglich Handeln
ein Taterweis des Christengeistes sein!

26. 1. 44 B 81

*Mensch unter Menschen*

„Normal" zu sein gilt mir wie eine Schande!
Als Mensch „genormt" – der Ekel kommt mich an!
Mit eignem Namen mich der Schöpfer nannte,
da er mich rief auf meines Lebens Bahn.

Nicht eine Zahl, ein Glied der großen Herde,
ein *Eigenmensch* mit eigenem Gesetz.
so ziemt's dem köstlichsten Geschöpf der Erde!
So schuf Er einmal mich, so blieb' ich stets.

Es scheint, es muß ja wohl auch *Masse* geben;
nicht jeder bracht' ins Leben ein Gesicht!
In Rudeln weiden, nennt man auch ein „Leben";
wem's so gefällt! – ich neid' es ihnen nicht.

Natur ist witzig! So hat sie erfunden
als Gegenstück dazu den *Sonderling,*
den Dreimalweisen, der zu allen Stunden
den Sonderpfad, den Weg der – Krebse ging.

Die Geistesenge nennt er heute Tugend
und Adelsvorrecht seine Unnatur;
er lächelt über Lebenslust und Jugend –
er folgt, der Philosoph, der Schemen Spur.

Er weiß sich täglich neuen Kranz zu winden
für seines engen Zirkels Theorie –
man lacht darob: der Zopf, der hängt ihm hinten,
der arme Kreiseltänzer merkt's nur nie!

Ist's Neckerei, als ganzer Mensch zu leben,
wie ihn der Schöpfer schuf, in Fleisch und Blut?
Auf eignem Weg den Sternen zuzustreben,
vertrauend stolz des Allerhöchsten Hut?

Ich hass' die ausgetretenen Massenwege,
Gewohnheit, Sitte macht mich nicht zum Knecht.
Ich laß dem Sonderling sein Geistgehege –
der Gottesgeist verbürgt mir Pflicht und Recht.

B 82 *Auferstehungsgebet*

Gott! Du bist die Kraft, die nie erschlafft,
das Licht, das nie erlischt!
Sei gnädig nah dem wunderbaren Heilsgeheimnis,
das Deine ganze Kirche feiert!
Wirk' an den Menschen Deines Friedens Werk
nach Deinem ew'gen Weisheitsplan!
Mach offenbar der ganzen Welt,
laß sie erleben, wie alles,
was zu Boden liegt, nun neu ersteht,
und was vergreist war, nun verjüngt zur
ersten Lebenskraft sich wendet, von der
den Ausgang es genommen!
Durch Jesus Christus, unsern Herrn,
mit Dir im Heil'gen GEISTE eins,
lebend'ger König, ist Er Gott von
Ewigkeit zu Ewigkeit. Amen.

B 83 Was ist's, was Du nun willst von mir, o Herr?
Als Sühnelamm geopfert wortlos leiden?
Des Rechts ein Kämpfer bis zum Letzten streiten?
Ich weiß es nicht – sag Du mir Dein Begehr!

Nur feige nicht, nicht glaubensschwach und müd!
Du hast umsonst mir nicht das Herz gegeben
voll Sturm und Drang und fieberndem Erleben,
zum Höchsten eifernd nur, von ihm durchglüht ...

Herr! Send' den GEIST!

Laß mich nicht länger blind!
Ich will mich Deiner Zorneshand nicht weigern,
so es nur dient, die Ehre Dein' zu steigern,
Ich füg' mich Deiner Führung als Dein Kind.

3.2.44 am Geburtstag

Ich muß gesteh'n, ich hab' sie nie gelernt, B 84
die Kunst, das Krumme – krumm zu lassen!
Ich konnt' im ganzen Leben nicht erfassen,
daß man bei Notstand höflich sich entfernt ...

Ein Tor der Arzt, der zu der Zeit der Pest
ins Haus des Kranken geht! Sich selber schützen
ist klüger als – vielleicht! – den andern nützen.
Erlischt die Seuche, feiert man ein Fest ...!

Es wär' vom Anwalt reichlich ungewandt,
auch unerwünschte Wahrheit frei zu sagen!
Geht's dem Klienten auch wohl an den Kragen –
wer klug, stets zeitgerechte Rede fand!

Was war und bin ich doch ein armer Tor!
Ich bin kein Arzt, mußt' immer Kranken helfen;
war unbezahlbar, entriß das Schaf den Wölfen;
gen Unrecht trat als Anwalt ich hervor –!

Wo blieb mein vielgerühmter Hausverstand?
Ich weiß, es ist des sel'gen Vaters Erbe:
ob auch die andern weigerten die Hand.
Belastet ist des Vaters Sohn fürwahr!

Drum mußt' ich stets der Katz die Schell anhängen,
und ließ ich Haare auch in ihren Fängen,
ich war gewitzigt nie, blieb, was ich war ...
Ob nun durch Unglück Weisheit ich gewann?

Ich fürchte fast, es scheitert am Gewissen –
Ihm hab' ich allzeit Treue halten müssen:
wer sich dafür nicht wagt, der ist kein Mann!

Geht euren Weg – ich seh' euch ohne Neid –
ihr klugen Selbstversorger all, ihr Weisen!
Ich geh' den meinen – mögt ihr Narr mich heißen:
mich tröstet meiner Seele Seligkeit.

6. 2. 44

Vielliebe Schwester!

Am 21. 1. habe ich Deinen lieben Brief erhalten. Jeder Gruß in die Eintönigkeit der Zelle ist eine große Freude, besonders natürlich von Dir und den Deinen. Zu meinem *Geburtstag* erfreute mich sehr der Sylvesterbrief meiner *leiblichen Schwestern* und Schwäger. Danke ihnen doch und grüße sie herzlichst. Zum Geburtstag hat mir Gott mehrfache Freude geschenkt; ich spüre es, daß man in Liebe meiner gedenkt.

Sage bitte Sr. Judith Maria, sie soll nur weiter schreiben, auch Unangenehmes; ich kann es gut verarbeiten. Es ist mir lieber *klare Wahrheit* als *halbe Geheimnisse,* über die man vergeblich nachsinniert.

Denkt, ich war mal einen Tag zu zweit in meiner Zelle. Der Mitgefangene war von der „Fliegerei" – eine Fliege, mit der ich mich tatsächlich anfreundete. Du weißt, daß ich eine besondere Beziehung zu den *Tieren* habe; erinnerst Du Dich noch an den Urlaub in Lychen, wo ich einen Schmetterling dazu brachte, daß er mir 18mal nacheinander auf den Finger flog? Das war eine der größten Freuden meines Lebens.

Ach ja, ich lebe ja mit der Seele in einer anderen Welt. Aus ihr strömen mir gerade in der Einsamkeit viele Kräfte und Gedanken zu – die Gedichte, an denen ich Euch etwas teilnehmen lassen darf, kommen auch von da. Ich weiß, daß Ihr Euch freut, wenn ich Euch etwas ins Herzenskämmerlein hineingucken lasse.

Ich lese z. Zt. „Die Dämonen" von Dostojewski. Es ist zwar diese Welt mir etwas fremd, in der er „Seelenschnüffelei" (Psychologie) betreibt, seine Art der östlichen Erzählungsweise in ihrer Breite und Langatmigkeit mir weniger sympathisch, aber gleichwohl, wieviel Zeitgemäßes läßt sich aus Dostojewski immer lernen. Amüsiert hat mich der Ausdruck „Beamtenekstase", den ich gestern bei ihm las. Ich mußte an viele persönliche Erlebnisse denken – und mußte schmunzeln. *Schmunzeln* ist auch eine Gnade, von der leider die Theologen nicht schreiben. – Etwas ganz anderes, was mir für unsere Krankenschwestern einfällt. Warum richtet Ihr eigentlich den Versehtisch immer so, daß der

Priester den Rücken kehrt? Stellt doch den „Eßtisch" ganz ans Bett, so daß der Kranke immer darauf sieht! Daß das Natürliche immer am fernsten liegt! Wie geht es den Kranken? Benedicta, Martina, Dir? Meinen so gefährdeten Berlinern? Grüßt sie *alle* besonders.

Br. Adolf möge auch jedem *Bruder* einen ganz persönlichen Gruß von mir bestellen. Ich denke viel an meine Brüder und die Zukunft der Gemeinschaft und – bleibe, allen Erfahrungen zum Trotz, optimistisch; hoffentlich bleibe ich „auf der Butter sitzen"!

Schickt doch, wenn Ihr könnt, dem Pfarrer eine Anzahl *Spruchbildchen,* so daß auch auf die Rückseite noch ein Gedanke geschrieben werden kann. Ich bleibe halt Seelsorger und kann der armen Schicksalsgenossen nicht vergessen, die durch Gedankensaat eine Hilfe erfahren.

Heute ist endlich alles weiß draußen. Ich glaube, wir bekommen weiße Ostern. Ja, schon naht die Quadragesima. Wir wollen uns alle bereiten für heilige Auferstehung. Möchte auch unser Volk frohe Ostern feiern können. Ich bete immer: Kyrie eleison und Agnus Dei.

Nun besuche ich Euch *alle* einzeln im Geist und mache Euch ein Kreuzlein, besonders Dir Vielgeplagten und Vielgesegneten.

In Treuen

Br. Paulus

*Die Fliege*

Du stutzest ... Kaum merkbar naht sich dir ein Etwas ... Ist's ein Feind?
Bewegung heißt Gefahr! Doch zeigt es keine Hast ...?
Nun hält der Finger still, kaum Haaresbreit' von dir entfernt ...
Dein zages Herzlein pocht ... Ich seh' es nicht, ich spür's,
wie jeder Nerv sich in dir spannt, befehlsbereit für raschen Flug.
Es bleibt bewegungslos ...
Schon wirst du sichrer, ziehst die Witt'rung ein ... Es prickelt süß ... Was ist's?
Hast du den Schritt getan? Kam's näher auf dich zu?
Jetzt rührt's dich linde an ... und schon bohrst du
das Zünglein in die Krume, die mein Mund gefeuchtet ...
Es mundet! Ein willkommen Mahl ...! Du läßt dir's schmekken ...
Ganz sachte jetzt – du merkst es kaum –
bist auf des Freundes Finger du geglitten ...
Jetzt wirst du keck und richtest am gedeckten Tisch dich ein.
Bald sind wir gute Freunde. Immer wieder kommst du geflogen
kühn auf des Fingers Rand, wo dein Süpplein wartet.
Die ganze Mahlzeit halten wir zu zweit:
ich sitz am Tisch und löffle, du schleckst am Finger linker Hand.
Hat Gott mich dir, hat Er dich mir gesandt als Liebesboten?
Bleib hier! Die Zelle reicht für zwei!
Das karge Essen teil' ich gerne noch mit dir!
Doch nein! Die Sonne vor dem offnen Fenster lockt ...
„Nur ein Verdauungsflug! Ich kehre gleich zurück ...!"
Du übermüt'ger Flieginsfeld! In meiner Zelle wohnt für dich das Leben –
die Freiheit zahlst du mit dem weißen Tod.

Br. Paulus

Meine vielgute Schwester!

Vom *7. 1.* datiert der letzte Brief, den ich von Dir in Händen habe; er kam an *zugleich* mit Brief von Sr. Gertrudis v. 11. 1.; seither habe ich nochmals (11./18. 2.) Brief von dieser erhalten. Ist von *Dir* etwas verlorengegangen? Es wäre ja nicht verwunderlich nach dem, was man vom Zustand Berlins ahnt. Bitte, vergiß meiner nicht! Es sind nun auch gegen zwei Monate, seit Du mich besucht hast; vielleicht bekommst Du doch wieder mal Erlaubnis; ich würde mich *sehr* freuen nach dem, was Ihr habt mitmachen müssen! Mein Zellennachbar hat *seit Deinem Besuch* schon *dreimal* Besuch haben dürfen. Bitte!

... Ich kann gottlob von mir Gutes berichten: ich bin gesund und innerlich froh; die Schwierigkeiten und Anfechtungen von Weihnachten liegen hinter mir; ich bin natürlich darauf gefaßt, daß ich immer wieder schwere Tage und Zeiten erleiden muß und erhoffe dafür weiterhin die Gnade von oben, die mir nicht zuletzt Euer Beten vermittelt. Habt alle Dank für Euer Gedenken vor Gott, das ich (1 Thess 1,2ff., 2,8ff.) ebenso für Euch übe. Schade, daß ich kein Gesellschaftsverzeichnis habe, um aller *einzeln* immer gedenken zu können; heute Nacht kam ich auf 67 regulierte und 105 freie Schwestern, die mir zur Fürbitte einfielen ... Besonders denke ich auch der Brüder im Feld, die jetzt so Schweres mitmachen müssen wie Ihr Berliner. Ich hätte gern dem schwerverwundeten Bruder Michael besonderen Gruß gesandt; möchtest Du es vermitteln? Ich habe keine Anschrift. Wo ist Bruder Wendelin, Gottlieb, Hermann, Tönnies? Grüße sie! – Sr. Gertrudis schrieb mir von Gabriele. Das ist schon symptomatisch, daß sie nun nicht mal ihre Urlaubsanschrift mitteilt. Ich teile Eure Auffassung, daß ein *unwahres* Verhältnis nicht aufrechterhalten werden darf. Klare Entscheidung! Überrascht bin ich ja nicht von der Entwicklung. – Sehr gefreut habe ich mich zu hören, daß M. Annuntiata gesund und froh auf dem Posten ist; ich habe oft ihrer besonders gedacht; grüße sie bitte herzlich! – Wie steht es jetzt mit der Gesundheit von Bernharda, Martina, Afra, Gertrudis, Benedikta, Deiner – Wo ist Sr. Hartmann, Milburgis? –

Freude hatte ich zu hören, daß *Caspar* geweiht ist. Grüßt ihn doch! Welchem Bischof untersteht er? – Ich schrieb Dir am 30. 12. u. 27. 1., mußte aber die Briefe nochmals schreiben; die alte Kalamität mit meiner Handschrift! Hast Du alles bekommen, auch Zuschrift *Wertzuwachssteuer?* Ich bekam es noch nicht zurück zur Unterschrift.

Nun haben die 40 Tage der *Auferstehungsbereitung* begonnen. Heilige Quadragesima! Daß doch die Menschheit den Ruf des Herrn (Mt 4, 17) aufnähme und zur *Metanoia* käme! Wir alle haben ja *solidarische* Menschheitsschuld zu sühnen durch das Leid, das heute *alle* trifft; wir wollen tapfer und bereit *unser* Maß auf uns nehmen. Daß das Erbarmen Gottes uns allen *österliche Freude* schenke! Ich wünsche und erbitte es Euch allen täglich. Und ich glaube sicher, daß es Euch weiterhin nicht am Schutz von oben fehlen wird. Welch herrliche Sonnentage erlebt man derzeit! Gestern z. B.! Heute badeten wir gerade in der Sonne beim Spaziergang. Das tut wohl; man ist ordentlich lufthungrig in der Zelle! –

Hast Du das Lebensnotgebet bekommen? Wie schön wäre es, wenn meine Schicksalsgenossen es mit mir beten könnten; es gäbe ihnen gewiß Trost; sprich mal mit Pfarrer Buchholz (grüße ihn!); schade, daß ich nicht mit ihm *sprechen* kann! –

Was macht *Witzenrath?* Pfarrer von Lübars? Ich denke aller Freunde. – Daß ich *Deiner* mit besonderer Liebe denke, muß ich das eigens erst sagen? Der Friede des Herrn sei überreichlich mit Euch allen!

Br. Paulus

Brief an Bruder Michael (Diakon), einen Mitbruder der Christkönigsgesellschaft.

24. 2. 44 B 88

Lieber Bruder!

Seit ich von Deiner schweren Verwundung weiß, denke ich täglich in meinen Gebeten in ganz besonderer Weise Deiner. Ich nehme innig Anteil an Deinen Leiden und Sorgen; es ist mir aber ein großer Trost, daß Du Deine Wunden im Dienste helfender Liebe erhalten hast (Sanitäter). So trägst Du sie als Ehrenzeichen der Dienstbereitschaft. Und getröstet bin ich vor allem im Wissen, daß den Gottliebenden *alles* zum Besten gereicht (Röm 8, 28). Es wird diese Zeit unfreiwilliger Stille (wie mir) Dir zum Segen sein; ich denke an Ignatius und seine Berufung. Vielleicht – ich denke dabei auch an mich – muß Gott gerade so aktive Menschen zu der großen *schöpferischen Pause* zwingen, ohne die ich-gelöste Hingabe nicht gefunden wird ... Wie gerne käme ich Dich besuchen!

Und nun, lieber Bruder, sei Gottes Gnade mit Dir und gebe Dir wie mir den Frieden Christi, der durch nichts erschüttert werden kann. Liebe und Freude des Heiligen Geistes!

In Treuen grüßt Dich

Dein
Br. Paulus

B 89 Brandenburg (H)-Görden, 23. 3. 44

Meine gottgesegnete Schwester!

Dein Namenstag, den ich vorgestern in meiner Zelle betend mitfeierte, läßt mich die Reihe meiner zwischen Meitingen und Berlin wechselnden Briefe mal umkehren. Seit Deiner Erkrankung denke ich besonders häufig an Dich, meine Sorge um Dich dem Herrn über Leben und Tod befehlend. Vorgestern bat ich besonders um die Barmherzigkeit Dessen für Dich, der „aller Güte voll" ist. Wir sind ja alle umdroht von dem Fluch, der der Erbsünde folgte, aber alle getröstet und froh als Erlöste! *„Benedicti"!* Wie gehts Dir mit der Gesundheit? „Glaube nur". Ich *glaube* auch, doch muß ich manchmal dazu sagen: „Herr, hilf meinem Unglauben!" Es ist nicht einfach, auch wenn man im Glauben *Ja* dazu sagt, bald ein halbes Jahr in einer engen Zelle, ständig gefesselt, abgeschnitten von jedem „menschlichen" Wort zu sein – der einzige, mit dem ich ja ein solches ab und zu tauschen kann, ist der Pfarrer, und gerade mit ihm verstehe ich mich geistig nicht recht – da hungert man danach, mal einen lieben Menschen zu sehen, und es belastet einen, wenn der Zellennachbar im Monat immer zweimal seine Frau zu Besuch erhält, also wohl fünfmal, seit ich einen Besuch hatte, und man das Gefühl hat, die gute Schwester in Berlin ist besorgt, ich könnte zu wenig von der Passionszeit merken, und läßt mich dabei zappeln. So schreib' ich halt mal nach *Meitingen,* vielleicht schreibt *Gertrudis* mal und erbittet *Besuchs*erlaubnis, sie wird sicher nicht versagt.

Ich bin ja auch nach drei Wochen (!) noch ohne Zeile bezüglich Augsburg, von dessen schwerer Heimsuchung ich erfuhr. Wie mag es mit unsrer „Schleife" und der darin wirkenden Gemeinschaft stehen? Übrigens habe ich öfters noch bzgl. der *Namensänderung* nachgedacht. Ich finde Euren Plan nicht recht entsprechend dem *nüchternen* Charakter des Speisehauses. Ob ihr nicht doch *„GOA"* oder *„Weißes* Kreuz" sagen wollt? –

Wenn unser Augsburger Drucker zu Schaden gekommen sein sollte, könnte ihm nicht eventuell die Meitinger Druckerei verpachtet werden? Es wäre vielleicht zu beiderseitigem Nutzen.

Möchte nicht Gertrudis, ebenso Judith, mal den Bischof besuchen, ihm für sein Gedenken danken und ihn fragen, ob er nicht zum 25. Jahrestag der Gesellschaftsgründung unsere *Approbationsbitte* erfüllen möchte? Oder könnte Ambrosius schreiben? Es wäre eine schöne, wohl nicht unverdiente Freude. Ihr habt ja wohl das Haus nun übervoll. Habt Ihr Laurentius in *meine Zelle* gegeben? Oder wer haust dort? Grüßt auch Laurentius und durch ihn Bruder Gregor von mir!

Wenn der Bischof die *Barmherzigkeits*litanei oder Ähnliches gezeigt bekäme, hätte es vielleicht auch Sinn. Der Erzbischof könnte ja wohl um das Imprimatur gebeten werden. Oder habt Ihr nicht Freude damit?

Was machen die Kranken? Wie ging's mit *Gabriele?* Wann kommt Ancilla mal wieder zu Ihren Verwandten?[1] Ich bin für einen Gruß dankbar.

Ich habe eine größere theologische Abhandlung z. T. geschrieben über die *geistigen Grundlagen* der Societas Christi Regis, es sollte eine kleine Überraschung auf den 25. Jahrestag für Euch sein. Hoffentlich gelingt es mir, sie fertigzustellen, und bekomme ich dann die Erlaubnis zur Übersendung. Die geistige Arbeit, die ich leisten darf, ist mein großer Trost; noch etwas habe ich im Schild: ich übersetze den Römerbrief[2] ins *Deutsche,* so daß er wirklich zu *lesen* ist; leider habe ich aber bisher den *Ur*text, das griechische Neue Testament, noch nicht zur Hand bekommen; ich hoffe aber darauf. Ich glaube, daß ich dann Wesentliches schaffe. – Nun wißt Ihr wieder etwas von mir. Hoffentlich höre und *sehe* ich bald auch von Euch etwas. Daß wir alle das *Oster*alleluja in neuer Freude singen könnten! Kyrie eleison!

Grüßt *alle* herzlichst. Dominus vobiscum!

Br. Paulus

[1] Das war eine verschlüsselte Bitte, an der seinem Zellenfenster gegenüberliegenden Straßenbahnhaltestelle wieder einmal einen vertrauten Menschen sehen zu dürfen. Schwester Ancilla besaß Verwandte in Brandenburg.

[2] Der Römerbrief ist am Vortage seines Todes fertig geworden und wurde später den Christkönigsschwestern ausgehändigt.

V.: Herr, wir *preisen* Deine Güte und Barmherzigkeit, Groß bist Du, heiliger, starker Gott,
und aller Güte voll.

A.: Herr, wir *preisen* Deine Güte und Barmherzigkeit.

V.: Du bist die Liebe selbst, Schöpfer und Vater alles Lebendigen, guter Vater aller Menschen.

A.: Herr, wir *preisen* Deine Güte und Barmherzigkeit.

V.: Allsorgend ist Deine Vaterliebe: Kein Haar fällt von des Gerechten Haupt ohne Deinen Willen.

A.: Herr, wir *preisen* Deine Güte und Barmherzigkeit.

V.: Du läßt Deine Sonne scheinen über Gut und Bös und erquickst mit Regen auch, die ihn nicht verdienen.

A.: Herr, wir *preisen* Deine Güte und Barmherzigkeit.

V.: Langmütig bist Du über die Maßen, gibst Fehlenden Zeit und Gnade zur Buße.

A.: Herr, wir *preisen* Deine Güte und Barmherzigkeit.

V.: Du hassest alle Bosheit und erbarmst Dich doch allzeit der Sünder.

A.: Herr, wir *preisen* Deine Güte und Barmherzigkeit.

+

V.: Herr, wir *danken* Dir für Deine Güte und Barmherzigkeit.

Du nahmst den Stammeltern das Paradies und gabst ihnen zugleich die Verheißung kommender Erlösung.

A.: Herr, wir *danken* Dir ...

V.: In der Sintflut tilgtest Du ein verderbtes Geschlecht und rettetest zugleich Noe mit den Seinen in der Arche.

A.: Herr, wir *danken* Dir ...

V.: Du schlossest einen Bund mit dem von Dir erwählten Volk und bliebst ihm treu trotz all seiner Untreuen.

A.: Herr, wir *danken* Dir ...

V.: Wie auch menschliche Bosheit überhand nahm, Deine erbarmende Güte war immer noch überströmender.

A.: Herr, wir *danken* Dir ...

V.: In der Fülle der Zeiten sandtest Du den Erlöser, Deinen ewig-einzigen Sohn, als unsern Menschenbruder zur Erde.
A.: Herr, wir *danken* Dir ...
V.: Im Übermaß Deiner Liebe zu uns Menschen ließest Du Deinen Sohn sterben am Kreuz, um uns für das ewige Leben zu retten.
A.: Herr, wir *danken* Dir ...

+

V.: Herr, wir *glauben* an Deine Güte und Barmherzigkeit.
Du hast uns entrissen der Macht der Finsternis und versetzt ins Lichtreich Deines Sohnes.
A.: Herr, wir *glauben* an Deine Güte ...
V.: Frohe Botschaft immer bereiter Gotteshuld ist uns gegeben im Gnadenwort Deines Sohnes.
A.: Herr, wir *glauben* an Deine Güte ...
V.: Im Herzen Jesu Christi, unseres Herrn, quillt uns ein unausschöpfbarer Born göttlichen Erbarmens.
A.: Herr, wir *glauben* an Deine Güte ...
V.: Im siebenfachen Strom fließt uns Deine Gnade zu Kraft des Kreuzesopfers, das täglich neue Gegenwart wird auf den Altären.
A.: Herr, wir *glauben* an Deine Güte ...
V.: Deine suchende Heilandsliebe holt uns heim von den vielfachen Irrwegen unserer Sünde und Schwachheit.
A.: Herr, wir *glauben* an Deine Güte ...
V.: Himmlisches Brot gibst Du uns als Wegzehrung auf der Pilgerschaft und als Pfand des ewigen Lebens.
A.: Herr, wir *glauben* an Deine Güte ...

+

V.: Herr, wir *bitten* um Deine Güte und Barmherzigkeit. Für die Gemeinde all der Deinen auf dem ganzen Erdenrund.
A.: Herr, wir *bitten* um Deine Güte und Barmherzigkeit.
V.: In der Schwachheit und Hinfälligkeit unseres vom Tode gezeichneten Leibes.

A.: Herr, wir *bitten* um Deine Güte und Barmherzigkeit.
V.: In der mannigfachen Anfechtung des Irrtums und der Sünde.
A.: Herr, wir *bitten* um Deine Güte und Barmherzigkeit.
V.: In der vielfältigen Not, die unser Leben täglich bedroht.
A.: Herr, wir *bitten* um Deine Güte und Barmherzigkeit.
V.: In der Stunde unseres Todes.
A.: Herr, wir *bitten* um Deine Güte und Barmherzigkeit.
V.: Am Tage des Gerichtes.
A.: Herr, wir *bitten* um Deine Güte und Barmherzigkeit.

+

V.: „O Tiefe des Reichtums, der Weisheit und Erkenntnis Gottes! Wie unbegreiflich sind Deine Gerichte! Wie unerforschlich Deine Wege!" (Röm 11,33).
V.: Herr! Wir *preisen* Deine Güte und Barmherzigkeit.
A.: Wir *danken* für Deine Güte und Barmherzigkeit.
V.: Wir *glauben* an Deine Güte und Barmherzigkeit.
A.: Wir *bitten* um Deine Güte und Barmherzigkeit.
A.: Amen!

Mitten im Leben ... B 91

Mitten im Leben – so klag ich Dir +
seh' ich des düstren Todes Tore offen.
Ist meines Lebens Lauf zu Mittag schon zu Ende? +
Darf ich, des Lebens froh, nicht schau'n mehr himmelan?
Soll meines Lebens Zelt mir jählings abgebrochen, +
mein Lebensfaden abgeschnitten werden vor der Zeit?
Mein Aug' erblindet fast vor Tränen +
doch heb' vertrauend ich den Blick zu Dir empor.
O HERR! Nimm Dich doch meines Elends an! +
Sag': bist Du's selbst, der mir den Tod verfügt'?
Ich weiß, daß meine Sünde Strafe heischt. +
So büße mich, doch schenke mir das Leben!
Ich will in Reue in mich gehn +
die Not ward mir zu Heil und Segen.
Ja, HERR! Ich glaub's: DU hast das Leben mir erhalten, +
hast meine Sünden alle hinter Dich geworfen!
So künd' ich dankbar Deine Huld und Güte +
und sing' mit all den Meinen froh Dein Lob.

Cant. Ezechias (Js. 38, 10-20)

Diese „Besinnung" schrieb Bruder Paulus gegen Ende seiner Gefangenschaft. Sein Wunsch, diese Gedanken möchten gedruckt und seinen Leidensgenossen im Haus der Todeskandidaten zugänglich gemacht werden, konnte nicht erfüllt werden. Die Niederschrift wurde nach seinem Tode den Christkönigsschwestern ausgehändigt.

B 92

## *Besinnung*

In der ganzen Geschichte der Menschheit gibt es keinen Herrscher, der an umfassender Macht verglichen werden könnte mit dem TOD. Auch die Alexander und Caesar und Napoleon waren Nichtse in ihrer Macht gegenüber diesem Einen, der als absoluter Monarch über sie wie über alles Lebendige verfügt. Weder Raum noch Zeit scheinen dem Tod irgendeine Schranke zu setzen. Die mittelalterlichen „Totentänze" haben diese grandiose Rolle des Todes in merkwürdiger Weise im Bilde dargestellt.

Und doch ist der Tod nicht der *„Allherrscher"*. Er unterliegt einer bedeutungsvollen doppelten Beschränkung: Der Tod erfaßt *nur* das vergängliche, *materiell-organische* Leben – die geistige Seele ist seinem Machtbereich entzogen – und: auch in der Ausübung seiner Herrschaft steht er *im Dienst eines Höheren, Gottes,* des Allherrn.

„Fürchtet euch nicht vor denen, die nur den *Leib* töten, darüber hinaus aber der Seele nichts anhaben können! Fürchtet vielmehr den, der Leib und Seele ins Verderben der Hölle stürzen kann! Ja, den fürchte" (Mt 10, 28 f.; Lk 12, 4). Mit diesen Worten hat *Christus* der Herr uns die eine Wahrheit vor Augen gestellt, tröstlich und bedrängend zugleich: der Tod greift das Letzte, das *Eigentliche* in uns nicht an; unser *„Ich"* bleibt über den leiblichen Tod hinaus weiter bestehen. Wir haben zwar, da unsere Erfahrung bzw. Vorstellung auf das durch die Sinne Wahrnehmbare beschränkt ist, keine Möglichkeit, uns dieses Fortbestehen nach dem Tode *„vorzustellen"* – auch unsere „Seele" selbst ist ja nicht „vorstellbar" außer in unzulänglichen Bildern –, aber es ist gleichwohl eine *Tatsache,* die uns das eigene *Selbstbewußtsein,* die gemeinsame Überzeugung der *größten Geister aller Zeiten* von

Sokrates bis Goethe, und vor allem die *Offenbarung Gottes* selbst verbürgt.

Und das andere: der Tod ist kein blindes „Schicksal", sondern es ist „*Schick*"sal des Allerhöchsten. Das besagt nun freilich keineswegs, daß Gott sozusagen die „Verantwortung" dafür auf sich nimmt, *wann* und *wie* der Tod des einzelnen erfolgt – Gott hat die Menschen in den Raum der „Freiheit" gestellt und läßt die in Freiheit wirkenden Kräfte dieser Zeit irgendwie mit ihren natürlichen Folgen ablaufen, aber *zugleich* – das „Wie" des „Zugleich" ist Sein Geheimnis – nimmt Er all dieses Geschehen (das nie ohne Seinen wirkenden Willen möglich ist) in Seine *ewigen Pläne* auf. Und diese Pläne Gottes sind, so undurchdringlich dies für uns oft sein mag, *Weisheit* und *Liebe*. Das eben ist der Glaube, den uns Christus kündet: „Alle Haare auf eurem Haupte sind gezählt" (Mt 10,30; Lk 12,7). „Kein Haar fällt von des Gerechten Haupt ohne den Willen des Vaters" (Lk 21,18) Ja, es gilt auch vom Tod, was der Apostel (Röm 8,28) sagt: „Denen, die Gott lieben, gereicht *alles* zum Besten"; es gilt von jedem Tod des Gottliebenden.

+

„Das Leben ist der Güter höchstes nicht ...". Ein tiefmenschliches Wort des Dichters! Vielleicht macht gerade das den *Menschen* aus, daß er so denken *kann* – das *Tier* bleibt an seinem natürlichen Selbsterhaltungsdrang hängen; es kennt darüber hinaus keine „*Werte*", denen das Leben zu opfern Sinn hat, ja unter Umständen gerade die höchste Würde begründet. – Im Letzten wahr ist des Dichters Wort aber erst auf dem Grund des *christlichen Glaubens:* „Seele" und „Gewissen" stehen dem Christen höher als alle, auch die größten Werte der vergänglichen Welt. Und der Einsatz auch des irdischen Lebens ist *sinnvoll* aus dem Wissen heraus, daß gerade dem sein Leben in Glaube und Liebe hingebenden Menschen ein *ewiges Leben* winkt, in dem sich erfüllt, was an edlem, gottgemäßen Streben in dieser Zeit „ins Erdreich gesät" wurde. „Der sein (irdisches) Leben hingibt, wird es (als ewiges) gewinnen" (Mt 10,39), sagt der Herr. Die Verheißung Christi gilt auch jedem, der im vertrauenden Glauben an die Vorsehung des VATERS Ihm das Leben anheimstellt, um nur auf das zu schauen, was in der Tat der Güter höchstes ist: das „*ewige Leben*".

+

Als man den heiligen Bruder Immerfroh sterbend von Assisi nach seinem Portiunkula trug, da wiederholte er unterwegs nochmals den ergreifenden Sonnengesang, in dem er sein tiefstes, gläubiges Lebensgefühl zum Ausdruck gebracht hat. Er schließt mit den Worten: „... *Sei gegrüßt,* du mein *Bruder,* du leiblicher Tod ...!"

Es gehört wahrlich weltüberlegene reife Geistesfreiheit dazu, dieses Wort christlichen Glaubens auszusprechen, als *„Bruder"* zu *begrüßen* den, der das pochende Menschenherz zum Stillstand bringt. Aber der im Glauben lebende Mensch weiß darum: Leben und Tod kommen gleicherweise aus der Hand des VATERS, sind dadurch „brüderlich" mit uns verbunden. Und was aus Gottes liebender Vaterhand kommt, ist „gut" – auch wenn es das unmündige Kind nicht gleich versteht. Wer darum weiß, daß der Tod nicht nur „Ende", sondern auch und noch mehr! – *„Anfang"* ist, *Tor* zum eigentlichen, „ewigen" Leben, der kann den Tod – ohne „lebensmüde" zu sein – lieben und grüßen: Sei gegrüßt, *Bruder Tod ...!*

+

*Es ist dem Menschen gesetzt, einmal zu sterben – und dann kommt das Gericht ...*" (Hebr 9,27).

*Einmal* muß *jeder* Mensch sterben. Das ist eine Wahrheit, um die man nicht herumkommt, wenn man noch so törichte Versuche macht, gleich dem Vogel Strauß den Kopf in den Sand zu stekken, wie dies so viele tun. *Einmal ...!* Das *„Wann?"* und *„Wie?"* bleibt dem Menschen verborgen – er soll wohl immer der Tatsache bewußt ins Gesicht sehen, die für ihn so *entscheidende Bedeutung* hat. Nicht vom Wann und Wie des Todes gilt dies! Es ist das *Gericht,* das sich mit dem Augenblick des Todes vollzieht: Alle Masken und Schleier fallen ab, wenn wir vor den Augen des allwissenden, allheiligen Gottes stehen, von Ihm durchschaut bis auf die letzten Gründe unserer Seele, die wir uns selbst oft feige verschleiert haben ... Damit fällt die *Entscheidung* über unser „Leben" ...

Sollen wir uns *fürchten?* Wir haben allen Grund dazu, wenn wir auf *uns* und unsere *Sünde* und *Schuld* sehen – niemand ist, der vor Gottes leuchtender Heiligkeit „rein" wäre! (1 Joh 1,8). Und doch auch haben wir keine Ursache zu Furcht, wenn wir auf *Christus* den Herrn schauen, der uns in Seinem Blut abgewaschen hat (1 Ptr 1,19; Offb. 1,5) und uns der unermeßlichen Barmherzigkeit des VATERS vorstellt (Hebr 7,25; 1 Joh). Dürfen wir damit rechnen? Ist nicht die Zeit zu Selbsteinkehr und Herzensumkehr, die Er uns – vor andern! – als Gnade anbietet in der fruchtbaren Einsamkeit unserer Zelle, schon ein Unterpfand Seiner Heilandsliebe, die uns *heim*holen will? Wenn wir vertrauend eingehen auf die geheimnisvolle Führung unseres Lebens, wenn wir uns *bereiten* zum großen *Ja* zu Gottes heiligem Willen, gilt uns das Wort, mit dem Er in Seiner großen Gerichtsrede sich an Seine getreuen Jünger wendet: „Wenn das (Gericht) im Anzug ist, dann schauet auf und erhebt froh eure Häupter: eure *Erlösung* naht!" (Lk 21,28).

+

Vor mehr als 1000 Jahren hat der Mönch Notker zum ersten Mal das Lied gesungen, das heute noch uns alle tief ergreift: „Mitten im Leben sind wir vom Tod umfangen. Wer ist's, der uns Hilfe bringt, daß wir Gnad' erlangen ...?" *Mitten im Leben!* Wahrlich, nie hat man das so erschütternd erfahren als in unseren Zeiten, wo jeder Tag neue Massengräber aufwirft, die Blüte aller Völker einzugraben!

Mitten im Leben ...! Wen faßt die Not des Todes so an wie uns, denen das Leben bereits abgesprochen ist ...? Ist keine „Hoffnung" für uns? Wohl, es ist noch nicht alle menschliche Hoffnung auf „Gnade" genommen. Weit begründeter und sicherer aber ist die Hoffnung unseres *Glaubens:* wir haben ein *Leben,* das uns *nicht entrissen* werden kann, wenn wir *in Christus* stehen. Dieses „ewige Leben", von dem der *Herr* immer wieder spricht, ist nicht bloß *Verheißung* für das „Jenseits", es ist uns schon als *gegenwärtiges* gegeben (Joh 6,47.54; Eph 2,6; Kol 3,1 u.a.), nur daß es mit den Händen nicht zu greifen ist, weil es ein verborgenes Leben des *Geistes* ist. Es ist darum nicht weniger *wirklich:* es ist eine geheimnisvolle *Anteilnahme an Christi Leben,* die begonnen hat in der „Wiedergeburt" der hl. *Taufe* (Joh 3,3ff.) als ein in uns eingesenkter heiliger „Lebenskeim“ (1 Ptr 1,23; 1 Joh 3,9), aufgenommen im *Glauben* und in der *Liebe,* entfaltet durch das „Brot des Lebens“ (Joh 6,35 ff.), durch das wir in immer tiefere Lebensgemeinschaft („Kommunion“) mit Christus treten, so daß wir mit dem Apostel (Gal 2,20) sagen können: „ich lebe, doch nicht eigentlich ich: *Christus* lebt in mir ...!“ Und das ist das *Ziel* dieses Lebens, daß wir, mit Christus „gestorben“, mit Ihm „gekreuzigt“, mit Ihm *auferstanden* an Seiner ewigen Herrlichkeit teilhaben dürfen (2 Kor 2,10.14.17; 6,14; Kol 3,2; 2 Tim 2,11; 1 Ptr 5,10; Offb 3,20; 7,9 ff. u.a.). Wahrlich, wir Christen sind nicht wie die Ungläubigen, die „keine Hoffnung haben“ (1 Thess 4,13): Mitten im *Tod* sind wir vom *Leben* umfangen.

+

Der heilige *Thomas Morus* ist eine der bedeutendsten Persönlichkeiten der Geschichte, gleich groß als Mensch, als Denker und Politiker wie als Christ. Da er als englischer Staatskanzler aus seinem *Gewissen* heraus der Politik des Königs den Gehorsam weigerte, mußte er das Schafott besteigen. Es ist uns genau überliefert, mit welch überlegen heiterem Gleichmut er dies tat: der Trost seines Gewissens vor Gott gab ihm fröhliche Sicherheit. Sein letztes Wort war noch ein Scherz gegenüber dem Henker ...

Ob solche Seelengröße einem *Ungläubigen* möglich ist? Wohl hat auch der alte Sokrates mit erstaunlichem Gleichmut den Giftbecher getrunken, aber der Weltweise war – nach dem Maß seiner Erkenntnis – ein Gläubiger. Wer im Glauben steht, bleibt nicht am Vordergründigen hängen; er weiß, daß es nicht darauf ankommt, *wie lange* dieses Leben auf *Erden* dauert, sondern ob es *rein und edel und reich vor Gott* war – eine Grundlegung des Lebens, das „währt“? „Aussaat“ auf das *„ewige Leben“* (1 Kor 15,42; 2 Kor 4,14 ff.; 1 Ptr 2,19 ff.; 3,13 ff.).

+

Der große Trost des *Christen,* der vor dem Tode steht, ist *Christus.* Er hat unsretwegen die Todesnot ausgekostet bis zum Letzten (Mt 26,36 ff.; 27,32 ff. u.a.). Er hat Sein Blut für uns hingegeben (Röm 5,9) aus *freier* Entscheidung – „Ich könnte den

VATER bitten, Er würde Mir sogleich mehr als 12 Legionen Engel zu Hilfe schicken ..." sagt Er bei der Gefangennahme zu den Jüngern, die für Ihn zum Schwert greifen wollten (Mt 26,53). – Er hat uns am Kreuz erlöst, uns das Heil erkauft und das Tor des Himmels geöffnet. Er ist *auferstanden* „als Erstling der Entschlafenen", verklärt an Seinem wundbedeckten Leibe, ist aufgefahren zum Himmel und nimmt zur Rechten des VATERS den Thron ein, der Ihm gebührt. Ja, Er steht allzeit vor dem Vater als unser Anwalt und Fürsprecher (Hebr 7,25; 1 Joh 2,1) und zeigt Ihm Seine verklärten Wunden, die uns das Leben verbürgen. Er, der Auferstandene, gibt uns die Sicherheit, daß nicht „mit dem Tod alles aus" ist, sondern daß die Macht Gottes ein *Leben* bereit hält, das unvergleichlich reicher und voller ist als dieses irdische „Leben", das man ebensogut ein (mehr oder minder rasches) „Sterben" heißen könnte. Ja, Er verbürgt uns, die wir mit Ihm gestorben (Röm 6,3 f.; Kol 2,12; 3,3; 2 Tim 2,11) sind, die *„Auferstehung des Fleisches"* (Mt 22,30; Joh 11,25; Apg 24,15; Röm 8,11; 1 Kor 15,12 ff.35 ff.; 2 Kor 4,14 f.; Phil 3,11; 1 Thess 4,13 ff.), da wir auf der „neuen Erde" (2 Ptr 3,13) „überkleidet" (2 Kor 5,2) werden mit dem Leib , der in seiner Verklärung alle Schwerfälligkeit und Raumgebundenheit verloren hat, gleichgestaltet dem verklärten Leib des Herrn (2 Kor 4,10; Phil 3,2), der Seinen Jüngern bei verschlossenen Türen erschien (Joh 20,19). „Wenn Christus *nicht* auferstanden ist, ist unser Glaube nichtig. Nun aber *ist* Christus von den Toten auferstanden als Erstling der Entschlafenen ... Verschlungen ist der Tod im Sieg. Tod, wo ist dein Sieg? Tod, wo ist noch dein Stachel? Gott sei Dank, der uns den *Sieg* verliehen hat durch unsern Herrn Jesus Christus!" (1 Kor 15,16 f., 54 f.) „Ja, die Leiden dieser Zeit bedeuten nichts, verglichen mit der künftigen Herrlichkeit, die an uns wird offenbar werden" (Röm 8,18).

+

„Ich glaube ... an das *ewige Leben* ...". So beten wir im Glaubensbekenntnis. Was meinen wir damit? Nicht schlechthin ein Leben des *Jenseits:* unser ewiges „Leben" in Christus ist schon diesseitige *Gegenwart,* aber es ist „mit Christus *verborgen* in Gott" (Kol 3,3).

Es soll aber und wird *offenbar* werden im „Jenseits", wo Christi verklärte Herrlichkeit bereits verwirklicht ist, an der teilzuhaben eben unser *„Himmel"* ist.

Was können wir uns *vorstellen* unter dem *„Himmel"*? Eigentlich müssen wir in aller Bescheidenheit sagen, daß wir von dem Wie dieses Himmels keine klare Vorstellung haben, haben *können,* weil eben unsere „Vorstellungen" ganz an sinnliche Wahrnehmung gebunden sind, so daß *Geistiges* sich der „Vorstellung" entzieht. Auch die *Offenbarung* lüftet den Schleier nicht weitgehend; wir sind und bleiben – aus weiser Absicht Gottes! – in dieser unserer Zeit ganz auf *„Glauben"* gestellt: „Selig, die nicht sehen (= sich selbst überzeugen) und doch glauben!" (sagt der Herr (Joh 20,29).

Aber die *Tatsächlichkeit* dieses „Lebens" der Gerechten wird uns oft und klar bezeugt. So sagt es z. B. der Völkerapostel, der selbst so oft durch Todesnot gehen mußte (2 Kor 11,23 ff.): „Wir verlieren den Mut nicht; wenn auch unser *äußerer* Mensch aufgerieben wird, der *innere* wird von Tag zu Tag erneuert. Die geringe Not des *Augenblicks* erwirkt uns eine *überschwengliche, ewige, alles überwältigende Herrlichkeit* ... Wir sind dessen gewiß: wenn dieses unser „Gezelt" abgebrochen wird, werden wir einen Bau von Gott empfangen, ein nicht von Händen gefertigtes *ewiges Wohnhaus im Himmel.* Darum „seufzen wir voll *Verlangen,* mit unserer himmlischen Wohnung ‚überkleidet' zu werden ..." (2 Kor 4,16 ff.). Für so groß und herrlich hält Paulus den „Siegespreis", der seiner wartet (1 Kor 9,25), daß er sagen kann: „Für mich ist das Leben Christus, *Sterben Gewinn.* So zieht es mich nach beiden Seiten: ich habe das *Verlangen, aufgelöst* zu werden und *mit Christus zu sein, was um vieles besser* wäre – im Fleisch zu bleiben ist freilich notwendig euretwillen ..." (Phil 1,21 ff.).

Was ist dieser „Siegespreis", diese „Krone des ewigen Lebens" (2 Tim 4,7; Jak 1,12)? Es ist eine unvorstellbare, durch nichts getrübte und nie endende Glückseligkeit, die, wie der Apostel (1 Kor 13,8 f.) andeutet, ihren Grund darin hat, daß alle Rätsel des Lebens, die uns so oft bedrängt haben, gelöst sind in der „Anschauung" Gottes, in dessen leuchtendes Angesicht alle „Wahrheit" uns offenbar wird – die Theologen, die darüber nachgedacht haben, meinen, daß jeder einzelne seine persönlichen Rätsel und Fragen gelöst finden, die Vollendung all der Erkenntnis genießen wird, die seinem „Interesse" auf Erden entsprach, also in mannigfaltigster Abstufung und Verschiedenartigkeit. Jetzt ist unser „Wissen" ja „Stückwerk" – je mehr ein Mensch ins Wissen eindringt, um so mehr erkennt er dies! – „wenn das Vollkommene erscheint, wird das Stückwerk abgetan. Jetzt sehen wir wie in einem Spiegel, in Rätseln, dann aber von Angesicht zu Angesicht ..." (1 Kor 13,8 f.).

Liegt schon darin eine wunderbare Beglückung, von deren Ausmaß wir uns solange keine Vorstellung machen können, als wir noch „im Fleische" wandeln, so wird die Fülle der Seligkeit uns geschenkt durch die *Vollendung* der *„Liebe"*. Welch ungeheure, uns alle ergreifende Macht hat doch die „Liebe" schon in diesem Leben! Und doch ist diese „Liebe" nur eine schwache Vorahnung der beglückenden Liebe des Jenseits! Wir lieben, weil wir von Natur nach Ergänzung unseres allein unvollendeten Ich verlangen, nach dem Besitz all des Guten und Schönen, das uns fehlt und das wir ersehnen ... Im Überschwang der „ersten Liebe" vermeinen wir es zu finden in einem menschlichen „zweiten Ich" – aber im Grund erwächst daraus immer wieder eine Enttäuschung, wie sie der große Liebende, Augustinus, in das Wort gefaßt hat: *„Unruhig* bleibt unser Herz, bis es ruht in DIR ...!" Ja, wenn die Schleier fallen, wird es uns bewußt werden, daß wir mit aller vielfältigen Liebessehnsucht unseres Lebens im Letzten nur nach dem *Einen* verlangt haben, nach *Gott*, in dem alle Güte und Schönheit, aller Liebreiz und „Wert" in unausdenkbarer Überfülle gegeben ist und in dem wir alles wiederfinden, was im Leben dieser Zeit echtes Ziel unserer Liebe war. Ihm werden wir uns in seliger Kindesliebe in die Arme werfen, und es wird das Wissen um den unverlierbaren „Besitz" dieses VATERS uns zu einem nie endenden Glücksjubel führen, der seinen Ausdruck findet im unaufhörlichen seligen „Heilig, heilig, heilig ..."

Johannes, der Seher, hat in glühenden Farben Bilder gemalt (Offb 4; 5; 7; 14; 19; 20; 21; 22), die uns etwas erahnen lassen von der Herrlichkeit, von der keine Zunge eines Sterblichen Zulängliches künden kann, da „kein Auge gesehen, kein Ohr gehört, in keines Menschen Herz gedrungen ist, was Gott denen bereithält, die Ihn lieben" (1 Kor 2,9).

Daß es durch Gottes Gnade uns gälte, was der Liebesjünger in seiner Geheimen Offenbarung (22,1 ff.) schreibt: „... Er zeigte mir einen Strom lebendigen Wassers, klar wie Kristall, der ausgeht vom Throne Gottes und des Lammes ... Seine Knechte werden Ihm dienen. Sie werden Sein Angesicht schauen und Seinen Namen auf ihrer Stirn tragen. Nacht wird nicht mehr sein. Sie brauchen keine Lampe und kein Sonnenlicht: Gott der Herr wird ihre Leuchte sein, und sie werden herrschen von Ewigkeit zu Ewigkeit."

Amen!

Am 6. April 1944, also elf Tage vor seinem Tod, schreibt Vater Paulus an Sr. Judith Hauser seinen letzten Osterbrief. Dieser Brief war als Ostergruß an seine Christkönigsgemeinschaft gedacht. Er befand sich ebenfalls unter den Akten des Ost-Berliner Archivs. So kam es, daß die Christkönigsgemeinschaft im Mutterhaus in Meitingen ihn am Ostersonntag 1971 zum ersten Mal hörte.

B 93 Zuchthaus Brandenburg (Havel)-Görden

Zugangs-Nummer: 1649/43
7 (8) J 190/43

Brandenburg (Havel)-Görden, den VI. IV. 1944
Winterfeldtallee 22

Meine vielgute Schwester!

Dieser Brief soll für Euch alle und Dich im besonderen ein froher Ostergruß sein. Das Hochfest unseres Glaubens kann uns ja nie mehr sagen, als in Tagen, da wir alle von Tod umwittert sind. Da wendet man sich Dem zu, in Dessen Auferstehung der Feind des menschlichen Geschlechtes überwunden und uns allen das Leben gewonnen wurde. ER gab uns *die* Hoffnung, die nicht trügt, die auch in Trübsal nicht versagt, sondern gerade in ihr sich auswirkt zufolge der Gemeinschaft mit Dem, der die mit IHM Leidenden und Sterbenden in Seine Auferstehungsherrlichkeit hineinnimmt. So jubeln wir trotz all des Jammers, der uns alle angeht, des ewig junge Alleluja aus vollem Herzen. Ich hoffe Euch mit der Beilage – Osterlied und -liturgie – eine kleine Osterfreude zu machen. „Nun singt in frohem Jubelklang ..." Werdet Ihr es singen?

Ich freue mich auch sehr auf den großen Tag des HERRN. Heute kam ER in meine Zelle im Geheimnis des Tages. Und ich vereinte mich auch mit Euch im „Mandatum", das ich leise sang.

Der März war für mich etwas schwer durch die *täglich* neue Enttäuschung, daß der sehnlich erwartete Besuch ausblieb. Ich habe zwar den „Neid" niedergekämpft, daß mein Zellennachbar seit Monaten alle 14 Tage Besuch erhielt, aber ich hatte den begreiflichen Wunsch, auch mal nach einem Vierteljahr einen lieben Menschen zu sehen. Nun, ich habe alles „geopfert". Aber ich habe vorgestern an den Herrn Oberreichsanwalt geschrieben und um Besuchserlaubnis für Dich gebeten; ich hoffe also auf diese Osterfreude. Wann wird's sein?

Enttäuscht war ich auch, daß ich vom 3.–29. *keine Post* bekam. Warum teilt Ihr Euch nicht auch so ein, daß Ihr die 14-tägigen Schreibtage abwechselnd auf den Tag einhaltet wie ich, der ich immer Donnerstag alle 14 Tage schreibe? Bitte! Oder bin ich Euch das nicht wert? Eine Vorosterfreude habe ich bereits erhalten, an der Ihr Euch mitfreut; ich brauche nicht mehr in Fesseln zu schreiben. Ich bin sehr dankbar dafür.

Von Schwester Benedikta erhielt ich Ende März den lieben Brief, für den ich ihr danke, es scheint aber ein Brief verlorengegangen zu sein, da sie voraussetzt, daß ich von unserem Bombenschaden schon Kenntnis habe; es hätte mich auch gewundert, wenn man mir nicht gleich Nachricht gegeben hätte. Ich habe gehört, daß *St. Joseph* nun auch von der Zerstörung betroffen wurde, und ich bin nun begreiflicherweise sehr in Spannung auf Deinen Brief bzw. Besuch, um zu hören, wieweit wir mitbetroffen wurden. Ist unser Kreuz in der Kirche gerettet?

Die Angelegenheit „*Wertzuwachs*" ist auch noch nicht zu mir zurückgekommen. Schwester Benediktas Äußerung verstand ich nicht. Sollte Bruder Othmar sich nicht ausgekannt haben in meiner Darstellung? Ich kann's kaum glauben. Unverständlich war mir auch die Mitteilung, daß man in Sorge sei wegen Imelda. Warum? Solche geheimnisvollen Andeutungen haben keinen Sinn, da ich ja nichts damit anfangen kann.

Vermißt habe ich Mitteilungen über unsere Kranken, an die ich immer denke: Michael, Martina, Afra, Edelburg, Devota, Johanna, Hermenegild, Bernharda? Wie steht's mit ihnen?

Laßt Ihr Anna weiter vagabundieren? Holt sie rechtzeitig, und gebt eine andere Schwester in ihr Zimmer!

Habt Ihr die Barmherzigkeitslitanei schon benützt?

Bestätigt bitte Briefe mit Datum, nicht „letzter" (!) Brief! Auch Beilagen!

Ich bat um ein Notenheft, bekam aber seither noch keinen Brief von Euch. Bitte, sorge für Schreibreserve: dünner und gelber Block. Bleistift. *Federn,* Gummi, Löschpapier im Block. Grüße besonders die Brüder! Ildefons auch!

Gestern hatten wir *hier* zum erstenmal ernsten Angriff, aber das Zuchthaus wurde verschont.

Und nun segne Euch alle der HERR mit Seiner lichten Osterfreude voll Heiligen Friedens!

Dir besonders in Treuen verbunden und Dich bald erwartend

Bruder Paulus

In der Anlage zu diesem Brief befand sich der Entwurf einer vertonten „Osterliturgie“ und die Übersetzung eines „Lobpsalmes“ nach Tob 13, 1–10, von dem man annehmen kann, daß ihn Metzger ebenfalls vertont hat.

## *Osterliturgie* B 94

Introitus:

Auferstanden bin Ich; nun bin Ich allezeit bei Dir. Alleluja!
Du legtest Deine Hand auf mich, Alleluja!
So ward es offenbar, das Wunder Deiner Weisheit. Alleluja! Alleluja!

HERR, Du durchschaust mich ganz und gar,
ob ich nun raste oder geh', Du weißt es ...

Graduale:

Das ist der Tag, den der HERR gemacht!
Laßt froh uns sein, laßt uns frohlocken!
Preiset den HERRN, denn ER ist gut;
ja, ewig währet Sein Erbarmen.
Alleluja, Alleluja!

Unser Osterlamm ist nun geschlachtet: Christus! Alleluja!

Offertorium:

Erschüttert ward die Erde und verstummte,
daß sich erhob Gott zum Gericht. Alleluja!

Communio:

Unser Osterlamm ist nun geschlachtet: Christus! Alleluja!
So laßt uns Festmahl halten mit dem Brote, ungesäuert, lauter und wahr!

Alleluja! Alleluja! Alleluja!
Groß bist Du, HERR, Allewiger,
für ewig ist Dein Königtum gegründet.

Groß bist Du, HERR, Allewiger + für ewig ist Dein Königtum gegründet.
In alle Welt hast Du Dein Volk zerstreut + als Künder Deiner Wunder, Zeugen Deiner Allmacht.
Verbannt' auch Sünde uns von Deinem Angesicht + an unsrer Schuld wird Deine Güte offenbar.
Du schwingst des Zornes Geißel im Gericht, + als Heiland heilst Du die geschlag'nen Wunden.
Dem dunkeln Tode gibst Du uns anheim; + Dein Wort weckt wieder auf zu neuem Leben.
Du büßest uns ob unsrer Sünden Schuld, + doch Rettung finden wir in Deiner Gnade.
So preist den HERRN, ihr Auserwählten alle! + Besinget Gottes Ruhm vor allen Völkern!
Ja, schaut auf Ihn, erschauernd lobet Seine Taten, + verkündet laut Sein ew'ges Königtum!
Bekehret euch, ihr Sünder, zu gerechtem Leben, + so mögt auch ihr auf Sein Erbarmen hoffen.
Wir freu'n uns Sein, wir, Seine Auserwählten; + froh feiern wir des HERREN Macht und Größe.

„Die 40 Tage der Auferstehungsbereitung" erlebte Bruder Paulus in einer immer tiefer werdenden Einsamkeit. Innere Trostlosigkeit wechselte mit neuer Hoffnung. Es wurden trotz vieler Bemühungen keine Besuche mehr zugelassen.

Gelegentlich konnte Schwester Judith Maria Bruder Paulus sehen, wenn sie an der dem Zuchthaus gegenüber liegenden Straßenbahnhaltestelle wartete. Seine Zelle lag an der Vorderfront des Hauses. Dann winkte er mit einem hellen Tuch und zeichnete damit ein großes Segenskreuz.

Am 12. April 1944, einem Ostermittwoch, durfte Pfarrer Buchholz, der ihm vertraute Berliner Gefangenenseelsorger, Bruder Paulus noch einmal besuchen. Die Freude war groß. Pfarrer Buchholz brachte ihm letzte Grüße und Liebesgaben der Berliner Gemeinschaft. Trotz großer innerer und äußerer Not war Bruder Paulus zutiefst gelassen und österlich froh. Statt einer Klage sang der Gefesselte dem Priester eines seiner drei Osterlieder vor, die in diesen Tagen in ihm erklungen waren.

Christ der HERR ist auferstanden! B 96
leibverklärt in Herrlichkeit.
Kündet laut in allen Landen
Freiheit! Friede! Freudenzeit!
Singt Triumph! Denn überwunden
ist der Feind! Der HERR gebeut!
Heiland aller Sünden Wunden,
bracht' Er die Erlösung heut'.

Christ der HERR ist auferstanden,
jubelt, die ihr todgeweiht!
Der des Teufels Kampf bestanden,
uns aus Höllenfron befreit.
Nimmer in dem Leib, dem neuen,
Leben mehr im Grab verwest.
Heil'gen Lebens froh, ihr Freien,
hebt das Haupt: ihr seid erlöst!

Christ der HERR ist auferstanden!
Erstling Seiner heil'gen Schar.
Heil und Leben alle fanden
an des Herren Kreuzaltar.
Die mit Ihm ihr war't gestorben,
auferstanden seid ihr heut'.
Was im Tod Er euch erworben,
euer ist's: die Herrlichkeit!

10. 4. 44 Bruder Paulus

(Gedichtet und vertont am Ostermontag, eine Woche vor seinem Tod.)

Bald führte ihn der Herr wieder in die quälende Nacht der Unruhe. So erbat sich Bruder Paulus vom Anstaltsgeistlichen Auskunft, ob er diesmal auf der Totenliste stehe. 30 Hinrichtungen waren für den 17. April vorgesehen, 29 Opfer mit Namen aufgeführt; seiner befand sich nicht darunter. Warum dieses Geheimnis? Selbst der Hinrichtungsbeamte wußte bis zuletzt nicht, wer an diesem Tag das 30. Opfer sein sollte.

Erst am frühen Nachmittag des 17. April 1944 teilte die Hinrichtungskommission Bruder Paulus mit, daß in etwa einer Stunde das Urteil vollstreckt würde. Als der Anstaltsgeistliche ihm die heilige Wegzehrung in seine Zelle brachte, fand er Bruder Paulus ganz bereit und gefaßt mit der Niederschrift seiner Abschiedsbriefe beschäftigt (die vom Gericht nie ausgehändigt wurden).

Unter den Akten aus Ost-Berlin befanden sich auch diese beiden letzten Briefe, die Vater Paulus kurz vor seiner Hinrichtung niedergeschrieben hat. Es sind Abschiedsbriefe an Sr. Judith Maria Hauser und an seine Christkönigsgemeinschaft.

B 97 17. April 1944

+ Meine vielgute Schwester!

Nun verlangt der Herr doch das Letzte von mir – von uns – Sein Name sei gebenedeit! Ich habe IHM mein Leben angeboten für den Frieden der Welt und die Einheit der Kirche – möchte ER es so annehmen und segnen! Ich gehe mit frohem Herzen in den Tod – nein, ins *Leben,* wie ich glaube. Der Herr hat's gegeben ...! IHM gebe ich mich ganz anheim. ER sei mir gnädig! Auch Dich, meine Vielgute! Mein letzter Segensgedanke geht zu Dir. Es wird Dir ja ein großer Schmerz sein, aber auch Du wirst Dein Ja vor Gott sagen. Und ER wird es segnen! *ER* wird nun noch mehr Dein Vater sein. Vor IHM will ich für Dich bitten, wenn ich vor Sein Antlitz treten darf. Unser Bruder- und Schwestersein war – Gott ist mein Zeuge! – allzeit rein und auf IHN bezogen ... So wird es, im ewigen Leben gegründet, auch in IHM weiter bestehen, bis wir uns einmal wiedersehen dürfen im ewigen LICHT, das ER ist.

Ich schreibe noch ein paar Zeilen an alle Brüder und Schwestern, soweit das möglich ist. So gern schriebe ich noch an meine leiblichen Schwestern, an Ladis, Franz und die vielen anderen, die mir nahestehen, es geht leider nicht mehr. So grüße und segne Du sie in meinem Namen! Sie sollen alle froh sein, daß ich den Weg des Meisters bis zu Ende zu gehen würdig befunden wurde! Und sie möchten alle nach der Liebe und dem Frieden in IHM trachten!

Ich bin froh, daß ich Euch noch einiges hinterlassen durfte, was mir Gott geschenkt hat. Nehmt es, und nützt es, so wie es Euch für gut scheint! Ich würde mich ja freuen, wenn das Gloria, das ich hoffe im Himmel singen zu dürfen, auf Erden verstärkt werden könnte durch die Volksämter, die Ihr von mir habt, und die Osterlieder! Sie waren mein Letztes vor der Auferstehung, zu der ich durch den Tod des Herrn hindurchzukommen hoffe (Römer 3,4).

Sei der Societas Christi Regis treu bis zum Letzten! Vielleicht muß ich als Weizenkorn in die Erde, daß ER ihr das Leben gebe, das ER zufolge meiner Armseligkeit bei Lebzeiten mir nicht geben konnte!

Halte Dich an Schwester Gertrudis, und sei ihr eine Freundin und Schwester!

Und nun noch einmal, herzhaft und froh in österlicher Freude: Alleluja!

In brüderlicher Treue und Freundschaft in IHM

Dein
Bruder Paulus

Meine viellieben Brüder und Schwestern!

Nun will der Herr von mir das Lebensopfer. Ich sag' mein frohes *Ja* zu Seinem Willen. Ich hab IHM ja das Leben angeboten für den Frieden der Welt und die Einheit der Kirche. ER will es haben. Möchte ER es segnen!

Ich nehme von Euch Abschied, indem ich Euch um Verzeihung bitte für alles, worin ich Euch nicht das Beispiel war, an dem Ihr Euch zu IHM gezogen fühlen konntet. Möchte ER nun Euer Hirte sein! Bleibt der Societas Christi Regis treu! Möchte sie der Herr sich noch zum Werkzeug gestalten nach *Seinem Willen!* ER muß König sein! Ich muß schließen ...

Der Herr segne Euch alle und gebe Euch ein frohes Herz zum Dienen!

Dient IHM in den Brüdern!

Ich bin froh, daß ich Euch doch noch ein wenig geistiges Testament hinterlassen durfte. Wie ER will!

In Te speravi!

In Treue bis zum Letzten!
Bruder Paulus
v. d. Göttl. Vorsehung

Ungebrochen bestieg Bruder Paulus dann als letzter das Schafott. Kein Priester durfte ihm das Geleit geben. Einsam und allein, aber voll Zuversicht, ging er der nahenden Herrlichkeit entgegen.

+

Am Montag nach der Osterwoche
17. April 1944, 15.26 Uhr
wurde in Brandenburg
durch Enthauptung das Urteil vollstreckt

Die Schwestern im Mutterhaus in Meitingen beteten in der Todesstunde, wie jeden Montag zu der bekannten Stunde der Hinrichtungen, die Sterbegebete für alle verlassenen Opfer der Schreckensherrschaft: „Kommet, ihr Heiligen Gottes, eilet entgegen, ihr Engel des Herrn ... Christus, der dich berufen hat, möge dich aufnehmen ..." So betend, durften sie Bruder Paulus heimgeleiten.

Nach Empfang der Todesnachricht beteten die Schwestern in der Kapelle des Mutterhauses gemeinsam das Te Deum.

Alleluja! Singt die Weise B 99
ostermächtig laut ins Land!
Alle Welt den Sieger preise,
der aus dunklem Grab erstand!
Sonne überwand die Nacht:
Christ' hat neuen Tag gebracht.
Alleluja! Alleluja!

Tod! Wo ist dein' Macht geblieben?
Höllenfürst, wie bist du klein!
Alles Dunkel muß zerstieben
vor der Ostersonne Schein.
Trutz dem Teufel! Trutz dem Tod!
Christus überwand die Not.
Alleluja! Alleluja!

Neu ergrünt die alte Erde,
hoffnungsträchtig, glaubensfroh.
Gottes Wort erklang: „Es werde!"
Frost und Winternacht entfloh.
Lenzes Licht und Osterschein:
Christus, Herr, bist DU allein.
Alleluja! Alleluja!

10.4.44 Br. Paulus

Dank langer und umsichtiger Vorbereitung durch die Berliner Gemeinschaft konnte die Leiche zur Erdbestattung frei gehalten werden. Am 21. April 1944 fand um 11 Uhr in Anwesenheit einiger Schwestern heimlich und in aller Stille die Beerdigung auf dem Altstädtischen Friedhof in Brandenburg statt. Pfarrer Jochmann nahm die Einsegnung vor.

Am 13. September 1946 wurden die sterblichen Überreste von Bruder Paulus nach Berlin überführt und am 18. September 1946 unter ergriffener Anteilnahme einer tausendköpfigen Menschenmenge auf dem St. Hedwigs-Friedhof neben seinem Priesterfreund Ernst Thrasolt zur letzten Ruhe gebettet. Prälat Buchholz sprach tiefbewegt einen letzten Gruß und nahm die Grabeinsegnung vor.

+

B 100 Nun singt in frohem Jubelklang:
Der HERR ist auferstanden!
Der mit dem Tod und Teufel rang,
zerbrach der Sünde Banden.
Dem Sieger, der nun triumphiert,
in allen Weisen jubiliert:
Alleluja! Alleluja!

Im neuen Leben gottverklärt,
der Herr stieg aus dem Grabe.
Nun flieht der Tod! Das Leben währt,
des ew'gen GEISTES Gabe.
Der Tod und Sünde überwand,
ist uns des Lebens Unterpfand.
Alleluja! Alleluja!

Vergeblich war der Feinde Wut,
doch nicht umsonst Sein Sterben.
Mit Seines Herzens warmem Blut
erlöst Er uns zu Erben.
Nun führt Er Seines Sieges Bahn
die Seinen alle himmelan.
Alleluja! Alleluja!

10.4.44 Bruder Paulus

# III

# Dokumente

Im folgenden werden die heute bekannten Dokumente um den Prozeß Dr. Max Josef Metzgers angeführt. Sie umfassen im wesentlichen den „Akt des Berliner Volksgerichtshofes in Sachen Dr. Metzger“. Dieser wurde offenbar nach dem Krieg von den Russen gefunden und in Verwahr genommen. Der Akt befindet sich derzeit noch im ehemaligen „Institut für Marxismus und Leninismus“ des ZK der SED, Zentrales Parteiarchiv Berlin. Er enthält offenbar alle Schriftstücke, die aus den Akten des Volksgerichtshofes in Sachen Dr. Metzger erhalten geblieben sind. Ergänzt werden diese Dokumente durch Schriftstücke vor allem aus dem Freiburger Diözesanarchiv, die der Freiburger Professor Hugo Ott in den Jahrgängen 1970 und 1986 der Zeitschrift „Freiburger Diözesan-Archiv“ veröffentlicht hat. Damit wird auf bisher neue Weise das Prozeßverfahren und die Einstellung Dr. Metzgers dazu dokumentiert.

Am 14. November 1943 übergibt der Vorstand des Strafgefängnisses Berlin-Plötzensee dem Volksgerichtshof zwei Schriftstücke Metzgers, die dieser zu seiner Verteidigung verfaßt hatte. Denn inzwischen hatte der Prozeß vor dem Volksgerichtshof stattgefunden und Metzger war als Todeskandidat in das Zuchthaus Brandenburg-Görden eingeliefert worden. Die erste Schrift „Promemoria" ist vom 22. Juli 1943 datiert und als Anlage einem Anschreiben an den Außenminister vom 2. August 1943 beigelegt. Das zweite Schriftstück ist mit dem 30. Juli 1943 datiert. In diesen Verteidigungen gibt Max Josef Metzger eine kurze Selbstdarstellung seiner Person. Sie geben wichtige Aufschlüsse über seine eigene Einstellung zu den Anschuldigungen und zu seinem ganzen Lebenswerk.

Der Vorstand des Strafgefängnisses
Berlin-Plötzensee

Berlin-Plötzensee, d. 14. November 1943
Königsdamm 7

*Einschreiben!*

*Geheim1*

Betrifft:
Strafsache gegen Dr. Metzger
2 Schriftstücke

Herrn Oberreichsanwalt
beim Volksgerichtshof
– oder Vertreter –
in *Berlin W9*
Bellevuestraße 15

Anliegend übersende ich 2 Schriftstücke, die der hier als Untersuchungshäftling befindliche Dr. Metzger zu seiner Verteidigung im Besitz hatte und die von mir im Panzerschrank in Verwahrung genommen waren.

K ...
(Oberregierungsrat)

D 1 Berlin, II. VIII. 1943

Hochgeehrter Herr Reichsminister!

Es ist mir wohl bewußt, daß es ein großes Wagnis ist, die kühnen Gedanken des beiliegenden Promemoria der Staatsführung vorzutragen, deren Ideen und Wünsche naturgemäß in die entgegengesetzte Richtung weisen. Aber wenn das Vaterland in Gefahr ist, hat der Einzelne die Pflicht, alle persönlichen Rücksichten hintanzusetzen, wenn er glaubt, Volk und Staat einen Dienst leisten zu können.

Ich meine, mit der freimütigen Darlegung meiner Schau der Dinge, vielleicht auch darüber hinaus mit meinen persönlichen Fähigkeiten und Beziehungen, unserem Volk einen Dienst leisten zu können.

Schon seit zwei Jahren fühle ich mich gedrängt, dem verantwortlichen Führer des deutschen Volkes im Wesentlichen vorzutragen, was das beiliegende Promemoria zum Ausdruck bringt. 1941 im Herbst habe ich versucht, in einem persönlichen Schreiben an den Führer zu formulieren, was ich als nationales Postulat empfand, habe dann aber von der Absendung des Briefes – selbstverständlich auch von irgendwelcher Weitergabe desselben an dritte Personen – abgesehen, einmal, weil ich keinen Weg sah, den Führer selbst damit zu erreichen, und dann, weil ich doch mir sagen mußte, daß die Zeit noch nicht reif sei für die entsprechende Wertung dieser kühnen Gedanken. Je mehr aber die militärische Entwicklung dazu zwingt, sich mit der Möglichkeit eines Zusammenbruchs und dessen Folgen verantwortungsbewußt zu beschäftigen – Reichsminister Goebbels hat ja in Aufsätzen im „Reich" diese Möglichkeit selbst nun mehrmals gestreift –, um so mehr drängte es mich, diese Vorschläge der verantwortlichen Staatsführung zur Prüfung vorzulegen. Wenn ich dieses Promemoria in Ihre Hand gebe, hochgeehrter Herr Reichsminister, so aus dem Grund, weil ich in Ihnen den vertrauten Freund und Berater des Führers sehe, dem allein die schicksalschwere Entscheidung in der aufgeworfenen Frage zusteht.

Wenn meine Sicht der Dinge richtig ist, d. h. wenn es in der Tat nur die Alternative der hochherzig-freiwilligen oder der von außen blutig aufgezwungenen Liquidierung der heutigen Politik gibt, dann – in diesem Augenblick – kann es gewiß einem nur auf das Wohl des Volkes bedachten Deutschen nicht verübelt werden, wenn er es wagt, auch einen so unerwünschten Gedanken dem verantwortlichen Führer vertrauensvoll zu unterbreiten, zumal, wenn vielleicht von seiner Verwirklichung das Leben von Hunderttausenden abhängt, die in besonderer Weise mit dem Führer verbunden sind.

Wollen Sie, hochgeehrter Herr Reichsminister, verantwortungsvoll prüfen, ob, wann und wie Sie allenfalls dem Führer von den Gedanken sprechen wollen, die ich Ihnen vertrauensvoll unterbreite.

Ich habe den Glauben, auch konkrete Vorschläge machen zu können für den Vermittlungs- bzw. Sondierungsversuch, den ich im Promemoria andeute. Sollten Sie, hochgeehrter Herr Reichsminister, wünschen, daß ich darüber persönlich referiere – mit Rücksicht auf den heiklen Charakter der Angelegenheit möchte ich keinen Dritten mit der Sache befassen und daher auch keine schriftlichen Andeutungen machen –, so verpflichte ich mich von vornherein, Tatsachen sowie Inhalte einer eventuellen Aussprache mit Ihnen für die Dauer des Krieges so verschwiegen zu behandeln wie ein Beichtgeheimnis, soweit Sie mich nicht ermächtigen, davon einen diskreten Gebrauch zu machen.

Heil Hitler!

Dr. Max Josef Metzger

P. S. Ich schreibe diesen Brief in politischer Schutzhaft (Regierungsrat Dr. Roth, Meineckestraße), die über mich verhängt wurde, weil ich in einem gewagten Schritt für den Fall eines militärischen Zusammenbruchs eine Vorkehrung zu treffen versuchte, um größten Schaden von Volk und Staat abzuwenden.

PROMEMORIA vom 22.7.1943
als Anlage zu dem Brief
„Sehr geehrter Herr Reichsminister!", ebenfalls vom XXII.VII.1943

D 2

22.VII.1943

Vom rein *nationalen* Standpunkt aus betrachtet – unter bewußter Ausschaltung aller ethischen Erwägungen – hat ein *Krieg* solange und nur solange Sinn und Recht, als er Aussicht auf *Sieg* und damit auf eine größere Entfaltung des eigenen Volkes bietet.

Dieser allgemeine Grundsatz gilt in erhöhtem Maß für einen Krieg, der so ungeheure Substanzopfer an Blut und Sachwerten fordert wie der gegenwärtige.

Nach einem Wort des Führers, das unzweifelhaft eines der richtigsten und gewichtigsten ist, kann dieser Krieg nur enden mit einem *totalen Sieg* oder einer *totalen Niederlage.* Ohne allen Zweifel besteht diese grimmige Entschlossenheit von Anfang an nicht nur auf unserer, sondern vielleicht sogar noch stärker auf der Gegenseite; ja dieser Wille scheint auf seiten der Feindmächte mit dem Fortschreiten des Krieges womöglich noch härter und unbeugsamer geworden zu sein.

Sind diese Gedanken richtig, so obliegt der verantwortlichen Staatsführung die Pflicht, den Krieg so bald zu beenden, als klar geworden ist, daß ein totaler Sieg nicht mehr erreichbar ist und daher mit einer totalen Niederlage früher oder später zwangsläufig zu rechnen ist. Jede Weiterführung eines aussichtslos gewordenen Krieges bedeutet ja nicht nur sich häufende unnütze Opfer an Blut und Sachwerten für das ganze Volk, sondern auch die Minderung der Aussichten und Möglichkeiten für den Neuaufbau von Volk und Staat nach einem verlorenen Krieg.

Seit Herbst 1941 ist es mir klar geworden, daß dieser Fall tatsächlich für uns gegeben ist. Es kann heute m.E. darüber kein Zweifel mehr bestehen, so sehr man vom Herzen her sich gegen diese bittere Erkenntnis sträubt.

Es ist, sowohl von der menschlichen als der technischen Seite her gesehen, ausgeschlossen, daß wir heute noch die Stoßkraft aufbringen, das so weiträumige *Rußland* mit seinen unerschöpflichen Machtreserven vollständig niederzuwerfen – d.h. zu besetzen – und damit im Osten den Krieg zu beenden. Bei der Luftübermacht der andern Seite, wie sie in den unabwendbar gewordenen furchtbaren Angriffen auf den Westen des Reiches in die Erscheinung tritt, ist es noch unmöglicher, daß wir, bei der gleichzeitig vollkommenen Unterlegenheit zur See, auch nur daran denken könnten, etwa *England* noch auf die Knie zu zwingen – d.h. zu besetzen – von *Amerika* ganz zu schweigen. England und Amerika werden aber nach aller menschlichen Voraussicht ihre Materialmacht immer mehr steigern in einem Maß und Tempo, daß wir trotz unserer gewaltigen Anstrengungen auf die Dauer unmöglich damit Schritt halten können, zumal wenn in steigendem Maß durch die furchtbaren Luftangriffe Produktionsstätten auf unserer Seite aufallen, während auf der andern Seite die Entfaltung der Produktionskraft sich heute fast ungestört vollziehen kann. So werden die Feindmächte in irgend einem Zeitpunkt einmal in der Lage sein, uns mit einer Materialübermacht zuzudecken bzw. irgendwo den militärischen Zusammenbruch einzuleiten. Es ist ja unsere eigene Erfahrung, daß der Angreifer, der Zeit und Ort des Angriffs bestimmen und an einer bestimmten Stelle eine massierte Übermacht einzusetzen vermag, schließlich imstande ist, fast jedes Hindernis zu überrennen, sei es auch so stark ausgebaut wie etwa die Maginotlinie oder Pantellaria oder Sizilien. Es scheint aber fast ausgeschlossen, daß wir die Front von mehreren tausend Kilometern durchwegs so stark befestigen und überallhin hinreichend Kräfte zu geben vermögen. Es ist mir nicht unbekannt, daß auch führende militärische Kreise den Ernst der Lage sich nicht mehr verhehlen, so sehr sie auch sich mit aller Kraft innerlich gegen diese Erkenntnis sträuben.

Dem Laien ist es im allgemeinen nicht möglich und darum auch verwehrt, sich ein sicheres Urteil über die tatsächlichen militärischen Aussichten zu bilden. Aber es gibt doch wohl Ausnahmen. Es gibt Menschen, die, auch ohne hinreichende Kenntnis aller Einzelheiten, ohne die Möglichkeit, ihre Anschauungen durchwegs logisch begründen zu können, ein sicheres Gespür für die in der Luft liegenden Entwicklungen haben. Ohne Selbstüberhebung darf ich wohl sagen, daß ich seit 7 Jahren die politische und militärische Entwicklung so weitgehend richtig vorausgesehen habe, daß ich mir das Urteil glaube erlauben zu dürfen, dem ich Ausdruck gegeben habe. Eine Erkenntnis nach Art der ausgesprochenen schließt für einen Staatsbürger eine vaterländische Verpflichtung in sich.

Es hat naturgemäß die *Staatsführung* die primäre und unmittelbare Verantwortung, sich ein nüchternes Urteil über die tatsächliche Kräftelage zu bilden und daraus verantwortungsbewußt die entsprechenden Folgerungen zu ziehen. Bei einem so hart geführten Krieg wie dem gegenwärtigen stehen aber der Erkenntnis der Aussichtslosigkeit weiterer Kriegführung starke psychologische Hemmungen im Wege: der fanatische Wille zum Sieg, der alle Widerstände mißachtet, die Furcht vor der mit dem Zusammenbruch verbundenen persönlichen Demütigung, ja vor blutiger persönlicher Rache, die den ganzen tragenden Körper des unterliegenden Staates diesmal mehr denn je zu treffen droht – all das mindert die Selbstkritik und die Möglichkeit nüchterner Abschätzung der gegebenen Sachlage, und dies zumal bei solchen, deren natürliche Stärke eben die fanatische Entschlossenheit, das Angehen und Durchsetzen von Aufgaben ist, die andern von vornherein als unlösbar erscheinen würden. In solcher Lage kann den einzelnen, der glaubt, eine sichere Erkenntnis gewonnen zu haben, eine Verantwortung treffen, falls sich die Staatsführung der Einsicht verschließt, das Seine dazu zu tun, um ihr diese Erkenntnis nahezubringen und so mitzuwirken, daß das Volk vor vergeblichen Opfern aller Art bewahrt wird.

Nach den Erfahrungen der Geschichte haben politische Situationen wie die gegenwärtige früher oder später – meist allzuspät – immer wieder dazu geführt, daß die Staatsführung mehr oder minder freiwillig die Macht aus der Hand gab, um durch eine verhandlungsfähige Regierung den Krieg zu beenden, so bald und so gut, als dies eben unter den gegebenen Umständen zu erreichen war; oder aber sie wurde durch einen Staatsstreich abgelöst, der von einer Machtgruppe im Staat ausging, die die wahre Verantwortung der Stunde erkannte.

Soweit ich als Laie mir darüber Gedanken machen konnte, habe ich diese beiden – theoretisch allein gegebenen – Möglichkeiten in ihren Aussichten auf Verwirklichung immer wieder abzuschätzen versucht. Ich habe dabei in der Vergangenheit die eine als fast so aussichtslos erkannt als die andere.

Ich konnte wohl verstehen, wie Menschen, die mit einem militärischen Zusammenbruch sicher rechnen zu müssen glaubten, die Möglichkeit eines Staatsstreichs erwägen konnten. Ich persönlich mußte aus religiösen Gewissensgründen jede Aktion gegen eine legitime Regierung ablehnen, sah aber auch realpolitisch die Möglichkeit der Lösung auf diesem Weg nicht gegeben, einerseits infolge der Aussichtslosigkeit, zu der ein solcher Versuch bei der äußerst klug ausgewogenen Machtverteilung im Staat verurteilt ist – der Versuch würde nur zu einem blutigen Bürgerkrieg ohne Ergebnis führen – anderseits weil die einzige Machtgruppe, die theoretisch dafür in Frage käme, selbst im Fall der Bereitschaft führender Generale zu solcher Initiative, nicht die Möglichkeit bietet, mit der Feindkoalition zu einer Verständigung zu kommen infolge der ebenso leidenschaftlichen Ablehnung des deutschen „Militarismus" wie des Nationalsozialismus durch diese.

Die freiwillige Resignation der gegenwärtigen Staatsführung – die andere theoretische Möglichkeit – erschien mir naturgemäß nichts weniger als eine aussichtsvolle Möglichkeit. Gleichwohl habe ich mich ernsthaft mit ihr befaßt, in der Erwägung, daß auch unmöglich erscheinende Gedanken, wenn sie an sich richtig sind, von wagemutigen Menschen einmal durchdacht werden müssen. Was richtig ist, trägt entgegen allem Schein eine innere Verwirklichungskraft in sich, die früher oder später einmal in die Erscheinung tritt.

Das Schicksal des deutschen Volkes liegt ganz und gar in der Hand des allein verantwortlichen Führers. Dies nicht nur gemäß dem staatlichen Recht von heute, sondern auch insofern, als das deutsche Volk tatsächlich und mit Recht von der freien Entscheidung des Führers die Ermächtigung oder Betrauung derer erwartet, die die Anbahnung der neuen Friedensordnung unternehmen sollen.

So habe ich im Herbst 1941 den Versuch gemacht, in einem an den Führer gerichteten Schreiben diesem den Gedanken nahezubringen und zu begründen, daß der Krieg aussichtslos geworden sei und daß daher letzte nationale Verantwortung das Opfer des Verzichtes auf die weitere Staatsführung von ihm fordere, um den Weg zum Frieden freizugeben, nachdem ein Friedensschluß mit seiner Regierung nach der gegebenen Lage nicht in Frage kommt. Ich habe versucht, ihm die Größe einer solchen selbstlosen Tat im Interesse des Volkes vor Augen zu stellen, einer Tat, die in die Geschichte eingehen würde, um so mehr, wenn sie geschähe mit dem offenen Bekenntnis, daß die Politik der Macht und des sacro egoismo ein verhängnisvoller Irrweg gewesen ist, den zu überwinden die Aufgabe einer neuen Friedenspolitik sein müßte. In der Bereitschaft zur Hingabe des eigenen Ich um des Volkes willen erweist sich ja letztlich die Echtheit aller nationalen Gesinnung. Dieser Einsatz ziehmt dem ersten Bürger des Staates nicht minder als dem letzten.

Der Brief, wie ich ihn verfaßte, war wohl zunächst ein Versuch, den mich stark bewegenden Gedanken Ausdruck zu geben. Ich bin kein weltfremder Illusionist und war mir im Herbst 1941 darüber klar, daß der Augenblick noch nicht gekommen war, um irgend einen Erfolg von einem solchen Schreiben erwarten zu können, ganz abgesehen davon, daß ich auch keine Möglichkeit sah, mein Schreiben überhaupt in die Hand des Führers gelangen zu lassen. So blieb das Schreiben zunächst eine Schreibübung, die ich, ohne sie andern zugänglich zu machen, wieder beiseitegab, ohne freilich den Gedanken selbst aufzugeben, daß in einem bestimmten Augenblick ein solcher Schritt doch noch seine Bedeutung haben könne.

Es will mir scheinen, daß die weitere Entwicklung der militärischen Lage auch diejenigen, die mit allen Mitteln den Glauben an den Endsieg bei sich und beim Volk festzuhalten suchen, dazu führen muß, nunmehr verantwortungsbewußt zu prüfen, was geschehen soll, um im *Eventualfall* des *Bevorstehens einer militärischen Katastrophe* das Schlimmste vom deutschen Volk abzuwenden.

Wenn ich recht sehe, so ist eine vierfache Gefahr zu bedenken:

1) Das unzweifelhaft größte Unglück wäre der *Zusammenbruch der Ostfront* und die Überflutung der deutschen Lande von Osten her. Bei der Grausamkeit der bisherigen Kriegführung im

Osten ist damit zu rechnen, daß die Rachegier der Bolschewisten ebenso wie der andern von uns unterworfenen Völker ein unausdenkbar furchtbares Blutbad in der deutschen Bevölkerung und vor allem bei den Mitgliedern der Parteiformationen anrichten würde. Der *Bolschewismus* in Deutschland wäre unser unabwendbares Schicksal.

2) Ein nicht minder großes Unglück wäre ein *Bürgerkrieg.* Ein solcher ist zu erwarten im Fall des Versuches eines Staatsstreiches, aber auch als Folge des militärischen Zusammenbruchs ohne entsprechende Vorkehrungen: die verhaltene Verbitterung des durch jahrelangen Krieg zermürbten und im Fall eines Zusammenbruchs sich vollends betrogen fühlenden Volkes würde sich vor allem gegen die Parteifunktionäre und die Mitglieder der Selbstschutzformationen wenden; schon heute werden immer häufiger aus der Bevölkerung heraus Stimmen laut, die dem Ausdruck geben, besonders in der Arbeiterbevölkerung. Am Ende eines sich entwickelnden Bürgerkrieges würde wiederum nur der Bolschewismus Sieger sein.

3) Im Fall eines militärischen Zusammenbruchs wäre mit einer vollständigen *Besetzung Deutschlands* und im Gefolge davon mit einer *Fremdregierung* zu rechnen. Auch wenn eine Besatzungsarmee unter *englisch-amerikanischer* Führung das vollständige Chaos, das Austoben der Rachegier der Russen und der unter unsere Botmäßigkeit gekommenen Völker sowie den Bürgerkrieg vielleicht im Wesentlichen verhindern könnte, ist der Verlust der Freiheit und des Rechtes auf Selbstregierung nicht nur ein nationales Unglück erster Ordnung, sondern zugleich auch ein Unglück für die übrige Welt, weil dadurch die endliche Befriedung Europas aufs neue verhindert würde.

4) Nach den bisherigen Ankündigungen der Feinde ist im Fall einer Katastrophe damit zu rechnen, daß nicht nur erhebliche Teile des Reiches von ihm abgespalten würden (Elsaß-Lothringen, vielleicht sogar noch weitere linksrheinische Gebiete, erhebliche Teile von Schlesien, Ost- und Westpreußen als „Entschädigung" Polens für den Verlust der von den Russen bereits einverleibten polnischen Ostgebiete), sondern daß auch versucht würde, Deutschland in verschiedene selbständige Staaten zu zerspalten

und damit die *Einheit des Reiches* bzw. des deutschen Volkes zu sprengen.

Wie mir scheint, ist es mit die vordringlichste Aufgabe der Staatsführung, rechtzeitig alles vorzukehren, um für den Fall eines militärischen Zusammenbruchs nach aller Möglichkeit dieser vierfachen Bedrohung des deutschen Volkes entgegenzuwirken. Eine illusionslose, unbarmherzig nüchterne und sachliche Wertung der Gegebenheiten scheint mir folgende Möglichkeiten nahezulegen:

1) Es müßte durch *einseitige Verstärkung der Ostfront* dafür gesorgt werden, daß diese Front unter allen Umständen, selbst unter Gefährdung der andern Fronten, durchgehalten wird, jedenfalls auch bei bevorstehender Katastrophe solange, bis allenfalls die Amerikaner und Engländer von ihrer 2. Front her die Besetzung Deutschlands im Wesentlichen vollzogen haben. Diese beiden Mächte werden zwar nicht willens sein, Rußland derart vor den Kopf zu stoßen, daß sie Rußland vom (wenigstens repräsentativen) Einmarsch in Deutschland im Fall des Sieges vollständig ausschließen, aber sie haben anderseits erhebliches Eigeninteresse daran, die Bolschewisierung Mitteleuropas zu verhindern. Sie werden es begrüßen, wenn sie durch die tatsächliche Entwicklung der militärischen Lage selbst die Entscheidungsmacht in ihre Hand bekamen.

2) Es müßte rechtzeitig eine *Regierung vorbereitet* werden, die imstande ist, mit den Feindmächten zu verhandeln und von ihnen für den Friedensschluß sowie für den Aufbau nach demselben irgendwelches Entgegenkommen zu erlangen. Das hat offenbar eine doppelte Voraussetzung: einesteils muß der *Nationalsozialismus* vollständig liquidiert werden, der bei allen demokratischen Staaten der hauptsächliche Stein des Anstoßes ist, anderseits darf diese neue Regierung aber auch keine Repräsentation des von den Feindmächten ebenso gefürchteten deutschen *„Militarismus"* sein, wenngleich anderseits keine Regierung unter den gegebenen Verhältnissen die Ordnung garantieren kann, die nicht von der Wehrmacht rückhaltlos gestützt wird.

3) Im Fall eines Zusammenbruchs ist, wie die Dinge liegen, nicht damit zu rechnen, daß irgend eine deutsche Regierung

einen Frieden zugebilligt erhält, wie er uns billig erscheint. Das *Maximum an Zugeständnissen* bei Friedensschluß wird jedoch eine solche Regierung erhalten, die möglichst weitgehend sich aus Persönlichkeiten zusammensetzt, die im Ausland als ausgesprochene und erprobte *Friedensfreunde* bekannt und anerkannt sind, denen die „Sieger" ein gewisses Vertrauen zu schenken bereit wären.

4) Die Führung der deutschen Politik während der Übergangszeit durch ausgesprochene Friedensfreunde vor allem christlicher Prägung würde am ehesten dafür Garantien schaffen, daß auch nach innen keine *Rachepolitik* getrieben, im Gegenteil alles getan wird, um Leben und Eigentum der bona fide die bisherige Reichspolitik tragenden Kreise zu schützen und dafür zu sorgen, daß nur kriminelle Verbrechen und diese nur auf ordentlichem Gerichtsweg geahndet werden.

5) Die Regierung, die demgemäß von der heutigen Staatsführung selbst irgendwie vorbereitet werden müßte, sollte demnach aus ehrlich verständigungswilligen *Friedensfreunden,* aus politisch möglichst unbelasteten *Wirtschaftlern* und einer Vertretung der *Wehrmacht* bestehen.

6) Die vorzubereitende Regierung müßte über die *Verfassungsgrundlagen* des neuen Reiches Klarheit schaffen; eine *föderalistische Aufgliederung* Deutschlands in mehrere selbständigere Glieder eines Bundesstaates würde dabei am ehesten den Zerstükkelungstendenzen der Feinde vorbeugen und entgegenwirken.

7) Schon jetzt sollte – im stillen Einvernehmen mit der Reichsregierung, aber ganz inoffiziell und in persönlicher Verantwortung – durch eine im Ausland Vertrauen genießende, aber nicht als Vollmachtsträger des Reiches erkennbare Persönlichkeit ein Versuch gemacht werden, über eine neutrale Stelle in England bzw. Amerika vertraulich zu *sondieren,* ob die angelsächsischen Mächte bereit wären, mit einer derart zusammengesetzten Regierung ein *Arrangement* zu treffen und sie als Eigenregierung des deutschen Volkes nach dem Friedensschluß zu unterstützen, wobei es wesentlich wäre, daß Amerika und England sich zur Durchsetzung dieser Linie gegenüber Rußland irgendwie verpflichten.

Die vorstehenden Gedanken sind das Ergebnis meiner jahrelangen täglichen Sorge um die Zukunft des deutschen Volkes. Ich habe mich bemüht, illusionslos die Dinge zu sehen, nicht wie sie die Wünsche des Herzens spiegeln, sondern wie sie in der rauhen und unbarmherzigen Wirklichkeit sind. Aufgrund meiner jahrzehntelangen Beschäftigung mit den Fragen des Völkerrechts und der übernationalen Ordnung, zufolge meiner, wenn auch nicht sehr eindringlichen, Erfahrungen und Kenntnisse, wie ich sie durch wiederholten Aufenthalt im Ausland (Schweiz, Italien, Frankreich, Holland, Belgien, Luxemburg, England, Dänemark, Tschechoslowakei, Jugoslawien, Polen, Ungarn, Südamerika) mir sammeln konnte, aufgrund der durch vielfache persönliche Beziehungen zu Menschen aus aller Herren Länder gewonnenen Einsicht in die Mentalität der andern Völker, glaube ich immerhin einige Voraussetzungen für ein Urteil in den einschlägigen Fragen zu besitzen.

(Aufgrund der persönlichen Erfahrungen im Weltkrieg, an dem ich als freiw. Feldgeistlicher – Div. Pfr. d. 7. Kav. Div. – bis zu meiner Erkrankung teilgenommen habe, habe ich bereits 1917 ein internat. kath. Friedensprogramm veröffentlicht, das im Juni 1917 von Benedikt XV. ausdrücklich belobt wurde und dem auch der gegenwärtige Papst, damals Nuntius in München, dem ich es persönlich vortragen durfte, begeistert zustimmte. Ich habe 1917 mit Ermächtigung der zuständigen Regierung – ich wohnte damals in Österreich – an der von den Mittelmächten inspirierten Friedenskonferenz in Bern als Mitglied der Erziehungskommission mitgearbeitet. 1920 habe ich im Haag die Intern. Kath. Liga (IKA) begründet; als deren Geschäftsführer habe ich mehrere der großen internationalen Kongresse derselben vorbereitet, ebenso deren Fortsetzung in den internationalen Christkönigskongressen (1935 St. Gallen, 37 Posen, 39 Laibach). Ich habe als erster Deutscher nach dem Weltkrieg, auf dem Internat. Demokrat. Kongreß Marc Sangniers (1920?) in Paris vor 4000 Menschen ein offenes Bekenntnis zum deutschen Volk und zugleich zu einer Politik des Friedens abgelegt. Auf vielen internat. Kongressen und Konferenzen habe ich mir vertrauensvolle Beziehungen zu christlichen Persönlichkeiten aller Kirchen geschaffen, die ich durch meine führende Tätigkeit in der Una-Sancta-Arbeit, insbesondere auch durch meine Teilnahme – als einer der beiden Katholiken, die dazu ermächtigt wurden – an der Lausanner Weltkirchenkonferenz 1927 ausbauen konnte. Den gegenwärtigen Papst wie den Kardinalstaatssekretär habe ich wiederholt besucht, ebenso habe ich von früher her Beziehungen zu (kath. wie evang.) Kirchenfürsten des neutralen wie feindlichen Auslands.)

Ich habe bisher mit Absicht mich noch nicht mit der Frage ernsthaft befaßt, welche politische Persönlichkeiten in Frage kämen, um das zu verwirklichen, was ich als einzigen Ausweg aus der sonst hoffnungslosen Lage zu erkennen glaube; ich gestehe, daß ich auch zu wenig Personalkenntnisse habe, um hierin ein sicheres Urteil zu haben. Was mich selbst betrifft, so habe ich keinerlei Ehrgeiz, selbst in der Sache eine Rolle zu spielen oder etwa in der bei einer Katastrophe zu bildenden Übergangsregierung einen Posten für mich zu erhalten. Wenn ich mit meinen Fähigkeiten, Kenntnissen und Beziehungen der Sache des Vaterlandes aber irgend einen Dienst zu leisten vermag – ich habe die Überzeugung, einen konkreten Weg aus dem Engpaß weisen zu können, falls dies von mir gewünscht wird – so versage ich mich selbstverständlich nicht, um nach geleistetem Dienst mich gern wieder auf das zurückzuziehen, was mir letztes Lebensanliegen ist: den geistig-geistlichen Dienst an meinem deutschen Volk.

Dixi et salvavi animam meam.

Dr. Max Josef Metzger
Berlin N 65 Willdenowstr. 8

Unterschrift:
Dr. Max Josef Metzger

*Meine Handlungsweise* wird nur verständlich durch die grundlegende *Haltung*, die sie bestimmt. So will ich versuchen, zunächst etwas über meine grundsätzliche Einstellung zu sagen:

Wenn man unter einem politischen Menschen jemand versteht, der sich einer politischen Partei verschrieben hat und in ihr und für sie sich öffentlich betätigt, so bin ich sozusagen das Gegenteil eines solchen politischen Menschen. Meine ganze Natur sträubt sich von vornherein gegen die Festlegung auf ein Parteiprogramm; meine ausgesprochen auf Synthese gerichtete Veranlagung widerstrebt aller Einseitigkeit, wie sie von selbst in einer parteimäßigen Festlegung gegeben ist. Meine Stärke (der naturgemäß auch die entsprechenden Schattenseiten verbunden sind) ist die Zusammenschau scheinbar sich ausschließender, in Wirklichkeit in polarer Spannung aufeinander bezogener Gegensätze, die Zusammenführung weltanschaulich oder parteimäßig getrennter Menschen bzw. Gruppen zu gemeinsamer Arbeit zum Wohl des Volksganzen. Seit 1914 habe ich daher keiner politischen Partei angehört.

Ich habe vielmehr immer versucht, das besondere Anliegen jeder politischen Partei zu verstehen und ihm irgendwie in einer höheren Synthese gerecht zu werden; ich habe mir dadurch allezeit sowohl Freunde als auch Gegner quer durch alle weltanschaulichen wie politischen Lager hindurch geschaffen. Da es mir primär auf Wahrheit und Gerechtigkeit – als Christ und Priester, was ich mit Leib und Seele bin, könnte ich auch sagen „Reich Gottes" – ankommt, so habe ich mir, soweit meine Erfahrung und Einsicht reichte, immer ein eigenes Urteil zu bilden versucht und habe dieses nach links und rechts gewissensmäßig vertreten, ohne Rücksicht darauf, ob mir daraus Vorteile erwuchsen oder nicht. Nie habe ich nach Karriere gestrebt und nach Posten gejagt; ich habe grundsätzlich auf Geld und Genuß verzichtet – ich beziehe kein festes Einkommen, lebe enthaltsam von Fleisch, Alkohol und Nikotin –, um unabhängig nach besten Kräften dem *Volk* zu dienen, mit dem ich mich ganz und gar verbunden fühlte und fühle. Wenn man unter „nationaler" Betätigung selbstlosen

Dienst am Volk, unter Zurückstellung des eigenen Ich zugunsten des Volksganzen, versteht, so glaube ich, mit bestem Gewissen sagen zu dürfen, daß ich zeit meines Lebens „national" gedacht und mich betätigt habe. Mein ganzes bisheriges Leben stand in jeder Beziehung im Volksdienst, in der karitativen Fürsorge wie der sozialen Betätigung, in der Mitarbeit an sozial-karitativen Reformbestrebungen (Kampf gegen die Volksseuchen Alkoholismus, Nikotinismus, Geschlechtskrankheiten, Geld- und Bodenwucher usw.), nicht zuletzt in der Seelsorge und religiösen Arbeit, vor allem auch der Una-Sancta-Arbeit, mit der ich an der Überwindung der das deutsche Volk zerspaltenden konfessionellen Zwiespalte, nicht ohne Erfolg, zu arbeiten versuchte.

1914 beim Ausbruch des Weltkrieges habe ich mich sofort freiwillig an die Front gemeldet und habe als Feldgeistlicher (Divisionspfarrer der 7. Kav. Div.) Dienst getan bis zu meiner schweren Erkrankung im Sommer 1915; der Vorsitzende des Evangelischen Pfarrervereins in Berlin, Pfarrer Streckenbach, mein evangelischer Kollege in der Division, wird mir sicher bestätigen, daß ich mich an der vordersten Front eingesetzt habe; mehr als einmal hat er mir nahegelegt, nicht so weitgehend in der vordersten Grabenlinie Dienst zu tun; ich erhielt für tapferes Verhalten vor dem Feind das EK II., den Friedrichsorden I. und den Zähringer Löwenorden II. mit Schwertern sowie die Rote-Kreuz-Medaille.

So fern mir jede parteipolitische Betätigung gelegen hat, so stark war allezeit mein politisches Interesse als persönliche Anteilnahme am Wohl und Wehe meines deutschen Volkes, aber auch an der sozialen und politischen Ordnung der Welt. Soweit meine Einsicht reichte, fühlte ich mich allzeit mit-verantwortlich für das Schicksal unseres Volkes, gewissensmäßig aufgerufen zum Einsatz meiner ganzen Kraft für dasselbe.

Das Erlebnis des Weltkrieges hat in mir die Überzeugung wach gerufen, daß nur eine großzügige und weitschauende *Friedenspolitik* dem wahren Interesse des eigenen Volkes wie zugleich der Menschheit im ganzen diene. Das erregende Erlebnis des schließlichen Zusammenbruchs Deutschlands war mir eine Bestätigung für meine grundlegende Überzeugung, daß politisch nur richtig sein kann, was auch ethisch richtig ist. Bereits im Frühjahr 1917 publizierte ich, damals in Österreich wohnend, ein viel beachtetes internationales Friedensprogramm, das im Juni 1917 und später in einer Privataudienz von Papst Benedikt XV. ausdrücklich belobt wurde und das auch der gegenwärtige Papst, damals Nuntius in München, begeistert aufnahm, als ich ihm 1917 persönlich darüber referierte.

Im Spätherbst 1917 habe ich im Einvernehmen mit der österreichischen Regierung an der internationalen, von den Mittelmächten (Deutschland und Österreich) inspirierten Friedenskonferenz in Bern teilgenommen, wo ich in der Erziehungskommission mitarbeitete. Nach dem Krieg begründete ich im Haag die „Internationale Katholische Liga" (IK), deren Weltkongreß ich als Geschäftsführer vorbereitete, ebenso wie deren spätere Fortsetzung, die Internationalen Christkönigskongresse (1935 St. Gallen, 1937 Posen, 1939 Laibach). Ebenso besuchte ich zahlreiche Kongresse des In- und Auslandes und erwarb mir dadurch, ebenso wie durch meine Una-Sancta-Arbeit, einen großen Bekannten- und Freundeskreis in fast allen europäischen Ländern, sowie in Übersee. Auf dem Internationalen Demokratischen Kongreß Marc Sangniers in Paris (1921) habe ich als erster Deutscher nach dem Weltkrieg vor 4000 Menschen in der Manège du Panthéon gesprochen, wobei ich ein ausdrückliches Bekenntnis zu meinem Volke ablegte.

Der nationalsozialistischen Bewegung bin ich um so vorurteilsfreier begegnet, als ich durch keine parteipolitische Bindung bestimmt war. Ich habe von vornherein gerade am sozialen Programm der Partei (Kampf gegen Kapitalismus, Geld- und Bodenwucher usw.) Interesse gewonnen. Andererseits konnte ich freilich meine schweren Bedenken gegen die weltanschauliche Haltung der Partei mir nicht verhehlen; dabei war für mich nicht so sehr entscheidend die offenbar antikirchliche Haltung der führenden Persönlichkeiten, wie vor allem die Befürchtung, daß die Vertretung eines von den ewigen Gesetzen sich lösenden, rein in Staatsraison gründenden Ethos früher oder später einen neuen Weltkrieg zur Folge haben werde.

Nach der Machtergreifung habe ich in meinem „Christkönigsboten" sofort einen Leitartikel veröffentlicht, in dem ich ausdrücklich meine bisherigen Bedenken nochmals feststellte, aber im Interesse von Staat und Volk dafür eintrat, der neuen Regierung die Chance zu geben, die sie brauchte; in meiner Stellungnahme zu der neuen Entwicklung wollte ich mich ebenso von allen Konjunkturrücksichten wie von eigensinniger Gegnerschaft freihalten, um einfach das Interesse des Volkes wahrzunehmen. Ich habe 1933 an verschiedenen Stellen, so bei Besuchen mehrerer Bischöfe, darauf hinzuwirken gesucht, daß eine aufrichtige Verständigung zwischen Staat und Kirche erstrebt werden solle. Im Januar 1934 habe ich eine Denkschrift verfaßt, in der ich diesen Gedanken zum Ausdruck brachte, freilich auch mit der Möglichkeit, ja Notwendigkeit einer geistigen Auseinandersetzung rechnete, falls sich herausstellen sollte, daß die Partei ausgesprochen eine Linie verfolge, die dem christlichen Ethos zuwider laufen würde. Ich bin auf Grund dieser Denkschrift am 23. Januar 1934 in Augsburg in Schutzhaft genommen worden, konnte aber meinen Standpunkt – in mündlicher Aussprache auch SS-Obergruppenführer Heydrich gegenüber – so begründen, daß ich nach drei Tagen wieder entlassen wurde. Leider hatte ich mit meinen Bemühungen um einen wirklichen Ausgleich zwischen Kirche und Staat keinen Erfolg. Im Gegenteil mußte ich erleben, daß der von mir geleitete „Christkönigsbote" 1935 verboten wurde (auf Grund eines Artikels, der weder von mir stammte noch im „Christkönigsboten" veröffentlicht war und der sich gegen den meines Erachtens übersteigerten Antisemitismus wandte – ich selbst bin so wenig ausgesprochener Prosemit, daß ich 1920 durch eine Wirtschaftsgemeinschaft WIGE die Schaffung eines „Judenfreien Wirtschaftsrings" propagierte). Beim Anschluß Österreichs wurde unserer Gesellschaft (Christkönigsgesellschaft vom Weißen Kreuz) das Stammhaus in Graz entschädigungslos ohne Begründung weggenommen, bei der Eingliederung Mährens ebenso die Anstalten Unter-Tannowitz und Brünn, 1940 (?) die Anstalt in Buchenlust/Oberschlesien, Eingriffe, die naturgemäß nicht geeignet waren, mich für die Politik der NSDAP zu begeistern, zumal es mir trotz aller Bemühungen nie gelang, eine sachliche Prüfung und Wertung der von uns vertretenen Gesichtspunkte zu erreichen. Ich kann aber sagen, daß diese Eingriffe mich keineswegs zu einer verbitterten Haltung führten, so ungerecht und sachlich unbegründet ich sie empfand. Meine zunehmende kritische Haltung der NSDAP gegenüber war im wesentlichen darin begründet, daß ich von der die Eigenrechte anderer Staaten grundsätzlich ignorierenden Außenpolitik als zwangsläufige Folge den neuen Weltkrieg erwartete. Seit 1936 war mir diese Konsequenz zur Gewißheit geworden. Ich sah es als ein Unglück an, daß die Unterdrückung aller freien Meinungsäußerung und jeder legitimen Opposition keine Möglichkeit ließ, in dieser und anderer Hinsicht die verantwortliche Kritik zu üben, die nach meiner Überzeugung auch ein autoritäres Regime notwendig hat, um nicht wesentliche Gesichtspunkte zu übersehen, von deren Beachtung Wohl und Wehe des Volkes abhängt. Mein Bedenken gegen die Politik des Dritten Reiches war primär ethisch bestimmt, und zwar durch meine grundsätzliche Ablehnung des Primats der Gewalt über das Recht, hatte aber ebenso die realpolitische Einsicht zur Grundlage, daß im Fall eines neuen Weltkrieges Deutschland die ganze Welt zum Feind haben und die Mobilisierung der ungeheuren Machtreserven der übrigen Welt gegen sich bewirken würde, von deren Massierung ich nach den dem Angreifer möglichen Anfangserfolgen eine ähnliche Entwicklung befürchtete wie 1917/18.

Der tatsächliche Ausbruch des neuen Weltkrieges war mir nichts weniger als eine Überraschung, zumal ich in vertrautem Gespräch mit den ausländischen Teilnehmern des Internationalen Christkönigskongresses in Laibach 1939 mir darüber Sicherheit schaffen konnte, daß nach der Einverleibung der Tschechoslowakei die geringste weitere, den völkerrechtlichen Bindungen zuwider laufende Handlung unsererseits unfehlbar den Krieg auslösen werde. (Beiläufig will ich bemerken, daß ich damals die Einladung, in Laibach zu verbleiben, trotz der Erwartung des bevorstehenden Krieges bewußt ausgeschlagen habe, um nicht „Emigrant" zu werden.)

Der Krieg war für mich keine Überraschung, aber ein Gegenstand ernsthaftester Sorge. Ich konnte gewissensmäßig die Nichtachtung der bestehenden Freundschaftsverträge mit verschiedenen Staaten nicht bejahen und befürchtete auch realpolitisch auf Grund meiner Kenntnis der Lage davon eine Machtkoalition der Welt unter Führung Amerikas. Ich verzichtete aber darauf, dieser meiner Auffassung Ausdruck zu geben, da ich leider keine Möglichkeit sah, der Stimme meines christlichen Gewissens noch Gehör zu verschaffen. So hielt ich mich nach aller Möglichkeit zurück und widmete mich ganz der Una-Sancta-Arbeit als einer volksaufbauenden Tätigkeit ohne zeitpolitischen Einschlag. Persönlich verfolgte ich freilich in fiebernder Anteilnahme die weitere Entwicklung des sich immer mehr ausweitenden Ringens, das bald die von mir vorausgesehenen Dimensionen unter Anteilnahme Amerikas annahm.

Die gewaltigen Anfangserfolge unserer Heere, die das Überraschungsmoment des Angreifers meisterhaft zu werten verstanden, konnten mich nicht darüber hinweg täuschen, daß der Krieg, je länger er dauerte, um so größere Gefahr für uns in sich schloß. Als wir nach der Niederwerfung Frankreichs das zweifellos große Risiko des Angriffs auf England scheuten, war es mir klar, daß die Gelegenheit zur Niederwerfung Englands kaum mehr kommen werde, wenn dieses Zeit bekäme, sich zur Verteidigung zu rüsten. Der Krieg mit Rußland schien mir vom ersten Augenblick an ein unerhörtes Risiko; wenn ich an die Weiträumigkeit dieses Reiches dachte, war es mir vollkommen klar, daß nur eine innere Revolution des russischen Volkes die Möglichkeit bot, in einem Blitzkrieg diesen Gegner mit seinen ungeheuren Reserven an Menschen und Material auszuschalten. Als diese für unsere militärischen Pläne offenbar entscheidende Kombination sich als trügerisch erwies, als nach anfänglichen gewaltigen Siegen die russische Widerstandskraft sich als gewaltig unterschätzt erwies und die Front sich zu versteifen begann, wog ich die Möglichkeiten einer siegreichen Beendigung des begonnenen Krieges ab, soweit ich dazu imstande war. Meine Besorgnis wurde immer größer, ob wir imstande seien, den russischen Koloß zu stürzen, dessen unbegrenzten Kräften auf die Dauer kaum wirksam zu begegnen schien, zumal, wenn dazu noch die ungeheuren Machtmittel Amerikas und des nunmehr sich wieder erholenden englischen Empire kamen. In einer Nacht tiefster Erregung über das von mir gefürchtete schließliche Schicksal des deutschen Volkes stand es mit voller Klarheit vor meiner Seele: Der totale Krieg ist für uns nicht mehr zu gewinnen; das bedeutet aber nach einem Wort des Führers die totale Niederlage. Je länger der Krieg dauerte, um so überwältigender mußte sich, wie ich erkannte, die wachsende Materialmacht der Feinde erweisen, bis schließlich unsere materielle und moralische Rüstung dieser Übermacht nicht mehr gewachsen war. Dazu kam das weitere Bewußtsein: Es ist keinerlei Aussicht, daß die Koalition der Feinde mit der gegenwärtigen Regierung jemals zu irgendeinem Ausgleich zu haben sein wird. War diese meine Sicht der Dinge richtig, so war die Fortführung des Krieges nicht mehr zu verantworten, da die Blutopfer und materiellen Verluste sinnlos geworden waren und mit ihrem Fortschreiten den Aufbau nach dem Zusammenbruch nur immer mehr erschwerten. Wie aber war ein Ende des Krieges zu erwarten, da ein Friedensschluß zwischen der Feindkoalition und dem Deutschland Adolf Hitlers außer aller Möglichkeit stand? Offenbar nur dadurch, daß eine verhandlungsfähige neue Regierung einen Weg der Verständigung mit dem Feinde suchte. Ich hörte davon, daß Leute mit dem Gedanken spielten, daß militärische Kreise aus der Erkenntnis der Aussichtslosigkeit des Krieges heraus durch einen Staatsstreich die Regierung in die Hand nehmen sollten, um zu einem Verständigungsfrieden zu kommen, der naturgemäß nur zu erreichen war, solange noch für den Feind ein erhebliches Risiko mit der Fortführung des Krieges verbunden war. Ich selber konnte von diesem Gedanken nichts erwarten, abgesehen von meinen Gewissensbedenken, schon weil ich an die Durchführbarkeit eines Staatsstreiches nicht glaubte, vor allem aber, weil ich bei der leidenschaftlichen Ablehnung des deutschen „Militarismus" durch die Feinde eine Militärregierung nicht als einen Verhandlungspartner ansah, der von der Gegenseite etwas erwarten konnte. Da Zivilkreise von vornherein für einen Staatsstreich nicht in Frage kamen, so blieb nur die Möglichkeit, daß der Führer selbst in nüchterner Wertung der Lage, aus wahrhaft nationaler Gesinnung heraus sich dazu entschließen würde, die Regierung in andere Hände zu geben, ein Entschluß, der nur aus letzter nationaler Verantwortung erfließen konnte. Bei ruhiger Abschätzung der Gegebenheiten sah ich zwar kaum eine wirkliche Aussicht auf Verwirklichung dieser – scheinbar nur theoretisch gegebenen – Möglichkeit, zumal, wenn ich mir die Veranlagung des Führers vergegenwärtigte, dessen starke Seite es unzweifelhaft ist, andere ganz undurchführbar erscheinende Aufgaben anzugreifen und in fanatischer Drangabe aller Kräfte durchzusetzen, nicht dagegen die Selbstkritik, die das tatsächliche Kräfteverhältnis nüchtern zu wägen weiß. Ich dachte andererseits an die furchtbaren Blutopfer und die Entbehrungen aller Art, die das Volk bei der Weiterführung des nach meiner Überzeugung aussichtslos gewordenen Krieges umsonst, vielleicht noch jahrelang, auf sich nehmen sollte. Und so stand plötzlich vor mir der Gedanke, in einem leidenschaftlichen Appell den Führer zu beschwören, das gewiß demütigende Opfer freiwilligen Verzichts auf die Staatsführung zu bringen, um dem Volk Frieden und Neuaufbau zu ermöglichen.

Ich habe in der Tat an jenem Morgen aus tiefster seelischer Erregung heraus diese meine Gedanken in einem Schreiben an den Führer niedergelegt (Oktober 1941), um dieses sodann aber zu nochmaliger Überlegung zunächst liegenzulassen. Kurze Zeit darauf erfolgte die Wiederaufnahme unserer Offensive gegen Rußland, die wieder große Teilerfolge brachte, aber dann bei Moskau und Petersburg (Leningrad) wieder stecken blieb, um im bitterkalten Winter sodann die ersten Rückschläge zu zeitigen. Die militärische Entwicklung schien also meine Auffassung zu bestätigen. Ich habe den Brief gleichwohl nicht abgesandt, ihn nicht einmal überarbeitet, um gewisse Übersteigerungen der ersten Niederschrift zu korrigieren. Einmal wußte ich genau, daß meine Beurteilung der Lage und meine Aufforderung zur Resignation des Führers mich äußerst mißliebig machen, ja, mich die Freiheit kosten könnte. Ich war freilich bereit, jedes Opfer auf mich zu nehmen, wenn ich damit tatsächlich dem deutschen Volk einen so wesentlichen Dienst wie die Vermittlung des Friedens leisten konnte. Trotz vieler Überlegung fand ich keinen sicheren Weg, den Brief tatsächlich in die Hand des Führers gelangen zu lassen, oder aber ihm persönlich meine Gedanken vortragen zu können. Und andererseits mußte ich bei ruhiger Überlegung mir sagen, daß, wenigstens beim damaligen Stand der Dinge, keine Aussicht darauf bestand, den Führer von der Richtigkeit meiner Gedanken bzw. meines Vorschlags zu überzeugen. Sooft ich die Sache überlegte, ich glaubte schließlich, resignieren zu müssen, so daß ich mein Schreiben beiseite schaffte – ohne es zuvor je Jemandem in die Hand gegeben zu haben. Da das Schreiben für mich selbst dokumentarischen Wert hatte, wollte ich es nicht vernichten; andererseits sollte es mein Geheimnis bleiben, so daß auch niemand außer mir von dem Ort der Aufbewahrung erfuhr oder ihn zu finden vermochte.

Nachdem ich so keine Möglichkeit sah, zur Beendigung des Krieges etwas beitragen zu können, zumal für mich irgendeine Mithilfe bei eventuellen Aktionen gegen eine legitime Regierung aus religiösen Gründen nicht in Frage kam, glaubte ich, so deprimierend diese Erkenntnis für mich war, resignieren zu müssen, um tatenlos die Katastrophe abzuwarten, die, früher oder später, mir unabwendbar schien. Ich sah in der Tragödie von Stalingrad, in den furchtbaren Verwüstungen von Rheinland und Ruhr (durch alliierte Luftangriffe), deren wir zufolge der wachsenden Luftübermacht der Feinde uns nicht mehr erwehren konnten, in der mächtig zunehmenden Verdrossenheit und Verbitterung der Bevölkerung u. a. Anzeichen der auf uns zukommenden Katastrophe.

Auf die Dauer brachte ich es nicht über mich, einfach fatalistisch die schreckliche Zukunft herankommen zu lassen. Nur mit Grausen konnte ich mir vorstellen, welche furchtbare Rache die Russen am deutschen Volke nehmen würden, wenn sie die deutschen Lande zu überschwemmen vermöchten. Ich konnte mir nicht verhehlen, daß im Fall eines vollkommenen Zusammenbruchs das bitter enttäuschte deutsche Volk sich selbst gegen diejenigen wenden würde, die es für den Krieg verantwortlich machen würde, wurden doch seit langem immer häufiger Stimmen aus der verbitterten Bevölkerung laut, die allen Amtswaltern der Partei, SS und SA blutige Vernichtung androhten. Ein entsetzlicher Gedanke, daß am Ende dieser furchtbaren Prüfung unseres Volkes noch Bürgerkrieg und Brudermord stehen sollten! Schließlich war noch damit zu rechnen, daß nach einem militärischen Zusammenbruch das ganze deutsche Volk unter Fremdherrschaft kommen und Einheit, Freiheit sowie Selbstregierung verlieren würde. Immer wieder beschäftigte ich mich mit der Frage, ob und wie solchem Chaos begegnet werden könnte. Es wurde mir klar, daß nach dem Zusammenbruch keine Möglichkeit bestünde, eine neue Regierung auf dem Weg der Rechtskontinuität zu bilden, daß also eine solche, falls überhaupt von Seiten der Feindmächte noch dazu Freiheit belassen würde, sich frei bilden müßte.

Wenn ich mir die Mentalität Englands und Amerikas vergegenwärtige, konnte ich nicht daran zweifeln, daß, soweit es auf deren Einfluß ankommt, im Fall eines Zusammenbruchs eine *Selbstregierung* des deutschen Volkes von den Feindmächten nur zugestanden würde, wenn diese Regierung in ihrer Zusammensetzung eine loyale Friedenspolitik der Vertragstreue und Verständigung unbedingt garantierte. So schien mir die Möglichkeit einer freien Selbstregierung des deutschen Volkes nach einem eventuellen Zusammenbruch ganz davon abhängig zu sein, ob sich im gegebenen Fall eine Übergangsregierung anbieten würde von ausgesprochenen Friedensfreunden, die als solche sich durch viele Jahre vor dem In- und Ausland bewährt hätten und daher von seiten des Auslands die moralische und materielle Unterstützung erwarten durften, ohne die bei der ungeheuerlichen Verarmung und geistigen Zermürbung des deutschen Volkes eine Regierung Chaos und Bürgerkrieg zu verhindern außerstande sein würde. Wenn ich an den aufgehäuften Haß und Rachedurst weiter Kreise des eigenen Volkes und insbesondere der unter unsere Botmäßigkeit gekommenen Völker dachte, so schien mir in der Wahl vor allem solcher Männer, die auf Grund christlicher Friedensgesinnung am wenigsten Rachegefühlen offen waren, auch die beste Sicherheit dafür geboten, daß aller Lynchjustiz und blinden Rachepolitik von vornherein mit aller Kraft vorgebeugt und entgegengetreten würde. Andererseits war es mir klar, daß die im Fall eines Zusammenbruchs ebenso im Inland wie im Ausland zutagegetretenen Rachegefühle gegenüber den bisherigen Staatsträgern nur abgebogen werden konnten, wenn man in einer zwar Leben und Eigentum schonenden, aber im übrigen radikalen Weise die bisherigen Hoheitsträger vom Einfluß auf die Staatsführung ausschalten würde.

Diese Gedanken verdichteten sich mir zur Niederschrift einer Skizze, in der ich das Bild der deutschen Verfassung entwarf, wie sie sich im Fall eines Zusammenbruchs als einziger Ausweg zur weiteren Erhaltung freier Volksregierung ergab. Um die Skizze zu tarnen, ging ich vom Bild einer Föderation der nordischen Staaten aus, wie eine solche schon vorgeschlagen war: Wie „Nordland", so sollte „Deutschland" sich zusammensetzen aus den großen deutschen Gauen, die mit weitgehender Selbstverwaltung zu einem Bundesstaat zusammengeschlossen sein sollten – die föderalistische Aufgliederung schien mir nicht nur an sich von jeher der deutschen Geschichte mehr zu entsprechen, sondern auch die beste Möglichkeit, den Zerstückelungstendenzen der Feindmächte zuvorzukommen bzw. zu begegnen.

Die Skizze war zunächst nur ein Versuch, meinen Gedanken eine feste Form zu geben. Nach ihrer Niederschrift erschien sie mir als ein wahres nationales Programm, um im Fall eines Zusammenbruchs einen konkreten Vorschlag zur Überwindung des drohenden Chaos zu machen. Es kam mir dabei freilich zum Bewußtsein, daß die Möglichkeit der Verwirklichung meiner Idee weitgehend davon abhängig sei, daß die Feindmächte sich nicht einfach auf den schon in unseren Zeitungen bekanntgegebenen Plan einer Regierung durch ausländische „Gouverneure" festlegten, sondern irgendwie noch eine Selbstregierung des deutschen Volkes zugeben würden. Dies erschien mir nur, aber auch tatsächlich erreichbar, wenn den Feindmächten eine Möglichkeit nach Art meiner Skizze als eine Möglichkeit irgendwie nahegebracht würde.

Während ich mit diesen Gedanken umging, erhielt ich die Ankündigung des Besuchs von Frau Imgart, einer geborenen Schwedin, die ich in der Una-Sancta-Arbeit kennengelernt und die mir die Abhaltung eines Una-Sancta-Vortrags in Gießen vermittelt hatte. Die bevorstehende Reise Frau Imgarts nach Schweden schien mir eine Möglichkeit zu bieten, einer deutschfreundlichen einflußreichen Persönlichkeit die Gedanken der Skizze bekanntzugeben, damit durch diese der Gedanke einer solchen Selbstregierung Deutschlands nach einem allfälligen Zusammenbruch England nahegebracht werden könnte. Ich besprach mit Frau Imgart die Sache und befragte sie nach dafür allenfalls in Betracht kommenden Persönlichkeiten; mir schien am ehesten ein schwedischer Bischof für eine solche Vermittlung im Interesse der Zukunft Deutschlands und zugleich des Friedens der Welt in Frage zu kommen. Frau Imgart orientierte mich über die Verhältnisse in Schweden und sprach von mehreren Bischöfen, von denen sie einzelne als ausgesprochen deutschfeindlich bezeichnete – die Namen sind mir nicht mehr in Erinnerung. Ich glaubte, in Erzbischof Eidem, den Frau Imgart als eine vornehme und dem deutschen Volk wohlgesinnte Persönlichkeit schilderte, den Mann sehen zu können, der am ehesten eine solche Vermittlung – über einen englischen Kirchenfürsten – einmal vornehmen könnte. So bat ich Frau Imgart, dem Erzbischof, den sie persönlich gut kannte, die Skizze mitzunehmen und ihn zu bitten, davon den diskreten Gebrauch zu machen, wie es sich gemäß meinen Intentionen ergab. Frau Imgart, die selbst unter der Tatsache des Krieges litt und meinen Gedanken zustimmte, war gern dazu bereit. Da sie unmittelbar vor der Abreise stand, hatte ich meinen Entschluß sehr rasch fassen müssen und fand nicht mehr die Möglichkeit, alle Einzelheiten in ihren Konsequenzen zu überdenken und Frau Imgart eingehend über alles zu instruieren. Ich war mir natürlich wohl bewußt, daß meine Handlung mich zunächst in einen Widerspruch brachte zu den allgemeinen Richtlinien der Staatsführung, die naturgemäß wünschen mußte, daß möglichst wenige Menschen in Deutschland sich mit der Möglichkeit eines schlechten Ausgangs des Krieges beschäftigten. Aber ich erinnerte mich eines Wortes des Führers, daß der einzelne Staatsbürger in kritischen Zeiten den Mut haben müsse, auch einmal etwas zu riskieren, um nach seiner Überzeugung Volk und Staat einen – im Augenblick vielleicht als solchen unverstandenen – Dienst zu leisten. Und diese Überzeugung hatte ich. Ja, ich glaube, daß, wenn auch im Augenblick die Staatsführung sich ganz auf das Erstreben des Sieges konzentrierte und konzentrieren mußte, sie es doch begrüßen konnte, wenn ein Einzelner auf seine eigene Verantwortung hin schon dafür Sorge trug, daß auch für den Fall eines militärischen Zusammenbruchs irgendwelche Vorkehrungen eingeleitet waren, die im Interesse des Staates geboten waren.

Ich dachte daran, wie 1917 die deutsche wie die österreichische Regierung uns Friedensfreunde sogar formell dazu ermächtigt hatten, wenn auch auf unsere eigene Verantwortung, mit Vertretern des Auslands, auch der Feindmächte, in Bern in Fühlung zu treten, um zu sondieren, welche Möglichkeiten für eine allfällige Verständigung bestanden. Bereits 1939, als ich nach dem Münchener Attentat in Augsburg in Schutzhaft kam, habe ich dem Gauleiter von Augsburg in einem Brief angedeutet, daß vielleicht der Moment komme, wo die heutige Staatsführung die Dienste von Friedensfreunden mit internationalen Beziehungen in Anspruch zu nehmen wünsche, da niemand über den schließlichen Ausgang des Krieges eine Sicherheit habe; ich habe von Anfang an hier in aller Offenheit meine Überzeugungen so wie heute vertreten. Irgendwelcher Schaden für den bestehenden Staat oder dessen Kriegsführung war nach meiner Überzeugung von meinem Schritt nicht zu besorgen, selbst nicht, wenn Erzbischof Eidem schon jetzt einem englischen Kollegen von meiner Skizze Mitteilung machen sollte. Denn daß es in Deutschland Menschen gibt, die nicht vom Endsieg Deutschlands überzeugt sind und die im Fall eines Zusammenbruchs mit der Liquidierung der heutigen Politik rechnen, das ist im Ausland gewiß keinerlei Geheimnis, das etwa durch mich „verraten" würde. Die Tatsache aber, daß auch heute in Deutschland ausgesprochene Friedensfreunde sich finden, kann politisch nur günstig wirken, es wird dadurch dem Gedanken entgegen gewirkt, das deutsche Volk sei als Ganzes so „militarisiert", daß es unter politische Vormundschaft gestellt werden müsse.

Diese Erwägungen ließen mir mein Vorgehen zwar als gewagt, aber durchaus nicht als gegen die bestehende staatliche Ordnung gerichtet erscheinen. Wenn mir auch daraus Nachteile erwachsen, so habe ich doch das Bewußtsein, selbstlos mich für das Wohl des Staates, ja schließlich persönlich bewußt sogar zum Schutz derer eingesetzt zu haben, zu denen ich politisch mich in Gegensatz wußte. Für das Vaterland zu leiden, ist ehrenvoll trotz der Tragik, die gerade in meinem Fall damit verbunden ist.

Ich möchte eigens hervorheben, daß ich mit meiner Skizze nur eine Vorkehrung für den (von mir freilich als sicher angenommen)

Fall eines militärischen Zusammenbruchs treffen wollte und daß ich nicht nur selbst nichts gegen die bestehende staatliche Ordnung oder etwa zum Sturz der bestehenden Regierung je unternommen habe, sondern auch mich an keiner solchen Bestrebung beteiligt habe. Ich habe vorsichtigerweise meinen eigenen Plan so gut wie ganz für mich behalten, habe keine „Anhänger" oder Mitarbeiter gesucht, bewußt um auch nicht in die Gefahr eines Scheins einer konspirativen Tätigkeit zu kommen.

Der einzige „politische" Verkehr, den man mir vorwerfen kann, war der mit Herrn Geheimen Legationsrat Kuenzer, und diese Beziehung beschränkte sich auf ein zweimaliges Zusammentreffen, das ich kurz nochmals darstellen werde.

Frau Gouverneur Solf, die sich (auf Grund katholischer Verwandtschaft in ihren Ahnen, wie sie mir erzählte) für die Una-Sancta-Bestrebungen interessierte, lud mich ein, sie einmal zu besuchen und in ihrem Salon zugleich einigen von ihr eingeladenen Freunden über die Una Sancta zu referieren. Als ich zu ihr kam, nannte sie mir Legationsrat Kuenzer, einen Freiburger Landsmann, den Grafen Bernstorff (die ich beide nicht gekannt hatte) als erwartete Gäste, vielleicht auch Regierungspräsident a.D. Harnack (es ist aber auch möglich, daß sie diesen letzteren Namen erst im Gespräch als an der Una Sancta interessiert nannte); ich erinnere mich nicht mehr sicher, ob Graf Bernstorff bereits abgesagt hatte oder aber ohne solche Verständigung nicht erschien. Auch Herr Kuenzer ließ über eine Stunde auf sich warten. Frau Solf äußerte sich dahin, daß dies eine schlechte Angewohnheit von Kuenzer sei. So berichtete ich Frau Solf eingehend über meine Una Sancta-Arbeit, deren Beweggründe und Ziele sowie Erfolge. Wir plauderten dann in Erwartung von Kuenzer zwanglos über die verschiedensten Dinge, wobei gewiß auch die politische Lage gestreift wurde, ohne aber – nach meiner Erinnerung – irgendwelche politischen Pläne oder ähnliches zu berühren. Schließlich kam Herr Kuenzer. Nachdem wir uns bekanntgemacht, tauschten wir zunächst einige landsmännische Erinnerungen aus, wobei Kuenzer mich auch danach fragte, ob ich den ehemaligen Reichskanzler Wirth, einen Freiburger, persönlich kenne. Ich gab zur Antwort, daß ich ihn wie Fehrenbach wohl vor

Jahrzehnten persönlich kennengelernt hätte, ohne aber je in nähere Beziehungen zu ihm getreten zu sein oder noch irgendwelche Beziehungen zu Wirth zu unterhalten. Vermutlich habe ich bei dieser Gelegenheit schon danach gefragt, wo Wirth sich aufhalte, und die allgemeine Auskunft erhalten, er sei in der Schweiz. Ich wiederholte dann Kuenzer gegenüber in Kürze meine Ausführungen über die Una Sancta. Da ich schon die ganze Zeit wie auf Nadeln gesessen hatte, weil sich durch die Verspätung Kuenzers mein Besuch in die Länge gezogen hatte, drängte ich auf baldigen Aufbruch. Da Kuenzer den gleichen Weg zur S-Bahn hatte, wollten wir zusammen gehen. Zuvor unterhielt sich Kuenzer noch kurz mit Frau Solf, soweit mir erinnerlich, über einige Neuigkeiten. Ich entsinne mich daraus noch, daß Frau Solf erzählte, sie habe von bevorstehenden diplomatischen Veränderungen erfahren, insbesondere durch Versetzung Weizsäckers nach Rom und Steengrachts ins Auswärtige Amt. Über die erstere Nachricht zeigte sich Kuenzer sehr befriedigt. Weizsäcker sei ein sehr tüchtiger Kopf, von Steengrachts Fähigkeiten hielt er dagegen nicht viel. Auf dem Weg unterhielten wir uns, wie es sich in diesen Zeiten von selbst ergab, über die militärisch-politische Lage. Wir fanden uns in der Auffassung, daß der Krieg nicht mehr zu gewinnen und ein militärischer Zusammenbruch in irgend absehbarer Zeit zu erwarten sei zufolge der wachsenden Materialmacht der Feindstaaten, die in den furchtbaren Terrorangriffen auf den Westen gerade in jenen Tagen in Erscheinung getreten war. Von selbst kam es zur Frage, was im Fall eines militärischen Zusammenbruchs zu erwarten sei. Wir waren auch darin einig, daß ein Zusammenbruch der Ostfront und eine Überflutung Deutschlands mit den russischen Heeren das furchtbarste Unglück bedeuten würde, das man sich denken könnte. Demgegenüber erschien die allfällige Besetzung Deutschlands durch englische oder amerikanische Truppen im Fall eines Versagens unserer „zweiten Front" noch als das kleinere Übel. Ich äußerte mich dahin, daß ich es als ein großes Unglück ansehen würde, wenn im Fall des Zusammenbruchs Deutschlands das Recht der Selbstregierung Deutschlands verlorenginge; ich vertrat dabei die Auffassung, daß eine solche Fremdregierung auch eine friedliche

Beruhigung Europas von vornherein unmöglich machen würde, worin mir Kuenzer zustimmte. So kam ich dazu, Kuenzer – als dem ersten und einzigen „Berufspolitiker", den ich nun kennengelernt hatte – die Grundgedanken zu entwickeln, wie ich mir die Möglichkeit denke, daß eine ausgesprochene Friedensregierung das Recht auf Selbstregierung gegenüber der drohenden Fremdherrschaft retten und zugleich einen blutigen Bürgerkrieg verhüten könnte. Ich erinnere mich nicht mehr im einzelnen, wie Kuenzer sich dazu gestellt hat. Doch hatte ich den Eindruck, daß Kuenzer zwar meinen allgemeinen Gedankengängen zustimmte, aber – mehr in alten Parteianschauungen befangen – weniger gerade an dem Spezifikum interessiert war, wovon ich mir allein die Gewinnung Englands und Amerikas versprach: der Zusammensetzung einer solchen Übergangsregierung aus ausgesprochenen Friedensfreunden. Kuenzer hat offenbar von mir den Eindruck erhalten, daß ich einen über den Durchschnitt hinausgehenden politischen Horizont besitze, und lud mich ein, gelegentlich mit ihm weiter zusammenzutreffen, welche Einladung ich damals gern annahm, da es für mich von Wert war, meine Anschauungen an denen eines Politikers zu überprüfen.

Einige Wochen später telefonierte mir Kuenzer am frühen Nachmittag, ob ich nicht mal zu ihm kommen wolle. Es sei gerade ein Landsmann bei ihm, mit dem er mich bekanntmachen wolle; der Betreffende müsse freilich bald wieder abreisen, es müßte also das Zusammentreffen sogleich erfolgen. Ich fragte nach dem Namen des Gastes, doch meinte Kuenzer, er wolle mir das mündlich sagen; der Gast habe Interessantes zu erzählen. Obwohl mir die Zeit nicht recht paßte, sagte ich zu, sofort zu kommen. Als ich das Telefon abgelegt hatte, stieg mir die dunkle Ahnung auf, daß es sich vielleicht bei dem Gast um eine politische Persönlichkeit handle, deren Namen Kuenzer nicht nennen wollte; es war mir aber peinlich, noch einmal anzurufen und wieder abzusagen, so daß ich mich auf den Weg machte.

Kuenzer empfing mich zunächst allein und sagte, der Gast sei ein Kaufmann Grossmann (?), der gerade aus der Schweiz komme und sehr Interessantes zu erzählen wisse; er kenne ihn wohl noch nicht lange, aber er habe sich überzeugt, daß man ihm vertrauen könne. Sodann führte er mich mit Grossmann zusammen; auch Frau Kuenzer kam für kurze Zeit zur Begrüßung herein und plauderte mit Grossmann über die Schweiz. Sodann erzählte Grossmann uns beiden über das, was er im Ausland erfahren hatte. Die militärischen Aussichten würden überall im Ausland außerordentlich pessimistisch beurteilt. Man sei sehr überrascht gewesen, auch von Seiten Englands, über die mangelnde Widerstandskraft der deutschen Armee in Tunis, England habe damit gerechnet, noch monatelang dort kämpfen zu müssen, doch habe das deutsche Heer die Lage für hoffnungslos angesehen und habe sich regimenterweise mit bester Ausrüstung, teilweise mit Vorrat für acht Tage, ergeben. Die zweite Front sei sicher zu erwarten, doch sei sie wohl erst für den Herbst in Aussicht genommen. Grossmann erzählte dann auch von Wirth, daß er in Luzern (?) ansässig sei, nach allen Seiten politische Beziehungen unterhalte und sehr tätig sei. Ich glaube, ohne es aber mit voller Sicherheit noch sagen zu können, daß Grossmann auch Kuenzer einen Gruß von Wirth ausgerichtet hat; irgendeine besondere Botschaft wurde Kuenzer in meinem Beisein jedenfalls nicht überbracht. Da Kuenzer und ich die militärischen Aussichten auch kritisch beurteilten, erschien uns allen die Beendigung des Krieges zur Verhütung nutzlosen weiteren Blutvergießens als sehr wünschenswert. Grossmann fragte Kuenzer, ob nicht von deutschen Generalen eine Aktion zur Ablösung der gegenwärtigen Regierung in Frage komme, und stellte konkrete Fragen nach einzelnen Persönlichkeiten. Ich erinnere mich nicht mehr mit Sicherheit, wer dabei genannt wurde, doch glaube ich, daß er dabei auch nach Brauchitsch, Halder und Geßler gefragt hat. Kuenzer meinte darauf, von irgendeinem der Generale sei in dieser Hinsicht nichts zu erwarten; die Generale seien Beamte, die nicht den Ehrgeiz politischer Initiative hätten. Ich selbst war mehr Zuhörer als Beteiligter am Gespräch; ich konnte mangels irgendwelcher Personalkenntnisse dazu nichts sagen; ich glaube aber, meine persönliche Ansicht dahingehend zum Ausdruck gebracht zu haben, daß eine Militärregierung kaum irgendeine Aussicht habe, mit den Feindmächten bei deren Horror vor dem deutschen „Militarismus" zu einer Verständigung zu kommen, so daß mit dieser Kombination auch nichts gedient wäre.

Das Zusammentreffen bei Kuenzer war für mich stark erregend durch die Nachrichten, die Grossmann vom Ausland mitbrachte, und naturgemäß durch den hochpolitischen Charakter der berührten Fragen. Ich hatte ein ungutes Gefühl bei der Sache, wenn auch keine konkreten Pläne, etwa zum Sturz der bestehenden Regierung, zum Ausdruck gebracht wurden. Als ich nach Hause kam, habe ich, durch das Erlebnis erregt, der Oberin des Piusstiftes (Schwester Judith Maria) gegenüber mich geäußert, daß ich bei Kuenzer ein mich sehr erregendes Erlebnis gehabt hätte, und zwar durch einen Gast, der unmittelbar aus dem Ausland Nachrichten gebracht habe; es sei auch zu einer heiklen Aussprache gekommen, die mir unheimlich geworden sei; ich wolle jedenfalls diesen Verkehr nicht weiter pflegen, was die Oberin sehr zu befriedigen schien, die immer ängstlich darauf bedacht war, daß ich durch meine Arbeiten, vor allem der Una Sancta, mich ganz aus aller Politik heraus halte. Ich habe auch tatsächlich keinerlei weitere Beziehungen zu Kuenzer oder Grossmann aufrecht erhalten, bin auch durch diese mit niemand anderem in Beziehung gebracht worden, wie ich auch sonst keinerlei Beziehungen unterhalten habe zu irgendeiner Persönlichkeit, von der ich hochverräterische oder landesverräterische Absichten auch nur vermuten konnte. Ich habe im Vorstehenden wahrheitsgetreu und in aller Offenheit meine Haltung und meine Handlungen zusammenfassend dargestellt. Wenn ich auch im einzelnen Unbedachtheiten zu bedauern habe, so stehe ich in allem Wesentlichen zu dem, was ich getan, weil es meiner gewissensmäßigen Überzeugung entsprungen ist und ich in allem aus nationaler Verantwortung zu handeln suchte.

Wenn man mir einen Vorwurf machen kann, so nur den, daß ich aus meiner großen *Sorge um Volk und Staat* heraus auf eigene Verantwortung einen *einmaligen* Schritt wagte, mit dem ich – *für den Fall eines militärischen Zusammenbruchs* und *nur für diesen Fall vorbeugend* – dem *Vaterland* einen *Dienst* zu leisten hoffte. Man mag an meiner Auffassung und meinem Vorgehen Kritik üben und sie ablehnen, jedenfalls hat die seitherige militärisch-politische Entwicklung bereits weitgehend meine Sorge als berechtigt erwiesen und hat auch in vielen Einzelheiten meine Sicht der Dinge bestätigt. Da ich meine Anregung nur an eine *einzige, deutschfreundliche neutrale* Persönlichkeit gegeben habe, von der ich einen diskreten Gebrauch im Interesse Deutschlands erwarten durfte und mit der ich im übrigen *keine* Verbindung in der Sache gepflogen habe, so kann mein Schritt nicht als eine irgendwie staatsabträgliche Handlung angesehen werden. Die in meiner Skizze vorgesehene vorübergehende Ausschaltung der bisherigen Parteifunktionäre aus dem Einfluß auf das öffentliche Leben – im Eventualfall des Zusammenbruchs! – mag bei oberflächlicher Beurteilung gewiß den Anschein einer ausgesprochenen Feindseligkeit gegenüber der NSDAP erwecken; bei objektiver Würdigung ergibt sich aber ein ganz anderes Bild. Daß im Fall eines vollkommenen Zusammenbruchs die NSDAP aus dem öffentlichen Leben ganz und gar ausgeschaltet werden wird, ist für jeden politisch Geschulten nichts als eine Selbstverständlichkeit; der absichtlich scharf formulierte Vorschlag solcher Ausschaltung (gegen den übrigens in Form der „Volksliste" wieder ein Korrektiv eingeschaltet ist!) hat bewußt den Zweck, den weit verbreiteten und tiefgreifenden Rachegefühlen im In- und Ausland eine scheinbare Befriedigung anzubieten und gerade dadurch die unmittelbar zu befürchtende Drohung von Leben und Eigentum der bisherigen Parteikreise abzubiegen; die Verhütung eines Bürgerkrieges und eines Blutbades im eigenen Volk war und ist mir als Christen wie als Deutschem ein ganz besonderes persönliches Anliegen. Eine verstehende Würdigung meines Schrittes auf Grund dessen Beweggründen erhellt ihn jedenfalls als ernsthaften Versuch eines verantwortlichen nationalen Dienstes.

Ich betone nochmals, daß ich diesen meinen einmaligen Schritt ganz aus *persönlicher Initiative ohne jede Verbindung mit anderen Personen* unternommen und zu verantworten habe. Ich habe *keinerlei Beziehungen zu Personen oder Bestrebungen* unterhalten, durch die ich irgendwie *gegen den gegenwärtigen Staat und seine Regierung* etwas unternommen habe. Aus meiner grundsätzlichen kritischen Haltung gegenüber der NSDAP und deren Politik mache ich kein Hehl; sie ist aber frei von aller Gehässigkeit und entspringt ausschließlich religiös-ethischen sowie politischen gewissensmäßigen Überzeugungen, die man mir nicht nehmen kann, auf deren Vertretung nach außen ich aber so weitgehend wie nur möglich verzichtet habe, um loyal meine Verpflichtungen als Staatsbürger zu erfüllen. Ich habe stets in meinem Leben die Achtung vor fremder Überzeugung vertreten und in meinem Handeln gepflegt. Ich glaube, daß auch der Andersdenkende mir die Achtung nicht versagen wird, daß ich nach bestem Gewissen und Wissen Volk und Vaterland zu dienen suchte und suche.

XXX. VII. 43 Dr. Max Josef Metzger

Nach der Inhaftierung Metzgers schrieb die Freiburger Kirchenbehörde an den Berliner Bischof Wienken, Commissariat der deutschen Bischofskonferenz, der die Kontaktstelle zwischen deutscher Bischofskonferenz und Reichssicherheitshauptamt bildete, um eine Nachricht über die Haftgründe von Dr. Metzger zu erhalten. Bischof Wienken antwortete am 24. 8. 1943, daß er noch nichts Sicheres in Erfahrung bringen konnte,
Schreiben des Freiburger Ordinariats an Bischof Wienken vom 20. 8. 1943:

„Es wird uns mitgeteilt, daß unser Diöcesanpriester Dr. Max Metzger, geb. 3. 2. 1887, ordiniert 5. 7. 1911, der seit einiger Zeit in Berlin N 65, Willdenowstraße 8, Hofgebäude Piusstift, wohnhaft ist, in Schutzhaft genommen worden sei. Der Grund der Inhaftierung ist uns nicht bekannt; wir wissen auch nicht, in welchem Gefängnis er untergebracht ist. Die Person des Dr. Max Metzger dürfte dortseits bekannt sein. Er ist Generalleiter der Christkönigsgesellschaft vom Weißen Kreuz, der in seiner Arbeit etwas ungestüm ist und zu Extremen neigt, der andererseits aber auch große Fähigkeiten und sittliche Haltung besitzt. Wir beehren uns Ew. Excellenz zu ersuchen, beim RSHA über Ort und Grund der Verhaftung anzufragen.“ D 4

Die Anklageschrift des Volksgerichtshofes gegen Max Josef Metzger vom 20. September 1943:

D 5 Der Oberreichsanwalt
beim Volksgerichtshof

Berlin, den 20. September 1943

8 J 190/43 g

*Haft!*
*Geheim!*

*Anklageschrift*

Den katholischen Geistlichen Dr. Max Josef *Metzger* aus Berlin N 65, Willdenowstraße 8, geboren am 3. Februar 1887 in Schopfheim (Baden),
angeblich nicht bestraft,
am 29. Juni 1943 vorläufig festgenommen und seitdem in polizeilicher Haft, zur Zeit im Strafgefängnis Plötzensee in Berlin,
bisher ohne Verteidiger,
klage ich an,
während der ersten Hälfte des Jahres 1943 in Berlin durch eine schriftliche Erklärung, in der er für den Fall der von ihm erwarteten Niederlage Deutschlands die Bildung eines unter dem Einfluß der Feindmächte stehenden demokratischen deutschen Staatenbundes vorschlug, zur Vorbereitung eines hochverräterischen Unternehmens zu feindlichen Regierungsstellen in Beziehungen getreten zu sein und dadurch zugleich den Feind des Reiches begünstigt zu haben.
Verbrechen nach § 80 Abs. 2, § 82 Abs. 2, §§ 91 b, 73 StGB.

## *Wesentliches Ergebnis der Ermittlungen*

### *1. Die persönlichen Verhältnisse und der politische Werdegang des Angeschuldigten*

a) Der Angeschuldigte studierte nach dem Bestehen der Reifeprüfung im Jahre 1905 an den Universitäten in Freiburg im Breisgau und in Freiburg in der Schweiz katholische Theologie. Er wurde im Jahre 1911 zum Priester geweiht und war sodann in Karlsruhe und Mannheim als Kaplan tätig. Am ersten Weltkrieg nahm er auf Grund freiwilliger Meldung bis zum Jahre 1915 als Divisionspfarrer teil. Nachdem er wegen einer Erkrankung aus dem Wehrdienst ausgeschieden war, übernahm er die Stelle des Generalsekretärs des katholischen „Kreuzbündnisses" in Graz. Während seiner dortigen Tätigkeit gründete er die der katholischen Inneren Mission dienende Gesellschaft „Weißes Kreuz". Im Jahre 1928 siedelte er nach Meitingen bei Augsburg über und übernahm dort die Leitung der von ihm als Weiterführung des „Weißen Kreuzes" gegründeten „Christkönigs-Gesellschaft vom Weißen Kreuz". Seit 1940 wohnte er im Heim der „Schwestern der Christkönigs-Gesellschaft" in Berlin, wo er in der Hauptsache für die „Una-Sancta-Bewegung", die die Wiedervereinigung der getrennten christlichen Kirchen erstrebt, führend tätig war.

b) Der Angeschuldigte, der sich angeblich von jeder parteipolitischen Betätigung ferngehalten hat, will sich schon als junger Geistlicher „vom religiösethischen Standpunkt aus" eingehend mit sozialen und politischen Fragen beschäftigt haben. Während des ersten Weltkrieges begann er, sich mit der Frage der Weltfriedensorganisation zu befassen. Im Jahre 1917 veröffentlichte er in mehreren Zeitschriften des damaligen Österreich ein „internationales religiöses Friedensprogramm", das die Beendigung des Krieges und eine Friedensorganisation der Welt zum Ziel hatte. Unter Verwendung dieses Programms gründete er dann den „Weltfriedensbund vom weißen Kreuz", eine internationale katholische Friedensorganisation, deren deutsche Landesgruppe der vom Pater Stratmann geleitete „Friedensbund deutscher Katholiken" wurde. In dieser reichsdeutschen Gruppe will sich der Angeschuldigte, da er bis 1928 im damaligen Österreich wohnte, nur wenig betätigt haben. Doch stand er noch bis in die Jahre 1937 oder 1938 hinein mit dem später nach den Niederlanden ausgewanderten Führer der deutschen Gruppe, Pater Stratmann, in enger Verbindung.

### *2. Die Straftat des Angeschuldigten*

Der Angeschuldigte war, wie er angegeben hat, nach dem Ausbruch des gegenwärtigen Krieges, insbesondere seit dem Kriegseintritt der Sowjetunion und der Vereinigten Staaten von Amerika, der Meinung, daß Deutschland infolge der Überzahl seiner Gegner früher oder später militärisch zusammenbrechen müsse. Er will sich deshalb ständig mit der Frage beschäftigt haben, wie der völlige Zusammenbruch des Reiches verhindert oder seine Folgen gemildert werden könnten, und dabei im Jahre 1941 zunächst den Plan gefaßt haben, den Führer in einem Schreiben zu bitten, durch seinen freiwilligen Rücktritt die Voraussetzungen für einen Verständigungsfrieden zu schaffen. Er entwarf auch ein solches Schreiben, sah jedoch schließlich von seiner Weiterleitung ab, da ihm der Erfolg zweifelhaft erschien und er nachteilige Folgen für sich befürchtete. Andere Personen will er in diesen Plan nicht eingeweiht haben.

Im Laufe des Jahres 1943 will sich dann der Angeschuldigte entschlossen haben, in einer schriftlichen Ausarbeitung „die Form einer Selbstregierung Deutschlands darzulegen", von der er angeblich hoffte, „daß sie von den Feindmächten im Falle des Zusammenbruchs anerkannt würde." Der Angeschuldigte entwarf darauf eine Denkschrift, in der er davon ausging, daß die auf den militärischen und innerpolitischen Zusammenbruch des Reiches gerichteten Bestrebungen der Feindmächte zum Erfolg führen würden, und für diesen Fall die Bildung eines demokratischen deutschen Staatenbundes vorschlug, der vollständig abrüsten und sich dem militärischen Schutz einer „überstaatlichen", das heißt von den Feindmächten geführten Wehrmacht unterstellen sollte. Aus Tarnungsgründen sprach er in dieser Denkschrift statt von einem „deutschen" von einem „nordischen" Staatenbund und ersetzte die Worte „Deutschland" durch „Nordland", „Deutscher" durch „Nordländer" und „SA und SS" durch „antinationale und antisoziale Parteien." Die Denkschrift, die sichergestellt worden ist, hat nach Übersetzung der getarnten Bezeichnungen folgenden Wortlaut:

„Deutschland ist ein Bund von demokratisch geführten Freistaaten. Jeder Freistaat ist im Rahmen der deutschen Verfassung selbständig in Bezug auf Innenpolitik, kulturelle, soziale Angelegenheiten und Verwaltung. Die Außenpolitik ist gemeinsam und der Führung des Staatenbundes vorbehalten. Die Politik Deutschlands ist nach innen und außen verfassungsmäßig festgelegt als eine redliche Friedenspolitik auf der Grundlage sittlicher Wahrheit und Treue sowie sozialer Gerechtigkeit.

Die Friedenspolitik nach *innen* gründet auf der Achtung des ewigen Sittengesetzes, auf der Anerkennung und Wahrung des *gleichen Grundrechtes für alle Bürger,* einer fortschrittlichen *Sozialpolitik* (Sicherung von Arbeit, Verdienst und Lebensmöglichkeit für alle, Nationalisierung aller Bergwerke, Kraftwerke, Eisenbahnen sowie des Großgrundbesitzes an Feld, Wald und Seen, soziale Steuerpolitik unter Schonung der Schwachen) und einer gerechten *Nationalitäten- und Rassenpolitik* (Selbstverwaltung der nationalen Kurien z. B. in bezug auf die öffentlichen Mittel für Schulzwecke).

Die Friedenspolitik nach *außen* anerkennt und achtet in vollstem Umfang die Lebensrechte fremder Völker und vertritt bzw. verwirklicht freiwillig eine Abrüstung (bis auf eine Polizeitruppe zur Aufrechterhaltung der inneren Ordnung) zu Gunsten einer überstaatlichen Wehrmacht, die im Dienst eines unparteiischen Organs der „Vereinigten Staaten von Europa" einen gerechten Frieden unter den Staaten zu schützen übernimmt. Verfassungsmäßig ist jedem Deutschen die Unantastbarkeit der persönlichen Würde und Rechtssicherheit, die Freiheit des Gewissens, der Sprache und Kultur sowie der Religionsausübung, der Freiheit der Meinungsäußerung und schließlich die Freiheit des persönlichen Eigentums und Eigentumgebrauches innerhalb der durch das Gemeinwohl bestimmten und rechtlich festgelegten Grenzen gewährleistet.

Alle Deutschen, die an dem nationalen Unglück und der Vergewaltigung ihres Volkes nachweisbar mit Schuld tragen, bleiben, ebenso wie alle wegen gemeiner Verbrechen Verurteilten, für 20 Jahre von allen bürgerlichen Ehrenrechten (Wahlrecht, Recht auf Bekleidung öffentlicher Ämter) ausgeschlossen. Bis zur allfälligen Feststellung bzw. Bewährung ihrer charakterlichen und verfassungsmäßigen Zuverlässigkeit wird diese Mitschuld vorausgesetzt bei allen Funktionären der SA und SS. Die darüber geführte Volksliste ist öffentlich. Die gesetzgebende Gewalt Deutschlands steht bis zur Festlegung der endgültigen Verfassung auf Grund allgemeiner freier Volkswahlen beim deutschen Volkstag. Dieser besteht aus führenden Vertretern aller Stände sowie hervorragenden Persönlichkeiten aus allen Staatsgruppen und ehemaligen Parteien, die sich in der Vertretung der sittlichen, sozialen und politischen Grundsätze der neuen Friedenspolitik vor ihrem Volk und der Welt bewährt haben, insbesondere auch dadurch, daß sie für ihre Überzeugung und Haltung von seiten des vergangenen Systems persönliche Nachteile zu tragen hatten. Dieses politische Programm ist aufgestellt für den Fall, daß mit dem Kriegsende eine Revolution ausbricht, durch die die Kontinuität des Rechtes nicht mehr aufrechtzuerhalten ist."

Als der Angeschuldigte im Frühjahr 1943 von der aus Schweden stammenden Mitarbeiterin der „Una-Sancta"-Bewegung", Ehefrau Imgart in Gießen, erfuhr, daß diese eine Reise nach Schweden beabsichtigte, weihte er sie in sein politisches Vorhaben ein und ersuchte sie, die Denkschrift dem ihm bekannten schwedischen Erzbischof Eidem zu überbringen und diesen zu veranlassen, sich durch Vermittlung englischer Kirchenfürsten bei maßgebenden englischen Stellen für seine in der Denkschrift entwickelten Pläne einzusetzen. Die Ehefrau Imgart übernahm auch die Denkschrift zur Weiterbeförderung. Das Schreiben hat jedoch vor seiner Weiterleitung nach Schweden sichergestellt werden können.

Der Angeschuldigte will die Denkschrift anderen Personen als der Ehefrau Imgart nicht zugänglich gemacht und sich lediglich einmal mit einem Geistlichen in dessen Eigenschaft als Seelsorger über die Denkschriftsangelegenheit vertraulich ausgesprochen haben. Ferner trat er, wie er behauptet hat, noch nicht mit Personen in Fühlung, die ihm für eine spätere deutsche Regierung geeignet erschienen, weil er nicht in den Verdacht geraten wollte, sich an politischen Umtrieben zu beteiligen. Im übrigen war er auch, wie er erklärt hat, überzeugt, daß es im Zeitpunkt des von ihm erwarteten Zusammenbruchs nicht schwer fallen würde, solche Persönlichkeiten zu finden. Dagegen hat der Angeschuldigte zugegeben, daß er sich mit dem Legationsrat a. D. Richard Kuenzer über den voraussichtlichen Kriegsausgang unterhalten und dabei die Auffassung vertreten habe, daß Deutschland zusammenbrechen werde. Als Kuenzer darauf die Besorgnis äußerte, daß Deutschland in einem solchen Fall unter eine Fremdregierung kommen werde, will der Angeschuldigte ihm die auch in seiner Denkschrift vertretene Auffassung entwickelt haben, „daß eine Selbstregierung Deutschlands wohl nur durchzusetzen sein werde, wenn ausgesprochene Friedensfreunde dabei die Führung hätten."

Der Angeschuldigte hat zur inneren Tatseite angegeben, daß er sich lediglich von der Sorge um die Zukunft des deutschen Volkes zu seinem Vorgehen habe verleiten lassen. Er will dabei in dem Glauben gehandelt haben, dem deutschen Volk für den Fall eines tatsächlichen Zusammenbruchs einen „wesentlichen Dienst" zu leisten. Bei dem Bildungsgrad und der Lebenserfahrung des Angeschuldigten kann es jedoch keinem Zweifel unterliegen, daß sich der Angeschuldigte, der nach seinen eigenen Ausführungen die auf den militärischen innerpolitischen Zusammenbruch des Reiches gerichteten Ziele der Feindmächte gekannt hat, auch bewußt gewesen ist, daß er durch die beabsichtigte Fühlungnahme mit englischen Regierungskreisen jenen Bestrebungen der Feindmächte Vorschub leistete und die deutsche Abwehrfront schwächte. Er hat diesen Erfolg seines Vorgehens offenbar aus seiner pazifistischen Einstellung heraus, durch die er sich schon während des ersten Weltkrieges zu einer die deutschen Interessen gefährdenden politischen Tätigkeit hat verleiten lassen, in Kauf genommen.

*Beweismittel*

I. Die Einlassungen des Angeschuldigten:
Bl. 6/9 d. A.

II Der Zeuge:
Regierungsrat Roth, Berlin:
Bl. 1/R, 8 R, 9 d. A.

III Die Urkunden:
a) der Strafregisterauszug über den Angeschuldigten, der nachgereicht werden wird
(Bl. 10 R d. A.)
b) die beglaubigten Abschriften der von dem Angeschuldigten verfaßten Denkschrift:
Bl. 2/4 R d. A.

Ich beantrage,
gegen den Angeschuldigten Max Josef Metzger die Hauptverhandlung vor dem Volksgerichtshof anzuordnen und dem Angeschuldigten einen Verteidiger zu bestellen.

gez. Unterschrift

Mitteilung von Bischof Wienken nach Freiburg vom 27. 9. 1943:

D 6 „Mir ist unerklärlich, daß Herr Dr. Metzger sich des Hochverrats schuldig gemacht hat. Soweit ich ihn von früher kenne – ich habe ihn seit fast einem Jahr nicht mehr gesehen –, bezog sich seine Tätigkeit stets nur auf die Una-Sancta-Bewegung und hat er sich von jeglicher Politik ferngehalten."

Max Josef Metzger hatte sich für seine Verhandlung vor dem Volksgerichtshof auf eine Verteidigung vorbereitet. Er arbeitete eine umfangreiche und eine kürzere Verteidigungsrede aus. Das Gericht gestattete Metzger aber keine zusammenhängende Verteidigung.

Es ist zu berücksichtigen, daß Metzger diese Verteidigung mitten im Krieg und für die Vertreter des Volksgerichtshofes ausgearbeitet hat. Nur so kann man aus seinem Munde die Worte wie „Feind", „Feindmächte" u.a. verstehen, eine Terminologie, die seinem Wesen ansonsten völlig fremd war.

## *Vorbereitung einer ausführlichen Verteidigungsrede* D 7

Ich bin vom ersten Augenblick an zu der Tat gestanden, die mir zur Last gelegt wird. Ich konnte es um so mehr, weil ich das Bewußtsein hatte, daß ich aus uneigennützigen Beweggründen gehandelt habe. Meine gewiß kühne und eigenmächtige Handlung kann nicht verstanden und gerecht gewertet werden ohne die geistigen Zusammenhänge, aus denen sie erflossen ist. Ich habe darum in einer zusammenfassenden Darstellung dem Gericht die Ziele und Beweggründe meines Handelns darzulegen versucht. Leider lag diese meine Darlegung dem Gericht noch nicht vor, als die Anklageschrift herausgegeben wurde.

Ich bitte, mir das Recht der freien Selbstverteidigung zu gewähren, so daß ich in Kürze das Wesentliche dieser meiner Darlegungen dem Gericht vortragen darf.

Hier steht mein höchstes Gut auf dem Spiel, meine Ehre als deutscher Mann. Ich bitte Sie, mir das Recht nicht zu versagen, diese meine Ehre frei zu verteidigen.

Ich muß etwas *Persönliches* vorausschicken. Ich bin kein Mensch, der in ein Schema gespannt werden kann. Ich bin mit Leib und Seele katholischer Priester. Und ich bin zugleich ein weltoffener Mensch, der von Jugend auf an allem Weltgeschehen leidenschaftlich Anteil nimmt und Wohl und Wehe seines Volkes ganz zu seiner eigenen Sache macht. Ich habe von meinem Vater ein *Erbteil* mitbekommen, das mir schon manche Schwierigkeiten bereitet hat: Ich kann das *Krumme nicht krumm* sein lassen. Wo hohe Interessen, zumal von Volk und Staat, Not leiden und ich eine Möglichkeit der Abhilfe sehe, kann ich nicht, wie viele andere, nur auf den eigenen Vorteil sehen, ich muß meine Haut zu Markte tragen, um nach meiner Möglichkeit zu dienen und zu helfen.

Ich bin von Natur nicht auf das Einzelne, sondern auf das *Allgemeine, Universale, Ideelle* eingestellt. Darum gehörte mein Interesse von Jugend auf den Fragen der Völker-Welt-Ordnung. Als Zehnjähriger habe ich, dumm wie ich noch war, alle 397 Wahlkreise des Deutschen Reiches einzeln studiert. Als ich reifer wurde, habe ich die *Partei*politik mit ihrem engen Egoismus verabscheut; ich wollte über die vermehrte Parteidoktrin hinweg das wirkliche Wohl des *Volkes* suchen und zwar in einer *schöpferischen Synthese.* So habe ich Freunde quer durch alle Parteien hindurch gefunden, aber auch Gegner gerade in den Reihen derer, die mir natürlicherweise am nächsten standen.

Beim Ausbruch des *1. Weltkrieges* meldete ich mich sofort freiwillig zur Front als *Feldgeistlicher.* Niemand, der mich draußen gesehen hat, kann mir das Zeugnis versagen, daß ich aufopfernd und in vorderster Linie Dienst getan habe ... (Auszeichnungen).

Als ich 1915 durch eine Erkrankung felddienst-untauglich wurde, nahm ich in Graz die Stelle eines Generalsekretärs des Kreuzbündnisses an. Das Erleben des Krieges mit all seinen Verheerungen wirkte stark in mir nach. Es verstärkte in mir die schon zuvor gegebene Überzeugung, daß in der heutigen Zeit, bei der wechselseitigen Verflechtung der Völkerinteressen und bei den tatsächlichen Machtkonstellationen, Kriege ihren Sinn verloren haben, indem sie niemand mehr Aussicht geben, mehr zu gewinnen als zu verlieren.

1917 trat ich mit einem übernationalen katholischen Friedensprogramm an die Öffentlichkeit. Es sollte nicht etwa den Durchhaltewillen des eigenen Volkes mindern, sondern war geradezu *mehr auf das Ausland als das Inland gemünzt.* Es wurde auch mit Wissen der Regierung im Ausland verbreitet, um die Katholiken der anderen Länder für den Gedanken eines Verständigungsfriedens einzuspannen. Was *Hindenburg und Ludendorff* im Sommer 1918 erkannten, als sie die Einleitung von Waffenstillstandsverhandlungen beantragten, daß wir nämlich auf die Dauer der Übermacht der andern nicht mehr gewachsen seien, war 1917

schon meine Überzeugung. Und ich hielt dafür, daß ein *Verständigungsfriede* gesucht werden müßte, solange für die andern noch ein *Risiko* mit der Fortführung des Krieges gegeben war. Wie ganz anders wäre das deutsche Volk dagestanden, wenn die Friedensbemühungen Benedikts XV. 1917 zum Ziel geführt hätten!
Im Oktober 1917 nahm ich an der internationalen Friedenskonferenz in Bern teil, die von den Mittelmächten inspiriert war. Sowohl die deutsche wie die österreichische Regierung gaben uns die Pässe dazu, weil sie es als im *nationalen Interesse* gelegen erkannten, daß wir den Willen Deutschlands bezeugten, an *der Friedensordnung der Welt mitzuarbeiten,* daß wir die öffentliche Meinung der *Neutralen* mobil machten, für einen *Verständigungsfrieden* einzutreten. Ich darf schon jetzt auf die *Parallele* hinweisen, die sich mir bezüglich meiner schwedischen Aktion später ergeben hat.

Ich habe auch in der Friedensbewegung die Interessen meines deutschen Volkes vertreten. So habe ich z. B. auf dem Friedenskongreß von *London* 1923 in einer Ansprache die Schuld der Westmächte betont, die sie durch das Diktat von Versailles auf sich geladen haben.

Seit 1928, wo ich mit dem Sitz unserer Christkönigsgesellschaft nach Meitingen bei Augsburg übersiedelte, bin ich in der Friedensbewegung zurückgetreten, nicht weil ich meine Anschauungen geändert hätte, sondern weil die organisatorischen Schwierigkeiten der Neugründung unserer Christkönigs-Gesellschaft mich ganz in Anspruch nahmen.

Seit der *Machtergreifung* habe ich, ohne meine Überzeugung aufzugeben, mich bewußt aus der *Loyalität gegenüber der Staatsführung* ganz zurückgehalten. Ich habe wohl 1934 daran mitgearbeitet, die Spannung zwischen Kirche und Staat zu überwinden ... (Stratmann!).

Von 1936 an wurde meine Befürchtung immer *größer,* daß die energische deutsche Politik, die sich von keinem Hindernis aufhalten ließ, zu einem neuen Weltkrieg führen könnte und zugleich wuchs meine Besorgnis, daß dabei wieder die gleiche Machtkonstellation die halbe Welt gegen Deutschland zusammenführen wurde, wovon ich ein böses Ende wie 1918 befürchtete. Für mein Urteil in dieser Sache kam mir zustatten, daß ich gegen 20 Länder aus eigener Anschauung kennengelernt und von früh auf die Mentalität des Auslands sowie die wirtschaftlichen und politischen Möglichkeiten der einzelnen Länder studiert habe. Der Ausbruch des Weltkrieges und seine Entwicklung überraschten mich nicht. Ich war sehr beeindruckt von der überragenden Strategie und dem gewaltigen Sieg unseres Heeres. Aber ich konnte die Sorge nicht loswerden, daß, wenn erst die angelsächsischen Mächte ihre Rüstung aufgeholt hätten, sie mit einem ungleich größeren Potential wie 1918 Hindenburg/Ludendorff, schließlich das Übergewicht bekommen könnten. Als wir nach dem unvorstellbar großen Siegen in Frankreich das Risiko eines sofortigen Angriffs auf den Hauptfeind, England, scheuten, war es mir klar, daß die Gelegenheit dazu nicht mehr wiederkehren werde, weil Englands fabelhafte Rüstung inzwischen das Risiko zu groß machen würde. Und als wir 1941, wieder nach gewaltigen Siegen, im Herbst vor Moskau und Petersburg steckenblieben, da glaubte ich zu erkennen, daß der ungeheure russische Raum nicht mehr von uns überwunden und seine gewaltigen Machtreserven nicht überboten werden könnten.

So erinnerte ich mich an das Wort des Führers: *Am Ende dieses totalen Krieges kann nur ein totaler Sieg oder eine totale Niederlage* stehen. Ein Wort, das zumindest mit der gleichen Entschlossenheit von den Feindmächten ausgesprochen wird. Ich konnte mir aber nicht mehr vorstellen, wie ein totaler Sieg über Rußland, England, Amerika erfochten werden könnte und kam so mehr und mehr zur Überzeugung, daß der Krieg schließlich mit unserem Zusammenbruch enden wird.

Ich sah natürlich klar, daß solches nicht für die nächste Zeit zu befürchten sei, daß wir vielmehr vielleicht Jahre hindurch unsere Position halten könnten. Aber ich fragte mich, ob es einen Sinn haben könne, den Krieg unter ungeheuren Einbußen an Gut und Blut vielleicht Jahre hindurch fortzusetzen, wenn er schließlich nicht zu gewinnen wäre, und wenn seine Fortsetzung die Lage unseres Volkes am Ende des Krieges nur noch verzweifelter gestalten würde. So kam ich auf den Gedanken von 1917, die Erwägung der Möglichkeit eines *Verständigungsfriedens.* Aber hier war nun gleich als entscheidende Schwierigkeit die Erkenntnis, daß eine *Verständigung zwischen den Feindmächten und dem Menschen Adolf Hitler unmöglich wäre.* Und da kam ich auf den kühnen Gedanken, daß der Führer selbst, der ja nur dem Volk zu *dienen* sucht, falls der Krieg tatsächlich aussichtlos geworden sein sollte, durch sein freiwilliges persönliches Opfer aus letzter staatsmännischer Verantwortlichkeit den Weg für eine Verständigung freimachen müßte. Im vollen Bewußtsein der Gefahr, in die ich mich dadurch selbst versetzte, schrieb ich nach einer erregten Nacht einen Brief an den Führer, in dem ich ihm diesen Gedanken nahebrachte als einen Akt höchster nationaler Verantwortlichkeit im Augenblick, wo nüchterne Überlegung die Aussichtslosigkeit des Krieges sehen lasse.

Ich habe den Brief nach vielen Überlegungen schließlich nicht abgesandt. Nicht aus Feigheit. Aber ich wollte begreiflicherweise meine Freiheit nicht einbüßen ohne irgendeine Aussicht, damit etwas genützt zu haben. Und ich kam schließlich zur Überzeugung, daß mein Brief den Führer doch nicht erreichen und jedenfalls derzeit nutzlos sein würde. So begrub ich den ganzen Plan wieder. Ich erwähne diese Tatsache, weil sie wohl zeigt, daß ich von Anfang an nur auf *legalem* Weg, aber auch, unter Einsatz meiner Person, dem dienen wollte, was ich als Interesse des deutschen Volkes erkannte.

Da irgendeine Beteiligung an *revolutionären* Plänen für mich von vornherein entfiel, schien keine andere Möglichkeit als die volle *Resignation* bis zum vorausgesehenen bitteren Ende. Aber je mehr meine Befürchtungen durch die weitere Entwicklung der militärischen Lage sich zu bewahrheiten schienen, um so weniger brachte ich es über mich, einfach die Katastrophe abzuwarten und das traurige Schicksal des deutschen Volkes, das mit einem Zusammenbruch zu befürchten war. Ich wußte von den *Vernichtungsplänen* der Feindmächte, von ihrem Plan, Deutschland zu *zerstückeln,* das deutsche Volk unter *Fremdverwaltung* zu stellen, die *deutsche Jugend* zur Erziehung ins Ausland zu schaffen und anderes mehr. Und ich fragte mich, ob es keinerlei Möglichkeiten gäbe, diesem Plan *entgegenzuwirken.* Indem ich mich an 1917 erinnerte, kam ich auf den Gedanken, daß eine neutrale Persönlichkeit von Rang gewonnen werden müßte, die den Feindmächten nahebrächte, daß diese *Vernichtungspläne* auf weite Sicht gesehen *ihrem eigenen Interesse entgegen seien,* weil sie früher oder später wieder zu einem neuen Krieg führen müßten, und daß eine *Vertrauenspolitik* einem auf *Frieden* eingestellten Deutschland gegenüber die *klügere und weisere Politik sei.*

Es war mir klar, daß *irgendeine Chance* für die Durchsetzung einer solchen Vertrauenspolitik der Feindmächte Deutschland gegenüber – und damit für die Erhaltung der deutschen Einheit, Freiheit und Selbstregierung –, nur gegeben wäre, wenn Deutschland nach einem Zusammenbruch von *einer Regierung* geführt wäre, die *eindeutig und redlich eine Friedenspolitik* treiben würde, die auch das Vertrauen der Gegenseite finden könnte. Nun wäre es klar, daß im Fall eines Zusammenbruchs der Nationalsozialismus nicht weiter bleiben könnte, und daß mangels einer Möglichkeit der Rechtsnationalität im Fall eines drohenden Chaos eine neue Regierung frei gebildet werden müßte. Diese Regierung, so dachte ich, müßte aber aus ausgesprochenen Friedensfreunden bestehen, um von den Feinden das erlangen zu können, was ihr abgrundtiefes Mißtrauen keiner anderen Regierung gewährte: Einheit, Freiheit, Selbstregierung.

Je mehr ich – alles ohne jemand zu Rate zu ziehen – über diese Gedanken nachdachte, um so sicherer schien es mir, daß im Falle eines Zusammenbruchs dieser Weg der einzige wäre, um Deutschlands Einheit und Selbstregierung zu retten.

So überlegte ich die Möglichkeit, eine neutrale Persönlichkeit zu gewinnen. Ich dachte zuerst an den Papst, fand aber dann, daß ein protestantischer Kirchenfürst eher die Möglichkeiten haben würde, gerade auf die angelsächsischen Mächte Einfluß zu gewinnen. So kam ich auf den Plan, meine schon länger bestehenden Una-Sancta-Beziehungen zu Schweden für diesen Plan zu benützen. ... Es bot sich mir die Möglichkeit, Frau Imgart, eine geborene Schwedin, die nach Schweden fuhr und die Bischöfe dort persönlich kannte, als Mittelsperson zu benützen. So arbeitete ich eine Skizze aus, wie ich mir die Verfassung eines neuen Deutschland im Fall des Zusammenbruchs denken würde und gestaltete diesen Plan so, daß er für Erzbischof Eidem (Uppsala) durch die Anknüpfung an nordische Verhältnisse ohne weiteres ein gutes Bild geben konnte, da ich mich auf die mündlichen Erklärungen einer Frau nicht verlassen wollte. Es sollte diese Skizze ein *Anhaltspunkt für den Erzbischof* sein, auf welcher Grundlage etwa *er* für eine Vertrauenspolitik der bisherigen Feindmächte gegenüber Deutschland im Fall eines Zusammenbruchs eintreten und Vorschläge machen könnte.

Ich bemerkte, daß in der Anklageschrift offenbar vorausgesetzt wird, daß diese Skizze, vielleicht sogar als von mir stammend, der englischen Regierung ausgehändigt werden sollte. So war es nicht gedacht. Es sollte vielmehr Erzbischof Eidem *seinerseits*, ohne von der Quelle seiner Vorschläge etwas zu verraten, – wenigstens während des Krieges – die englischen Kollegen für die Idee einer Vertrauenspolitik zu erwärmen suchen. Im Fall eines *tatsächlichen* Zusammenbruchs entfiel natürlich für ihn die Notwendigkeit solcher Zurückhaltung, die ich schon zum Schutz meiner Person wünschen mußte.

Die *Skizze* selbst muß ganz unter dem Gesichtspunkt des *Verwendungszweckes* gesehen werden. Da Politik die Kunst des *Möglichen* ist, kam es darauf an, nicht einfach ein Programm nach unseren eigenen Wünschen zusammenzustellen, sondern im Gegenteil dem Erzbischof Vorschläge nahezubringen, die an die Gedanken der Feinde anknüpften und darum irgendwie *Aussicht* hätten, gegen ihre weitergehenden Pläne durchgesetzt zu werden. Wenn die Feinde die Zerstückelung Deutschlands planten, um Deutschland um seine einheitliche Politik zu bringen, so könnte der Erzbischof eine stärkere Aufgliederung Deutschlands in *föderalistischer* Art vorschlagen, doch so, daß die Einheit der Außenpolitik gewahrt bliebe. Wenn die Feindmächte erwägen, die deutsche Jugend zu exportieren, um sie für den Friedensgedanken zu erziehen, so sollten eine planmäßige Friedenserziehung von seiten einer deutschen Regierung diesen Plan ohne weiteres hinfällig erscheinen lassen. Wenn die Feindmächte Deutschland vollständig *entmilitarisieren* wollten, so könnte eine deutsche Regierung sich selbst zum Wortführer der Abrüstung machen und dadurch die tatsächliche Abrüstung der andern durchsetzen, die Wilson versprochen hatte, die aber nur am Mißtrauen der Feinde aufgrund unserer Geheimaufrüstung gescheitert war. Gelänge es so, die andern zur Abrüstung zu bringen bringen, so wäre der Nachteil der deutschen Abrüstung von selbst wieder ausgeglichen. Wenn die Feindmächte *Rache und Vergeltung* an den bisherigen verantwortlichen Trägern der Politik planten, so müßte er dem irgendwie Rechnung tragen durch Hervorhebung der Ausschaltung alles politischen Einflusses der bisherigen Verantwortlichen, um dadurch um so sicherer und wirksamer Leben und Eigentum aller garantieren und schützen und so, das war mein Hauptgedanke, einen blutigen Bürgerkrieg vermeiden zu können.

Ich muß mich mit diesen Andeutungen begnügen. Zusammenfassend möchte ich das *Wesentliche* hervorheben:

1. Ich bin nie zu *feindlichen Regierungsstellen in Verbindung getreten,* weder tatsächlich noch der Absicht nach, habe vielmehr nur Deutschland einen *neutralen Freund* zu gewinnen gesucht, der *im Fall eines Zusammenbruchs* seinen Einfluß ausüben könnte, Deutschland gegenüber eine Vertrauenspolitik zu befürworten, um dadurch seine Einheit, Freiheit und Selbständigkeit zu retten.
2. *Eine Begünstigung des Feindes* kam meinerseits nie in Frage, vielmehr gerade die *Verhinderung* seiner Vernichtungspläne auf dem, wie mir schien, einzigen Weg, auf dem im Fall eines Zusammenbruchs noch eine Aussicht dafür gegeben wäre.
3. *Tatsächlich* ist dem Feind auch *keinerlei Vorteil* aus der Sache erwachsen. Es könnte ihm aber auch keiner erwachsen, wenn der Erzbischof gemäß meiner ausdrücklichen Konstruktion die Skizze während des Krieges zu seiner *persönlichen Information* benützte und von dessen Urheberschaft den Feinden keine Kenntnis gab. Bei der mir von einem evangelischen Kirchenmann vor längerer Zeit einmal gerühmten Diskretion des Erzbischofs durfte ich damit sicher rechnen.
4. Ich wollte mit meiner Aktion nichts gegen *die bestehende* Regierung unternehmen, sondern nur, falls diese bei einer Katastrophe fallen sollte, eine *Vorsorge geistig* vorbereiten, ohne meinerseits irgend etwas zur *Herbeiführung* dieser Situation zu tun. Aus diesem Grund habe ich keinerlei Verbindungen

aufgenommen und nichts getan, um mich etwa nach möglichen Gliedern einer solchen Friedensregierung umzusehen. Ich tat alles, um *strengstens loyal und legal* vorzugehen.

5. Ich habe zwar die große Sorge nicht überwinden können, daß Deutschland den Krieg verlieren werde, aber ich habe immer beachtet, daß während eines Krieges die Regierung verlangen muß, daß niemand durch Verbreitung pessimistischer Gedanken den Wehrwillen gefährdet. Aus diesem Grund habe ich mich in nationaler Verantwortlichkeit mit meinen Äußerungen überall zurückgehalten, bin jedenfalls in der Äußerung meiner Befürchtungen nicht weiter gegangen als auch die Großzahl national unverdächtiger Deutscher, die im täglichen Gespräch ihre Sorge auch nicht verschweigen, ohne deshalb den Einsatzwillen preiszugeben. *Göbbels!* Ich habe, wenn ich schon einmal meine Sorge nicht ganz verschweigen konnte, dazu gesagt, daß wir eben vertrauen und das Unsere tun müßten, um einen guten Ausgang herbeizuführen.

Ich weiß, daß das hohe Gericht die Gedankengänge, die ich hier entwickelt habe, nicht anerkennt. Aber es wird mir gewiß die Achtung nicht versagen können, daß ich nach meinem Gewissen und meiner Einsicht dem deutschen Volk im Fall der Not zu dienen suchte, und daß ich mich gemüht habe, dabei alle Rücksicht zu nehmen, die aus nationaler Verantwortlichkeit dazu vom Gesetz verlangt ist. Es wäre gewiß eine fruchtbare Tragik, wenn ein Mann, der uneigennützig sein Letztes einsetzt, um seinem Volk in der Stunde der Not zu dienen, die Ehre als Deutscher genommen bekäme und zum Verbrecher gestempelt werden müßte.

Ich weiß mich keines Verbrechens schuldig.

Ich habe nie daran gedacht, etwas gegen den bestehenden Staat bzw. seine Ordnung zu unternehmen.

Ich habe nie daran gedacht, die Feindmächte zu begünstigen und glaube, sie durch mein Verhalten in keiner Weise begünstigt zu haben.

Ich habe nie zu fremden Regierungsstellen in Beziehung treten wollen oder bin in Beziehung getreten.

Was ich wollte und was ich getan habe, war folgendes:

Ich habe in nüchterner Überlegung die Überzeugung bekommen, daß Deutschland auf die Dauer der Übermacht der Feinde nicht gewachsen sei und schließlich unterliegen werde. Ich habe zuerst nach Möglichkeiten ausgeschaut, vielleicht zu einem Frieden der Verständigung zu kommen. Ich habe, da eine Verständigung der Feindmächte mit Adolf Hitler ausgeschlossen war, zuerst den Plan gefaßt, dem Führer nahezulegen, *falls* der Krieg nicht mehr zu gewinnen sei, durch ein heroisches persönliches Opfer aus höchster nationaler Verantwortlichkeit, unnötiges weiteres Blutvergießen zu verhindern, dann aber die Nutzlosigkeit eines solchen Schrittes erkannt und davon abgesehen. Ich habe mich dann mit den vorauszusehenden furchtbaren Folgen für das deutsche Volk im Fall eines Zusammenbruchs beschäftigt; mit den Vernichtungsplänen der Feindmächte, von denen wir in den Zeitungen lasen und die ich glaubhaft fand, und habe überlegt, auf welchem Weg die Vernichtungspläne der Feindmächte soweit als möglich auch im Fall eines Zusammenbruchs noch verhindert werden könnten. Ich kam zur Überzeugung, daß dies nur möglich sei, wenn die Feindmächte zur Erkenntnis gebracht werden könnten, daß die Befolgung solcher Vernichtungspläne gar nicht in ihrem eigenen Interesse liege, weil die Unterdrückung eines so starken und vitalen Volkes wie des deutschen früher oder später zu einem neuen Weltkrieg führen müßte, und daß es eine klügere Politik zu ihrer eigenen Sicherung gäbe, nämlich mit einer ausgesprochenen Friedensregierung in Deutschland zusammenzuarbeiten.

Eine solche politische Einsicht könnte den Feindmächten nur von einer neutralen Persönlichkeit von Rang nahegebracht werden, der es selbst um ehrliche Verständigung ging. Ich glaubte in der Person des Erzbischofs Eidem eine solche Persönlichkeit gefunden zu haben und benützte die Möglichkeit der schwedischen Mittelsperson, ihn darum zu bitten. Ich habe dazu die Denkschrift ausgearbeitet, die ihm selbst die Sicherung geben sollte, daß der Gedanke derselben politisch ernst zu nehmen sei. Ich habe aber ausdrücklich schon um des Schutzes meiner eigenen Person willen, darauf Wert gelegt, daß der Erzbischof den diskretesten Gebrauch von der Denkschrift macht, d. h. sie nicht als solche während des Krieges weitergibt, Ihre Urheberschaft nicht preisgibt, überhaupt eigentlich von ihr selbst nicht spricht, sondern sie lediglich als Unterlage benützt, *um von sich aus* Vorschläge zu machen für eine Verständigungspolitik gegenüber einer im Fall eines Zusammenbruchs allenfalls zu bildenden ausgesprochenen Friedensregierung in Deutschland. Wenn eine solche grundsätzliche Bereitschaft einmal tatsächlich erreicht wäre, könnte im Ernstfall des tatsächlichen Zusammenbruchs die Verbindung hergestellt und der Weg beschritten werden, der Deutschlands Einheit, Freiheit und Selbstregierung retten sollte.

Bei der Wertung der Denkschrift ist wohl zu beachten, daß sie nur richtig gesehen wird, wenn sie von ihrem *Verwendungszweck* aus gesehen wird. Die Denkschrift sollte nicht unsere eigenen ideellen Wünsche darlegen, das wäre sinnlos, sondern, da Politik die Kunst des Möglichen ist, dem Erzbischof Vorschläge an die Hand geben, die er tatsächlich vertreten könnte, mit der Aussicht sie durchzusetzen. Das aber wäre nur möglich, wenn die Vorschläge an die *Kriegsziele der Feindmächte anknüpften,* die sie – im Fall des Zusammenbruchs – ja die Macht hätten, einfach durchzusetzen, tatsächlich aber die *Vernichtungspläne* der Feinde *zunichte* machten.

*Einzeldarlegung:* Zerstückelung, Jugend, Abrüstung, Rache.

*Schlußwort*

Ich kann nur wiederholen: ich fühle mich keines Verbrechens schuldig. Ich habe lebenslang nur meinem Volk gedient unter Hintansetzung meiner eigenen Person. Ich habe auch in der Tat, die mir zur Last gelegt wird, nur aus letzter nationaler Verantwortung heraus gehandelt, ich habe versucht, nach meiner Möglichkeit dem deutschen Volk Einheit, Freiheit und Selbständigkeit zu retten. Ich habe nicht mit dem Feind Verbindung angeknüpft oder ihn begünstigt, sondern ich habe dem deutschen Volk für den Fall der äußersten Not einen Neutralen als Freund und Vermittler gesucht, um den Vernichtungsplänen der Feinde entgegenzuwirken. Es wäre wahrhaft tragisch, wenn ein Mann, der unter Einsatz seines Lebens seinem Volk die höchsten Güter zu wahren sucht, als Verbrecher gestempelt werden sollte.

Wenn auch das Gericht glaubt, meine Handlung ablehnen zu müssen, so bin ich kühn genug zu glauben, daß es gleichwohl mir die Achtung nicht versagt und in einem hochherzigen Urteil mir die verstehende Gerechtigkeit widerfahren läßt, die dem ritterlichen Empfinden des deutschen Volkes entspricht. Darum bitte ich.

In den beiden folgenden Schriftstücken an den Untersuchungsrichter und an den Erzbischof von Freiburg macht Dr. Metzger ausführlich den Versuch, seine Handlungsweise verständlich zu machen. Vergeblich, wie sich zeigte, denn beide Dokumente wurden von der GESTAPO zurückbehalten.

Dr. Max Josef Metzger  Berlin-Plötzensee, d. 1. 10. 1943  D 9
Aktenzeichen: 8 J 190–43  Gefängnis

An den Herrn Untersuchungsrichter bzw.
den Herrn Oberreichsanwalt beim Volksgerichtshof
in *Berlin*

In der Beilage habe ich versucht, zusammenfassend die Darstellung meiner Einstellung zu meiner Handlung zu geben, die ich zu meinem Akt zu Protokoll geben wollte. Ich bitte allenfalls um Einvernahme bezüglich noch nicht geklärter Punkte.

Mit meiner Vertretung möchte ich Justizrat Dr. Dix betrauen und erbitte dafür die Genehmigung.

Dr. Max Josef Metzger

Dr. Max Josef Metzger  Berlin-Plötzensee, d. 28. 9. 1943
Aktenzeichen:  Gefängnis
(556–151/43) Volksgericht
8 J. 190/43

An den Herrn Untersuchungsrichter
bzw. Oberreichsanwalt beim Volksgerichtshof
in *Berlin-Moabit*

Ich bin, wie auch von der GeStaPo anerkannt wurde, vom ersten Augenblick an zu dem gestanden, was ich unternommen habe. Ich konnte es um so mehr, als ich vor meinem Gewissen glaubte, im Interesse von Volk und Vaterland zu handeln. Meine gewiß ungewöhnliche Handlung ist wohl nur recht zu werten, wenn sie in ihren Zielen und Absichten, ihren Zusammenhängen, Beweggründen und Triebkräften erkannt und verstanden wird. Diese Selbstrechtfertigung wird mir gewiß nicht versagt werden.

Um mich in meinen Gedankengängen, Zielen und Beweggründen verständlich zu machen, muß ich einiges in Form eines Bekenntnisses über meine Person sagen:

Ich bin katholischer Priester und bin es mit Leib und Seele. Meine geistige Einstellung entspricht freilich nicht dem Vorstellungsbild, das man sich vielfach von einem Geistlichen macht. Kultbeamtentum, Weltabgewandtheit, Lebensferne, Geistesenge, Legalismus und Traditionalismus liegen mir so fern wie nur möglich. Ich bin ein Mann von selbständigem Urteil und aktivem Interesse an allem Weltgeschehen. Meine religiöse Haltung ist ganz bestimmt durch den Reich-Gottes-Gedanken, durch das Ethos des Evangeliums, mit dem ich in meinem persönlichen Leben ernstzumachen suchte und das ich Zeit meines Lebens den Einzelnen wie der Gesellschaft gegenüber vertrat. Von früh auf befaßte ich mich mit allen sozial-ethischen Fragen, insbesondere auch mit den Fragen einer wirtschaftlichen, staatlichen und Völkerordnung entsprechend dem christlichen Ethos. In meiner diesbezüglichen Arbeit habe ich mich nie parteipolitisch binden lassen; gerade und nur die persönliche Unabhängigkeit von allen beengenden parteipolitischen Bindungen und Rücksichten schien mir dem priesterlichen Beruf zu entsprechen. Obwohl durchaus ein kirchentreuer Priester und als solcher auch anerkannt, habe ich auch innerhalb der Kirche eine gewisse selbständige geistige Linie vertreten, indem ich allem Zelotentum, allem Pharisäismus und allem politischen Machtstreben entgegen trat und auf eine wesenhaft religiöse, den Idealen des Urchristentums entsprechende Haltung hinarbeitete. Die Gründung der „Christkönigsgesellschaft vom Weißen Kreuz" als eines eigenartigen neuen kirchlichen Ordens (1919) durch mich diente wesentlich dieser innerkirchlichen Erneuerung, die ich erstrebte. In allen Fragen bemühte ich mich um ein selbständiges persönliches Gewissensurteil. Wo ich mir nach ernster Prüfung eine klare Überzeugung bilden konnte, habe ich sie, zwar mit Bedacht, aber mutig und Widerständen zum Trotz vertreten und habe oft genug meine Haut zu Markte getragen, um einem Fortschritt zu dienen, wo andere nur auf ihren persönlichen Vorteil schauten. Sahen mich viele als einen verstiegenen Idealisten an, so sagten meine Freunde von mir, mein Unglück bestehe darin, daß ich jeweils Erkenntnisse und Wahrheiten Jahre oder Jahrzehnte früher vertrete, als sie verstanden werden können.

In den Fragen des Volkstums und der Politik habe ich mich stets aufs innigste mit Wohl und Wehe des deutschen Volkes verbunden gefühlt. Ich war wohl nie ein Hurra-Patriot. Ich habe echte nationale Gesinnung nur darin erblicken können, unter Zurückstellung des eigenen Ich dem Volksganzen zu dienen. Meine ganze Lebensarbeit, das darf ich mit bestem Gewissen sagen, ist ein einziger Dienst am Volk gewesen, sowohl durch meine seelsorgliche Arbeit im engeren Sinn (für die ich kein Gehalt bezog) als durch meine karitative und soziale Tätigkeit.

Schon früh befaßte ich mich mit der Frage der Friedensordnung der Welt. Bereits 1908 zählte ich mich als Student zur Deutschen Friedensgesellschaft. Das hinderte mich aber nicht, bei Ausbruch des Weltkrieges mich sofort freiwillig als Feldgeistlicher zur Front zu melden. Ich habe als Divisionspfarrer der 7. Kav. Div. in vorderster Linie Dienst getan, was durch das EK II, den Friedrichsorden I. m. Schw. und den Zähringer Löwenorden II. sowie die Rote-Kreuz-Medaille anerkannt wurde. Meine Schrift an die Soldaten „Wollt Ihr siegen?" ist in vielen Auflagen in einer Auflage von fast 100000 ins Feld gegangen. Nur ungern habe ich meine Soldaten 1915 im Sommer wieder verlassen, da ich an einer schweren Lungenentzündung erkrankte, die mich weiterhin felddienst-untauglich machte. So nahm ich die Stelle eines Generalsekretärs des Österreichischen Kreuzbündnisses in Graz an, um als überzeugter Abstinent die Nüchternheitsbewegung zu organisieren, und zwar als „Vaterländische Friedensarbeit" (Titel einer Schrift von mir 1916). Das Erlebnis des Weltkrieges an der Front und hinter ihr befestigte in mir die Überzeugung, daß nur eine echte Friedensorganisation der Welt dem wahren Volksinteresse entspreche. Im Februar 1917 publizierte ich ein international gedachtes Katholisches Friedensprogramm (abgedruckt z.B. in meiner Schrift „Der Völkerbund und die Katholische Internationale"; Schrift ist in der Staatsbibliothek vorhanden), das ich Papst Benedikt XV. vorlegte und das von ihm im Juni 1917 eine schriftliche Belobigung erfuhr, wie auch der gegenwärtige Papst, damals Nuntius in München, begeistert meinen Aufruf begrüßte. Auf Grund des Friedensprogramms begründete ich den „Weltfriedensbund vom Weißen Kreuz". Als dessen Wortführer unterstützte ich die Bemühung Benedikts XV. um einen Verständigungsfrieden, deren Scheitern den harten Gewaltfrieden von Versailles zur Folge hatte. Ich nahm auch mit Billigung der Regierung an der von den Mittelmächten inspirierten Friedenskonferenz in Bern (Oktober 1917) teil und arbeitete dort in der Erziehungskommission mit.

Mein „Pazifismus" war und ist keine Sache schwächlicher Sentimentalität, keine feige Politik des „Friedens um jeden Preis", keine grundsätzliche Ablehnung der Gewaltanwendung, kein „Internationalismus", der die eigenen Volksrechte hintansetzt oder preisgibt. Er entspringt der Erkenntnis und Überzeugung, daß bei der modernen Verflechtung der Völker, bei der tatsächlichen Machtkonstellation der Welt, kein Krieg mehr Aussicht hat, einem Volk mehr Nutzen als Schaden zu bringen, wie ja auch der Weltkrieg auch den „Siegern" keine wirklichen Vorteile brachte. So erscheint mir politisch klug – ebenso vor allem auch ethisch allein richtig –, daß die politischen und Interessen-Gegensätze der Völker und Staaten in friedlicher Politik auf Grund von kodifiziertem Völkerrecht, Schiedsgericht und internationalem Gerichtshof bzw. in ehrlicher diplomatischer Bemühung aller Regierungen ausgeglichen werden. In dieser Haltung habe ich, ebenso wie auf unserer Seite, den Chauvinismus der anderen bekämpft. So habe ich z. B. auf dem Weltfriedenskongreß in London (1923) in einer Ansprache die Schuld der Feindmächte auf Grund des Diktatfriedens von Versailles einer scharfen Kritik unterzogen und habe für das deutsche Volk als Recht verlangt, was die anderen für sich als billig ansehen.

1928 verlegte ich den Sitz der von mir geleiteten Christkönigsgesellschaft nach Meitingen bei Augsburg, wo die Gesellschaft unter sehr schwierigen Verhältnissen eine Trinkerheilstätte für den Deutschen Caritasverband übernahm. Die Gründungsschwierigkeiten der nächsten Jahre ließen mir für keine über den

Gesellschaftsrahmen hinaus gehende Arbeit Zeit und Möglichkeit, so daß ich auch in der Friedensbewegung zurücktrat, ohne freilich meine Überzeugungen je preiszugeben.

Dem Nationalsozialismus bin ich ohne Voreingenommenheit begegnet. Getreu meinem Grundsatz, überall das Gute anzuerkennen und in „schöpferischer Synthese" auch Gegnern gerecht zu werden, habe ich trotz vieler, vor allem im Weltanschaulichen begründeter, Reserven gleich nach der Machtergreifung in dem von mir herausgegebenen „Christkönigsboten" einen Leitartikel veröffentlicht, in dem ich um des deutschen Volkes willen trotz bestehender Bedenken das katholische Volk aufforderte, der neuen Staatsführung die Möglichkeit zu geben, Volk und Vaterland aus der bestehenden Not herauszuführen, wobei ich (wohl als Erster) ein Gebet für den Führer veröffentlichte. Nichts lag mir dabei ferner, als den Mantel nach dem Wind der Konjunktur zu hängen; ich wahrte meine geistige Selbständigkeit, stellte aber das Wohl des Volksganzen allem anderen voran. Ich litt sehr unter dem mehr oder minder offenen Gegensatz zwischen Kirche und Staat und bemühte mich Ende 1933, durch Besuch mehrerer Bischöfe sowie durch eine Denkschrift über die kirchenpolitische Lage, für den Versuch einer ehrlichen Verständigung zwischen Staat und Kirche mich einzusetzen. Die Denkschrift suchte möglichst objektiv vom kirchlich-religiösen Standpunkt aus die Lage zu beurteilen; ich übersah dabei auch die Möglichkeit nicht, daß die Kirche es auf eine geistig-weltanschauliche Auseinandersetzung ankommen lassen müsse, wenn die Politik des Staates ausgesprochen dem christlichen Ethos zuwiderlaufe. Wie es in der Natur solcher überparteilicher Stellungnahme liegt, wurde ich auf beiden Seiten nicht verstanden. Von kirchlichen Kreisen wurde meine zu große Nachgiebigkeit der neuen Politik gegenüber kritisiert; umgekehrt wurde mir von der GeStaPo meine kritische Stellungnahme verübelt, so daß ich – freilich nur für drei Tage bis zu erfolgter Klarstellung – in Schutzhaft genommen wurde (Januar 1934).

Mein stärkstes Bedenken gegenüber dem Nationalsozialismus war die Befürchtung, daß die einseitig von Staatsträgern („gut ist, was dem Volke nützt!") geführte Politik der NSDAP früher oder später zu einem zweiten Weltkrieg führe und daß dieser, ebenso wie der erste, die ganze Welt gegen uns vereinigen und uns schließlich das gleiche Ende bringen könnte wie der erste. Diese meine Befürchtung wurde genährt durch die Einblicke in das Denken der anderen Völker zufolge meiner Berührung mit führenden Katholiken anderer Länder, die ich insbesondere auf den internationalen Christkönigskongressen (1935 St. Gallen, 1937 Posen, 1939 Laibach) sprach. (Ich glaubte, es als ein nationales Verdienst ansehen zu dürfen, daß es mir als Generalsekretär dieser Kongresse gelang, trotz der allgemeinen starken Kritik des Auslandes am Dritten Reich und dessen Kirchenpolitik und trotz der wiederholt zutagegetretenen Tendenz, diese Kritik auf den Kongressen auch laut werden zu lassen, diese Christkönigskongresse streng auf der rein religiösen Linie und aus aller Polemik heraus zu halten; daß ich in der führenden Teilnahme an dieser Arbeit, die von der GeStaPo wohl beobachtet wurde, nicht gehindert wurde, ist für diese meine korrekte Haltung wohl Beweis genug.)

Wie ich bereits 1913 in Vorträgen die (damals ungläubig belächelte) Auffassung vertrat, daß die geistigen und sozialen Kräfte der Zeit den unmittelbar bevorstehenden Ausbruch eines Weltkrieges befürchten ließen, so habe ich schon 1936 für mich die feste Überzeugung gewonnen (die ich freilich nach außen nicht vertrat), daß der neue Weltkrieg bevorstehe, wobei ich voraussah, daß er wiederum die halbe Welt mit Amerika wider uns zusammenführen werde, was mich einen schließlichen bösen Ausgang besorgen ließ. Die tatsächliche Entwicklung schien mir weitgehend recht zu geben, zunächst bezüglich der machtpolitischen Konstellation. Die ganz außerordentlichen Erfolge unserer Waffen machten wohl tiefen Eindruck auf mich, konnten mich aber nicht darüber hinweg täuschen, daß es bei diesem gigantischen Ringen schließlich und vor allem auf den längeren Atem ankomme. Als wir nach der erstaunlich raschen Niederwerfung Frankreichs das – zweifellos sehr große – Risiko scheuten, sofort England als den eigentlichen Gegner anzugreifen, sah ich voraus, daß die Möglichkeit dazu kaum nochmals kommen werde. Als dann gemäß meiner Annahme Amerika in den Krieg eintrat, als wir im russischen Feldzug nach wiederum gewaltigen Anfangserfolgen vor Moskau und Petersburg steckenblieben, gab ich mir darüber Rechenschaft, daß die Menschen- und Materialmacht Rußlands zu groß und sein Raum zu weit sind, um von uns tatsächlich überwunden werden zu können. Ich erinnerte mich des Wortes des Führers – das vom Standpunkt der Feindmächte fast noch mehr Gewicht hat als von unserem eigenen –, daß dieser totale Krieg nur mit einem totalen Sieg oder einer totalen Niederlage endigen könne. Angesichts des ungleich größeren Kriegspotentials der anderen Seite, das sich je länger je mehr auswirken mußte, kam ich zur immer stärkeren Überzeugung, daß, so lange wir auch mit unserer überlegenen Strategie und unserer unvergleichlichen Organisationskraft diesen unseligen Augenblick hinauszuschieben vermöchten, schließlich mit einem militärischen Zusammenbruch gerechnet werden müsse. Mich erschütterte dabei der Gedanke an das dann drohende Schicksal unseres Volkes, aber auch die Vorstellung, daß nun vielleicht noch Jahre hindurch unter ungeheuren Opfern an Gut und Blut der Krieg fortgesetzt werde, wobei all diese Opfer nicht nur nutzlos sein, sondern das schließliche Unglück des Volkes noch vergrößern würden.

In dieser Situation erinnerte ich mich der Kriegslage 1917 und der damals vertanen Möglichkeit, zu einem Frieden der Verständigung zu kommen, der unserem Volk Lebensraum und Entwicklungsmöglichkeiten sichern konnte. Ich konnte mir nach meiner politischen Einsicht darüber freilich nicht im unklaren sein, daß im gegenwärtigen Krieg ein Verständigungsfriede von seiten der Feindmächte von vornherein daran scheiterte, daß diese nicht bereit waren, mit der gegenwärtigen Regierung noch Verträge abzuschließen. So blieb tatsächlich nur die Alternative, daß entweder der Krieg unter unsäglichen – vielleicht fruchtlosen – Blut- und Materialopfern bis zum Ende geführt werde, oder aber daß die Regierung in andere Hände überginge. Ich hörte da und dort Gerüchte, daß – ob aus den gleichen Erwägungen heraus oder aus grundsätzlicher Gegnerschaft gegenüber der bestehenden Regierung, kann ich nicht beurteilen – mit dem Gedanken eines gewaltsamen Sturzes der Regierung durch Revolution oder einen Staatsstreich der Generalität gespielt werde. Diese Gedanken oder Pläne, über deren Hintermänner ich nichts erfuhr, kamen für mich von vornherein nicht in Frage; einmal verwirft die katholische Theologie eine Revolution gegen eine legitime Regierung grundsätzlich; dann sah ich aber auch solche Versuche angesichts der Machtmittel des heutigen Staates als ganz aussichtslos an; die theoretische Möglichkeit eines Staatsstreiches aus der Wehrmacht heraus schien mir nicht nur praktisch ausgeschlossen, sondern auch realpolitisch ohne „Sinn", weil ich auf Grund meines Einblicks in das politische Denken des Auslands darum wußte, daß der deutsche „Militarismus" bei den Feindmächten ebensowenig Entgegenkommen erwarten konnte wie die NSDAP, und daß infolgedessen auf diesem Weg ein Verständigungsfriede auch nicht erreichbar sei. So erschien mir als die einzig verbleibende Möglichkeit, daß, wenn der Krieg tatsächlich sich als aussichtlos erwiesen, der Führer selbst aus höchster staatspolitischer Verantwortung heraus das wahrhaft nationale Opfer seiner selbst freiwillig brachte. Natürlich war ich nicht so lebensfremd, diese Möglichkeit als tatsächlich unmittelbar gegeben anzusehen. Ich wußte um die besondere Stärke des Führers, allen Widerständen zum Trotz ein Ziel ins Auge zu fassen und mit fanatischem Einsatz auch durchzureißen, wo andere längst die Flinte ins Korn geworfen hätten. Solcher Veranlagung steht nach psychologischen Gesetzen als „Schatten" die geringere Fähigkeit gegenüber, nüchtern die tatsächlichen Grenzen der gegebenen menschlichen Leistungskraft einzuschätzen und in Rechnung zu stellen. So mußte ich damit rechnen, daß der Führer schwer sich überzeugen ließe, auch wenn offenbar geworden wäre, daß der Krieg nicht mehr zu gewinnen sei und daß daher staatsmännische Verantwortung von ihm eine, vielleicht bittere, Entscheidung fordere. Nach einer von der Sorge um die Zukunft Deutschlands aufgewühlten Nacht fühlte ich mich stark gedrängt, gegen alle natürliche Hoffnung es zu wagen, an den Führer selbst heranzutreten, um ihm diese meine Gesichtspunkte nahezubringen. Ich war mir dabei des persönlichen Wagnisses wohl bewußt, das mit solchem Versuch verbunden war, wies aber den Gedanken als Feigheit ab, aus solchen Erwägungen heraus darauf zu verzichten, Volk und Vaterland möglicherweise einen großen Dienst zu leisten. So schrieb ich am Morgen (Oktober 1941) aus dem starken Impuls heraus einen

Brief, in dem ich den Führer leidenschaftlich beschwor, wenn der Krieg aussichtlos geworden sei, das höchste persönliche Opfer aus wahrhaft nationaler Verantwortung zu bringen, um dem Volk den Frieden und neue Entwicklungsmöglichkeiten zu schaffen. Ich stellte dem Führer vor, daß er nicht größer in die Geschichte eingehen könne als durch eine solche Tat persönlichen Heroismus'. Ich habe den Brief nicht abgesandt. Nüchterne Überlegung der nächsten Tage und Wochen – die außerdem noch einen, vorübergehenden, militärischen Auftrieb im Osten brachten – ließen es mir doch zu aussichtlos erscheinen, mit meinem Schreiben auch nur an den Führer selbst heranzukommen und, auch wenn dies gelänge, ihn im damals gegebenen Augenblick zu überzeugen. Und nutzlos wollte ich doch meine Freiheit nicht aufs Spiel setzen, so sehr ich willens war, an Opferbereitschaft hinter den Frontsoldaten nicht zurückzustehen. So verschob ich die Absendung des Schreibens immer wieder, bis ich es schließlich begrub.

Ich glaubte, diese Tatsachen ausführlich darstellen zu sollen, weil sie wohl dafür zeugen, daß ich von ehrlichster Sorge um das deutsche Volk bewegt war und bin, und daß ich auf streng legalem Weg und nur auf ihm Folgerungen aus meinen persönlichen Einsichten und Überzeugungen ziehen wollte. Da ich das entworfene Schreiben als mein Geheimnis hütete und es auch nicht mehr vorhanden ist, kann ich keinen eigentlichen Beweis für die Richtigkeit aller meiner Darlegungen führen. Doch habe ich an jenem aufregenden Tag (Oktober 41) es mir nicht versagen können, der Oberin des Piusstiftes (N 65, Willdenowstr. 8), Sr. Judith Maria (Sophia) Hauser, meiner langjährigen früheren Sekretärin, die mir wie eine leibliche Schwester nahesteht, in strengstem Vertrauen davon zu sprechen, daß ich mich gedrängt fühle, an den Führer zu schreiben, um ihn zu bitten, durch ein persönliches Opfer allenfalls einen Verständigungsfrieden zu ermöglichen. Die Schwester, die jedenfalls davon auch für mich Nachteile fürchtete, bat mich dringend, von der aussichtslosen Sache Abstand zu nehmen, worauf ich auch ihr gegenüber nicht mehr von der Sache sprach. Ich stelle anheim, die Schwester darüber zu vernehmen, daß ich ihr im Oktober 1941 davon gesprochen habe, einen Brief an den Führer verfaßt zu haben, um nutzloses Blutvergießen im Fall der Aussichtslosigkeit des Krieges zu verhindern.

Nachdem ich die Hoffnung aufgegeben hatte, zur rechtzeitigen Beendigung des Krieges auf dem genannten, legalen Weg etwas beitragen zu können, verblieb mir keine andere Möglichkeit, als persönlich zu resignieren und das Schicksal abzuwarten, das ich immer mehr als Katastrophe auf uns zukommen sah. Ich betone ausdrücklich, daß ich keinerlei Beziehungen zu Personen pflegte, die mit aktivistischen Gedanken umgingen – auf die einzig mögliche Ausnahme (Kuenzer) komme ich noch zu sprechen – und daß ich auch nichts tat, um meine pessimistischen Gedanken bezüglich der Kriegsaussichten zu verbreiten, der Verantwortung bewußt, die ich als Staatsbürger während des Krieges trug; daß ich in Freundesgesprächen, wenn von den Kriegsaussichten gesprochen wurde, gelegentlich auch mal Besorgnisse äußerte, will ich um der Wahrhaftigkeit willen nicht bestreiten.

In meiner Überzeugung, daß der Krieg schließlich ein schlimmes Ende nehmen werde, wurde ich durch die weitere militärische Entwicklung immer mehr bestärkt, insbesondere durch die wachsende Verteidigungs-, ja Offensivkraft Rußlands – im Gegensatz zu früher sprachen unsere Heeresberichte schon wiederholt von der Überlegenheit der Bolschewisten an Menschen und Material – und deren tatsächlichen Erfolgen in den Winterfeldzügen, Stalingrad u. ä., durch unsere Mißerfolge im afrikanischen Feldzug, vor allem aber durch unsere offenbare Machtlosigkeit gegenüber den immer furchtbareren Luftangriffen auf unsere Großstädte, was nur alles zu erweisen schien, daß die von mir befürchtete Materialüberlegenheit der Feindmächte auf Grund ihres größeren Potentials immer mehr in die Erscheinung trete. Ich sah den Augenblick kommen, wo die außerordentliche Dislozierung unserer Truppen in ganz Europa, zumal bei Wegfall des italienischen Bundesgenossen, den inzwischen zusammengeballten, unverbrauchten Armeen Englands und Amerikas die Möglichkeit erfolgreicher Offensive bieten würde, während Rußland zugleich seinen Druck zu verstärken möchte – der Zweifrontenkrieg ist immer von unseren militärischen Experten als äußerst gefährlich bezeichnet worden.

Wenn ich es auch aufgegeben habe, persönlich etwas zur Beendigung des Krieges beitragen zu können, so beschäftige ich mich aus der für mich unausweichlichen staatsbürgerlichen Verantwortung heraus um so stärker mit der Frage, was im Fall einer militärischen Katastrophe mit Deutschland geschehen werde. Die Mitteilungen unserer Zeitungen schienen mir nicht unglaubwürdig, daß die Feindmächte nach einem Sieg Deutschland zerschlagen und so seine künftige nationale Entwicklung lähmen wollten, ja, daß bereits „Guvernenra" (!) in Amerika ausgebildet würden, die Deutschlands Verwaltung übernehmen sollten. Ich fand in diesen Nachrichten bestätigt, was ich auf Grund meiner in vielen Auslandsbeziehungen, Reisen usw. erworbenen Einblicke in die Mentalität der Feindmächte fürchtete, daß man nämlich dem deutschen Volk auf Grund seiner so vollkommenen „Militarisierung" derart mißtraute, daß man ihm nicht einmal mehr die Souveränität der Selbstregierung zu belassen gedachte. Ich sah in der drohenden Verwirklichung solcher Pläne eine nationale Schmach, ein Volksunglück sondergleichen. Ich war mir aber auch darüber klar, daß eine solche Politik zugleich auch vom Standpunkt des von den Westmächten vertretenen Völkerfriedens vollkommen unvernünftig und verfehlt ist, weil erfahrungsgemäß ein Volk von der Größe und Vitalität des deutschen auf dem Weg der einfachen Unterdrückung auf die Dauer nicht kleinzukriegen ist, so daß in solcher Politik der Keim eines früher oder später herein brechenden dritten Weltkrieges sowie des endgültigen „Untergangs des Abendlands" gelegt würde. So kreisten meine Überlegungen immer mehr darum, ob und wie es vielleicht möglich wäre, auch im Fall eines tatsächlichen Zusammenbruchs und einer Besetzung durch die Feindmächte Deutschland die nationale Einheit und Selbständigkeit zu erhalten.

Meine Überlegungen gingen von folgenden Gesichtspunkten aus: Die angelsächsischen Mächte – nur von ihnen war irgend etwas zu erwarten; eine Besetzung Deutschlands durch Rußland schien keinerlei Hoffnung zu belassen – sind ihrer nationalen Politik nach nicht auf eine Vernichtung Deutschlands eingestellt, im Gegenteil. Auch in Versailles ist Wilson nur Clemenceau unterlegen. England hat, von Amerika unterstützt, in den Jahren nach Versailles stets gegenüber Frankreich eine Deutschland entgegenkommende Haltung eingenommen und wirkte z. B. der Ruhrbesetzung zuerst entgegen; einflußreiche Wirtschaftskreise in England wie in Amerika vertraten schon aus wohlverstandenem Eigeninteresse die Lockerung der Reparationsverpflichtung und übten scharfe Kritik am Friedensvertrag von Versailles. Wenn trotzdem heute auch in England und Amerika die Absicht Boden gewonnen hat, Deutschland zu zerstückeln und ihm eine Fremdregierung aufzuzwingen, so hat dies seinen Grund in der Furcht vor der in zwei Weltkriegen bewährten kriegerischen Macht des deutschen Volkes sowie in dem alles beherrschenden Mißtrauen in die Vertragstreue und Friedensgesinnung irgendeiner deutschen Regierung. Wenn dem irgendwie zu begegnen war, so nur dadurch, daß England und Amerika dazu gebracht wurden, bei einem Zusammenbruch Deutschlands eine deutsche Regierung von auch im Ausland angesehenen und anerkannten Friedensfreunden anzuerkennen und dieser großzügig die Unterstützung zu gewähren, ohne die bei der im Fall einer Katastrophe eintretenden wirtschaftlichen und geistigen Lage keine Regierung in Deutschland den Kommunismus verhindern könnte. Es schien mir dabei von entscheidender Bedeutung, daß eine solche Lösung auch rechtzeitig vor endgültiger Festlegung ihrer Pläne den angelsächsischen Mächten von irgendeiner Seite nahegebracht würde. Es schwebte mir dabei der Gedanke vor, daß eine deutschfreundliche neutrale Persönlichkeit den angelsächsischen Mächten nahelegen könnte, daß eine Vertrauenspolitik gegenüber Deutschland im Fall ihres Sieges einer ausgesprochenen Friedensregierung gegenüber möglich und in ihrem wohlverstandenen Eigeninteresse gelegen sei. Bei dieser neutralen Vermittlung dachte ich naturgemäß zuerst an den Papst, fand aber dann, daß in England und Amerika ein protestantischer Kirchenfürst am ehesten Einfluß zu nehmen vermöchte bei dem politischen Einfluß, den dort gerade auch Kirchenfürsten zu nehmen vermögen, im Guten wie im Bösen. So kam ich auf den Gedanken, meine Beziehungen aus der „Una-Sancta"-Arbeit (kirchliche Wiedervereinigungsbestrebungen) nach Schweden für einen solchen Dienst auszunützen. Ich bemerke, daß ich durch Frau Imgart, die als geborene Schwe-

din für die Frage der kirchlichen Union sehr begeistert war und zufolge ihres Interesses mir einen Una-Sancta-Vortrag in Gießen vorbereitet hatte, die schon zuvor aufgenommenen theologischen Beziehungen zu schwedisch-protestantischen Kreisen weiter hatte pflegen lassen, und zwar zu Erzbischof Eidem, dem Nachfolger des in der Una-Sancta-Arbeit führend hervorgetretenen Erzbischofs Söderblom (mit dem ich 1927 auf der Lausanner Weltkirchenkonferenz zusammengekommen war), sodann vor allem mit Pfarrer Dr. Rosendaal und dem mir von früher her persönlich bekannten einflußreichen Pfarrer N. Beskow. Durch diese erhielt ich über Frau Imgart eine Einladung zu einer Una-Sancta-Vortragsreise in Schweden (die ganze Korrespondenz betreffend Schweden befindet sich in der Mappe „Schweden" meiner Una-Sancta-Registratur; ich beantrage, sie zu erheben, ebenso meinen von der GeStaPo beschlagnahmten Brief an Erzbischof Eidem vom 29. 6. 43 – mit meiner theologischen Arbeit „Das Geheimnis der Kirche" als Beilage, es wird dadurch der Charakter meiner schwedischen Beziehungen klargestellt).
Es war mir klar, daß es sich bei meinen Überlegungen um sehr heikle Gedankengänge drehte. Allein die Sorge um den Bestand des eigenen Volkes auch im Fall einer Katastrophe – nur für diesen Fall konnten die Gedanken Bedeutung gewinnen – rechtfertigte auch ein Wagnis zur Verhinderung äußersten Unglücks. Daß die deutsche Regierung selbst in einer solchen Sache keine Initiative ergreifen konnte, ohne eine Schwäche zu offenbaren, die propagandistisch ausgenützt werden konnte, war selbstverständlich; ich hatte aber in Erinnerung an die von der Regierung seinerzeit begünstigte „private" Friedenskonferenz von Bern 1917 – die, vielleicht verwegene, Hoffnung, daß eine vorausschauende und voraussorgende Regierung es mir im Stillen danken werde, wenn ich auf solche Weise ohne ihren eigenen Einsatz eine Vorsorge für den Fall einer Katastrophe versuchen würde.

In diese Überlegungen hinein traf ein Besuch von Frau Imgart, die gerade auf dem Weg nach Schweden war. Wir unterhielten uns über die Una-Sancta-Arbeit und deren Förderung in Schweden und kamen sodann auch auf den Krieg zu sprechen. Frau Imgart litt persönlich stark unter dem Krieg und ersehnte dessen

Beendigung. Sie erzählte, daß in Schweden allgemein die Niederlage Deutschlands sicher erwartet werde; man wundere sich dort, daß bei der Aussichtslosigkeit weiterer Kriegsführung nicht militärische Kreise in Deutschland durch einen Staatsstreich den Krieg beendeten. Ich begründete ihr die Sinnlosigkeit solcher Erwartungen des Auslands und wies darauf hin, daß eine Militärdiktatur, wie sie den Ausländern offenbar vorschwebe, von den Feindmächten auch nichts zu erwarten habe. Der Krieg müsse, wenn auch vielleicht zu einem bitteren Ende, weitergeführt werden. Sollte es tatsächlich zu einer vollkommenen militärischen Niederlage kommen, so breche auch die heutige Regierung zusammen. In diesem Fall drohe Chaos, Bürgerkrieg und schließlich das namenlose nationale Unglück der Zerstückelung Deutschlands unter einer Fremdregierung, wodurch Deutschland zu einer Kolonie oder einem Protektorat erniedrigt werde. Das sei freilich nicht bloß für Deutschland ein Unglück, sondern auch für die Welt, die auf solchem Weg nie zu einem Frieden komme. Ich kam dann Frau Imgart gegenüber darauf zu sprechen, daß nach meiner Meinung dieses Unglück nur abwendbar sei, wenn im Fall einer solchen Katastrophe in Deutschland eine Regierung von wirklichen bewährten Friedensfreunden sich bilden lasse und eine solche Regierung von den bisherigen Feinden alle Unterstützung finde, die einer anderen Regierung versagt bliebe. Ich fragte Frau Imgart, der die Gedanken einleuchteten, ob nicht z.B. ein Deutschland wohlgesinnter schwedischer Kirchenfürst diesen Gedanken englischen Kollegen gegenüber vertreten würde, die ihrerseits vielleicht dann im Interesse des Friedens den Gedanken in England unterstützen würden. Frau Imgart bejahte meine Frage und erklärte sich bereit, den Gedanken bei ihrem Aufenthalt in Schweden einem Kirchenfürsten nahezubringen. Ich ließ mich über die Einstellung der in Frage kommenden schwedischen Bischöfe unterrichten und fand Erzbischof Eidem als deutschfreundlich und einflußreich zugleich als den gegebenen Mann. Ich versprach Frau Imgart, ihr eine Skizze mitzugeben, die Eidem klarmachen konnte, wie ich mir im Fall des Zusammenbruchs die deutsche Politik vorstellte. So schrieb ich die Skizze „Nordland", die dem Schweden durch die Anknüpfung an ihm naheliegende politische Vorstellungen ein verständliches Bild geben konnte, wie andererseits durch diese Einkleidung die Skizze Fremden in ihrem Sinn nicht ohne weiteres verständlich sein sollte. Frau Imgart holte tatsächlich anderentags die Skizze ab, um sie dem Erzbischof zu überbringen, der, wie sie mir später berichtete, sie mit großem Interesse entgegennahm und äußerte, er werde bei Gelegenheit versuchen, auf englische Kollegen einzuwirken, um sie zu einer anderen Haltung Deutschland gegenüber zu bewegen, als er sie bisher dort festgestellt habe. Meine bzw. unsere „Aktion" erschöpfte sich in dieser einzigen Handlung; irgendwelche weiteren Beziehungen politischer Art habe ich mit Erzbischof Eidem oder einem anderen Ausländer nicht gepflogen.

Auch in Deutschland habe ich keinerlei Beziehungen zu irgendeinem politischen Kreis unterhalten. Die einzige – aber nur scheinbare – Ausnahme besteht in einer vorübergehenden Beziehung zu Legationsrat Kuenzer. Diesen habe ich anläßlich einer Einladung zu Frau Solf, die mich um einen Bericht über meine Una-Sancta-Arbeit gebeten hatte, kennengelernt. Wir hatten nach Beendigung des Zusammenseins den gleichen Weg zur S-Bahn und plauderten unterwegs, wobei das Gespräch auf den Krieg und dessen Aussichten kam. Wir trafen uns in der gemeinsamen Besorgnis eines schlechten Ausgangs. Dabei schnitt ich, im Wunsch, die Anschauungen eines Politikers kennenzulernen, die Frage an, die mich so sehr bewegte, wie im Fall eines Zusammenbruchs eine Verknechtung Deutschlands verhindert werden könnte; um sein Urteil über meine Gedankengänge zu erfahren, entwickelte ich Kuenzer meine Auffassung, daß im Fall eines Zusammenbruchs aus dem deutschen Volk heraus eine ausgesprochene Friedensregierung gebildet werden müßte, da es eine solche am ehesten von den Feindmächten zugebilligt erhalten würde, was jeder anderen Regierung versagt würde: die Einheit und Selbstregierung Deutschlands. Kuenzer war offenbar an meinen Gedankengängen interessiert und stimmte ihnen auch grundsätzlich bei, doch hatte ich den Eindruck, daß er politisch mehr die alte Zentrumslinie vertrete, der gegenüber ich immer große Bedenken hatte. Als Freiburger Landsmann lud mich Kuenzer bei der Verabschiedung ein, ihn einmal zu besuchen, was ich annahm, ohne jedoch meinerseits daraus zunächst Folgerungen zu ziehen. Einige Zeit später rief mich Kuenzer telefonisch an und lud mich ein, sogleich zu ihm zu kommen, er wolle mich mit einem Landsmann bekannt machen, der gerade nur für kurze Zeit auf Reisen bei ihm sei. Etwas wider meine Neigung nahm ich die Einladung an und traf bei Kuenzer einen eben aus der Schweiz kommenden Kaufmann Grossmann; dieser erzählte auf Grund offenbar weitreichender Beziehungen, was man im Ausland über die Kriegslage denke usw., und fragte dabei Kuenzer nach den Aussichten eines von Generalen ausgehenden Staatsstreiches, mit dem man im Ausland rechne. Kuenzer vertrat dem gegenüber – in Übereinstimmung mit mir – einen ablehnenden Standpunkt, den er damit begründete, daß die Generale Beamte seien, die keine Politik trieben. Wenn auch in der Unterhaltung, wenigstens solange ich anwesend war – ich ging als erster fort –, keinerlei Aktionen gegen die Regierung positiv besprochen wurden, so bewegte sich das Gespräch doch um so heikle hochpolitische Dinge, daß es mir ungemütlich wurde. Als ich nach Hause kam, konnte ich meine Erregung über das Erlebnis der Oberin des Piusstiftes gegenüber nicht verbergen und äußerte ihr gegenüber, daß ich nie wieder Kuenzer aufsuchen würde, worüber sie sehr erfreut war, zumal sie ängstlich darauf bedacht war, daß ich mich von aller eigentlichen Politik fernhalte. – Die Tatsachen um Kuenzer sind in den eingehenden Einvernehmen durch die GeStaPo im einzelnen festgestellt worden; dabei hat die GeStaPo sich davon überzeugen können, daß ich dem Kreis Kuenzer vollständig fernstehe bzw. von seiner Existenz nicht unterrichtet bin, weshalb meine Sache vollständig vom Akt Kuenzer und Genossen abgetrennt wurde.

Zum Inhalt der Skizze „Nordland" möchte ich folgendes ausführen:

Eine richtige und gerechte Wertung meiner Skizze ist nur möglich, wenn sie unter dem Blickpunkt ihrer Verwendungsabsicht gesehen wird. Da ich einer Frau nicht zutrauen konnte, eingehende Darlegungen über meine Anschauungen richtig weiter zu vermitteln, mußte mir daran liegen, dem Erzbischof in Anknüpfung an ihm naheliegende Vorstellungen („Nordland") ein Bild zu geben, das unmittelbar einleuchtend war, wenigstens in den

Grundzügen, auf die es dabei ankam. Andererseits mußte die Skizze inhaltlich bestimmt werden durch die Absichten der Feindmächte im Fall ihres Sieges, da ja diesen damit begegnet werden sollte. Die Vermittlungsvorschläge, die Erzbischof Eidem seinerseits machen konnte, hatten nur Aussicht auf Gehör und Erfolg, wenn sie weitgehend dem Rechnung trugen, ja, irgendwie die Grundgedanken dessen aufnahmen, was den Feindmächten im Fall ihres Sieges als unverrückbare politische Notwendigkeit erschien, von der sie abzubringen keinerlei Aussicht bestand – immer natürlich unter der Voraussetzung ihres wirklichen Sieges. So konnte die Skizze nicht so sehr meine persönliche politische Konzeption darstellen als vielmehr – da Politik die Kunst des Möglichen ist – die Konzeption dessen, was im Fall einer Katastrophe als äußerste Konzession gegenüber Deutschland Aussicht zu haben schien, von der Gegenseite angenommen zu werden. Dies abzuwägen und so politisch unter den gegebenen Verhältnissen tatsächlich diskutierbare Möglichkeiten dem Erzbischof nahezubringen, war die eigentliche Aufgabe, die ich mir gestellt sah. Im einzelnen wäre dies etwa in folgenden Punkten zu belegen:

1. Die radikalen Elemente bei den Feindmächten verlangen die Zerstückelung Deutschlands in mehrere selbständige Staaten, um sie politisch gegeneinander ausspielen zu können und eine einheitliche Politik des deutschen Volkes für die Zukunft unmöglich zu machen. Der Forderung dieser extremen Elemente schien am ehesten dadurch zu begegnen, daß der (richtige) Gedanke einer gewissen Aufgliederung Deutschlands aufgenommen wird, jedoch in einer die deutsche Einheit nicht gefährdenden Weise. Ich dachte dabei an einen aus den großen deutschen Ländern (Landschaften) bestehenden Bundesstaat, etwa nach Art der „Vereinigten Staaten von Amerika" mit relativ großer Verwaltungsselbständigkeit der einzelnen Länder, aber einer starken zentralen Führung und Gewalt. (Ich will dabei nicht verschweigen, daß ich bisher schon immer das Bismarck'sche Deutschland insofern als ein unausgeglichenes staatliches Gebilde ansah, als Preußen allein alle anderen Länder zu majorisieren vermochte; dem gegenüber habe ich stets eine innere Angleichung des Bundesstaates durch Aufgliederung in gleichberechtigte Landschaften als Ideal angese-

hen, immer unter Wahrung der Einheit des Reiches und unter Ablehnung aller Autonomietendenzen.)

2. Der Plan der Feindmächte geht auf eine vollständige Entmilitarisierung Deutschlands, um so ein- für allemal jeder Aufrüstung zur Vorbereitung eines neuen Krieges vorzubeugen. Für den Fall einer Katastrophe ist zweifellos damit zu rechnen, daß jede Wiederaufrüstung mit drakonischen Maßnahmen, in viel radikalerer Weise noch als nach Versailles, vereitelt wird. Die darin liegende Demütigung Deutschlands läßt sich meines Erachtens nur vermeiden, wenn eine ausgesprochene Friedensregierung in Deutschland von sich aus den Feinden den Wind aus den Segeln nimmt und durch ihre aktive Friedenspolitik den Anstoß zur tatsächlichen Abrüstung auch der anderen Staaten gibt, die bekanntlich von Wilson versprochen wurde, die aber, obwohl von der übergroßen Mehrheit in England und Amerika vertreten, am unüberwindlichen Mißtrauen gegenüber Deutschlands Friedenswillen gescheitert ist. Mit der tatsächlichen Abrüstung der anderen wäre die Schwächung Deutschlands zufolge seiner Abrüstung wieder ausgeglichen.

3. Die Feinde Deutschlands planen, wie unsere Zeitungen berichten, die Verschleppung der deutschen Jugend, um sie im Ausland einer Erziehung in ihrem Geist zu unterwerfen, mit der Begründung, daß anders die deutsche Jugend nicht zu einer Friedensgesinnung erzogen werden könne. Die Bildung einer ausgesprochenen Friedens-Regierung in Deutschland im Fall des Zusammenbruchs, einer Regierung, die sich selbst die Friedenserziehung zum Ziele setzt, würde den Plänen der Feinde jeden Vorwand nehmen und damit Deutschland – immer unter Voraussetzung der militärischen Katastrophe – vor einer Entehrung bewahren.

4. Im Fall einer militärischen Katastrophe ist, ebensowohl auf seiten der Feindmächte wie innerhalb des eigenen Volkes mit einer unheilvollen Welle von Rache- und Vergeltungsbestrebungen zu rechnen. „Bestrafung der Schuldigen" ist von den Feinden bereits in aller Form angekündigt worden. Nachdem dieser Krieg mit so außerordentlicher Härte geführt worden ist, wird man im Fall eines Zusammenbruches mit der starken Tendenz einer grau-

samen Vergeltungspolitik rechnen müssen, auch wenn die Entscheidung darüber nicht bei Rußland, sondern bei den angelsächsischen Mächten läge. Die restlose Liquidierung des Nationalsozialismus steht als Ziel der Feinde außer Frage, doch ist zu befürchten, daß die Racheinstinkte sich damit nicht begnügen, sondern auch zu persönlicher „Vergeltung" an Gut, Freiheit und Leben der verantwortlichen oder verantwortlich gemachten Kreise drängen. Niemand kann sich darüber wohl einer Täuschung hingeben, daß ein Zusammenbruch so vieler Hoffnungen nach so gewaltigen Opfern an Gut und Blut auch in weiten Kreisen des deutschen Volkes, besonders der Arbeiterschaft, ungeheure Verbitterung auslösen wird, die den Rachetendenzen der Feinde entgegenkommt. Bei meiner Einvernahme bei der GeStaPo wurde es von dieser offen ausgesprochen, daß im Fall eines Zusammenbruchs insbesondere die Parteifunktionäre und -formationen verantwortlich gemacht würden und daß diese alle für ihr Leben fürchten müssen. Die bereits heute der Stimmung nicht unbeträchtlicher Volkskreise entsprechende Gefahr eines blutigen Bürgerkrieges als traurigen Abschluß dieses grausamen Krieges erschien und erscheint mit als das Furchtbarste, was ich mir vorstellen kann. Als Deutscher, im besonderen auch als Christ und Friedensfreund, fühlte ich die Verpflichtung, diesem drohenden Unheil nach aller Möglichkeit entgegen zu wirken. Wiederum erschien und erscheint mir als die einzige Möglichkeit, der drohenden Gefahr wirksam zu begegnen, der Plan, daß im Fall eines Zusammenbruchs eine Regierung von ausgesprochenen Friedensfreunden, von christlich denkenden Männern ohne Rachegefühl, es unternimmt, in einer inneren Befriedungspolitik Leib und Leben und Eigentum der bona fide die bisherige Politik vertretenden Kreise gegen alle blinde Vergeltungswut von außen und innen zu schützen, natürlich soweit nicht ausgesprochen kriminelle Verbrechen das Urteil der ordentlichen Gerichtsbarkeit verlangen. Solche ehrliche Friedenspolitik ist aber nach außen wie innen nur vertretbar, wenn dem drängenden Vergeltungswillen wenigstens insofern Rechnung getragen wird, als von der eigenen Regierung mit zutage tretender Unerbittlichkeit die Liquidierung allen politischen Einflusses der bisherigen Träger der Politik vertreten wird. Diese Erwägungen führten zwangsläufig dazu, dem neutralen Vermittler einen Weg zu zeigen, wie eine solche, im Fall des Zusammenbruchs zu tätigende Politik (gerade durch die in die Augen fallenden radikalen Maßnahmen zur Ausschaltung des politischen Einflusses der bisherigen Träger der Politik) die Möglichkeit schafft, sich gegen den blinden Vergeltungswillen im Inland wie im Ausland durchzusetzen. (Um der Wahrhaftigkeit willen möchte ich eigens hervorheben, daß die in der Skizze „Nordland" gemachten konkreten Vorschläge zur Liquidierung des nationalsozialistischen Einflusses auf die Politik im Fall des Zusammenbruchs nicht nur um ihrer die Vergeltungstendenzen auffangenden und inneren Befriedigung dienenden Wirkung willen formuliert wurden; ich habe die Überzeugung, daß im Fall des Zusammenbruchs der bisherigen Politik die neue Friedenspolitik mit, wenigstens vorübergehend, den gleichen Mitteln ihre Durchschlagskraft im Volke sichern muß, mit denen die NSDAP in der Vergangenheit die Einheitlichkeit der politischen Linie in Deutschland durchsetzte.) Oberflächlicher Beurteilung möchten die vorgeschlagenen Maßnahmen vielleicht als Ausfluß feindseliger Gesinnung gegen den Nationalsozialismus erscheinen. Wenn ich auch nicht leugne, daß mich weltanschaulich eine Kluft vom Nationalsozialismus trennt, so weiß ich mich doch so sehr von persönlicher Feindschaft frei, daß, wie ich dargestellt habe, die Tendenz meiner Vorschläge bewußt geradezu auf den persönlichen Schutz der bona fide handelnden Großzahl der Parteimitglieder gegen die drohenden Rachepläne abzielt, was gewiß meine leidenschaftslose, auf Gerechtigkeit bedachte Gesinnung erweist. Ich darf auch wohl darauf hinweisen, daß ich durch den Vorschlag der „Volksliste" bewußt eigens die Möglichkeit schaffen wollte, die zunächst einen breiten Kreis von Menschen treffenden Maßnahmen schrittweise wieder abzubauen, wie dies einer verantwortungsbewußt handelnden und zugleich die Billigkeit wahrenden Friedenspolitik entspricht.

Zur Person von Erzbischof Eidem möchte ich noch bemerken, daß ich durch meinen Freund Superintendent Ungnad von der ausgesprochenen Friedensgesinnung Erzbischof Eidems wußte; wie mir Ungnad seinerzeit vertraulich erzählte, war Eidem

(1941?) in Deutschland, wobei man nach der Mitteilung Ungnads den Eindruck von ihm hatte, daß er nach verschiedenen Richtungen sondiere, ob vielleicht von schwedischer Seite eine Vermittlung zur Herbeiführung eines Verständigungsfriedens in Frage komme. Ungnad schilderte mir damals Eidem als einen Mann von hohem geistigen Rang und großer Diskretion. So durfte ich von ihm voraussetzen, daß er von meiner Skizze den diskreten Gebrauch machen werde, der die Interessen Deutschlands während des Krieges in keiner Weise verletzt. Soviel ich von Frau Imgart hörte, hat der Erzbischof sich auch ihr gegenüber in diesem Sinn geäußert.

Zusammenfassend darf ich sagen: Ich stehe in voller Verantwortung zu der kühnen und eigenmächtigen Handlung, mit der ich nach meiner politischen Einsicht glaubte und glaube, dem Interesse des deutschen Volkes gedient zu haben, ohne andererseits der gegenwärtigen Regierung oder dem Wehrwillen des Volkes irgendeinen Abtrag getan zu haben.

Ich weiß mich nicht schuldig, etwa irgendein Staatsgeheimnis verraten zu haben – die Tatsache, daß es in Deutschland (ungezählte) Menschen gibt, die bezüglich des guten Ausgangs des Krieges Zweifel hegen, ist durch die in Deutschland anwesenden Neutralen im Ausland ebensowohl bekannt wie bei uns.

Ich habe mich nie an einer Aktion beteiligt, die gegen den Bestand der heutigen Regierung gerichtet gewesen wäre; ich hielt es freilich für einen vorausschauenden Dienst an Volk und Vaterland, wenn ich für den Fall des Zusammenbruchs der bestehenden Ordnung vorsorgend dazu mithelfen wollte, daß in diesem Fall Deutschland nicht seine nationale Einheit und das Recht der Selbstregierung verliere. Ich habe dazu Fühlung mit einem deutschfreundlichen Neutralen genommen, um ihn im Fall der Not als Freund und Vermittler zugunsten Deutschlands zu sichern – ich kann nicht glauben, daß mir dies ernstlich zum Vorwurf gemacht werden kann. Ich habe diesem Freund Deutschlands eine Skizze in die Hand gegeben, die dazu dienen sollte, gegen die verhängnisvollen Tendenzen der Feinde die nationale Einheit und Selbstregierung Deutschlands durchzusetzen, und zwar in der einzig möglichen Art, die Aussicht hatte, im Fall eines

Zusammenbruchs von Seiten der „Sieger" anerkannt zu werden. Da diese Vorschläge als solche von neutraler Seite an die Feindmächte gelangen sollten, und zwar im Fall der Katastrophe, konnte darin nichts Entehrendes für Deutschland liegen, ebensowenig in der Bereitschaft eines Deutschen, im Fall des nationalen Unglücks für Deutschland noch zu sichern, was irgendwie zu sichern war: Einheit, Freiheit, Selbstregierung.

Was ich unternommen habe, war frei von allen selbstsüchtigen Beweggründen. Ich war nie ein „Streber", der für sich Stellen und Würden begehrte; mein ganzer Ehrgeiz war, ausschließlich der Allgemeinheit zu dienen. Ich habe auch für den Fall der Bildung einer Friedensregierung bei einem eventuellen Zusammenbruch für mich keinen „Posten" erstrebt, wohl mich bereit gehalten, um nach meinen Fähigkeiten volkserzieherisch an der Wiederaufrichtung Deutschlands mitzuwirken.

Kann man mir einen Vorwurf daraus machen, daß ich bezüglich des Kriegsendes so pessimistisch denke? Ich darf wohl sagen, daß ich für die Urteilsbildung über eine überdurchschnittliche Kenntnis auch des Auslands, seiner materiellen und geistigen Kräfte und seiner Psyche und über eine anerkannte Urteilskraft verfüge, und daß ich bei meiner Urteilsbildung in gewissenhafter Weise vorgegangen bin; die nachträgliche Bestätigung der meisten meiner bisherigen Voraussichten hat mir wohl auch eine gewisse Sicherheit des Urteils gegeben. Wer nicht die Augen vor den Tatsachen verschließt, kann gewiß nicht leugnen, daß zum mindesten schwere Besorgnisse bezüglich des Kriegsausgangs nicht unbegründet sind. (Reichsminister Goebbels hat vor Monaten im „Reich" selbst von der Möglichkeit gesprochen, daß wir den Krieg verlieren können; soviel ich mich erinnere, sagte er sinngemäß: Jeder Krieg sei ein Wagnis und in seinem Ausgang irgendwie ungewiß: sollte das Unvorstellbare geschehen, daß wir verlieren und die Partei damit untergehe, so werde die Welt zuvor noch darüber erschrecken, wie unsererseits die Türen zugeschlagen würden ...).

Wenn der verantwortliche Propagandaminister öffentlich mit dieser Möglichkeit rechnet, so kann es einem einzelnen Deutschen nicht versagt sein, sich ein Urteil zu bilden, wie ich es getan habe. Gedanken, auch wenn sie politisch unerwünscht sind, sind gewiß nicht strafbar – de internis non indicat praetor. Defaetismus, Zersetzung der Wehrkraft des Volkes läge gewiß nur vor, wenn ich meine Auffassung weiter verbreitet oder wenn ich andere dafür zu gewinnen versucht hätte, was mir aber nicht zum Vorwurf gemacht werden kann, da ich meiner diesbezüglichen staatsbürgerlichen Verantwortung wohl bewußt geblieben bin. Wenn ich meine Einstellung hier dargestellt und begründet habe, so liegt es mir selbstverständlich fern, damit das Gericht von der Richtigkeit meiner Gedankengänge überzeugen zu wollen. Aber ich hoffe doch, dargetan zu haben, daß meine Gedanken nicht aus mangelnder, sondern eher aus übergroßer Vaterlandsliebe und Verantwortung hervorgegangen sind, aus der Sorge um die Zukunft des deutschen Volkes, die ich bedroht sah.

Ich habe nie einer ehrlosen Kapitulation das Wort geredet; ich habe – eine Zeitlang – nach den Möglichkeiten eines Verständigungsfriedens ausgeschaut. Als ich dafür keine Aussicht mehr gegeben glaubte, habe ich – wieder, ohne andere in meine Gedankengänge hinein zu ziehen – meine staatsbürgerlichen Pflichten weiter erfüllend, mich ernsthaft mit allen Möglichkeiten befaßt, im Fall eines tatsächlichen Zusammenbruchs unseres Reiches zu einem neuen Aufbau zu helfen, bei dem die grundliegenden Güter des Volkes, seine staatliche Einheit, Freiheit und Selbstregierung gegen drohenden Verlust gesichert würden. Wenn ich dabei über die Rechte hinaus gegangen sein sollte, die mir als einzelnem Staatsbürger zustehen, so darf ich doch geltend machen, daß ich aus ehrlichster nationaler Gesinnung heraus gehandelt habe. Wenn einer, so darf ich gewiß sagen, daß ich nicht zu den opferscheuen Elementen gehöre, die ihr eigenes Wohl über das des Vaterlandes stellen. Im Gegenteil, wenn mir ein Vorwurf gemacht werden kann, so wohl nur der, daß ich aus meiner mich ganz erfassenden vaterländischen Verantwortung heraus einen übergroßen Einsatz gewagt habe. Wenn diese meine Handlung nach dem gesunden Empfinden des deutschen Volkes beurteilt wird, so habe ich nach meiner Überzeugung für sie Strafe nicht zu fürchten.

1. 10. 1943 Dr. Max Josef Metzger

Brief Metzgers an den Erzbischof von Freiburg vom 7. Oktober 1943, um diesen über seine Lage vor dem Prozeß zu informieren:

D 10 Berlin-Plötzensee, 7. Oktober 1943
Königsdamm 6

Hochwürdigster Herr Erzbischof!

E. W. Exzellenz danke ich ehrfurchtsvoll für das Interesse, das Sie durch meinen Schwager an meiner Angelegenheit genommen haben. Ich fühle mich verpflichtet, durch den nachfolgenden kurzen Bericht mich vor Ihnen als meinem Bischof zu verantworten.

Wie E. W. Exzellenz wissen, der Sie mich von Jugend auf kennen, nehme ich selbständig und leidenschaftlich Anteil an allem Weltgeschehen und insbesondere an Wohl und Wehe des deutschen Volkes und suche diesem nach meiner persönlichen Einsicht zu dienen, wo und wie ich es vermag. Seit Jahrzehnten geht, wie E. W. Exzellenz ja bekannt ist, mein besonderes Interesse auf die Erhaltung bzw. Herbeiführung eines ehrlichen Völkerfriedens, bei dem auch unser Volk nach meiner Überzeugung allein sich in all seinen Gaben entfalten kann. Der Ausbruch des Zweiten Weltkrieges – im Ersten war ich zuerst freiwillig an der Front draußen und habe dann nach meiner Erkrankung in der „Friedensfront" gearbeitet – traf mich schwer, zumal ich nach meiner Einsicht in die politischen, wirtschaftlichen und militärischen Kräfte der Westmächte von Anfang an große Besorgnisse bezüglich dessen schließlichem Ausgang hegte. Als unsere Offensive in Rußland im Herbst 1941 ins Stocken kam, glaubte ich, erkennen zu müssen, daß der Krieg für uns nicht mehr zu gewinnen sei. Erschüttert von dem Gedanken, daß möglicherweise noch Jahre hindurch schwerste Opfer an Gut und Blut vom Volk gefordert würden, ohne schließlich dafür etwas erwarten zu dürfen, prüfte ich schon damals für mich alle legalen Möglichkeiten, allenfalls dazu mithelfen zu können, daß gegebenenfalls eine nutzlose Vergeudung deutschen Blutes vermieden und ein Friede der Verständigung angebahnt würde! Ich dachte dabei an das nationale Unglück (Versailles), das nicht zuletzt durch das Scheitern der päpstlichen Friedensvermittlung 1917 bedingt erscheint. Da ich darüber im klaren war, daß eine Verständigung der Feindmächte mit Adolf Hitler außer aller Möglichkeit stand, fühlte ich mich damals lange stark dazu gedrängt, durch eine persönliche Vorstellung den Führer zu beschwören, falls der Krieg tatsächlich nicht mehr zu gewinnen sei, durch ein hochherziges persönliches Opfer aus letzter nationaler Verantwortung heraus die Möglichkeiten für die Beendigung des Krieges und die Herbeiführung eines Verständigungsfriedens zu schaffen. Ich habe den bereits geschriebenen Brief an den Führer damals nicht abgesandt, weil ich bei nüchterner Überlegung doch erkennen mußte, daß er in der gegebenen Situation nutzlos sein würde.

So glaubte ich damals, resignieren und das gefürchtete bittere Ende abwarten zu müssen. Je weiter der Krieg aber fortschritt und je mehr ich meine Befürchtungen durch die weitere Entwicklung der militärischen Lage begründet bzw. bestätigt glaubte, um so weniger brachte ich es fertig, die Hände untätig in den Schoß zu legen und damit zu rechnen, daß bei einem allfälligen militärischen Zusammenbruch das deutsche Volk, wie die Berichte unserer eigenen Zeitungen es glaubhaft machten, um seine Einheit gebracht und einer Fremdregierung unterworfen würde. Sah ich dies als Deutscher als ein nationales Unglück ohnegleichen an, so dachte ich als Friedensfreund daran, daß eine solche Versklavung Deutschlands den ersehnten Völkerfrieden nicht nur nicht herbeiführen könnte, sondern ihn geradezu dauernd unmöglich mache – die Verknechtung eines so großen und starken Volkes wie des deutschen mußte früher oder später zu einer Reaktion in einem neuen, vielleicht nochmals unglücklichen, Weltkrieg führen. Von diesem letzten Gesichtspunkt aus sah ich die Pläne der Feindmächte zugleich als ihrem eigenen Interesse widerstreitend an; in diesem Umstand sah ich aber zugleich den Ansatzpunkt, der benutzt werden konnte, um sie von ihren verderblichen Projekten abzubringen.

Bei meiner immer wiederholten Überlegung, ob bzw. wie dem im Fall einer Katastrophe drohenden nationalen Unglück irgendwie entgegengewirkt werden könnte, kam ich zu dem Ergebnis, daß eine Zerstückelung Deutschlands im Fall eines Zusammenbruchs – der naturgemäß zwangsläufig auch den Zusammenbruch des Nationalsozialismus zur Folge haben mußte – nur vermieden werden könnte, wenn die Feindmächte einer aus ausgesprochenen *Friedensfreunden* zusammengesetzten deutschen Übergangsregierung gewährten, was sie bei ihrem abgrundtiefen Mißtrauen jeder anderen Regierung verweigern würden: die Erhaltung der *Einheit* und der *Selbstregierung* Deutschlands.

Ich hielt diese meines Erachtens einzige Chance für unser deutsches Volk – immer den Fall eines Zusammenbruchs vorausgesetzt – für so bedeutungsvoll, daß ich glaubte, dafür mit einem kühnen Vorstoß mich persönlich einsetzen zu sollen. Ich entwarf in einer Skizze die Grundzüge einer Friedensverfassung Deutschlands, wie sie im Fall eines Zusammenbruchs Voraussetzung für Verständnis und Entgegenkommen der Feindmächte sein würde, und ließ diese Skizze durch eine Mittelsperson dem mir von der Una Sancta her vertrauten und als Deutschfreund bekannten schwedischen (protestantischen) Erzbischof Eidem überbringen mit der Bitte, wenn er es für gut finde, von sich aus (über englische Kirchenfürsten) den Gedanken in die Diskussion der Feindmächte zu werfen, ob man nicht, statt mit Vernichtungsplänen, mit einer Vertrauenspolitik gegenüber Deutschland dem Frieden wie den eigenen Interessen besser diene.

Das ist im wesentlichen dargestellt, was ich auf mich genommen habe. Es ist nach meinen Absichten und nach meiner Überzeugung ein wahrhaft nationaler Dienst für unser deutsches Volk für den Fall der befürchteten Katastrophe; es ist freilich ein kühnes und eigenmächtiges Unterfangen, durch das ich, wenn es nicht in seinen Absichten und Beweggründen verstanden und gewertet wird, mich der Feindschaft gegenüber der heutigen Regierung verdächtig gemacht habe. Ich habe aber, wie ich E.W. Exzellenz nicht erst zu versichern brauche, nie an einer revolutionären Bestrebung mich irgendwie beteiligt; ich habe auch bewußt keinerlei Schritte unternommen, um etwa heute schon etwas im Sinn der „Friedensregierung" zu tun, für sie zu werben o.ä.; ich habe, als Christ und Friedensfreund, mit meiner Skizze geradezu dazu mithelfen wollen, daß im Fall einer Katastrophe keine blindwütige Rache- und Vergeltungspolitik – von außen oder innen – getrieben wird, daß vielmehr planmäßig durch die Friedensregierung Leben und Eigentum all derer geschützt wird, die nach ihrer Überzeugung, also bona fide, die bisherige Politik geführt haben, ohne persönliche strafrechtliche Schuld auf sich geladen zu haben.

Wenn meine Handlungsweise in ihren tatsächlichen Beweggründen und Absichten gewürdigt wird, ist mir um den Ausgang meiner Sache nicht bange. In jedem Fall habe ich das persönliche Bewußtsein, nach meinem besten Gewissen, aus – vielleicht übersteigerter – nationaler Verantwortung ohne irgendwelche selbstsüchtigen Absichten gehandelt zu haben. So kann ich mein Schicksal vertrauensvoll in Gottes Hand geben.

Ich habe in einer eingehenden Darlegung dem Gericht eine Darstellung meiner Handlung nach ihren Zielen, Absichten und Zusammenhängen eingereicht. Vielleicht wird es der kirchlichen Behörde verstattet, in diese Darstellung Einsicht zu nehmen, durch die E. W. Exzellenz im einzelnen sich informieren könnte.

Wenn E. W. Exzellenz Gelegenheit haben, den Heiligen Vater, der an meiner Angelegenheit sehr interessiert ist, dahingehend wenigstens zu unterrichten, daß ich nicht aus unedlen Motiven, sondern aus vaterländischem wie religiösem Idealismus heraus gehandelt habe, um dem friedlichen Wiederaufbau zu dienen, bin ich E. W. Exzellenz dafür besonders dankbar. Ich hatte ja schon 1917 Gelegenheit, dem Heiligen Vater (damals Nuntius) mein damaliges Friedensprogramm zu unterbreiten, für das er sich lebhaftest interessierte.

Indem ich mich Ihrem Gebet empfehle, bin ich
E. W. Exzellenz gehorsamer

Dr. Max Josef Metzger

Folgendes Schreiben ging an Justizrat Dr. Dix, den Rechtsbeistand von Dr. Metzger. Erzbischof Conrad Gröber versuchte in seiner Darstellung solche Eigenschaften von Bruder Paulus herauszustellen, die seiner Entlastung dienen sollten. Die Erklärung des Erzbischofs wurde bei der Verhandlung vor dem Volksgerichtshof verlesen.

D 11 Der Erzbischof von Freiburg

Freiburg i. Br., den 9. Oktober 1943

Hochverehrter Herr Rechtsanwalt!

Eben waren die Verwandten meines Diözesanpriesters Dr. Max Metzger bei mir, um über den Stand der Sache zu berichten. Ich danke Ihnen sehr, daß Sie die Vertretung Metzgers angenommen haben. Ich kenne Metzger schon seit seiner Gymnasialzeit, wo ich sein Rektor in Konstanz war. Vielleicht ist Ihnen eine Charakteristik Metzgers meinerseits von Nutzen.

Metzger ist ein hochveranlagter Mensch, Idealist, der der Wirklichkeit immer fremder geworden ist. Die Seelsorge in der Diözese genügte ihm nicht, sondern er wollte sozial und caritativ wirken und hat ein Unternehmen in Graz gegründet mit Zielen und Verwirklichungsplänen, wie sie nur ein weltfremder Idealist verfolgen kann. Keine Not war ihm zu groß, die er nicht lindern wollte, und kein Mensch zu lasterhaft, dem er sich nicht wie ein barmherziger Samaritan näherte. Unterstützt wurde er dabei durch eine große Sprachengabe und ein sehr beachtliches Organisationstalent, das aber Katastrophen nicht verhindern konnte und aus wirtschaftlichen Gründen zur Aufgabe seiner Niederlassung in Graz führte. Auch seine größte Selbstlosigkeit vermochte bei mir nicht, mein Urteil zu beeinflussen, daß er ein Idealist reinsten Wassers sei. Mit einer starken Energie ausgestattet, brachte er seine Gründung aber immer wieder zum Leben und vermochte auch durch sein einfaches, entsagungsreiches, priesterliches Beispiel manche zu beeinflussen und für seine eigenen Ideale zu gewinnen. Auch von Meitingen aus, wo er später sich ansiedelte, setzte er seine sozial-caritativen Pläne fort, sei es durch Vorträge oder durch Schriften, oder durch die Formung jener Männer und Frauen, die sich seiner Gesellschaft angeschlossen hatten. Metzger war sittlich immer hochstehend. Es ist mir nie das Geringste zu Ohren gekommen, was ihn in dieser Hinsicht hätte beflecken können. Sein Ideal scheint der hl. Franziskus von Assisi gewesen zu sein, der nach dem Wort des hl. Paulus „allen alles werden" wollte, und sich selber darüber vergaß. Zufällig hörte ich dann, daß er vor etwa 3 Jahren sein Tätigkeitsfeld geändert habe und in Berlin ansässig geworden sei. Eine neue Idee hat ihn wieder einmal ergriffen, um ihn ganz in Anspruch zu nehmen. Er erstrebte eine Annäherung und Vereinigung der katholischen und evangelischen Kirche und hielt zahlreiche Vorträge. Dadurch ist er noch weiter bekannt geworden als vorher. Namentlich in der evangelischen Kirche hat er sich durch sein persönliches Wesen zahlreiche inländische und ausländische Freunde erworben. Schon vorher kam er als Organisator von internationalen Kongressen rein religiös-caritativer Art mit fast allen Ländern Europas in Berührung. Ich kann mich gut daran erinnern, daß bei einem Kongreß, der in Konstanz stattfand, selbst Spanier zugegen waren, mit denen ich selber dann, weil ich sie beherbergte, in ein freundschaftliches Verhältnis trat. Solange ich Metzger kenne, habe ich nie ein politisches Streben an ihm entdeckt, oder es war so ideal, daß es jenseits der Wirklichkeit stand. Seine verzehrende Leidenschaft war immer die des Helfenwollens. Von einem Revolutionär, der staatsumstürzlerische Pläne hegt, war nie die geringste Spur wahrzunehmen. Wenn er sich jetzt in solche Dinge eingelassen haben sollte, so ist das nur wieder auf die Liebe zum Helfen und auf die Liebe zum Volk zurückzuführen. Eigentümlich bei ihm ist, daß er, trotz seiner hohen Veranlagung, nie über eine gewisse Harmlosigkeit und Naivität hinausgekommen ist. Ich halte ihn für einen schlechten Menschenkenner, der höchstens dazu geeignet sein kann, einem anderen zum Opfer zu fallen und als Werkzeug zu dienen. Rein psychologisch betrachtet, beobachtete ich bei ihm, trotz seiner Selbstlosigkeit, dennoch einen gewissen Geltungstrieb. Ich glaube aber nicht, daß er sich dessen bewußt geworden ist. Was sein Verhältnis zum Deutschen Volk und Staat betrifft, so liegen seine Wurzeln in einer treu deutschen Lehrerfamilie. Ich glaube, daß er bereit wäre, aus Liebe zu Volk und Vaterland ähnliche Opfer zu bringen wie für seine anderen Ideale. Noch selten habe ich einen Menschen von Format kennen gelernt, der so wenig das Zeug hatte, gegen die bestehende Ordnung anzurennen, als gerade er. Zum Verbrecher ist er sicher nicht geworden, sondern höchstens zum Betrogenen. Zum Idealisten, der von falschen Voraussetzungen ausging, und seinem Volk und Vaterland helfen wollte. Leider hatte ich keine Gelegenheit in den letzten Monaten, mit ihm zu sprechen. Als er das letztemal bei mir war, beschränkte ich mich darauf, ihm seine Vorträge, die die Vereinigung der beiden Kirchen betreffen, innerhalb meiner Erzdiözese zu untersagen, was er mir übelgenommen hat. Aber ich kannte meinen überschwenglichen Wolkensegler Max. Ich bitte Sie, ihn, wenn Sie Gelegenheit haben, von mir herzlich zu grüßen. So herzlich, wie wenn ich sein Vater wäre, der nun an seinem Leid innig teilnimmt, und um sein Schicksal bangt. Ich bin gerne bereit, alles für ihn zu tun, was zu seiner Rettung dienen könnte. Schade um sein herrliches Talent, um seine enorme caritative Arbeit, die er namentlich an den niedrigsten Volksgenossen geleistet hat. Ich bin überzeugt, daß er, wenn es gelingt, ihn der Volksgemeinschaft wiederzugeben, belehrt durch sein Leiden und sein Gefängnis, unserem Volke noch manches Gute leisten kann. Aus den Wolken ist er nun herabgefallen. Er sieht die steinige Erde vor sich und wird nicht mehr nach Dingen ausschauen oder streben, die nur in seinem Idealistenblick irgendwie erklärlich sind. Ich bitte Sie, sehr verehrter Herr Rechtsanwalt, alles für ihn zu tun. Wenn Sie ihn retten, entziehen Sie nicht einen Verbrecher seiner verdienten Strafe, sondern einen Idealisten und Hyperphilanthropen einem Schicksal, das ihm schon mit Rücksicht auf seinen Namen im Ausland und in den weitesten Kreisen der Bevölkerung erspart bleiben sollte. Mir selbst bleibt nur noch übrig, namentlich am nächsten Mittwoch, für ihn zu beten.

Mit dem Ausdruck meiner besonderen Verehrung und Wertschätzung,

Ihr treu ergebener

*(gez.) † Conrad,*
*Erzbischof*

Antwortschreiben des Rechtsbeistandes Dr. Dix an den Freiburger Erzbischof:

Berlin W 8, d. 12. Oktober 1943 D 12

An seine Exzellenz den Herrn Erzbischof von Freiburg i. Breisgau
† Conrad
Freiburg i. Breisgau

Hochwürdigster Herr Erzbischof!

In der Angelegenheit Ihres Diözesanpriesters Dr. Max Metzger danke ich Ihnen zugleich im Interesse meines Herrn Klienten für Ihr ausführliches und warmherziges und, wie ich hoffe, sachdienliches Schreiben vom 9. Oktober 1943. Da es sich um eine geheime Reichssache handelt, darf ich Ihnen über den Gegenstand der Anklage nichts mitteilen. Nur soviel darf ich sagen, daß der Fall doch recht schwer und gefährlich liegt und daß bei der geltenden Rechtsprechung mit der Möglichkeit der schwersten Strafe zu rechnen ist.

Ich brauche Ihnen, hochwürdigster Herr Erzbischof, nicht zu versichern, daß meinerseits alles geschehen wird, was pflichtgemäß geschehen kann, um eine mildere Strafe zu erreichen. Ohne dem Inhalt und Ergebnis der Hauptverhandlung vorgreifen zu wollen und zu können, muß ich nach der bisherigen Aktenlage bemerken, daß ich einen Freispruch für ausgeschlossen halte. Nach den Grundsätzen einer reinen Begriffsjurisprudenz ließe sich vielleicht ein solcher Antrag begründen. Nach den die heutige Rechtslehre und Rechtsprechung beherrschenden und auch für die Verteidigung maßgebenden Gesichtspunkten wird dies menschlicher Voraussicht nach nicht möglich sein und könnte die umgekehrte Wirkung nach sich ziehen. Ihr wertvolles Schreiben wird auch zum Gegenstand meines Plädoyers gemacht werden.

In Ehrfurcht Ihr sehr ergebener
gez. Dix
Justizrat

Aus den Verhandlungen gegen Max Josef Metzger vor dem Volksgerichtshof vom 14. Oktober 1943:

Am 14. Oktober 1943 tagte in der Aula des früheren Gymnasiums in der Bellevuestraße in Berlin unter dem Vorsitz des berüchtigten Präsidenten, Dr. Roland Freisler, der Volksgerichtshof in Sachen „Dr. Metzger". Die „hergestellte Öffentlichkeit" bestand aus eingeladenen Parteigenossen und Mitgliedern der Deutschen Arbeitsfront, die mit einer Eintrittskarte zu diesem Schauprozeß abkommandiert waren. Gott hat es gefügt, daß Ordinariatsrat Dr. Hirt als Vertreter des Erzbischofs von Freiburg, Dr. Conrad Gröber, und die beiden Schwestern Gertrudis und Judith Maria bei der Verhandlung zugegen sein konnten.

Nach Verlesung der Anklage wurde der Werdegang des „Angeklagten" festgestellt. Freisler spottete u. a.: „Sie haben also im ‚Kreuzbündnis' gearbeitet ... und dann den ‚Weltfriedensbund vom Weißen Kreuz' gegründet ...". „Wissen Sie", fuhr er höhnisch fort, „soviele Kreuze, da kommen wir nicht mit ...". Dann wird ihm seine Friedensarbeit von dem Gerichtspräsidenten als besonderes Verbrechen angerechnet. Ruhig und erhaben antwortete Bruder Paulus dem tobenden Freisler:

D 13 „Ich habe im Krieg die Not, das Elend und den Schrecken kennengelernt, so daß es für mich keine vornehmere Aufgabe gab, als für die Völkerverständigung und den Frieden zu arbeiten."

Wütend schreit Freisler: „Das ist ja eine ganz andere Welt! So etwas hat keinen Raum bei uns!" Später fragte Freisler in gereiztem Ton und mit verbissener Wut: „Dann haben Sie also die ‚Una Sancta' gegründet und dann, nicht wahr (die Stimme Freislers wurde noch gereizter und sehr spöttisch), dann kam wohl noch die Una Sanctissima! Una Sancta, was ist das?" Der Saal war atemlos still, als Bruder Paulus es näher auszuführen begann:

„... Christus hat nur e i n e Kirche gegründet."

Wie ein feierliches Bekenntnis klang dieser Satz in die dämonische Welt des Volksgerichtshofes hinein. Das Wort CHRISTUS schwebte souverän über der Atmosphäre des Hasses. Stein des Anstoßes. Freisler tobte, höhnte, brüllte: „Una sancta, una sancta ... una ... " (die Stimme stockte), „Una ... (das Wort „sancta" kann er nicht mehr aussprechen und ergänzt) das sind wir!! Und sonst gibt es nichts!"

Das Todesurteil gegen Max Josef Metzger und Urteilsbegründung vom 14. Oktober 1943:

Abschrift.
8 J 190/43 g
1 H 253/43

# Jm Namen

18 # des Deutschen Volkes

In der Strafsache gegen
den katholischen Geistlichen Dr. Max Josef M e t z g e r aus Berlin,
geboren am 3. Februar 1887 in Schopfheim (Baden),
zur Zeit in Polizeihaft,
wegen Vorbereitung zum Hochverrat u.a.
hat der Volksgerichtshof, 1. Senat, auf Grund der Hauptverhandlung vom 14. Oktober 1943, an welcher teilgenommen haben

als Richter:

Präsident des Volksgerichtshofs Dr. Freisler, Vorsitzer,
Kammergerichtsrat Rehse,
Gauhauptstellenleiter Bürgermeister Ahmels,
Ortsgruppenleiter Kelch,
Kreisleiter Reinecke,

als Vertreter des Oberreichsanwalts:

Erster Staatsanwalt Dr. Drullmann,

für Recht erkannt:

Max Josef M e t z g e r , ein katholischer Diözesanpriester, der von unserer Niederlage überzeugt ist, hat im vierten Kriegsjahr ein „Memorandum" nach Schweden zu schicken versucht, um den Boden für eine feindhörige pazifistisch-demokratische föderalistische „Regierung" unter persönlicher Diffamierung der Nationalsozialisten vorzubereiten.

Als für alle Zeit ehrloser Volksverräter wird er mit dem

T o d e

bestraft.

Gründe.

Max Josef Metzger ist katholischer Diözesanpriester, der schon 1917 – mitten im Krieg! – in Österreich an einer Weltfriedensorganisation arbeitete, also getreu Erzbergers Haltung in Deutschland, half, unsere Kriegsfront zu zermürben.

Davon hat er auch jetzt nicht lassen können. Er sagt selbst, daß er glaube, Deutschland werde zusammenbrechen. Deshalb, so erklärt er, trug er sich mit dem Gedanken, dem Führer einen Brief zu schreiben, er möge zurücktreten; denn er glaube, dann sei ein Verständigungsfrieden möglich!!! Freilich hat er das nicht ausgeführt,

1) weil er glaubte, sein Brief werde den Führer nicht erreichen;
2) weil er meinte, jedenfalls werde er keinen Erfolg mit seiner Bitte haben;
3) weil er fürchtete, dann verhaftet zu werden.

Stattdessen verfaßte er ein „Manifest" und versuchte, es durch eine frühere Schwedin, jetzige Reichsangehörige Imgart von Gießen dem schwedischen protestantischen Erzbischof Eidem zu übermitteln, den er von der Una-Sancta-Arbeit (Bestrebungen zur Wiedervereinigung der katholischen und evangelischen Bekenntnisse) her kannte.

„‚Nordland' (‚Die vereinigten nordischen Staaten') ist ein Bund von demokratisch geführten Freistaaten (Norwegen, Schweden, Finnland, Dänemark, Island). Jeder Freistaat ist im Rahmen der nordländischen Verfassung selbständig in Bezug auf Innenpolitik, kulturelle, soziale Angelegenheiten und Verwaltung. Die Außenpolitik ist gemeinsam und der Führung des Staatenbundes vorbehalten. Die Politik Nordlands ist nach innen und außen verfassungsmäßig festgelegt als eine redliche *Friedenspolitik* auf der Grundlage sittlicher Wahrheit und Treue sowie sozialer Gerechtigkeit.

Die Friedenspolitik nach *innen* gründet auf der Achtung des *ewigen Sittengesetzes,* auf der Anerkennung und Wahrung des *gleichen Grundrechtes für alle Bürger,* einer fortschrittlichen *Sozialpolitik* (Sicherung von Arbeit, Verdienst und Lebensmöglichkeit für alle; Nationalisierung aller Bergwerke, Kraftwerke, Eisenbahnen sowie des Großgrundbesitzes an Feld, Wald und Seen; soziale Steuerpolitik unter Schonung der Schwachen) und einer gerechten *Nationalitäten-* und Rassenpolitik (Selbstverwaltung der nationalen Kurien, z. B. in Bezug auf die öffentlichen Mittel für Schulzwecke).

Die Friedenspolitik nach *außen* anerkennt und achtet in vollstem Umfang die Lebensrechte fremder Völker und vertritt bzw. verwirklicht freiwillig eine Abrüstung (bis auf eine Polizeitruppe zur Aufrechterhaltung der inneren Ordnung) zugunsten einer überstaatlichen Wehrmacht, die im Dienst eines unparteiischen Organs der ‚Vereinigten Staaten von Europa' einen gerechten Frieden unter den Staaten zu schützen übernimmt.

Verfassungsmäßig ist jedem Nordländer die Unantastbarkeit der persönlichen Würde und Rechtssicherheit, die Freiheit des Gewissens, der Sprache und Kultur, sowie der Religionsübung, die Freiheit der Meinungsäußerung und schließlich die Freiheit des persönlichen Eigentums und Eigentumsgebrauchs innerhalb der durch das Gemeinwohl bestimmten und rechtlich klar festgelegten Grenzen gewährleistet.

Alle Nordländer, die an dem nationalen Unglück und der Vergewaltigung ihres Volkes nachweisbar Mitschuld tragen, bleiben, ebenso wie alle wegen gemeiner Verbrechen Verurteilten, für zwanzig Jahre von allen bürgerlichen Ehrenrechten (Wahlrecht, Recht auf Bekleidung öffentlicher Ämter) ausgeschlossen. Bis zur allfälligen Feststellung bzw. Bewährung ihrer charakterlichen und verfassungsmäßigen Zuverlässigkeit wird diese Mitschuld vorausgesetzt bei allen Funktionären der anti-nationalen und anti-sozialen Parteien und deren militärischen Selbstschutzorganisationen. Die darüber geführte Volksliste ist öffentlich.

Die gesetzgebende Gewalt Nordlands steht bis zur Festlegung der endgültigen Verfassung auf Grund allgemeiner freier Volkswahlen beim nordländischen Volkstag. Dieser besteht aus führenden Vertretern aller Stände sowie hervorragenden Persönlichkeiten der geistigen, kulturellen, religiösen Körperschaften, die erstmals ausgewählt werden vom nordländischen Friedensorden, einer Vereinigung solcher Persönlichkeiten aus allen Staatsgruppen und ehemaligen Parteien, die sich in der Vertretung der sittlichen, sozialen und politischen Grundsätze der neuen Friedenspolitik vor ihrem Volk und der Welt bewährt haben, insbesondere auch dadurch, daß sie für ihre Überzeugung und Haltung von seiten des vergangenen Systems persönliche Nachteile zu tragen hatten.

Dies politische Programm ist aufgestellt für den Fall, daß mit dem Kriegsende eine Revolution ausbricht, durch die die Kontinuität des Rechts nicht mehr aufrecht zu erhalten ist."

In diesem Manifest, zu dem Metzger sich bekennt, muß man, wie er selber sagt, für Nordland Deutschland, für Nordländer Deutscher, für Schweden, Norwegen, Dänemark, Finnland, Island deutsche Länder wie Preußen, Bayern, Sachsen, Württemberg, Baden usw., für anti-nationale und anti-soziale Parteien die NSDAP und ihre Gliederungen lesen.

Es handelt sich also um den Entwurf eines Regierungssystems für Deutschland, das demokratisch-pazifistisch, wehrlos, einer Terrorarmee unserer Feinde unterworfen, kein Einheitsstaat, nicht einmal ein Bundesstaat, sondern nur ein Staatenbund sein soll; also um die Verwirklichung schlimmster Wunschträume unserer Feinde! Metzger sagt, daß er sich dachte, bei einem deutschen Zusammenbruch möge der Erzbischof Eidem, den er für deutschfreundlich hält, solche Gedankengänge bei unseren Feinden propagieren, um Deutschland durch eine solche Regierung an Stelle einer Feindregierung zu „retten".

Ein ganz ungeheuerlicher Gedanke, wie ihn nur ein zutiefst defaitistischer Mensch überhaupt fassen kann. Ein schmachvoll verräterischer Gedanke, wie ihn nur derjenige zu fassen vermag, der unser nationalsozialistisches Deutschland zutiefst haßt. Ein hochverräterischer Gedanke, weil er davon ausgeht und zum Ziel hat, an die Stelle unserer arteigenen Lebensform, des Nationalsozialismus, längst überwundene volksfeindliche „Ideen" zu maßgebenden zu machen. Vor allem aber: Wer im Kriege ein solches Elaborat in die Welt setzt, einerlei aus welchen Gründen, der schwächt, wenn dieses Elaborat in die Hände unserer Kriegsfeinde kommt, unsere Widerstandskraft, der stärkt unseren Kriegsfeind. Denn dieser würde ein solches Dokument zweifellos propagandistisch gegen uns verwerten; er würde den Anschein erwecken, als gebe es Kräfte in Deutschland, die an eine Niederlage denken, und die nach einer Niederlage sich beim Feinde anschmeißen wollen, eine ohnmächtige undeutsche Regierung bilden, um so im Rahmen des Unterdrückungssystems unserer Feinde eine Helfershelferrolle zu spielen.

Zwar sagt Metzger, er habe bestimmt geglaubt, daß sein „Manifest" vor dem Zusammenbruch nicht in die Hände der Feinde käme; er habe darauf vertraut, daß Erzbischof Eidem, den er für deutschfreundlich und einen Mann von Diskretion halte, die Gedanken dieses „Manifestes" erst bei einem Zusammenbruch Deutschlands und dann in geeigneter Weise einflußreichen Männern beim Feinde, z.B. englischen Kirchenfürsten, zuleiten werde. Und er habe geglaubt, daß diese dann helfen könnten. Englische Kirchenfürsten!, etwa dem, der jetzt nach Moskau gereist ist? Der Volksgerichtshof ist aber davon überzeugt, daß ein Mann wie Metzger sich sehr wohl darüber Gedanken gemacht hat, daß so ein Schriftstück, wenn es einmal in der Welt ist und wenn es gar erst im Ausland ist, Wege gehen kann, die er nicht mehr kontrollieren kann. Es ist unmöglich zu glauben, daß ein denkender Mann diese Möglichkeit nicht bedacht hat. Und dennoch hat er versucht, das Schriftstück über die Grenze zu schaffen! Seine Handlung ist also eine Helfershelferhandlung für unseren Kriegsfeind (§ 91 b StGB.).

Wenn Metzger jedoch wirklich fest überzeugt gewesen wäre, daß dies Schriftstück bis zum Zusammenbruch Deutschlands nicht in die Hände kommen könnte, die es gegen Deutschland benutzt, so würde auch das das Urteil des Volksgerichtshofs nicht beeinflussen. Denn die ganze Handlungsweise Metzgers ist so ungeheuerlich, daß es gar nicht darauf ankommt, ob sie sich nun juristisch als Hochverrat kennzeichnen läßt (Metzger sagt, nie habe er an Gewalt gedacht), oder ob sie juristisch Feindbegünstigung ist (Metzger sagt, er habe ja nur daran gedacht, im Augenblick des erfolgten Zusammenbruches wirken zu wollen), oder ob seine Handlungsweise Defaitismus ist (Metzger sagt, er habe auf niemanden zersetzend wirken wollen) – auf das alles kommt es nicht an: denn jeder Volksgenosse weiß, daß ein solches Ausscheren eines einzelnen Deutschen aus unserer Kampffront eine ungeheuerliche Schandtat ist, ein Verrat an unserem Volke, in seinem Kampf um sein Leben, und daß ein solcher Verrat todeswürdig ist; es ist ein Verrat in Richtung auf Hochverrat, ein Verrat in Richtung auf Defaitismus, ein Verrat in Richtung auf Feindbegünstigung, ein Verrat, den unser gesundes Volksempfinden für todeswürdig hält (§ 2 StGB.). Deshalb müßte Metzger wegen dieses gemeinen Volksverrates auch dann zum Tode verurteilt werden, wenn er nicht mit der Möglichkeit gerechnet hätte, daß sein Schriftstück schon im Kriege in Hände geraten kann, die es gegen uns verwerten.

Metzger versuchte heute in der Hauptverhandlung darzulegen, daß er doch nur aus guter Vorsorge für einen von ihm vorausgesehenen schlimmen Fall gehandelt habe; und auch sein Erzbischof hat ihm in einem Briefe, den er an den Verteidiger gerichtet hat und den dieser verlas, bescheinigt, daß er kein Verbrecher sei, und ihn einen Idealisten genannt. Aber das ist eben eine ganz andere Welt, eine Welt, die wir nicht verstehen. Und bei uns im Großdeutschen Reich kann jeder nur nach den Grundsätzen verurteilt werden, die bei uns gelten, nach nationalsozialistischen Ansichten, die davon so himmelweit entfernt sind, daß über sie eine Diskussion auf nationalsozialistischer Basis überhaupt nicht möglich ist – und das sind die Ansichten, die Metzgers Handlungsweise zugrunde liegen –, kann, darf und will kein deutsches Gericht berücksichtigen. Jeder muß sich gefallen lassen, nach deutschem, nationalsozialistischem Maßstab gemessen zu werden. Und der sagt eindeutig, daß ein Mann, der so handelt, ein Verräter am eigenen Volk ist.

Metzger, der sich durch seine Handlungsweise für immer ehrlos gemacht hat, mußte also zum Tode verurteilt werden.

Weil er verurteilt ist, muß Metzger auch die Kosten zahlen.

gez.: Dr. Freisler Rehse

Nun wurden Bruder Paulus die Hände auf dem Rücken gefesselt. Ordinariatsrat Dr. Hirt und die beiden Schwestern durften ihn nach der Verhandlung im Keller des Gerichtsgebäudes noch kurz sprechen. Während des Gespräches wurden ihm die Fesseln abgenommen. Ernst, aber ungebeugt und ganz hingegeben an Gottes heiligen Willen, war es Bruder Paulus, der in dieser schweren Stunde die Seinen stärkte. Wie ein Vermächtnis an seine Christkönigsgesellschaft nahmen die Schwestern seine Worte mit:

„Nun ist es also geschehen. Ich bin ruhig. Ich habe mein Leben Gott angeboten für den Frieden der Welt und die Einheit der Kirche. Wenn Gott es annimmt, freue ich mich; wenn Er mir noch weiter das Leben schenkt, bin ich auch dankbar. Wie Gott will. Sagt allen Brüdern und Schwestern einen letzten Gruß und seid nicht traurig. Das Christkönigsfest wird etwas schwer werden, aber singt trotzdem Alleluja. Und bleibt Eurem König Christus treu!" D 15

Am 19. Oktober 1943 durfte Schwester Judith Maria Bruder Paulus in Plötzensee noch einmal sprechen. Seine Haltung war gottfroh und erhaben. Die „andere Welt", gegen die der Richter so getobt hatte, leuchtete auf. Auf ihre Frage, welche Arbeit nun seinen Tag ausfülle, erhielt Schwester Judith Maria die schlichte Antwort:

„Für uns hat man eigentlich keine Arbeit mehr. Wir haben nur zu sterben. Ich bete und singe, betrachte, lese und schreibe das wenige, das man uns zugesteht. Ganz besonders angetan haben es mir die beiden Lieder: ‚Mitten im Leben sind wir vom Tod umfangen ...' und ‚Was Gott tut, das ist wohlgetan ...' Singt sie doch täglich mit mir. Und wenn der Tod das Tor zum Leben ist, warum soll ich mich dann nicht freuen, wenn es sich nun schneller auftut? ... Darum freuet Euch mit mir und danket Gott, wenn Er mich für Seine große Sache sterben läßt ..."

Der Freiburger Ordinariatsrat Dr. Hirt, der als Vertreter des Erzbischofs von Freiburg beim Prozeß anwesend war, gab folgenden Bericht vom Verlauf der Verhandlungen:

D 16 Freiburg i. Br., den 16. Oktober 1943.

Priester Max Jos. Metzger in Berlin

Am 14. Oktober ds. Js. fand vor dem Volksgerichtshof in Berlin W 9, Bellevuestr. 15, die Hauptverhandlung gegen den Diözesanpriester Dr. Max Jos. Metzger in Berlin statt. Der Fall war dem 1. Senat, dessen Vorsitzender der Präsident des Volksgerichtshofes Staatssekretär Dr. Freisler ist, zur Behandlung zugewiesen. Das Spruchkollegium besteht aus 5 Richtern, von denen nach dem Gesetze zwei Berufsjuristen sind, die anderen werden ernannt und versehen das Amt ehrenhalber. Die Anklage vertrat Oberreichsanwalt Dr. Drullmann.

Die Anklage lautet auf Verbrechen gegen § 82 StrGB (Verabredung des Hochverrates) u. § 91 b StrGB (Begünstigung des Feindes). Um das Ergebnis vorweg zu nehmen, die Verurteilung erfolgte nach *§ 91 b wegen Feindbegünstigung* zum Tode. Metzger wird für dauernd ehrlos erklärt.

§ 91 b lautet:

I. „Wer im Inland oder als Deutscher im Auslande es unternimmt, während eines Krieges gegen das Reich oder in Beziehung auf einen drohenden Krieg der feindlichen Macht Vorschub zu leisten oder der Kriegsmacht des Reiches oder seiner Bundesgenossen einen Nachteil zuzufügen, wird mit dem Tode oder mit lebenslänglichem Zuchthaus bestraft.

II. Wenn die Tat nur einen unbedeutenden Nachteil für das Reich und seine Bundesgenossen und nur einen unbedeutenden Vorteil für die feindliche Macht herbeigeführt hat, schwerere Folgen auch nicht herbeiführen konnte, so kann auf Zuchthaus nicht unter zwei Jahren erkannt werden."

Der Fall Max Metzger stand als 4. Fall auf der Tagesordnung. Die Verhandlung war auf 11 Uhr morgens festgesetzt, begann erst nachmittags 3 ¼ Uhr, weil die vorausgehenden Fälle länger als vorgesehen gedauert hatten.

Der Verteidiger des Angeklagten, Justizrat Dr. Rudolf Dix in

Berlin, Behrenstr. 20, stellte zu Beginn der Verhandlung Antrag auf Ausschluß der Öffentlichkeit und um Zulassung des Ord. Rates Dr. Hirt zur Verhandlung. Der Angeklagte hatte darum gebeten, damit er besser seine Verteidigung führen und die Motive seiner Handlungen darlegen könne. Der Antrag wurde abgelehnt. Es wurde wie in den vorausgehenden Fällen öffentlich verhandelt. Der Verhandlungssaal ist sehr geräumig und faßt ca. 400 Sitzplätze. Die Plätze waren bei den ersten Fällen ganz besetzt.

Der Herr Oberreichsanwalt verliest die Anklage, worauf der Angeklagte einvernommen wird. Der Vorsitzende weist darauf hin, daß der erhobene Vorwurf des Herrn Oberreichsanwaltes neben Spionage das schwerste sei, den man gegen jemand erheben könne.

Die Einvernahme stellt zunächst den Werdegang des Angeklagten fest. Metzger ist geb. 3.2.1887 in Schopfheim, besuchte die Volksschule daselbst, trat auf das Gymnasium in Konstanz über, studierte Theologie an der Universität in Freiburg i.Br. und in Freiburg i.d.Schw., erhielt die Priesterweihe 5.7.1911, war Divisionspfarrer 1914/15, widmete sich dann dem Kreuzbündnis und betätigte sich auch im Weißen Kreuz in Graz. M. war bei der Gründung des Friedensbundes im Jahre 1917 beteiligt. Später kam er in die Una-Sancta-Bewegung, deren Förderung und Pflege er sich zuletzt angelegen sein ließ. Seit drei Jahren hielt er sich in Berlin auf, im Piusstift, Wildenowstr. 8.

Die Anklage stützt sich auf ein Memorandum, das der Angeklagte verfaßt hat. Der Vorsitzende bringt dies zur Verlesung, während dessen große Bewegung im Saale entsteht. Bei der am 29.6.1943 erfolgten Verhaftung des Angeklagten wurde dieses Memorandum bei einer Frau Irmtrud gefunden, die gerade bei dem Angeklagten war. Die Frau ist Schwedin von Geburt und jetzt mit einem deutschen Professor in Gießen verheiratet. Durch die Una-Sancta-Bewegung war sie mit Metzger bekannt geworden. Die Frau sollte das Memorandum dem schwedischen Bischofe Eidam überbringen, damit er sich informiere und im Falle eines Zusammenbruchs in Deutschland sich mit den britischen und nordamerikanischen Bischöfen in Verbindung setze, damit diese auf einen für Deutschland erträglichen Frieden hinwirken sollten. Ins Ausland ist das Schriftstück nicht gekommen.

Nach dem Memorandum soll im Augenblicke des Zusammenbruches zur Rettung der staatlichen Ordnung ein föderalistisches, demokratisches, pazifistisches Staatengebilde Nordland (= Deutschland) ins Leben treten, das einen Staatenbund darstellen soll. Jeder Staat soll die Selbständigkeit besitzen. (Der Vorsitzende bemerkt, daß der Angeklagte auf die Zeit vor Bismarck gar zurückgehen wolle) Die Regierung soll aus Vertretern der früheren Parteien und Männern aller Bevölkerungsschichten gebildet werden. Es soll Freiheit sein in diesem Nordland, eine gerechte Sozialpolitik soll gemacht werden. Jeder soll alle Rechte und alle Pflichten haben. (Es finden sich manche Anklänge an die Weimarer Verfassung). Die derzeitigen politischen Funktionäre und die Angehörigen zweier Parteien – gemeint SA u. SS – sollen erst nach 20 Jahren zur Mitarbeit im neuen Staate zugelassen werden, wenn sie sich bewährt haben. Der Plan sollte effektuiert werden, wenn der Zusammenbruch in Deutschland eintrete.

Der Angeklagte weist darauf hin, daß er das Beste des Volkes gewollt habe, er hätte nicht dem Feinde zum Nachteile seines Volkes Vorschub leisten wollen. Er habe mit der Möglichkeit gerechnet, daß wir nicht siegen. (Er beruft sich unglücklicherweise auf einen Aufsatz von Reichsminister Dr. Goebbels im „Reich". Der Vorsitzende wendet sich in scharfen Worten gegen diese Zitation.) Er betont, daß der Plan des Angeklagten ganz abartig sei. Im Verlaufe der Einvernahme gibt der Angeklagte noch an, daß er an den Führer einen Brief habe schreiben wollen, daß er von seinem Amte zurücktrete.

Als Zeuge war nun Herr Reg. Rat Dr. Roth vom RSHA (Gestapo) geladen, der aber nicht vernommen wurde, da der Angeklagte alles zugegeben hatte.

Das Plaidoyer des Herrn Oberreichsanwaltes stellt den strafbaren Tatbestand nochmals heraus, wie er sich aufgrund der Hauptverhandlung ergeben hatte und beantragt die Todesstrafe. Sein Verhalten stelle eine Parallele dar zur Friedensbundgründung i. J. 1917. Der Verteidiger weist darauf hin, daß ihm eine schwere Aufgabe gestellt sei im Hinblick auf die Schwere des Verbrechens, das zur Aburteilung stehe. Er macht geltend, daß nicht nur § 91 b Abs. 1, sondern auch Abs. 2 zu berücksichtigen sei. Eine nachteilige Wirkung sei durch die Handlungsweise des Angeklagten nicht eingetreten. Der Vorsitzende wendet alsbald dagegen ein, daß der Tatbestand auch bei bloßer Möglichkeit eines Nachteiles erfüllt sei. Das Plaidoyer schildert die Persönlichkeit des M. und weist auf das Schreiben des Herrn Erzbischofs vom 9. 10. 43 an den Verteidiger hin, das eine Charakteristik der Persönlichkeit des M. enthält. Der Verteidiger bringt es zur Verlesung und gibt es zu den Gerichtsakten. Die Verteidigung wendet sich gegen das Strafmaß und plaidiert auf eine Freiheitsstrafe, deren Höhe dem Ermessen des Gerichtshofes überlassen wird.

Der Angeklagte erhält ‚das letzte Wort'. Er erklärt, daß er seine Tat bereue, daß er eine Feindbegünstigung nie beabsichtigt habe, daß er seinem Volke habe dienen wollen.

Nach Urteilsberatung wird das Urteil verkündigt wie oben schon mitgeteilt.

Die Begründung stellt darauf ab, daß die Handlung so abartig sei, so verbrecherisch sei, daß der Angeklagte ausgemerzt werden müsse. Es komme nicht auf die Auffassung des einzelnen an. Wenn dies der Fall wäre, könnte ein 175er auf den Gedanken kommen, daß seine sexuelle Betätigung die normale und naturgemäße sei. Die nationalsozialistischen Staatsführung nehme die Totalität für sich in Anspruch und bestimme ausschließlich, was zu geschehen habe. Im übrigen sei der Angeklagte von dem Zweifel ausgegangen, daß Deutschland unterliegen könne in diesem Ringen. Es kommt nur eines in Betracht, der Glaube an den Endsieg und die gesamte Kräfteentfaltung auf dieses Ziel. Für die Auffassung des Nationalsozialismus müsse der Angeklagte als Mitglied einer Organisation, die den Totalitätsanspruch im Laufe der Geschichte auch geltend gemacht habe, Verständnis haben. Der Angeklagte habe sich durch diese gemeine Handlungsweise ehrlos gemacht und werde mit dem Tode bestraft.

Die Verhandlung wurde etwa $16^{40}$ geschlossen. Das Urteil ist rechtskräftig.

Durch Vermittlung des Verteidigers konnte ich den Angeklagten nach der Verhandlung kurz sprechen. M. war gefaßt. Ich übermittelte Grüße des Herrn Erzbischofs und bemerkte, daß dieser alles unternehmen werde wegen einer Begnadigung. M. meinte, es werde wohl ein Erfolg nicht zu erwarten sein. Es müsse aber sogleich geschehen. Zugegen waren auch zwei Schwestern der Christkönigsgesellschaft, von denen er sich verabschiedete. Er werde sie das letzte Mal sehen. Das diesjährige Christkönigsfest werde traurig sein. Sie sollten Mut bewahren.

gez. Dr. Hirt

Eine Niederschrift Metzgers über den Prozeß, die von ihm in einem Wäschepaket verborgen wurde und somit nach außen kam und erhalten blieb:

D 17 14. 11. 43

Heute vor einem Monat stand ich vor dem Volksgerichtshof. Wir waren sieben Mann, die wir in einer Wartezelle im Keller auf die Verhandlung uns vorbereiteten. Ein junger Franzose war dabei, der Sohn eines protestantischen Predigers aus Marseille, der unzählige Male in seiner Todesangst jammerte und sich beruhigen ließ, daß seine Sache wohl nicht so schlimm sei und nicht mit dem Tode bestraft werde, wie er sicher erwartete. Er hielt sich vor allem an mich, den katholischen Bruder, mit dem er im Herrn Verbundenheit fühlte. Der Reihe nach kamen die einzelnen von der Verhandlung mit gefesselten Händen, dem Zeichen des Todesurteils. Der einzige, der diesem Bluturteil entging, war der junge Franzose ...

Ich sollte um 11 Uhr mit meiner Verhandlung drankommen. Tatsächlich wurde es halb 4 Uhr nachmittags. Die Zeit der Erwartung war eine rechte Nervenprobe. Ich war aber verhältnismäßig ganz ruhig und gefaßt. Als ich die Anklageschrift erhielt, die ruhig und sachlich abgefaßt war, hatte ich noch Hoffnung auf ein Gericht, das mit dem Wortsinn etwas zu tun hat. Als aber dann der Anwalt kam und mir sagte, daß die Hauptverhandlung schon in ein paar Tagen wäre, da spürte ich, daß die Würfel bereits gefallen waren. In jener Nacht habe ich dann im voraus mit meinem

Herzen das durchlitten, was zu durchleiden war in meiner Ölbergstunde. Ich habe dem Vater auch gesagt: „Wenn es möglich ist ...". Aber ich habe zitternden Herzens und doch klar und fest und entschlossen hinzufügen können das „Nicht mein, sondern Dein Wille geschehe!" Ich hatte ja mein Leben dem Herrn angeboten für den Frieden der Welt und die Einheit der Kirche Christi. Und ich wollte das Angebot nicht mehr zurücknehmen.

Aber doch glaubte ich wie der Herr selbst, der auch seines Opfers für die Menschheit sicher war, sagen zu dürfen, wozu es eben die Natur des Menschen – und eines so lebenshungrigen Menschen wie ich einer bin! – drängt.

Der Anwalt hatte mich darauf vorbereitet, daß ein „rauher Ton" herrsche beim Volksgerichtshof und daß Freisler ein äußerst gewandter Verhandlungsführer sei. Ich war auf alles gefaßt und bereitete mich darauf vor, nach Möglichkeit in einer zusammenhängenden Darlegung mich zu verteidigen, insbesondere die Beweggründe und Triebkräfte meines Handelns klarzustellen. Durfte ich das und war noch etwas in den Gerichtsherren vorhanden von der Menschlichkeit und Rechtlichkeit, die das deutsche Gericht in früheren Zeiten ausgezeichnet hat, so durfte ich sicher hoffen, wenigstens das Leben zu retten.

Die Verhandlung ließ mir schon nach der Einleitung keinen Zweifel mehr, daß hier nicht „Gericht" gehalten wurde, um „Recht" zu suchen, sondern um in einem Schauprozeß Eindruck auf das Volk zu machen. So war ich mir bald klar darüber, daß alle menschliche Hoffnung umsonst sei. Gleichwohl fühlte ich mich verpflichtet zu tun, was in meinen Kräften stand, um – sozusagen vor der Geschichte – das Recht herauszustellen, auch wenn es nicht anerkannt wurde in diesem Kreis. Ich hatte so gut wie keine Befangenheit vor dem großen Zuhörerkreis, im Gegenteil. Wenn ich *sicher* gewesen wäre, daß – auch *nach* dem Urteilsspruch – keinerlei Hoffnung für mich bestanden hätte, so hätte ich die Gelegenheit benützt, um frei heraus alles das zu sagen, was eigentlich vor der Öffentlichkeit gesagt werden müßte. So fühlte ich mich doch verpflichtet, nicht zuletzt aus Rücksicht auf meine Gesellschaft, mich soweit zurückzuhalten, daß ich der Entscheidung über mich nicht schaden konnte. Die Entscheidung war gefallen, bevor ich mich rechtfertigen konnte. Es raste die See und wollte ihr Opfer haben.

Es überkam mich ein Gefühl stolzer Verachtung, als ich das Todesurteil hörte. Ich wußte, daß es keine Schande, sondern eine Ehre war, von einem *solchen* Gericht „ehrlos" erklärt zu werden. Ich mußte mich beherrschen, um dem Gefühl nicht im Mienenspiel stärker Ausdruck zu geben, als ich es ohnehin tat. Ich war in keiner Weise getroffen durch das Urteil.

Ich hatte in der kurzen Zeit, die die Richter zur „Findung" des Urteils brauchten, für sie gebetet, daß sie als Werkzeuge Gottes handeln möchten, wie es zur Verherrlichung Gottes diene. Und ich war, nachdem so viele so innig für mich gebetet hatten, überzeugt, daß das, was geschehe, jedenfalls so in Gottes Willen liege und daher mein rückhaltloses „Ja" verlange, das ich zu geben bereit war. Mein Auge suchte nur immer wieder die beiden guten Schwestern, nicht um bei ihnen Hilfe zu suchen, sondern weil *sie* mir leid taten, die gewiß schwerer fast als ich an der Sache trugen. Es war mir eine große Freude, sie nach dem Urteil noch sprechen zu dürfen. Es war gewiß eine Gnade, daß in dieser Begegnung, bei der auch der Domkapitular Dr. Hirt von Freiburg, der Vertreter des Erzbischofs, zugegen war, ich derjenige war, der den andern Trost spenden konnte. Der – sehr menschenfreundliche – Beamte, der bei der Unterredung zugegen war, meinte nachher zu mir, er habe sich wundern müssen, was ich in diesem Augenblick den andern habe sagen können. Es war Gnade, große Gnade, die ich auch behielt in den kommenden Wochen.

Als ich am Abend in meine Zelle kam, habe ich mich niedergekniet und habe Gott gedankt, daß Er mich so in die Jüngerschaft Christi hineingezogen habe, und Ihn gebeten, mir das starke Herz bis zuletzt zu wahren. Ich konnte mich auch ruhig zu Bett legen. Aber die sehr beengenden Fesseln, die ich im Bett tragen mußte, in Zusammenhang mit der geistigen Überanstrengung des Tages brachten mir schließlich solche Herzbeschwerden, daß ich läuten mußte, um mir für kurze Zeit die Fesseln abnehmen zu lassen, damit ich durch Entspannung die Herzkraft wieder zurückgewinne. Die Beamten in Plötzensee, die durchwegs ihr Mitgefühl mit mir spüren ließen, waren so rücksichtsvoll, dem Rechnung zu tragen, so daß ich dann mehr oder minder ruhig schlafen konnte.

So klar ich mich nun auf den Tod eingestellt hatte, so sehr, daß ich schließlich mich fragen konnte, ob ich nun das „Aufgelöst und mit Christus zu sein" oder das Weiterleben mehr wünsche, so glaubte ich doch alles tun zu sollen, um mein Leben zu retten für die Aufgabe, die ich vor mir sah und zu der es mich mit einer Kraft und einem Tätigkeitsdrang ohnegleichen drängte. So habe ich das „Gnadengesuch" geschrieben – es war wohl weniger ein *Gnade-* als ein *Recht*suchen, eine Bemühung, die *„innere Tatseite"* zur Würdigung zu führen und auf Grund ihrer ein anderes Urteil zu finden. Meine natürliche Hoffnung war gering, auch als ich den Versuch machte, durch das Angebot kriegswirtschaftlicher Vorschläge meine grundsätzlich positive Einstellung zu Volk und Staat unter Beweis zu stellen. Ich habe lange überlegt, ob ich mit gutem Gewissen das Angebot so machen dürfe, doch glaubte ich, so wie ich alles zu schreiben mich mühte, die Wahrheit und die Gerechtigkeit nicht zu verletzen – keineswegs wollte ich durch eine Charakterlosigkeit mein Leben erkaufen.

Die Verlegung nach Brandenburg war mir eine menschliche Enttäuschung, nachdem das so schöne, fast freundschaftlich-herzliche Verhältnis zum Anstaltspfarrer mir so viel Trost geboten hatte. Ich mußte auch damit rechnen, daß es mein letzter Gang sei und daß ich insbesondere meine Lieben nicht mehr sehen werde. Ich habe dann in Brandenburg mich auch eingelebt und habe auch das Gleichgewicht der Seele rasch gefunden, wenn ich auch viel menschlichen Trostes entbehren mußte, zumal der Pfarrer zwar ein guter Mensch, aber ein Sonderling ist, der für das Menschliche kein natürliches Empfinden hat. So mußte ich z. B. selbst am Christkönigsfest des Sakramentes entbehren, wohl ein sehr schmerzliches Opfer, wenngleich ich mir wohl bewußt war, daß der Herr mir deshalb nicht weniger nahegekommen ist an diesem Tage.

Es ist wohl immer ein neuer Anschlag auf das Herz, wenn man die Kameraden, die mit einem gekommen sind, zur Schlachtbank geführt sieht und nicht weiß, wie lange man noch bewahrt bleibt. Aber ich habe in inständigem Beten doch die Ruhe und Sicherheit gefunden, den heiligen Gleichmut, daß ich kaum mehr merklich erschüttert werde durch die Vorstellungen, die das bevorstehende grause Geschehen wecken muß. Vielleicht hat natürlicher Weise dazu beigetragen, daß ich auch natürliche Hoffnung sah, als ich wenigstens mich einmal von den zur Hinrichtung Kommenden zurückgestellt sah. Als schließlich vor 8 Tagen der Bescheid vom Justizministerium kam, daß ich meine kriegswirtschaftlichen Vorschläge ausarbeiten möge, kam fast ein Gefühl natürlicher Sicherheit über mich, daß ich vor dem „Schlimmsten" bewahrt bleiben werde – trotz aller übernatürlichen Einstellung empfindet das *Herz* eben doch das Unnatürliche, Widernatürliche der Lebensberaubung als das natürlicher Weise Schlimmste, so sehr Glaube und Wille sich darauf eingestellt haben, daß das vergängliche Leben wahrlich „der Güter Höchstes" nicht ist, vielmehr das Leben, das Gott nicht antasten läßt durch Frevler' Menschenhand, „das ewige Leben". Und in der Sicherheit der „Gnade" des Herrn, Seines ewigen Lebens ist mein Alltag nun so ruhig und fröhlich geborgen, daß ich kaum mehr einen zagen Gedanken habe, der mich stärker bewegen kann. Ich habe zwar heute das nachfolgende Gedicht[1] geschrieben, aber es ist mehr die *Nach*empfindung all der stärkeren Empfindungen dieser Wochen und Tage als die ursprüngliche Empfindung des heutigen Tages.

Aus dem Bericht der Christkönigsschwestern Gertrudis und Judith Maria über die Gerichtsverhandlung gegen Dr. Metzger

D 18 Am 13. Oktober durften Sr. Gertrudis und Sr. Judith Maria noch einen Besuch machen. Br. Paulus hatte etwas damit gerechnet. Er war sehr bewegt und empfand es schon als kleinen Trost zu wissen, daß sie mit ihm die schwere Stunde austragen werden ...

Am 14. Oktober 1943 fand vor dem Volksgerichtshof, Berlin W9, Bellevuestraße 15, die Hauptverhandlung gegen Br. Paulus statt. Tags zuvor erfuhren Sr. Gertrudis und Sr. Judith Maria auf einem dienstlichen Gang zum Volksgerichtshof, daß die Ver-

---

[1] „In der Todeszelle" vom 14. 11. 43.

handlung öffentlich sei, und sie wurden von Amtsrat Thiele dringend eingeladen, dem „interessanten Gerichtstag" mit fünf Prozessen beizuwohnen. Die „hergestellte Öffentlichkeit" bestand aus eingeladenen Pgs. des VI. Bezirks und Leuten von der Arbeitsfront, die alle mit einer Eintrittskarte dazu abkommandiert waren. Der Fall Br. Paulus stand als vierter auf der Tagesordnung. Die Verhandlung war gegen 11 Uhr festgesetzt, begann aber erst nachmittags 3.30 Uhr, weil die vorausgehenden Fälle länger als vorgesehen gedauert hatten. Der H. H. Ordinariatsrat [Dr. Hirt vom Ordinariat Freiburg im Breisgau] und die Schwestern hatten schon zu Beginn der Prozesse um ½9 Uhr morgens anwesend zu sein, weil nur dadurch die Möglichkeit des Einlasses in den Saal gegeben war. Und es war gut so. Dadurch wurden sie auf die furchtbare Art einer Volksgerichtsverhandlung vorbereitet . . .

Der Oberreichsanwalt verliest die Anklage, worauf Br. Paulus einvernommen wird. Der Vorsitzende weist darauf hin, daß der erhobene Vorwurf des Oberreichsanwaltes neben Spionage der schwerste sei, den man gegen jemand erheben könne. Die Einvernahme stellt zunächst den Werdegang des Angeklagten fest. Br. Paulus ... widmete sich vor allem der Friedensarbeit und war 1919 bei der Gründung des Friedensbundes Deutscher Katholiken beteiligt. Diese Friedensarbeit wird ihm vom Gerichtspräsidenten als besonderes Verbrechen angerechnet. Seine Friedensbroschüre „Friede auf Erden" liegt auf dem Gerichtstisch. Dr. Freisler brüllt Br. Paulus an: „Wie kommen Sie dazu, schon damals eine solche Schrift herausgegeben zu haben?" Ruhig und erhaben ist die Entgegnung: „Ich habe im Krieg die Not, das Elend und den Schrecken kennengelernt, so daß es für mich keine vornehmere Aufgabe gab, als für die Völkerverständigung und den Frieden zu arbeiten." In gesteigerter Wut schreit Dr. Freisler: „Das ist ja eine ganz andere Welt! Ihre Welt paßt nicht in unsere Welt hinein! So etwas hat keinen Raum bei uns!" In den letzten Jahren war ihm die Una-Sancta-Arbeit ein besonderes Herzensanliegen, dem er sich mit Leib und Seele widmete. Dr. Freisler: „Dann haben Sie also die Una Sancta gegründet, und dann, nicht wahr, (in sehr gereiztem Ton und verbissener Wut) dann kam wohl noch die Una-Sanctissima! Una Sancta, was ist das?" Der Saal ist atemlos still, als Br. Paulus es näher auszuführen beginnt. Wie ein feierliches Bekenntnis klingt dieser Satz in diese „andere Welt" hinein: „Christus hat nur eine Kirche gegründet!" Aber schon ist es, als ob alle Teufel losbrechen würden. Freisler tobt, höhnt und brüllt: „Una Sancta, Una Sancta ... Una! Una!! Das sind *wir*! Und sonst gibt es nichts!" Wie eine unüberbrückbare Kluft standen sich hier die beiden Welten, die des Christen und die der Hölle, gegenüber.

Die Anklage stützte sich auf ein Memorandum, das der Angeklagte verfaßt hat. Der Vorsitzende bringt dies zur Verlesung ...

Freisler rast: „Wie kommen Sie dazu, am Sieg zu zweifeln, wo das ganze deutsche Volk voll von Siegesbewußtsein ist?" Br. Paulus: „Reichsminister Dr. Goebbels hat einmal im ‚Reich' geschrieben, daß jeder Krieg ein Risiko sei und man nie weiß, wie er ..." Aber Freisler, schon aufs höchste gereizt, lehnt mit Entrüstung ab, daß Br. Paulus Goebbels zitiert. Er geißelt es als ein schweres Verbrechen, am Sieg zu zweifeln und brüllt seine Überzeugung in den Saal hinein: „Wir glauben an den Sieg, und wer daran zweifelt, muß ausgerottet werden!" ... Der Angeklagte weist darauf hin, daß er das Beste des Volkes gewollt hätte, er hätte nicht dem Feinde zum Nachteil seines Volkes Vorschub leisten wollen. Er habe mit der Möglichkeit gerechnet, daß wir nicht siegen. Der Vorsitzende betont, daß der Plan des Angeklagten ganz abartig sei ...

Das Plädoyer des Oberreichsanwaltes stellt den strafbaren Tatbestand (Friedensarbeit und Zweifel am Sieg) nochmals heraus, wie er sich auf Grund der Hauptverhandlung ergeben hatte, und beantragt die Todesstrafe. Sein Verhalten stelle eine Parallele dar zur Friedensbundbegründung von 1917. Der Verteidiger weist darauf hin, daß § 91 b nicht in Frage komme, da der Angeklagte ja *für* sein Volk gesprochen habe. Der Vorsitzende wendet alsbald scharf dagegen ein: „Wir können jeden Paragraphen nehmen, den wir wollen, da der Tatbestand auch bei bloßer Möglichkeit eines Nachteils erfüllt ist." ...

Nach kurzer Urteilsberatung ... wird das Urteil verkündet:

*„Todesstrafe und dauernd ehrlos erklärt."*

Dr. Freisler erklärt dazu nochmals: „Die Handlung ist so abartig und verbrecherisch, daß der Angeklagte ausgemerzt werden muß. Ich habe noch nie in meinen Verhandlungen das Wort ausgemerzt gebraucht. Hier aber gebrauche ich es. Eine solche Pestbeule muß ausgemerzt werden." Es komme nicht auf die Auffassung des einzelnen an; wenn dies der Fall wäre, könnte ein 175er auf den Gedanken kommen, daß seine sexuelle Betätigung die normale und naturgemäße sei. Die nationalsozialistische Staatsführung nehme die Totalität für sich in Anspruch und bestimme ausschließlich, was zu geschehen habe. Im übrigen sei der Angeklagte von dem Zweifel ausgegangen, daß Deutschland unterliegen könne in diesem Ringen. Es komme nur eines in Betracht, der Glaube an den Endsieg und die gesamte Kräfteentfaltung auf dieses Ziel. Für die Auffassung des Nationalsozialismus müsse der Angeklagte als Mitglied einer Organisation, die den Totalitätsanspruch im Laufe der Geschichte auch geltend gemacht habe, Verständnis haben. Der Angeklagte habe sich durch seine gemeine Handlungsweise ehrlos gemacht und werde mit dem Tode bestraft.

Br. Paulus wurde gefragt, ob er noch etwas dazu zu sagen habe. Er antwortete mit verklärter Ruhe: „Ich möchte nur noch einmal sagen, daß ich vor Gott und meinem Volk ein gutes Gewissen habe und ihm nur zu dienen suchte."

Die Verhandlung wurde um 16.40 Uhr geschlossen, das Urteil als rechtskräftig erklärt.

Durch Vermittlung des Verteidigers wurde es H. H. Ordinariatsrat Dr. Hirt und den beiden Schwestern erlaubt, Br. Paulus im Keller des Gerichtshofes noch kurz zu sprechen. Mit nach hinten gefesselten Händen wurde er vor ihnen hinabgeführt. Dort angekommen, sagte er: „Nun ist es also geschehen. Ich bin ruhig. Ich habe mein Leben Gott angeboten für den Frieden der Welt und die Einheit der Kirche. Wenn Gott es annimmt, freue ich mich, wenn er mir noch weiter das Leben schenkt, bin ich auch dankbar. Wie Gott will! Sagt allen Brüdern und Schwestern einen letzten Gruß und seid nicht traurig. Das Christkönigsfest wird etwas schwer werden. Aber singt trotzdem Alleluja und bleibt Eurem König Christus treu!"

Sofort nach dem Bekanntwerden des Todesurteils gegen Dr. Metzger richtete Erzbischof Gröber am 16. Oktober 1943 Schreiben an den Präsidenten des Volksgerichtshofes Freisler, an den Reichsjustizminister und an den Apostolischen Nuntius:

D 19 Freiburg, 16. Oktober 1943

Hochverehrter Herr Präsident des Volksgerichtshofes!

Eben erhalte ich die Nachricht über die Verhandlung, die vorgestern zum Todesurteil meines Diözesanpriesters Dr. Max Metzger geführt hat. Ich bedaure aufs allertiefste das Verbrechen, dessen er sich schuldig gemacht hat. Wenn ich ihn in meinem, an Herrn Rechtsanwalt Dr. Dix gerichteten Schreiben als Idealisten geschildert habe, so geschah es, ohne daß ich irgend eine Kenntnis des von ihm verbrecherisch Unternommenen hatte. Ich lege Wert darauf, Ihnen das mitzuteilen, weil es mir völlig fern liegt, seine Tat in das Gebiet des Idealismus, wie ich ihn geschildert habe, einzubeziehen.

Wenn ich Herrn Rechtsanwalt Dr. Dix ein Charakterbild des Verurteilten in gedrängtester Zeit entworfen habe, so glaubte ich als sein Erzbischof verpflichtet zu sein, etwas für ihn zu unternehmen.

Mit dem Ausdruck meiner hohen Verehrung und Wertschätzung

Ihr ergebenster
gez. † Conrad
Erzbischof

Gleiches Schreiben an den Herrn Oberreichsanwalt beim Volksgerichtshof in *Berlin*.

Freiburg, 16. Oktober 1943 D 20

Hochverehrter Herr Reichsjustizminister!

Am letzten Donnerstag wurde mein Diözesanpriester Dr. Max Metzger, der sich allerdings schon seit langen Jahren außerhalb der Diözese aufhielt, wegen Feindbegünstigung durch das Volksgericht zum Tode verurteilt. Ich bedaure sein Verbrechen auf das tiefste. Dennoch wage ich es, die Bitte an Sie zu richten, Gnade statt Gerechtigkeit walten zu lassen, weil der Verurteilte, wie meine persönliche Kenntnis und unsere Akten beweisen, ein Mensch ist, der trotz hoher Veranlagung immer in Extremen sich bewegt hat und in Verstiegenheiten sich erging, ohne die Tragweite seiner Ideen und Pläne ganz zu kennen. Trotz erneuter Verurteilung seines Verbrechens darf ich vielleicht doch daran erinnern, daß er sehr viel Gutes gewirkt hat und bis in die jüngste Zeit hinein bestrebt war, caritativ zu schaffen. Als sein Bischof, der ich sowohl die Eltern des Verurteilten, die tadellose deutsche Menschen waren, als ihn selber von seiner Jugend her kenne, aber oft unter seinen Fehlideen und wohlgemeinten, aber völlig törichten Unternehmungen gelitten habe, bitte ich um Gnade. Ich halte ihn für fähig, sein Verbrechen durch den heldenhaftesten Tod an der Front zu sühnen. Ich bitte namentlich auch seiner drei Schwestern zu gedenken, die treu deutsche Menschen sind und Unsägliches nun erleiden.

Mit dem Ausdruck meiner Verehrung und Wertschätzung

Ihr ergebenster

gez. † Conrad

Erzbischof

Das gleiche Schreiben ging auch an den Oberreichsanwalt.

D 21 Freiburg, 16. Oktober 1943

Exzellenz, Hochwürdigster Herr Apostolischer Nuntius!

Sie haben vielleicht schon erfahren, daß vorgestern der auch Ihnen wohl bekannte Dr. Max Metzger vom Volksgericht zum Tode verurteilt worden ist. Metzger stammt aus meiner Diözese und gehörte ihr bis zuletzt an, obgleich er mit uns keine Beziehung mehr hatte. Sein Schicksal geht mir tief zu Herzen. Er ist hoch veranlagt, tief fromm, asketisch, aber, wie Sie selber wissen, zu Extremen und Torheiten geneigt, die in der Gegenwart zu Verbrechen werden. Sein Plan, der ihn vielleicht das Leben kostet, ist nicht die Tat eines Revolutionärs im üblen Sinne, sondern eines Menschen, der von der Meinung besessen ist, überall helfen zu wollen und in alles seine Hände hineinzustecken. Metzger ist international bekannt. Ich muß es Ihnen überlassen, den Hl. Vater zu bitten, einen Schritt zu seinen Gunsten zu tun.

Ich verurteile sein politisches Verbrechen, aber ich habe ein großes Mitleid mit ihm, das mich veranlaßt, alles zu versuchen, was zum Zweck führen könnte. Es handelt sich um ein Menschenleben, um ein Priesterleben, das sich verirrte, aber nicht aus sittlicher Schlechtigkeit, sondern aus unbegreiflicher Torheit.

Mit herzlichem Gruß und dankbarer treuer
Ergebenheit
gez. † Conrad
Erzbischof

Ein „Aktenvermerk" dokumentiert die umgehenden Bemühungen des Freiburger Ordinariats, sofort nach Bekanntwerden des Urteils ein „Gnadengesuch" nach Berlin zu senden, um einer schnellen Strafvollstreckung fürs erste entgegenzuwirken:

„Eine Schwester telephonierte im Auftrag ‚ihres Justizrates': Das Ordinariat solle *sofort* an den ‚Oberreichsanwalt am Volksgerichtshof in Berlin, Bellevuestraße 15', folgendes *Blitztelegramm* aufgeben: ‚Gnadengesuch für Priester Dr. Max Joseph Metzger unterwegs, Strafvollstreckung bis zu Entscheidung über dieses Gnadengesuch auszusetzen. Ordinariat' (Anmerkung der Redaktion: Statt Ordinariat wurde dann von Freiburg aus eingesetzt: ‚Erzbischof Gröber')." Weiter heißt es im Aktenvermerk: „Dr. Hirt komme heute abend zurück und wolle bei der Abfassung des Gnadengesuchs, das raschestens abgehen müsse, mitwirken. Das Gnadengesuch sei zu richten an 1. den Reichsjustizminister in Berlin, 2. den Oberreichsanwalt am Volksgerichtshof in Berlin, Bellevuestraße 15. Im Auftrage des obengenannten Justizrates möge sofort Familie Pohlmann unterrichtet werden." D 22

Das „Gnadengesuch" des Freiburger Ordinariats hatte folgenden Inhalt. Es ging in gleichlautenden Schreiben an den Reichsjustizminister und an den Oberreichsanwalt des Volksgerichtshofes:

„Der unserer Erzdiözese angehörige Priester Max Josef Metzger wurde durch den Volksgerichtshof am 14. ds. Mts. zum Tode verurteilt. Wir wissen, daß er gegen die bestehende Staatsordnung sich in schwerer Weise verfehlt hat, und wir verurteilen seine Handlungsweise auf das ausdrücklichste und entschiedenste. Max Metzger ist ein hochveranlagter Mensch, eine Persönlichkeit mit manchmal verstiegenen Plänen, ein Mann, der zu Extremen neigt, der andererseits aber auch großer Opferwilligkeit und Selbstlosigkeit fähig ist, der die größten Opfer sich auferlegt, um anderen helfen zu können. Es bedarf keines besonderen Nachweises, daß er auf dem caritativen Gebiet zum Wohl der Kranken und Notleidenden, insbesondere durch die Gründung seiner Christkönigs-Gesellschaft, viel Gutes gewirkt hat. Es ist weit bekannt, was er auf D 23 dem Gebiete der Trinkerfürsorge geleistet hat. Wir beehren uns im Hinblick darauf die ergebenste Bitte auszusprechen, daß man das ausgesprochene Todesurteil nicht vollzieht."

Das Schreiben von Bischof Wienken an Erzbischof Gröber vom 3.11.1943 bestätigt die verschiedenen Bemühungen der katholischen, aber auch evangelischen Kirche um eine Begnadigung Metzgers:

D 24 Commissariat der Fuldaer Bischofskonferenz

Berlin W 62, d. 3. November 1943.
Wichmannstraße 14
Anruf 250014

Seiner Exzellenz
dem Hochwürdigsten Herrn Dr. Konrad Groeber
Erzbischof von Freiburg
*Freiburg i. Br.*

Exzellenz,
Hochwürdigster Herr Erzbischof!

Im Falle Dr. Metzger wird – davon können Ew. Exzellenz überzeugt sein – nichts versäumt, was zu seiner Rettung förderlich sein könnte. Es bemühen sich eine Anzahl von Persönlichkeiten aus dem katholischen und evangelischen Lager zu seinen Gunsten und zwar bei allen Stellen, die irgendwie Einfluß auf seine Begnadigung haben könnten. Ich selbst bin in diesem Sinne wiederholt vorstellig geworden. Leider kann seine Tat nicht ungeschehen gemacht werden. Wie sie beurteilt wird, hat Ordinariatsrat Dr. Hirt Ew. Exzellenz nach seiner Rückkehr von Berlin berichtet. Hoffen wir – contra spem – zu Gott, daß die vielen eingeleiteten Bemühungen und ebenso das eifrige Gebet schließlich doch einen glücklichen Erfolg bringen.

Mit dem Ausdruck meiner besonderen Verehrung und ehrerbietiger Begrüßung, bin ich

Ew. Exzellenz sehr ergebener
† Wienken

Am 12.11.1943 setzt der Erzbischof von Freiburg den Diözesanklerus in Kenntnis von dem Todesurteil gegen Metzger:

„Zu meinem großen Bedauern sehe ich mich veranlaßt, meinem hochwürdigen Klerus mitzuteilen, daß einer unserer Diözesanpriester, der allerdings schon seit Jahrzehnten in der Diözese nicht mehr tätig war, eines politischen Verbrechens wegen zum Tode verurteilt worden ist. Alle Schritte, die unternommen werden konnten, sind zu seinen Gunsten unternommen worden. Dieser überaus traurige Fall soll uns eindringlich lehren, daß wir alles und jedes, was dem Vaterland in seiner schweren Zeit und damit auch uns selber irgendwie schaden könnte, peinlichst unterlassen, die ungeheuren Opfer und Erfolge unserer Soldaten im Felde dankbar und fürbittend würdigen, den Mut unserer Gläubigen in der Heimat stärken, die von schweren Verlusten Getroffenen christlich aufrichten, an das furchtbare Unglück eines verlorenen Krieges mit bolschewistischen Folgen denken und Tag für Tag bitten, daß er, der Lenker der Geschicke alle Völker, unsere Heimat schütze und mit einem ehrenvollen inneren und äußeren Frieden segne.“ D 25

Der Freiburger Erzbischof sprach auch bei Papst Pius XII. vor und bat, unmittelbar für Dr. Metzger einzutreten, wie aus einem ausführlicheren Schreiben an den Papst vom 2.2.1944 ersichtlich wird:

„Der meiner Erzdiözese angehörige Dr. Max Metzger wurde sogar wegen politischer Tätigkeit zum Tode verurteilt, ohne daß freilich bis jetzt das Urteil vollzogen worden wäre. Ich danke Ew. Heiligkeit für die Schritte, die zu seinen Gunsten unternommen worden sind.“ D 26

Schreiben von Erzbischof Gröber an Max Josef Metzger:

D 27 Freiburg, 8. März 1944

Lieber Max!

So darf ich Sie wohl anreden in Erinnerung an längst vergangene Konstanzer Zeiten. So vieles liegt dazwischen. Und so Schweres. Aber in Gottes Namen! Auch das Schwere hat seelisch und religiös seinen großen Wert, auch das Allerschwerste. Es lebt in mir immer noch die Hoffnung. Ihre Frau Schwester war vor 10 Tagen bei mir. Es geht ihr gut. Ich bete für Sie und segne Sie.

Ihr alter
gez. † Conrad
Erzbischof

Auf die Anfrage des Freiburger Ordinariats, wie es um die Entscheidung über die „Gnadengesuche" für Dr. Metzger stehe, teilt Bischof Wienken mit Brief vom 17. 3. 1944 seinen Kenntnisstand mit. Dies war die letzte Äußerung zum Fall Metzger. Einen Monat später wurde er hingerichtet.

D 28 Hochw. Dr. Max Metzger befindet sich nach wie vor in Brandenburg. Eine Entscheidung über die vorgelegten Gnadengesuche ist, nach meiner Kenntnis, noch nicht getroffen worden."

Aus dem Bericht von Georg Jurkowski über Dr. Metzger nach dem Prozeß

Am 4. 8. 43 wurde ich von der damals 19jährigen Stenotypistin des Nazi-Gauleiters Forster in Danzig ... angezeigt und am 14. 10. 43 vom Ersten Senat des sogenannten Volksgerichtshofes unter Vorsitz des wahnsinnigen Blutrichters Dr. Roland Freisler zum Tode und dauernden Ehrverlust verurteilt ... Von sechs Personen, die mit mir gekommen waren, wurden fünf zum Tode verurteilt, alles, mit Ausnahme eines zu einem Jahr Gefängnis verurteilten 19jährigen Franzosen, Intellektuelle ... Ein katholischer Geistlicher, 56 Jahre alt, namens Dr. Metzger von St. Joseph am Gesundbrunnen, hatte einer schwedischen Frau einen Brief mitgegeben, die schwedische Regierung möge doch einschreiten, falls nach der deutschen Niederlage ein Blutbad unter den Nazis angerichtet wird. Allein der Gedanke, die Nazis verlieren den Krieg, brachte ihm das Todesurteil ein ... Ein Mann, zart wie eine Frau, der typische Gelehrte. Auf der Fahrt mit dem Polizeiauto von Moabit nach Plötzensee stieg er zu mit noch vier anderen Todeskandidaten ... Es war schönstes Herbstsonnenwetter, und wir rollten zum Schafott. Ergreifend war – das wird mir unvergeßlich bleiben –, wie der katholische Geistliche mit uns das Vaterunser betete. Ich hielt es nie für möglich, daß ich als Dissident jemals ein Gebet sprechen würde. Aber in dieser Not und Stunde mußten alle Unterschiede zurückstehen. D 29

Die letzte Unterlage des Ost-Berliner Aktes „In Sachen Dr. Metzger" ist das Protokoll über die Vollstreckung des Todesurteils und die Kostenrechnung dafür. Am 17.4.1944 wurde das Todesurteil über Max Josef Metzger im Zuchthaus Brandenburg-Görden durch Enthauptung vollstreckt.

*Das Hinrichtungsprotokoll, 17. April 1944*

D 30 Der Oberreichsanwalt beim Volksgerichtshof

Brandenburg (Havel)-Görden, den 17. April 1944

7 (8) J 190/43

Vollstreckung des Todesurteils gegen: Max Josef *Metzger*

Gegenwärtig: als Vollstreckungsleiter: LGR Dr. *Ladewig*

als Beamter der Geschäftsstelle: Justizangestellter *Karpe*

Um 15.26 Uhr wurde der Verurteilte, die Hände auf dem Rücken gefesselt, durch zwei Gefängnisbeamte vorgeführt. Der Scharfrichter *Röttger* aus *Berlin* stand mit seinen drei Gehilfen bereit.

Anwesend war ferner: Anstaltsarzt Dr. *Müller.*

Nach Feststellung der Personengleichheit des Vorgeführten mit dem Verurteilten beauftragte der Vollstreckungsleiter den Scharfrichter mit der Vollstreckung. Der Verurteilte, der ruhig und gefaßt war, ließ sich ohne Widerstreben auf das Fallbeilgerät legen, worauf der Scharfrichter die Enthauptung mit dem Fallbeil ausführte und sodann meldete, daß das Urteil vollstreckt sei.

Die Vollstreckung dauerte von der Vorführung bis zur Vollzugsmeldung 7 Sekunden.

gez. Dr. Ladewig

gez. Karpe

*Die Kostenrechnung, 13. Juli 1944*

Gerichtskasse Moabit Berlin NW 40, den 13. Juli 1944 D 31
Turmstraße 9 …

Sie werden ersucht, die umstehend berechnete Kostenschuld von

371 RM 26 Rpf

binnen einer Woche auf eines der oben bezeichneten Konten der Gerichtskasse postgebührenfrei einzuzahlen oder zu überweisen (Kassenzeichen angeben!) …

Reichsanwaltschaft
beim Volksgerichtshof

Geschäftsnummer: 7/8 J 190/43g

KOSTENRECHNUNG

in der Straf-Sache ./. Max Josef Metzger wegen Vorbereitung zum Hochverrat …

| | |
|---|---|
| A. Gebühr gemäß §§ 49, 52 d. GKG. für Todesstrafe | 300.— |
| B. bare Auslagen: | |
| Postgebühren gemäß § 72 $^{1}$ d. GKG. | –.12 |
| Haftkosten gemäß § 72 $^{7}$ d. GKG. für die Zeit vom 29. 6. 1943 bis 16. 4. 1944 = 203 Tage a 1.50 = | 439.50 |
| | 739.62 |
| durch eigenes Geld des Verurteilten gedeckt (s. E. G. St. A Nr. 1119/44): | 368.36 |
| Bleiben zu zahlen | 371.26 |

Aus dem Bericht der Christkönigsschwestern Gertrudis und Judith Maria über Dr. Metzgers Haft und Tod

D 32 Am 19. 10. 1943 erhielt Sr. Judith Maria Sprecherlaubnis, um noch einige Dinge zu ordnen ... Auf die Frage, was für eine Arbeit nun den Tag ausfülle, kam die schlichte Antwort: „Für uns hat man eigentlich keine Arbeit mehr ... Ich bete und singe, betrachte, lese und schreibe das Wenige, das man uns zugesteht. Ganz besonders angetan haben es mir die beiden Lieder: Mitten in dem Leben ... und: Was Gott tut ... Diese sind wunderschön. Singt sie doch auch mit mir. Und wenn der Tod das Tor zum Leben ist, warum soll ich mich nicht freuen, wenn es sich nun schneller auftut?" ...

Überraschend kam dann am 22. 10. die Verlegung ... Schmerzlich waren nun die Verhandlungen bei den Behörden in Brandenburg um die Freigabe der Leiche. Wie widersinnig durch diese Gewaltherrschaft doch alles wurde. Gnadengesuche reichte man ein von den verschiedenen Seiten – auch von Rom aus –, man hoffte und kämpfte ums Leben und mußte daneben die Beerdigung vorbereiten. D. h. man mußte sofort noch bei Lebzeiten um Freigabe der Leiche nachsuchen, falls das Urteil vollstreckt und vom Gnadenrecht kein Gebrauch gemacht würde, da es sonst zu spät war; denn es durfte niemand von dem Geschehenen etwas wissen, und dann war es zu spät, da die Hingerichteten sofort ins Krematorium zur Verbrennung eingeliefert wurden ...

In geschäftlichen Erledigungen erhielt Sr. Judith Maria eine Sprecherlaubnis am 15. 11. mit einem Brandenburger Rechtsanwalt zusammen, der sich aber bald verabschiedete. Ein junger Assessor hielt diesmal die Sprechstunde ab und war menschlich. Er gestattete auch, daß die Schwester das so bescheidene Mittagsbrot – ein paar Schnitten –, man rechnete ja schon gar nicht mehr mit einer Möglichkeit, etwas Liebes tun zu dürfen, teilte. Wie immer, war die innere Verfassung groß und gut. Es keimte wohl langsam neue Hoffnung auf, nachdem der Todesengel bis jetzt immer wieder vorübergegangen war. Die Schwester wußte von der Aussichtslosigkeit und dem Vorstoß guter Freunde bis zu Himmler mit dessen unerbittlichem Nein und versuchte etwas davon zu erwähnen, mit der leisen Frage, wie es dann wäre, wenn die Hoffnung sich nicht erfüllen würde, es aber doch um so Großes vor Gott gehe? Da kam mit leuchtenden Augen die Versicherung: „Wenn es so sein sollte, dann seid ganz, ganz beruhigt, mit einem freudigen Ja im Herzen werde ich dann auch diesen Weg gehen." Es kam dies aus so überzeugender Tiefe, daß man die Worte ins eigene Herz hineinnehmen mußte, zumal sie soviel Ruhe und Hingebung ausstrahlten ...

Über den Zuchthausgeistlichen versuchte Sr. Judith Maria ja stets Nachrichten zu geben. Sie selbst machte sich fast jede 2. oder 3. Woche auf den Weg und besuchte den Anstaltspfarrer, um etwas zu hören, kleine Nachrichten zu übermitteln und Grüße bestellen zu lassen. Mehr war leider nicht möglich. Andern Gefangenen konnte sie oft mehr bzw. sichtbarer, wohltuender dienen ... Gelegentlich sah sie Br. Paulus, dessen Zelle an der Vorderfront des Hauses lag, wenn sie an der dem Zuchthaus gegenüberliegenden Straßenbahnhaltestelle wartete. Dann winkte er mit einem hellen Tuch einen Gruß zu. Gerne machte er damit auch ein großes Segenskreuz. Andere segnen, ihnen zum Segen werden, d. h. zu helfen, war Br. Paulus lebenslang Aufgabe und Bedürfnis gewesen ... Er überlegte, wie er noch seinen Mitgefangenen helfen und dienen kann. Todeskandidaten waren, trotz regelmäßiger Hinrichtungen, 150–200 und darüber in Brandenburg untergebracht. Zumeist befanden sie sich in Einzelzellen. So entstand bald das Gebet in Lebensnot – eine Hingabe an den heiligen Willen Gottes –, das Br. Paulus gedruckt wünschte, was auch ausgeführt werden konnte. Manchem hat es dann noch geholfen, der schweren Stunde getrost entgegenzusehen. Auch in Berlin wurde es weitergegeben ... Dann kam wieder ein Wunsch für seine Mitgefangenen nach Tagzeitenbüchlein und Lebensschulen der Gottesfreunde. Ja, er wagte sogar einen kühnen Vorstoß bei den höchsten Behörden, um das Joch der schmerzhaften Fesselung der Todeskandidaten zu sprengen, was natürlich, wie vorauszusehen war, sich als nutzlos erwies. Er selbst durfte sich darin insofern einer kleinen Milderung erfreuen, als er mit der einen Hand aus der Fessel entschlüpfen konnte und wenigstens in der Nacht von dieser Qual etwas verschont war. Als einer lieben Aufmerksamkeit der Güte Gottes erfreute er sich dieser entspannenden Annehmlichkeit. Dafür quälte ihn sehr das Licht, das während der ganzen Nacht die Pritsche beleuchtete. Aber gegen solche Anordnungen war nichts zu tun ...

Br. Paulus litt unter anderem stark unter der Anfechtung kleinlicher und z. T. mit wenig menschlich-natürlichen Gefühlen ausgestatteter Beamten. Für ihn, der selbst sehr weitherzig, großzügig und dienstbeflissen angelegt, war es ein mühseliges Durchringen durch dieses Gestrüpp. Es kostete viel Kraft, zumal Hunger, Kälte und Fesselung das Ihre dazu beitrugen. Aber die ganz große, tief in Christus gegründete Haltung ging nie verloren ...

Nur einmal noch, und zwar am 12. April 1944, fünf Tage vor dem Tode, kam der Gefängnisseelsorger H. Pfarrer Buchholz zu Br. Paulus in die Zelle. Er erwartete ihn schon sehr, da alle übrigen Bemühungen in der Zwischenzeit fehlgeschlagen hatten. Es ward niemand mehr zugelassen. Da war die Freude doppelt groß, zumal der Zellenbesuch auch andere Aussprachemöglichkeiten bot. Als besondere Kostbarkeit für damalige Zeit konnten wir eine geschenkte Tafel Schokolade und einen schönen, dafür gehüteten Apfel aus unserem Garten senden. Der gute H. Pfarrer hatte noch Schnitten mitgenommen. Dankbar wurde alles empfangen, an der großen Magerkeit war die schlechte Ernährung bzw. der Hunger schon sehr sichtbar. Dazu kam noch im vergangenen Winter die Kälte, gegen die Br. Paulus früher schon sehr empfindlich war. Aber all das konnte seiner inneren Haltung keinen Abtrag tun ...

Mit viel lieben Grüßen und einigen Produkten aus seiner geistigen Schatzkammer – worunter auch eine große Arbeit über das Königtum Christi war, die dadurch wahrscheinlich gerettet wurde, – war dieser letzte Besuch gesegnet.

Tags darauf, am 13. 4. brach dann eine so große Unruhe in ihm auf, daß er den Geistlichen fragte, ob er etwa auf der Liste stehe. Dieser verneinte. Es war am 14. 4. die Liste wohl eingetroffen, 30 Hinrichtungen waren für den kommenden Montag vorgesehen, aber nur mit 29 Namen angeführt, und darunter war der seine nicht. Unbewußt lag auf ihm das Ahnen des Kommenden, und auch einige Schwestern mußten es erleiden. Tatsächlich sind am 13.4. mit der Bestimmung der nächsten Todeskandidaten die letzten Würfel gefallen, nur wurde um ihn – aus welchen Gründen blieb unbekannt – ein großes Geheimnis gemacht. Es durfte nicht einmal im engen Kreis der Henker vorzeitig bekannt werden. Erst nachmittags am 17.4., als die Hinrichtungen bzw. die Verkündigungen dazu ihren Fortgang nahmen, bemerkte einer der Gerichtsherren gegenüber den Anstaltsgeistlichen, daß einer seiner Mitbrüder dabei sei. Auf seine erstaunte Frage bekam er zur Antwort: „Dr. Metzger", worüber er sehr erschrak und sich beeilte, um auch ihm noch zu dienen. Ruhig und gefaßt hätte Br. Paulus die Eröffnung der Hinrichtungskommission entgegengenommen. Als H. Pfarrer Scholz, der ihn in Brandenburg nach seiner Art und Möglichkeit seelsorglich betreute, ihm darnach, als dem Letzten des Tages, die heilige Wegzehrung brachte, schrieb er an zwei Briefen, die ihm gestattet worden waren, die aber nie in unsere Hände kamen. Und viel mußte Br. Paulus gerade an diesem letzten Gruß gelegen haben, denn er nahm so sicher an, daß er uns erreicht, und ließ persönlich nichts mehr bestellen ...

Am 17. April, am Montag nach der Osterwoche, um 15.26 Uhr, nahte dann der große Augenblick, wo Br. Paulus von der göttlichen Vorsehung durch Enthauptung, wie sein großer Patron St. Paulus, heimging zu seinem Herrn und Meister, für den er ein Leben lang mit allen Fasern seines glühenden Herzens geeifert hatte. Kein Priester durfte ihm das Geleite geben. Einsam und verlassen mußte er seinen Weg gehen.

Und doch war er nicht allein. Im Mutterhaus in Meitingen hat etwa um dieselbe Zeit Sr. Gertrudis die Sterbegebete in der Gemeinschaft vorgebetet für alle, die an diesem Tag durch gewaltsamen Tod das Leben lassen müssen ... Daß es ein aufrechtes Sterben war, daß seine Persönlichkeit noch im letzten Augenblick Eindruck machte, bezeugte – so tragisch es klingt – sein Henker! H. Pfarrer Buchholz, der mit diesem ja oft zusammentreffen mußte, hatte ihn gebeten, ihm über diesen Fall Kunde zu bringen, falls es einmal soweit käme ...

Andern Tags, gleich in der Frühe, fuhr Sr. Judith Maria nach Brandenburg, um die nötigen Schritte zu unternehmen. Durch eine achtlose Bemerkung eines Beamten war die Möglichkeit des Wissens gegeben, so daß man handeln konnte. Bei den städtischen Behörden war man entgegenkommend. Eine stille Beerdigung wurde gestattet, und zwar so, daß genügend Zeit verblieb, daß Br. Paulus' leibliche Schwestern von Freiburg [im Breisgau] und Sr. Gertrudis von Meitingen kommen konnten.

Einen letzten Schrecken brachte noch die inzwischen eingegangene Nachricht vom Rechtsanwalt. Justizrat Dr. Dix teilte die Vollstreckung des Urteils mit und fügte bei: „Die Leiche wird nicht freigegeben, und zwar kraft einer generellen Anordnung, daß Leichen der wegen [Wehrkraft-]Zersetzung Verurteilten nicht mehr freigegeben werden."

Was tun? Auf der einen Seite das Verbot des Oberreichsanwaltes, andererseits die Zusage der ausführenden, allerdings unterstellten Behörde. Stillschweigend hielten wir uns dann an die Vereinbarung mit Brandenburg, hoffend, daß inzwischen dort keine eigene Weisung eintrifft. Dort wußte man ja um unsere Bemühungen um die Freigabe; daß nie eine Zusage kam, wurde eben nicht besprochen.

Schon gleich nach der Hinrichtung gab es Schwierigkeiten. Der Beamte, der die Leichen abnahm und für die erforderliche Zahl der Holzkästen zu sorgen hatte, war auch stutzig geworden über die Zahl 30 und die 29 angegebenen Namen. Erst während der Handlung erfuhr er, um wen es sich beim 30. handelte. Daraufhin setzte er sich dafür ein, die Leiche zur Erdbestattung freihalten zu dürfen. Er wußte soweit wie die Behörde um unsere Bemühungen und setzte die Erlaubnis voraus. Er erreichte es dann auch, und auf Grund seiner polizeilichen Rechte und Zuständigkeit in solchen Fällen wurden von ihm auch alle weiteren Erledigungen zur Einsargung und Überführung übernommen. Sarg usw., wie es in jener Zeit möglich war, durften wir wohl besorgen, doch eine Einsichtnahme konnte nicht erreicht werden. Das war alles streng verboten. Nur Stola und Kreuz durften wir noch überbringen. Still, sang- und klanglos, da alles andere untersagt war, fand dann am 21. 4. 1944 um 11 Uhr auf dem Altstädtischen Friedhof in Brandenburg im allerengsten Kreis die Beerdigung statt. Vereidigte Beamte brachten im Totenauto den

Sarg und betteten ihn in die Erde. H. H. Pfarrer Jochmann von Brandenburg nahm die Einsegnung vor. Es war ein regnerischer, trüber Tag. Aber als man den Sarg in die Erde senkte, strahlte plötzlich leuchtend die Sonne ...

Zwei Jahre ruhte Br. Paulus auf dem Friedhof in Brandenburg. Die Kriegsauswirkungen und das Kriegsende mit seinen bitteren Folgen machten einen Besuch dort oft auf lange Zeit unmöglich oder doch sehr beschwerlich. Einsam und verlassen war das Grab, was uns sehr bekümmerte, weil sich dies Br. Paulus mit seiner großen fürsorglichen Liebe um uns nicht verdient hatte. So suchte man nach einer Möglichkeit der Überführung. Das Mutterhaus erhob wohl Anspruch. Aber die sterblichen Überreste dorthin zu bringen, erwies sich in der heutigen Lage für lange Zeit als unmöglich. Da gab man schließlich die Erlaubnis für Berlin.

Am 13. September 1946, morgens um 7 Uhr, war die Umbettung. Sr. Judith Maria ließ sich den neuen Sarg, in welchem Br. Paulus in ein Leinentuch eingehüllt lag, öffnen und konnte ihn an der edlen, wohlgeformten schönen Stirne sowie an den Haaren gut erkennen. Damit ist auch dieser Zweifel eines letzten Betruges gebannt.

Ein Teil der Brandenburger Pfarrgemeinde mit der dortigen Geistlichkeit verabschiedete sich dann in einer kleinen Feier mit einem sehr herzlichen, tiefen Gedenkwort von H. H. Pfarrer Jochmann.

Andern Tags unternahm dann Sr. Judith Maria mit Br. Paulus die letzte Fahrt im Totenauto nach Berlin, wo er am 18. September 1946 auf dem St. Hedwigsfriedhof neben seinem Freund, dem Priester-Dichter Ernst Thrasolt, beigesetzt wurde. Etwa tausend Menschen, Klerus und Volk der verschiedenen Konfessionen, Berliner Jugend mit ihren Bannern, welche den wunderschön geschmückten Sarg umstanden, wohnten der erhebenden Totenfeier bei. H. H. Domkapitular Peter Buchholz sprach tiefbewegt vom Portal der Friedhofskapelle aus einen letzten Gruß und nahm die Grabeinsegnung unter Assistenz der Pfarrgeistlichkeit vor. H. H. Pfarrer Dr. Horn brachte den Dank der evangelischen Brüder der Una Sancta zum Ausdruck. Auch die städtischen Behörden, Vertreter der Parteien und Organisationen und andere mehr, ehrten ihn in herzlicher Weise. Gemeinsam, einig im Herrn in Lied und Gebet, wie es so sehr Br. Paulus' Sehnen entsprach, erklang das Gotteslob zum Himmel – ein strahlendes Bekenntnis zu *Christus dem König!*

# Quellen

## *1. Briefe*


B 1 Metzger, M. J. (1934): Brief an die Eltern und Geschwister am Tag Pauli Bekehrung 1934: Für Frieden und Einheit. Briefe aus der Gefangenschaft, Freising [3]1984, S. 2.

B 2 Metzger, M. J. (1934): „In meiner Zelle" (Gedicht): Für Frieden und Einheit, S. 3 (Christkönigsbote 54).

B 3 Metzger, M. J. (1934): Nachricht nach Berlin vom 26. 1. 34: Für Frieden und Einheit, S. 3.

B 4 Metzger, M. J. (1939): Psalm vom 19. 11. 39: Für Frieden und Einheit, S. 6.

B 5 Metzger, M. J. (1939): „Werde eben wieder abgeführt" (9. 11. 39): Für Frieden und Einheit, S. 7.

B 6 Metzger, M. J. (1939): Brief an die Gemeinschaft in Meitingen vom 11. 11. 39: Für Frieden und Einheit, S. 7–8.

B 7 Metzger, M. J. (1939): „Missionsbrief: Der Himmel in uns": Für Frieden und Einheit, S. 9–17 (Missionsbrief Nr. 24).

B 8 Metzger, M. J. (1939): Gruß an die Mitgefangenen: Für Frieden und Einheit, S. 17.

B 9 Metzger, M. J. (1939): Brief an die Berliner Station vom 11. 11. 39: Für Frieden und Einheit, S. 18–22.

B 10 Metzger, M. J. (1939): Morgenpsalm vom 17. 11. 39: Für Frieden und Einheit, S. 22.

B 11 Metzger, M. J. (1939): „Licht leuchtet ins Dunkel". Brief an alle Mitglieder der Societas Christi Regis vom Advent 1939: Für Frieden und Einheit, S. 23–28.

B 12 Metzger, M. J. (1939): „O sel'ger Tag" (Gedicht vom 17. 11. 39): Für Frieden und Einheit, S. 29.

B 13 Metzger, M. J. (1939): „Du milder Mond!" (Gedicht vom 18. 11. 39): Für Frieden und Einheit, S. 30.

B 14 Metzger, M. J. (1939): „Elisabeth" (Gedicht vom 19. 11. 39): Für Frieden und Einheit, S. 30.

B 15 Metzger, M. J. (1939): Brief nach Meitingen vom 22. 11. 39: Für Frieden und Einheit, S. 31–33.

B 16 Metzger, M. J. (1939): „Pfingsten" (Gedicht vom 25. 11. 39): Für Frieden und Einheit, S. 34.

B 17 Metzger, M. J. (1939): „Advent" (Gedicht): Für Frieden und Einheit, S. 35.

B 18 Metzger, M. J. (1939): Adventlied (vertont): Für Frieden und Einheit, S. 36–37.

B 19 Metzger, M. J. (1939): Brief nach Berlin an eine Schwester vom 1. 12. 39: Für Frieden und Einheit, S. 38–41.

B 20 Metzger, M. J. (1939): Entwurf eines Schreibens an die Geheime Staatspolizei vom 1. 12. 39: Für Frieden und Einheit, S. 42–43.

B 21 Metzger, M. J. (1939): „Sieger" (Gedicht vom 2. 12. 39): Für Frieden und Einheit, S. 43.

B 22 Metzger, M. J. (1939): „In der Zelle“ (Gedicht vom 2. 12. 39): Für Frieden und Einheit, S. 44.
B 23 Metzger, M. J. (1939): Schreiben an Pius XII. vom Advent 1939: Für Frieden und Einheit, S. 45–55.
B 24 Metzger, M. J. (1939): „Gnade?“ Ein Brief in die Gefängniszelle von Br. Paulus: Für Frieden und Einheit, S. 56–70.
B 25 Metzger, M. J. (1939): „Frei. Alleluja. Paulus“ vom 4. 12. 39: Für Frieden und Einheit, S. 70.
B 26 Metzger, M. J. (1939): „Du“ (Gedicht) vom 9. 1. 44: Für Frieden und Einheit, S. 71.
B 27 Metzger, M. J. (1943): Das Friedensmanifest Dr. Metzgers im Frühjahr 1943 (SED-Archiv) in: K. Drobisch: Wider den Krieg, 113–114 (NJ-13512/2 Bl. 2–3).
B 28 Metzger, M. J. (1943): Brief an die Schwestern vom 6. 7. 43: Für Frieden und Einheit, S. 74–75.
B 29 Metzger, M. J. (1943): Brief an die Schwestern vom 8. 7. 43: Für Frieden und Einheit, S. 76–79.
B 30 Metzger, M. J. (1943): Brief an eine Schwester vom 12. 7. 43: Für Frieden und Einheit, S. 79.
B 31 Metzger, M. J. (1943): Brief an die Schwestern vom 22. 7. 43: Für Frieden und Einheit, S. 80–81.
B 32 Metzger, M. J. (1943): Brief an die Schwestern vom 29. 7. 43: Für Frieden und Einheit, S. 82–83.
B 33 Metzger, M. J. (1943): Brief an Schwester Judith Maria nach ihrer Entlassung vom 31. 7. 43: Für Frieden und Einheit, S. 84.
B 34 Metzger, M. J. (1943): Brief an die Schwestern vom 5. 8. 43: Für Frieden und Einheit, S. 85–87.
B 35 Metzger, M. J. (1943): Gebete: Für Frieden und Einheit, S. 87 (Deckblatt im Neuen Testament Metzgers).
B 36 Metzger, M. J. (1943): Brief an die Geschwister vom 19. 8. 43: Für Frieden und Einheit, S. 88–89.
B 37 Metzger, M. J. (1943): Brief an eine Schwester: Für Frieden und Einheit, S. 90.
B 38 Metzger, M. J. (1943): Brief an die Geschwister vom 26. 8. 43: Für Frieden und Einheit, S. 91–92.
B 39 Metzger, M. J. (1943): „Ich trage Dich in Herz und Sinn“ (Gedicht): Für Frieden und Einheit, S. 92.
B 40 Metzger, M. J. (1943): Brief an die Geschwister vom 29. 8. 43: Für Frieden und Einheit, S. 93–96.
B 41 Metzger, M. J. (1943): Brief an eine Schwester vom 1. 9. 43: Für Frieden und Einheit, S. 96.
B 42 Metzger, M. J. (1943): Brief an eine Schwester vom 7. 9. 43: Für Frieden und Einheit, S. 97.
B 43 Metzger, M. J. (1943): Brief an die Geschwister vom 7. 9. 43: Für Frieden und Einheit, S. 98–99.
B 44 Metzger, M. J. (1943): Brief an eine Schwester vom 10. 9. 43: Für Frieden und Einheit, S. 100.

B 45 Metzger, M. J. (1943): Brief an eine Schwester vom 14. 9. 43: Für Frieden und Einheit, S. 101.
B 46 Metzger, M. J. (1943): Brief an eine Schwester vom 30. 9. 43: Für Frieden und Einheit, S. 102–103.
B 47 Metzger, M. J. (1943): Brief an eine Schwester vom 5. 10. 43: Für Frieden und Einheit, S. 104–105.
B 48 Metzger, M. J. (1943): Brief an Schwester Gertrudis vom 10. 10. 43: Für Frieden und Einheit, S. 106–108.
B 49 Metzger, M. J. (1943): „Herr! hast Du meiner vergessen" (Gedicht vom 13. 10. 43): Für Frieden und Einheit, S. 121.
B 50 Metzger, M. J. (1943): Brief an Albert Stehlin vom 13. 10. 1943 (SED-Archiv).
B 51 Metzger, M. J. (1943): Brief an Schwester Judith Maria vom 13. Oktober 1943 (SED-Archiv). In: K. Drobisch: Wider den Krieg, 148–149 (NJ-13512/2 Bl. 72).
B 52 Metzger, M. J. (1943): Brief an eine Schwester vom 24. 10. 43: Für Frieden und Einheit, S. 132–133.
B 53 Metzger, M. J. (1943): „Abba" (Gedicht vom 4. 11. 43): Für Frieden und Einheit, S. 134–135).
B 54 Metzger, M. J. (1943): Zettel an Priester im Gefängnis: Für Frieden und Einheit, S. 136.
B 55 Metzger, M. J. (1943): Brief an eine Schwester vom 12. 11. 43: Für Frieden und Einheit, S. 137 f.
B 56 Metzger, M. J. (1943): „In Deinen guten Händen" (Lied, vertont): Für Frieden und Einheit, S. 139.
B 57 Metzger, M. J. (1943): „ In der Todeszelle" (Gedicht vom 14. 11. 43): Für Frieden und Einheit, S. 145.
B 58 Metzger, M. J. (1943): „Nun ist mein letztes Stündlein ..." in: „Ich habe mein Leben angeboten ...", Meitingen 1984, 37 ff (Gebet auf Umschlag mit Poststempel vom 26. 11. 43).
B 59 Metzger, M. J. (1943): Brief an eine Schwester vom 30. 11. 43: Für Frieden und Einheit, S. 146.
B 60 Metzger, M. J. (1943): „Wann kommst Du, Herr ..." (Gedicht): Für Frieden und Einheit, S. 147.
B 61 Metzger, M. J. (1943): Brief an Bruder Ambrosius von Allerseelen 1943: Für Frieden und Einheit, S. 148–151.
B 62 Metzger, M. J. (1943): „Testament" von Metzger (auszugsweise) vom 1. Adventssonntag 43: Für Frieden und Einheit, S. 152–156.
B 63 Metzger, M. J. (1943): „Dir großer Gott ..." (Lied vertont): Für Frieden und Einheit, S. 157.
B 64 Metzger, M. J. (1943): Brief an eine Schwester vom 16. 12. 43: Für Frieden und Einheit, S. 158–159.
B 65 Metzger, M. J. (1943): Weihnachtsausgabe 1943 an alle Mitglieder der Societas Christi Regis (Lied vertont): Für Frieden und Einheit, S. 160 (Auf dem Brief vom 16. 12. 43).
B 66 Metzger, M. J. (1943): Brief an eine Schwester vom 30. 12. 43: Für Frieden und Einheit, S. 161–163.

B 67 Metzger, M. J. (1944): „Mutter Deutschland" (Gedicht vom 9. 1. 44): Für Frieden und Einheit, S. 163.
B 68 Metzger, M. J. (1944): Brief an eine Schwester vom 13. 1. 44: Für Frieden und Einheit, S. 164–165.
B 69 Metzger, M. J. (1944): „Herr, daß Du einmal Dich zeigtest" (Gedicht vom 23. 1. 44): Für Frieden und Einheit, S. 166.
B 70 Metzger, M. J. (1944): „Neujahr": Für Frieden und Einheit, S. 167.
B 71 Metzger, M. J. (1944): Brief an eine Schwester vom 1. 2. 44: Für Frieden und Einheit, S. 167.
B 72 Metzger, M. J. (1944): Brief an eine Schwester vom 27. 1. 44: Für Frieden und Einheit, S. 168–169.
B 73 Metzger, M. J. (1944): Gebete: Für Frieden und Einheit, S. 169 (Deckblatt auf dem Neuen Testament Metzgers).
B 74 Metzger, M. J. (1944): „Schmähung" (Gedicht vom 22. 1. 44): Für Frieden und Einheit, S. 170.
B 75 Metzger, M. J. (1944): Zwei Gedichte: Für Frieden und Einheit, S. 170–171.
B 76 Metzger, M. J. (1944): „Wie lange noch?" (Gedicht): Für Frieden und Einheit, S. 172 (Deckblatt auf dem Neuen Testament Metzgers).
B 77 Metzger, M. J. (1944): Fürbitte: Für Frieden und Einheit, S. 173.
B 78 Metzger, M. J. (1944): „Una Sancta" (Gedicht vom 18. 1. 44): Für Frieden und Einheit, S. 174.
B 79 Metzger, M. J. (1938/39): Gebet: Für Frieden und Einheit, S. 175 (Einheitsgebet von 1938/39).
B 80 Metzger, M. J. (1944): „Wo sich der Hochmut bläht" (Gedicht vom 21. 1. 44): Für Frieden und Einheit, S. 176.
B 81 Metzger, M. J. (1944): „Mensch unter Menschen" (Gedicht vom 26. 1. 44): Für Frieden und Einheit, S. 177.
B 82 Metzger, M. J. (1944): Auferstehungsgebet: Für Frieden und Einheit, S. 178 (Schott-Meßbuch Oration nach der 2. Prophetie).
B 83 Metzger, M. J. (1944): „Was ist's, was Du nun willst von mir, o Herr?" (Gedicht vom Geburtstag 3. 2. 44): Für Frieden und Einheit, S. 178.
B 84 Metzger, M. J. (1944): „Ich muß gesteh'n, ich hab' sie nie gelernt" (Gedicht vom 6. 2. 44): Für Frieden und Einheit, S. 179.
B 85 Metzger, M. J. (1944): Brief an eine Schwester vom 10. 2. 44: Für Frieden und Einheit, S. 180–181.
B 86 Metzger, M. J. (1944): „Die Fliege" (Gedicht vom 8. 2. 44): Für Frieden und Einheit, S. 182–183.
B 87 Metzger, M. J. (1944): Brief an eine Schwester vom 24. 2. 44: Für Frieden und Einheit, S. 183–184.
B 88 Metzger, M. J. (1944): Brief an Bruder Michael vom 24. 2. 44: Für Frieden und Einheit, S. 185.
B 89 Metzger, M. J. (1944): Brief an eine Schwester vom 23. 3. 44: Für Frieden und Einheit, S. 186–187.
B 90 Metzger, M. J. (1944): Lobpreis der Barmherzigkeit Gottes: Für Frieden und Einheit, S. 188–190.
B 91 Metzger, M. J. (1944): „Mitten im Leben" (Lied vertont): Für Frieden und Einheit, S. 191.

B 92 Metzger, M. J. (1944): „Besinnung" (erst nach dem Tod ausgehändigt): Für Frieden und Einheit, S. 191–200.
B 93 Metzger, M. J. (1944): Brief an Schwester Judith Maria vom 6. 4. 1944 (SED-Archiv).
B 94 Metzger, M. J. (1944): Osterliturgie (In der Anlage zum Brief an Sr. Judith vom 6. 4. 1944), in: K. Drobisch, Wider den Krieg, 81.
B 95 Metzger, M. J. (1944): Lobpsalm (Tob 13, 1–10), in: K. Drobisch, Wider den Krieg, 81 (In der Anlage zum Brief an Sr. Judith vom 6. 4. 1944).
B 96 Metzger, M. J. (1944): „Christ der HERR ist auferstanden" (Osterlied vom Ostermontag 10. 4. 1944): Für Frieden und Einheit, S. 202 (Deckblatt Schott-Meßbuch).
B 97 Metzger, M. J. (1944): Brief an Schwester Judith Maria vom 17. April 1944 (SED-Archiv), in: K. Drobisch: Wider den Krieg, 174 (NJ-13512/5 Bl. 52).
B 98 Metzger, M. J. (1944): Brief an die Brüder und Schwestern vom 17. April 1944 (SED-Archiv), in: K. Drobisch, Wider den Krieg, 1975 (NJ-13512/5 Bl. 52).
B 99 Metzger, M. J. (1944): „Alleluja! Singt die Weise" (Osterlied vom Ostermontag 10. 4. 44): Für Frieden und Einheit, S. 204.
B 100 Metzger, M. J. (1944): „Nun singt in frohem Jubelklang" (Lied vom Ostermontag 10. 4. 44): Für Frieden und Einheit, S. 205.

## *2. Dokumente*

D 1 Metzger, M. J. (1943): Zwei Schriften M. J. Metzgers (am 14. 11. 1943 übergeben) (SED-Archiv NJ-13512/2 Bl. 35R-37 und 38R).
D 1 Metzger, M. J. (1943): Brief an den Reichsminister vom 2. 8. 1943 (SED-Archiv NJ-13512/2 Bl. 69. S. 1–3).
D 2 Metzger, M. J. (1943): „Promemoria". Brief an einen Naziminister vom 22. Juli 1943 (SED-Archiv), in: K. Drobisch, Wider den Krieg, 115–118 (NJ-13512/2 Bl. 69. S. 1–3).
D 3 Metzger, M. J. (1943): Dr. Metzgers Erklärung vom 30. Juli 1943 (SED-Archiv), in: K. Drobisch, Wider den Krieg, 118–138 (NJ-13512/2 Bl. 69).
D 4 Ordinariat Freiburg (1970): Schreiben des Freiburger Ordinariats an Bischof Wienken vom 20. 8. 43, in: H. Ott, Dokumentation zur Verurteilung des Freiburger Diözesanpriesters Dr. Max Josef Metzger und zur Stellungnahme des Freiburger Erzbischofs Dr. Conrad Gröber, in: Freiburger Diözesan-Archiv 90 (1970), S. 303–315, S. 305.
D 5 Anklageschrift des Oberreichsanwalts beim Volksgerichtshof gegen Metzger vom 20. 9. 43: Für Frieden und Einheit, S. 109–116.
D 6 Bischof Wienken (1970): Mitteilung von Bischof Wienken nach Freiburg vom 27. 9. 43, in: H. Ott: Dokumentation, a. a. O., S. 306.
D 7 Metzger, M. J. (1969): Zwei Verteidigungsreden, in: „Maran Atha", Meitingen 1969, 15–26.
D 8 Metzger, M. J. (1965): Kurze Verantwortung vor dem 14. Oktober 1943, in: „Maran Atha", S. 24–26.

D 9 Metzger, M. J. (1986): Erklärung Metzgers im Brief an den Untersuchungsrichter und den Oberreichsanwalt beim Volksgerichtshof vom 28. September 1943 (SED-Archiv), in: H. Ott, Dokumentation zur Verurteilung des Freiburger Diözesanpriesters Dr. Max Josef Metzger und zur Stellungnahme des Freiburger Erzbischofs Dr. Conrad Gröber, in: Freiburger Diözesan-Archiv 106 (1986), S. 187–226, S. 207–224 (NJ-13512/2 Bl. 35R–37 und 38R).

D 10 Metzger, M. J. (1986): Brief an Erzbischof Gröber vom 7. 10. 1943 (SED-Archiv).

D 11 Erzbischof Gröber (1943): Schreiben des Erzbischofs von Freiburg Conrad Gröber an den Justizrat Dr. Dix, Rechtsbeistand Metzgers, vom 9. 10. 43: Für Frieden und Einheit, S. 117–120 (Abschrift. Das Schreiben wurde bei der Verhandlung vor dem Volksgerichtshof verlesen).

D 12 Justizrat Dix (1970): Schreiben von Dr. Dix an den Freiburger Erzbischof vom 12. 10. 1943, in: H. Ott: Dokumentation, a. a. O., S. 312–313.

D 13 Metzger, M. J. (1943): Aus den Verhandlungen vom 14. Oktober 1943: Für Frieden und Einheit, S. 122.

D 14 Todesurteil gegen Metzger vom 14. 10. 43 durch den Präsidenten des Volksgerichtshofes Dr. Roland Freisler: Für Frieden und Einheit, S. 123–128.

D 15 Metzger, M. J. (1943): Aussage Metzgers gegenüber Schwester Judith Maria vom 19. 10. 43: Für Frieden und Einheit, S. 131.

D 15 Metzger, M. J. (1943): Aussage Metzgers nach dem Prozeß am 14. 10. 43: Für Frieden und Einheit, S. 129.

D 16 Dr. Hirt (1943): Bericht von Dr. Hirt über den Prozeß vom 16. 10. 1943. (OAF, Abschrift im Archiv Meitingen).

D 17 Metzger, M. J. (1943): Zettel aus einem Wäschepaket vom 14. 11. 43: Für Frieden und Einheit, S. 140–144.

D 18 Bericht der Christkönigsschwestern Gertrudis und Judith Maria über die Gerichtsverhandlung gegen Dr. Metzger, in: Gefangenschaft und Heimgang von Br. Paulus von der göttlichen Vorsehung, 10–15 (Druck 1946).

D 19 Erzbischof Gröber (1943): Brief an den Präsidenten des Volksgerichtshofes Dr. Freisler vom 16. Oktober 1943, in: K. Drobisch, Wider den Krieg, 168 (SED-Archiv NJ-13512/4 Bl. 12).

D 20 Erzbischof Gröber (1970): Schreiben an den Reichsminister vom 16. 10. 1943, in: H. Ott: Dokumentation, a. a. O., S. 314.

D 21 Erzbischof Gröber (1970): Schreiben an den Apostolischen Nuntius vom 16. 10. 1943, in: H. Ott: Dokumentation, a. a. O., S. 315.

D 22 Ordinariat Freiburg (1970): „Aktenvermerk“ um Gnadengesuch für Metzger nach dem 14. 10. 43, in: H. Ott: Dokumentation, a. a. O., S. 307.

D 23 Ordinariat Freiburg (1970): „Gnadengesuch“ des Ordinariats Freiburg nach dem 14. 10. 43, in: H. Ott: Dokumentation, a. a. O., S. 308–309.

D 24 Bischof Wienken (1943): Schreiben an Erzbischof Gröber vom 3. 11. 43 (Archiv Meitingen).

D 25 Erzbischof Gröber (1985): Brief an den Diözesanklerus über Verurteilung Metzgers vom 12. 11. 1943, in: L. Volk, Akten Deutscher Bischöfe VI..

D 26 Erzbischof Gröber (1985): Brief an Papst Pius XII. über Metzger, in: L. Volk, Akten Deutscher Bischöfe VI., S. 317.

D 27 Erzbischof Gröber (1970): Brief an Metzger vom 8. 3. 1944, in: H. Ott: Dokumentation, a. a. O., S. 315.
D 28 Bischof Wienken (1970): Brief nach Freiburg vom 17. 4. 1944, in: H. Ott: Dokumentation, a. a. O.
D 29 Jurkowski, G. (1946): Bericht über Dr. Metzger nach dem Prozeß, in: K. Drobisch, Wider den Krieg, 167 (Im Besitz von K. Drobisch).
D 30 Metzger, M. J. (1944): Hinrichtungsprotokoll vom 17. April 1944 (SED-Archiv), in: K. Drobisch, Wider den Krieg, 176 (NJ-13512/5 Bl. 49).
D 31 Metzger, M. J. (1944): Kostenrechnung für Hinrichtung vom 13. Juli 1944, in: K. Drobisch, Wider den Krieg, 177 (Archiv Meitingen).
D 32 Bericht der Christkönigsschwestern Gertrudis und Judith Maria über Dr. Metzgers Tod, in: Bericht: „Gefangenschaft und Heimgang von Br. Paulus von der göttlichen Vorsehung" (Archiv Meitingen), 16–24.

Edith Stein

# Aus dem Leben einer jüdischen Familie

Kindheit und Jugend

Herausgegeben von L. Gelber und P. R. Leuven
Edith Stein, Werke, Band VII. Vollständige Ausgabe.
408 Seiten, gebunden. ISBN 3-451-20401-0

„Edith Stein, die berühmte Karmelitin, Philosophin und Märtyrerin, gehört zu den großen Gestalten des Glaubens in diesem Jahrhundert. Ihr Leben und Werk ist zum Vorbild für viele geworden, die ihr Leben aus dem Glauben heraus betrachten und deuten. Der erste Teil der Autobiographie, in dem Edith Stein aus ihrer Kindheit, Jugend und Studienzeit bis zum Jahre 1916 erzählt, enthält erstmals die vollständigen und ungekürzten Aufzeichnungen Edith Steins, die aus testamentarischen Gründen vorher nicht veröffentlicht werden konnten. Hier wird eine Familiengeschichte lebendig, die die Eigenart des jüdischen Volkes und seines Glaubens tiefer verstehen läßt, die aber Einblick gibt in die Ereignisse der jüngsten Vergangenheit, in Schuld, Leid und Verfolgung" (Karmel-Stimmen, Mainz).

„Edith Stein beschönigt oder vertuscht nichts. Sachlich beschreibt die Phänomenologin, was sie an Positivem und Negativem in ihrer Umwelt erfahren hat. Wir lernen, daß Hilfsbereitschaft, Güte, Lebenstüchtigkeit und tiefer Glaube zum jüdischen Menschen gehören. Die Schattenseiten, die auch vorhanden sind, ähneln denen anderer Menschen auch. Ein lesenswertes, lebensnahes Buch, das Vorurteile abbauen hilft" (Christ in der Gegenwart).

Verlag Herder Freiburg · Basel · Wien